DROGAS

De acordo com a Lei 11.343/2006

O GEN | Grupo Editorial Nacional – maior plataforma editorial brasileira no segmento científico, técnico e profissional – publica conteúdos nas áreas de concursos, ciências jurídicas, humanas, exatas, da saúde e sociais aplicadas, além de prover serviços direcionados à educação continuada.

As editoras que integram o GEN, das mais respeitadas no mercado editorial, construíram catálogos inigualáveis, com obras decisivas para a formação acadêmica e o aperfeiçoamento de várias gerações de profissionais e estudantes, tendo se tornado sinônimo de qualidade e seriedade.

A missão do GEN e dos núcleos de conteúdo que o compõem é prover a melhor informação científica e distribuí-la de maneira flexível e conveniente, a preços justos, gerando benefícios e servindo a autores, docentes, livreiros, funcionários, colaboradores e acionistas.

Nosso comportamento ético incondicional e nossa responsabilidade social e ambiental são reforçados pela natureza educacional de nossa atividade e dão sustentabilidade ao crescimento contínuo e à rentabilidade do grupo.

GUILHERME DE SOUZA **NUCCI**

DROGAS

De acordo com a Lei 11.343/2006

- O autor deste livro e a editora empenharam seus melhores esforços para assegurar que as informações e os procedimentos apresentados no texto estejam em acordo com os padrões aceitos à época da publicação, e todos os dados foram atualizados pelo autor até a data de fechamento do livro. Entretanto, tendo em conta a evolução das ciências, as atualizações legislativas, as mudanças regulamentares governamentais e o constante fluxo de novas informações sobre os temas que constam do livro, recomendamos enfaticamente que os leitores consultem sempre outras fontes fidedignas, de modo a se certificarem de que as informações contidas no texto estão corretas e de que não houve alterações nas recomendações ou na legislação regulamentadora.

- Fechamento desta edição: *22.08.2024*

- O Autor e a editora se empenharam para citar adequadamente e dar o devido crédito a todos os detentores de direitos autorais de qualquer material utilizado neste livro, dispondo-se a possíveis acertos posteriores caso, inadvertida e involuntariamente, a identificação de algum deles tenha sido omitida.

- **Atendimento ao cliente:** (11) 5080-0751 | faleconosco@grupogen.com.br

- Direitos exclusivos para a língua portuguesa
  Copyright © 2025 by
  Editora Forense Ltda.
  Uma editora integrante do GEN | Grupo Editorial Nacional
  Travessa do Ouvidor, 11 – Térreo e 6º andar
  Rio de Janeiro – RJ – 20040-040
  www.grupogen.com.br

- Reservados todos os direitos. É proibida a duplicação ou reprodução deste volume, no todo ou em parte, em quaisquer formas ou por quaisquer meios (eletrônico, mecânico, gravação, fotocópia, distribuição pela Internet ou outros), sem permissão, por escrito, da Editora Forense Ltda.

- Capa: Fabricio Vale

- **CIP-BRASIL. CATALOGAÇÃO NA PUBLICAÇÃO**
  SINDICATO NACIONAL DOS EDITORES DE LIVROS, RJ

N876d

    Nucci, Guilherme de Souza
        Drogas : de acordo com a Lei 11.343/2006 / Guilherme de Souza Nucci. - 1. ed. - Rio de Janeiro : Forense, 2025.
        304 p. ; 23 cm.

    Inclui bibliografia
    ISBN 978-85-3099-538-6

        1. Brasil. [Lei n. 11.343, de 23 de agosto de 2006]. 2. Tóxicos - Legislação - Brasil. 3. Drogas - Abuso - Prevenção. I. Título.

24-93248   CDU: 343.851:364.692(81)

Meri Gleice Rodrigues de Souza - Bibliotecária - CRB-7/6439

SOBRE O AUTOR

Livre-docente em Direito Penal, Doutor e Mestre em Direito Processual Penal pela PUC-SP. Professor Associado da PUC-SP, atuando nos cursos de Graduação e Pós-graduação (Mestrado e Doutorado). Desembargador na Seção Criminal do Tribunal de Justiça de São Paulo.

www.guilhermenucci.com.br

APRESENTAÇÃO

A Lei 11.343/2006 revogou a anterior Lei 6.368/1976, após 30 anos de vigência, contendo diversas imperfeições e, portanto, necessitando de revisão. Houve inegáveis progressos na legislação sobre drogas ilícitas, e um dos principais concentrou-se no tratamento jurídico-penal ao usuário, em relação ao qual não mais se previu pena privativa de liberdade, embora continuasse a ser considerada conduta criminosa.

Entretanto, passados 18 anos, o que era novo se tornou ultrapassado em diversos pontos essenciais, merecedores de reforma imediata. O problema central, constatado ao longo de quase duas décadas de aplicação, cinge-se à falta de previsão de critérios seguros para diferenciar o traficante e o consumidor. Afinal, sem essa clareza, muitos usuários terminam condenados como traficantes e não há emprego prático do disposto pelo art. 28. Os requisitos estabelecidos em lei são mais subjetivos do que objetivos, gerando decisões conflitantes e divergentes nos tribunais, o que prejudica a segurança jurídica.

A sociedade brasileira, nos últimos anos, intensificou o debate em torno do consumo de drogas, lícitas e ilícitas, além de se ter avançado bastante no cenário do uso de certos entorpecentes para atenuar os efeitos de graves moléstias, como é o caso da *cannabis* medicinal. Além disso, vozes surgiram alegando o direito ao uso de drogas como decorrência do direito fundamental à intimidade e à privacidade, em relação ao qual o Estado não teria razão para cercear. Ao lado dessa conjuntura, diversos setores da segurança pública têm reconhecido a falibilidade da denominada *guerra às drogas*, indicando ser necessária uma revisão dos modelos punitivistas nesse contexto. No entanto, o tráfico ilícito de drogas é equiparado a crime hediondo e possui um tratamento rigoroso, indicado, inclusive, pelo texto constitucional.

Diversas questões precisam ser debatidas, com o propósito de reformar a legislação antidrogas no Brasil, e o cenário ideal seria o Congresso Nacional auferindo a opinião de inúmeros setores da sociedade, com particular foco aos profissionais de saúde e aos operadores do direito.

Todas essas matérias convergiram para um dos mais aguardados julgamentos, nesse campo, realizado pelo Supremo Tribunal Federal (RE 635.659-SP), com resultado em 26 de junho de 2024, em que se discutiu a descriminalização da posse e do porte de drogas para consumo pessoal, que poderia considerar inconstitucional o art. 28 da Lei 11.343/2006 para todos os fins. A importância dessa análise atingiu diversos aspectos polêmicos da atual Lei de Drogas, o que se pode verificar nos fundamentos dos votos dos ministros. Enfim, o STF chegou à conclusão de que era preciso circunscrever o âmbito da decisão de inconstitucionalidade do art. 28 aos estritos limites do caso concreto, que dizia respeito a um usuário de maconha condenado em São Paulo. Consagrou-se, então, a descriminalização da posse e do porte de *cannabis* para uso próprio, fixando critérios objetivos para diferenciar traficante e consumidor e estabelecendo outras metas.

A despeito disso, o Congresso Nacional deu seguimento ao trâmite da PEC 45/2023 para inserir na Constituição Federal que o consumo de drogas deve ser considerado crime, embora a punição do usuário alcance somente penas não privativas de liberdade. Há um debate permanente, na sociedade brasileira, a respeito do tema, não apenas se a descriminalização do consumo de qualquer droga é viável, mas, também, se as penas atualmente cominadas ao tráfico são adequadas e se todos os critérios para diferenciar traficante e usuário precisam ser lapidados e em que termos.

A diversidade de assuntos controversos inspirou-nos a aprofundar o estudo das drogas, especialmente as ilícitas, produzindo esta obra, que complementa os comentários feitos à Lei 11.343/2006, inseridos em nosso *Leis Penais e Processuais Penais Comentadas*. Avaliamos, a partir dos princípios constitucionais penais e processuais penais, as políticas públicas e criminais em relação às substâncias entorpecentes; o consumo de drogas ilícitas, em particular a decisão do STF descriminalizando a posse e o porte da maconha; o tráfico em todas as suas formas; as questões relativas à aplicação da pena; e os aspectos processuais.

Quanto mais se examina a fundo um assunto, mais dúvidas surgem e, ao mesmo tempo, novas ideias e concepções acerca da temática, de modo que pudemos manter algumas posições e alterar outras, sempre buscando coerência e clareza para expor os comentários pertinentes à Lei de Drogas. Há pontos que permanecem em aberto e outros impossíveis de atingir consenso, pois a conjuntura do tráfico e do consumo de substâncias entorpecentes é complexa e desperta intenso interesse para a sociedade, transpondo as fronteiras dos tribunais, que aplicam a lei aos casos concretos, para atingir todos os poderes da República. Em suma, é fundamental estabelecer uma política criminal adequada para o enfrentamento da questão, e, portanto, a legislação acerca das drogas precisa ser uma decorrência disso, e não a precursora da discussão. Que possamos contribuir para esse debate, mirando a reformulação da Lei 11.343/2006, carecedora de urgente atualização.

Agradecemos à editora Forense pela produção de mais um de nossos trabalhos.

São Paulo, agosto de 2024.

O Autor

SUMÁRIO

CAPÍTULO I – PRINCÍPIOS CONSTITUCIONAIS PENAIS E PROCESSUAIS PENAIS APLICÁVEIS AO CONTEXTO DAS DROGAS ILÍCITAS 1

1 DIGNIDADE DA PESSOA HUMANA 1

    1.1 As drogas no contexto da dignidade da pessoa humana 2

2 DEVIDO PROCESSO LEGAL 4

3 PRINCÍPIOS PENAIS 6

    3.1 Legalidade (ou reserva legal) 6

        3.1.1 Tipo aberto, norma penal em branco e tipo remissivo 7

        3.1.2 Integração do sistema em face de lacuna 10

    3.2 Anterioridade 12

    3.3 Retroatividade da lei penal benéfica 12

        3.3.1 Combinação de leis penais 13

        3.3.2 Retroatividade de interpretação favorável de lei penal 16

        3.3.3 Retroatividade do complemento de norma penal em branco 18

        3.3.4 Crime permanente e delito continuado 18

    3.4 Humanidade 19

        3.4.1 Conceito e alcance 19

3.5	Personalidade ou responsabilidade pessoal		21
	3.5.1	Conceito e abrangência	21
3.6	Individualização da pena		22
	3.6.1	Conceito e extensão	22
3.7	Intervenção mínima (subsidiariedade, fragmentariedade e ofensividade)		24
	3.7.1	Conceito e dimensão	24
3.8	Taxatividade		27
	3.8.1	Conceito e importância	27
3.9	Proporcionalidade		29
	3.9.1	Conceito e amplitude	29
	3.9.2	Desproporcionalidade concreta no contexto das drogas	29
3.10	Vedação da dupla punição pelo mesmo fato		31
	3.10.1	Conceito e aplicação	31
	3.10.2	Correlação com a individualização da pena	32
	3.10.3	A constitucionalidade da aplicação da reincidência	32
3.11	Culpabilidade		33
	3.11.1	Conceito e abrangência	33
	3.11.2	A responsabilidade penal objetiva e o enfoque da influência da droga	34
	3.11.3	Culpabilidade no campo da aplicação da pena	35

4	PRINCÍPIOS PROCESSUAIS PENAIS		35
4.1	Presunção de inocência		35
	4.1.1	Conceito e abrangência	35
	4.1.2	Ônus da prova nos crimes de drogas	36
4.2	Ampla defesa		38
	4.2.1	Conceito e extensão	38
4.3	Contraditório		39
	4.3.1	Conceito e avaliação quanto aos seus efeitos	39
4.4	Juiz natural e imparcial		40
	4.4.1	Conceito e perspectivas	40
	4.4.2	Fundamentação das decisões	41
4.5	Publicidade		42
	4.5.1	Conceito, necessidade e exceções	42
4.6	Vedação de provas ilícitas		44
	4.6.1	Conceito e fundamento	44
	4.6.2	Provas e drogas ilícitas	44
	4.6.3	Provas ilegítimas	45

Sumário | **XIII**

4.7	Economia processual e duração razoável do processo	46
	4.7.1 Conceito e importância	46
	4.7.2 Critérios de razoabilidade e proporcionalidade	47
4.8	Duplo grau de jurisdição	47
	4.8.1 Conceito e aplicação..	47
4.9	Estrita legalidade da prisão cautelar	48
	4.9.1 Conceito e relevância	48

CAPÍTULO II – POLÍTICAS PÚBLICAS E POLÍTICA CRIMINAL EM RELAÇÃO ÀS DROGAS 51

1	POLÍTICAS PÚBLICAS...	51
	1.1 Escorço histórico	52
2	POLÍTICA CRIMINAL...	55
	2.1 Guerra às drogas e seletividade da punição........................	57
	2.2 Redução de danos	61
3	ANÁLISE DO BEM JURÍDICO	66
4	CRIMES DE PERIGO ABSTRATO	73

CAPÍTULO III – CONSUMO DE DROGAS ILÍCITAS 77

1	CONCEITO DE DROGA...	77
2	CRIMINALIZAÇÃO DO PORTE PARA CONSUMO...............................	78
3	*CANNABIS*: USO RECREATIVO E MEDICINAL	81
4	SOBRE A CONSTITUCIONALIDADE DA PUNIÇÃO AO USUÁRIO	83
	4.1 Análise do julgamento do STF	83
5	DESCRIMINALIZAÇÃO E LEGALIZAÇÃO	93
6	TIPO INCRIMINADOR DO ART. 28......................................	98
	6.1 Princípio da insignificância	101

DROGAS – DE ACORDO COM A LEI 11.343/2006 – Nucci

6.2	Princípio da adequação social	106
6.3	Sanção penal	106
	6.3.1 Penas principais	107
	6.3.2 Medidas constritivas	111
	6.3.3 Detração imprópria	113
	6.3.4 Reincidência	114
6.4	Prescrição	116

7	EFEITOS DO JULGAMENTO DO STF	116
7.1	Avaliação da tese	116
7.2	Princípio da igualdade	130

8	CONFRONTO ENTRE CONSUMO E TRÁFICO ILÍCITO DE DROGAS ...	132
8.1	Critérios para diferenciação	132
	8.1.1 Natureza e quantidade da droga	134
	8.1.2 Local da apreensão e condições em que se deu a ação	137
	8.1.3 Circunstâncias sociais e pessoais do agente	139
	8.1.4 Conduta e antecedentes do agente	143
	8.1.5 Síntese dos fatores de diferenciação	144

9	O CONTRASTE DAS SANÇÕES AOS USUÁRIOS E TRAFICANTES: O DESAFIO (E O FRACASSO) DA LEI 11.343/2006	146

CAPÍTULO IV – TRÁFICO ILÍCITO DE DROGA ... **155**

1	TIPO INCRIMINADOR PRINCIPAL	155
1.1	Art. 33, *caput*	155
	1.1.1 Desclassificação para a figura típica do art. 28	158
	1.1.2 Competência para o julgamento	159
	1.1.3 Confronto da Lei de Drogas com outras leis	159
	1.1.4 Excludentes para o delito	160
1.2	Art. 33, § 1.º	162
1.3	Crime permanente e seus desdobramentos	165
	1.3.1 Prisão em flagrante	165
	1.3.2 Encontro fortuito após violação de direito fundamental	168
	1.3.3 Invasão de domicílio	169
	1.3.4 Atuação da guarda municipal	173

2	FORMAS PRIVILEGIADAS	175
2.1	Induzimento, instigação e auxílio ao uso de drogas (art. 33, § 2.º)	175
2.2	Oferta de droga para consumo conjunto (art. 33, § 3.º)	177
3	CAUSA DE DIMINUIÇÃO DA PENA (ART. 33, § 4.º)	178
3.1	Requisitos	178
3.2	Alegações de *bis in idem*	183
3.2.1	Reincidência	183
3.2.2	Quantidade de drogas como fator para estabelecer o montante da pena	183
3.3	Regime de cumprimento da pena	185
4	HEDIONDEZ DO CRIME	185
5	PRINCÍPIO DA INSIGNIFICÂNCIA	187
6	TRAFICANTE USUÁRIO OU VICIADO	189
7	PARTICULARIDADES DA APLICAÇÃO DA PENA NO TRÁFICO DE DROGAS DO ART. 33	189

CAPÍTULO V – PRODUÇÃO ILÍCITA DE DROGAS 193

1	TIPO INCRIMINADOR (ART. 34)	193
1.1	Figura típica autônoma	195
1.2	Utilização da causa de diminuição do § 4.º do art. 33	197

CAPÍTULO VI – ASSOCIAÇÃO CRIMINOSA 199

1	TIPO INCRIMINADOR (ART. 35)	199

CAPÍTULO VII – FINANCIAMENTO DO TRÁFICO 203

1	TIPO INCRIMINADOR (ART. 36)	203

CAPÍTULO VIII – COLABORAÇÃO COM O TRÁFICO 207

1 TIPO INCRIMINADOR (ART. 37) 207

CAPÍTULO IX – PRESCRIÇÃO CULPOSA DE DROGA 209

1 TIPO INCRIMINADOR (ART. 38) 209

CAPÍTULO X – CONDUÇÃO DE EMBARCAÇÃO OU AERONAVE SOB EFEITO DE DROGA 211

1 TIPO INCRIMINADOR (ART. 39) 211

CAPÍTULO XI – CAUSAS DE AUMENTO DE PENA, DELAÇÃO PREMIADA E CRITÉRIOS DE FIXAÇÃO DA PENA 213

1 CAUSAS DE AUMENTO DE PENA (ART. 40) 213

   1.1 Transnacionalidade da substância ou produto do crime 214

   1.2 Função pública ou missão de educação, poder familiar, guarda e vigilância 214

   1.3 Locais particularmente relevantes 215

   1.4 Meio de execução do tráfico de drogas 218

   1.5 Tráfico interestadual de drogas 219

   1.6 Envolvimento de criança ou jovem ou outra vulnerabilidade 219

   1.7 Financiamento ou custeio do delito 220

2 DELAÇÃO PREMIADA 221

3 FIXAÇÃO DA PENA (ARTS. 42 E 43) 222

   3.1 Conceitos básicos 222

   3.2 Fases e subfases para a aplicação da pena 223

   3.3 Circunstâncias preponderantes previstas na Lei 11.343/2006 224

Sumário | XVII

3.4	Critérios para a fixação da pena de multa	228
3.5	Confissão e atenuante	229

CAPÍTULO XII – RESTRIÇÕES PENAIS E PROCESSUAIS PENAIS ... 231

1 RESTRIÇÕES PENAIS E PROCESSUAIS PENAIS (ART. 44) ... 231

1.1	Fiança	231
1.2	Suspensão condicional da pena	232
1.3	Graça, indulto e anistia	232
1.4	Liberdade provisória	233
1.5	Conversão em penas restritivas de direitos	233
1.6	Livramento condicional	234

CAPÍTULO XIII – QUESTÕES SOBRE CULPABILIDADE E IMPUTABILIDADE ... 235

1 EXCLUDENTE DA PENA (ART. 45) ... 235

1.1	Conceitos de culpabilidade e imputabilidade	235
1.2	Avaliação do art. 45 da Lei 11.343/2006	236

2 REDUÇÃO DA PENA (ART. 46) ... 239

3 TRATAMENTO MÉDICO (ART. 47) ... 239

CAPÍTULO XIV – QUESTÕES PROCESSUAIS ... 243

1 PROCEDIMENTO ESPECIAL ... 243

1.1	Fase inicial (arts. 48 e 49)		243
1.2	Investigação criminal (arts. 50 a 53)		246
	1.2.1	Prisão em flagrante	246
	1.2.2	Inquérito policial	249
1.3	Fase processual (arts. 54 a 63)		251

| 2 | APREENSÃO, ARRECADAÇÃO E DESTINAÇÃO DOS BENS DO ACUSADO (ARTS. 60 A 64) | 255 |

| 3 | PONTOS RELEVANTES | 255 |

3.1 Denúncia genérica ... 255

3.2 Depoimento de policiais ... 256

3.3 Denúncia anônima ... 258

3.4 Prisão cautelar e medidas alternativas ... 259

3.4.1 A prisão preventiva como fundamento cautelar único ... 259

3.4.1.1 O *habeas corpus* e a dúvida quanto à necessidade da prisão cautelar ... 261

CAPÍTULO XV – SÍNTESE CONCLUSIVA ... 263

BIBLIOGRAFIA ... 273

OBRAS DO AUTOR ... 283

Capítulo I

PRINCÍPIOS CONSTITUCIONAIS PENAIS E PROCESSUAIS PENAIS APLICÁVEIS AO CONTEXTO DAS DROGAS ILÍCITAS[1]

1 DIGNIDADE DA PESSOA HUMANA

Cuida-se de um princípio regente, que se encontra acima de todos os demais existentes de modo expresso ou implícito na Constituição Federal. Figura no art. 1.º, III, da CF: "A República Federativa do Brasil, formada pela união indissolúvel dos Estados e Municípios e do Distrito Federal, constitui-se em Estado Democrático de Direito e tem como fundamentos: I – a soberania; II – a cidadania; III – *a dignidade da pessoa humana*; IV – os valores sociais do trabalho e da livre-iniciativa; V – o pluralismo político. Parágrafo único. Todo o poder emana do povo, que o exerce por meio de representantes eleitos ou diretamente, nos termos desta Constituição" (grifamos).

O seu objetivo é a preservação apropriada e íntegra do ser humano, desde o nascimento até a morte, conferindo-lhe autoestima e garantindo-lhe o mínimo existencial. A referência à *dignidade da pessoa humana*, feita no art. 1.º, III, da Constituição Federal, "parece conglobar em si todos aqueles direitos fundamentais,

---

[1] Aproveitamos o estudo realizado para a elaboração de nossa obra *Princípios constitucionais penais e processuais penais* para adaptar os princípios ao contexto dos crimes relacionados a drogas ilícitas.

quer sejam os individuais clássicos, quer sejam os de fundo econômico e social".[2] É um princípio de valor pré-constituinte e de hierarquia supraconstitucional.[3]

Segundo nos parece, o princípio constitucional da dignidade da pessoa humana possui dois prismas: objetivo e subjetivo. Objetivamente, envolve a garantia de um *mínimo existencial* ao ser humano, atendendo as suas necessidades vitais básicas, como reconhecido pelo art. 7.º, IV, da Constituição, ao cuidar do salário mínimo (moradia, alimentação, educação, saúde, lazer, vestuário, higiene, transporte, previdência social). Inexiste dignidade se a pessoa humana não dispuser de condições básicas de vivência. Subjetivamente, cuida-se do sentimento de respeitabilidade e autoestima, inerentes ao ser humano, desde o nascimento, quando passa a desenvolver sua personalidade, entrelaçando-se em comunidade e merecendo consideração, mormente do Estado.

Para que o ser humano tenha a sua dignidade preservada, torna-se essencial o fiel respeito aos direitos e às garantias individuais. Por isso, esse princípio é a base e a meta do Estado Democrático de Direito, não podendo ser contrariado, nem alijado de qualquer cenário, em particular, do contexto penal e processual penal.

O direito penal funciona como a medida punitiva do Estado a quem infringe as regras sociais, lesionando bens jurídicos relevantes. Ao mesmo tempo que prevê o máximo, estabelece, como regra, o mínimo da penalidade nos tipos penais incriminadores. Desse modo, cada tipo penal existe para tutelar um bem jurídico, devendo o Parlamento criá-los, no cenário do Estado Democrático de Direito, vale dizer, como *ultima ratio*, dando ênfase ao princípio da intervenção mínima. O processo penal deve servir de base para princípios constitucionais importantes, como a ampla defesa, o contraditório, o direito ao silêncio, entre outros, tudo a compor um quadro adequado ao devido processo legal. A correta aplicação desses ramos do direito permite assegurar a dignidade da pessoa humana, mesmo que seja indispensável a imposição de uma sanção.

1.1 As drogas no contexto da dignidade da pessoa humana

Em primeira análise, constata-se haver drogas lícitas e ilícitas passíveis de utilização por qualquer pessoa, levando-se ao campo criminal aquelas que são proscritas pela lei, lembrando existir uma zona fronteiriça entre o permitido e o proibido, concernente às drogas controladas, que podem ser ministradas

---

[2] CELSO BASTOS e IVES GANDRA, *Comentários à Constituição do Brasil*, v. 1, p. 425. Em igual prisma, ALEXANDRE DE MORAES, *Direito constitucional*, p. 21; JOSÉ AFONSO DA SILVA, *Comentário contextual à Constituição*, p. 38.

[3] INOCÊNCIO MÁRTIRES COELHO, *Curso de direito constitucional*, p. 172.

Capítulo I • Princípios Constitucionais Penais e Processuais Penais Aplicáveis ao Contexto | 3

a alguém, desde que haja prescrição médica. O fundamento de existência dos tipos penais incriminadores é a tutela do bem jurídico denominado de *saúde pública*. Tomando-se como base, para avaliar esse bem jurídico, os delitos tipificados no Título VIII da Parte Especial do Código Penal (crimes contra a incolumidade pública), capta-se a intenção legislativa de proteger o bem-estar e a segurança das pessoas, fazendo-o de modo genérico, sem a necessidade de se apontar uma vítima definida. Nesse Título VIII encontra-se o Capítulo III, voltado à tutela da saúde pública.[4]

Saúde pública deve ser interpretada como a salubridade das pessoas em geral, buscando-se afastar situações perigosas – potencialmente danosas – à vida humana, em última análise. Pune-se o crime de epidemia (CP: "Art. 267. Causar epidemia, mediante a propagação de germes patogênicos: Pena – reclusão, de dez a quinze anos"), por exemplo, uma vez que espelha uma conjuntura perigosa, não se esgotando em si mesma, mas conduzindo a lesões à integridade física e mental, bem como colocando em risco até mesmo a vida humana. Um crime de perigo é punido justamente para se evitar o dano, esperando-se que o criminoso abandone o seu comportamento inadequado. Nesse cenário, emergem os delitos tipificados pela Lei 11.343/2006, cuidando das drogas ilícitas (proibidas ou controladas),[5] podendo-se alcançar até mesmo a infração penal do art. 28 da referida lei ("quem adquirir, guardar, tiver em depósito, transportar ou trouxer consigo, para consumo pessoal, drogas sem autorização ou em desacordo com determinação legal ou regulamentar será submetido às seguintes penas: I – advertência sobre os efeitos das drogas; II – prestação de serviços à comunidade; III – medida educativa de comparecimento a programa ou curso educativo"), permitindo-se punir quem utiliza a droga ilícita para seu particular consumo. Mesmo nesse tipo penal, o bem jurídico não é a saúde *individual* do usuário do entorpecente, mas continua sendo a saúde *pública*, pois não se deseja que o indivíduo, consumidor da droga, vicie-se e, por conta disso, termine comercializando entorpecentes para sustentar seu vício ou fomente o tráfico ilícito da droga, ao

---

[4]   Quando se menciona que o tipo penal incriminador visa à proteção de um bem jurídico, está-se afirmando uma das funções da pena – punição a quem colocar a saúde pública em risco – e uma das finalidades da sanção penal – a sua natureza intimidatória. Quem traficar drogas ilícitas pode ser punido e, com isso, além de se aplicar a sanção ao criminoso, espera-se que outras pessoas evitem essa conduta, justamente para se esquivar da punição.

[5]   Art. 1.º, parágrafo único, Lei 11.343/2006: "para fins desta Lei, consideram-se como drogas as substâncias ou os produtos capazes de causar dependência, assim especificados em lei ou relacionados em listas atualizadas periodicamente pelo Poder Executivo da União".

adquiri-la de quem não está autorizado a vender esse produto. Em suma, não se está tutelando a incolumidade individual do usuário, porém, a da sociedade.

A conexão entre os crimes relativos a drogas ilícitas e a dignidade da pessoa humana concentra-se em alguns pontos essenciais: a) até que ponto o Estado, considerando-se uma democracia, deve intervir na vida pessoal de alguém com o objetivo de puni-lo por uso de substância potencialmente maléfica à sua saúde; b) em que medida algumas drogas, consideradas ilícitas, devem continuar sendo equiparadas entre si (*v.g.*, maconha e cocaína), mantendo-se idêntica punição a quem traficar qualquer delas; c) em que *status* se pode situar o traficante de drogas ilícitas no cenário da proporcionalidade entre a sua conduta e a pena cominada, sem qualquer distinção prática e efetiva de quantidade ou mesmo natureza do entorpecente; d) como se deve avaliar a política criminal do Estado para lidar com as drogas proscritas; aliás, se realmente existe essa política, na prática, além de se avaliar a sua eficiência ou inutilidade. Afinal, a indevida invasão ao ambiente particular de alguém, buscando sua punição na seara penal, pode representar uma lesão ao princípio regente da dignidade da pessoa humana; e) a existência de drogas de consumo livre e lícito, como o álcool, com consequências igualmente nocivas, havendo viabilidade de gerar vício e, com isso, danos que podem atingir terceiros, provocaria – ou não – uma situação desigual quando se confronta com o quadro das drogas ilícitas; f) a viabilidade de utilização de certas drogas – como a maconha – para fins terapêuticos poderia estimular a sua legalização em vez de punição. Enfim, diversos são os ângulos sujeitos à observação cautelosa do operador do Direito, em particular no que tange à área penal.

Além disso, a ausência de distinção entre drogas ilícitas, para efeito de sanção penal, pode gerar situações teratológicas e lesivas à dignidade humana, visto ferir a proporcionalidade no campo da punição. Quando se constata uma rigorosa punição ao traficante, sem diferenciar o volume de entorpecentes por ele manipulado, arranha-se o princípio da taxatividade e, com isso, a dignidade humana. Enfim, se o direito penal se tornar seletivo na detecção do infrator, pode-se atingir o indesejável quadro de desequilíbrio entre pessoas pobres e aquelas mais bem aquinhoadas economicamente, situação refratária à dignidade humana.

Para que haja efetivo respeito ao princípio regente da dignidade da pessoa humana, torna-se essencial ampliar o debate acerca das drogas atualmente consideradas penalmente ilícitas, com o fito de moldar de maneira equilibrada o universo da punição no Estado Democrático de Direito.

2 DEVIDO PROCESSO LEGAL

O segundo princípio regente concentra-se no *devido processo legal*, cuja raiz remonta à Magna Carta de 1215 ("Nenhum homem pode ser preso ou

Capítulo I • Princípios Constitucionais Penais e Processuais Penais Aplicáveis ao Contexto 5

privado de sua propriedade a não ser pelo julgamento de seus pares ou pela *lei da terra*", grifamos). A célebre expressão "by the lay of the land" (lei da terra), que inicialmente constou da redação desse documento histórico, transmudou-se para "due process of law" (devido processo legal). A modificação vernacular não teve o condão de apartar o significado histórico do princípio. Buscou-se uma garantia e uma proteção contra os desmandos do rei, encarnando a época autoritária absoluta na Inglaterra. Não mais seria possível admitir-se a prisão ou a perda de bens de qualquer pessoa em virtude de simples capricho do governante. A tolerância havia atingido seu limite, tornando-se essencial o surgimento do princípio da legalidade ou reserva legal, determinando o império da lei sobre a vontade do rei.

A *lei da terra* envolvia os costumes, donde surge o direito consuetudinário, até hoje prevalente no Reino Unido. Portanto, haveria de prevalecer a vontade da sociedade, espelhada pelos tradicionais costumes, em detrimento da vontade do soberano. Hoje, consubstancia-se no princípio da legalidade penal, demonstrativo de não existir crime e pena sem prévia previsão legal, de grande relevo para os países de direito codificado, como o Brasil.

O devido processo legal, portanto, possui dois importantes aspectos: o lado substantivo (material), de Direito Penal, e o lado procedimental (processual), de Processo Penal. No primeiro, como já demonstrado, encaixa-se o princípio da legalidade, basicamente, além dos demais princípios penais. Quanto ao prisma processual, cria-se um espectro de garantias fundamentais para que o Estado apure e constate a culpa de alguém, em relação à prática de crime, passível de aplicação de sanção.[6] Eis por que o devido processo legal coroa, também, os princípios processuais, chamando a si todos os elementos estruturais do processo penal democrático, valendo dizer, a ampla defesa, o contraditório, o juiz natural e imparcial, a publicidade, entre outros, como forma de assegurar a justa aplicação da força estatal na repressão aos delitos existentes.

Há quem atribua ao devido processo legal um alcance genérico, valendo para todo o processo, demonstrando a existência de postulados comuns para estruturar qualquer procedimento concebido sob critérios garantistas. Nessa ótica, prefere ROGÉRIO LAURIA TUCCI reservar ao âmbito processual penal a expressão *devido processo penal*, agora, sim, abrangendo todos os princípios

---

[6] Esse aspecto adveio com o passar do tempo, após se firmar o cenário dos direitos e garantias individuais voltados ao processo penal, situação que se pode constatar a partir do Iluminismo, atingindo vários documentos internacionais na sequência, como a Declaração de Direitos do Homem e do Cidadão (1789), a Declaração Universal dos Direitos Humanos (1948), entre outros.

protetores do justo processo penal.[7] Muito embora o devido processo legal sirva, realmente, a todo cenário processual, invadindo as searas civil e administrativa, é fato que, quando se está inserto no contexto processual penal, trata-se do devido processo legal em matéria processual penal. Logo, não há razão para alterar a forte e tradicional expressão, constante da Constituição Federal (art. 5.º, LIV), para outra, similar, como o devido processo penal.

A ação e o processo penal somente respeitam o devido processo legal, caso todos os princípios norteadores do Direito Penal e do Processo Penal sejam, fielmente, respeitados durante a persecução penal, garantidos e afirmados os direitos do acusado para produzir sua defesa, bem como fazendo atuar um Judiciário imparcial e independente. A comunhão entre os princípios penais (legalidade, anterioridade, retroatividade benéfica, proporcionalidade etc.) e os processuais penais (contraditório, ampla defesa, juiz natural e imparcial, publicidade etc.) torna efetivo e concreto o devido processo legal.

Desse modo, deve-se respeitar o devido processo legal no cenário da tipificação de crimes, cujo objeto é a ilicitude das drogas, bem como os pontos relativos ao perfil da persecução penal, cujo objetivo é atingir a solução justa ao processo criminal advindo da lida indevida com os entorpecentes.

3 PRINCÍPIOS PENAIS

3.1 Legalidade (ou reserva legal)

O Estado Democrático de Direito jamais poderia consolidar-se, em matéria penal, sem a expressa previsão e aplicação do princípio da legalidade, consistente no seguinte preceito: *não há crime sem lei anterior que o defina, nem pena sem prévia cominação legal* (art. 5.º, XXXIX, CF).[8] Observa-se, ainda, estarem inseridos no mesmo dispositivo outros dois importantes princípios penais: a anterioridade e a taxatividade. O primeiro deles é explícito, pois está indicado nos vocábulos *anterior* e *prévia*. O segundo advém da expressão *que o defina*, embora sua fiel amplitude seja decorrência da doutrina e, consequentemente, da interpretação.

---

[7] ROGÉRIO LAURIA TUCCI, *Direitos e garantias individuais no processo penal brasileiro*, p. 57-64.

[8] "Ninguém pode ser condenado por ações ou omissões que, no memento em que forem cometidas, não sejam delituosas, de acordo com o direito aplicável. Tampouco se pode impor pena mais grave que a aplicável no momento da perpetração do delito. Se depois da perpetração do delito a lei dispuser a imposição de pena mais leve, o delinquente será por isso beneficiado" (art. 9º, Convenção Americana dos Direitos Humanos).

Capítulo I • Princípios Constitucionais Penais e Processuais Penais Aplicáveis ao Contexto | 7

A legalidade em sentido estrito ou penal guarda identidade com a reserva legal, vale dizer, somente se pode considerar *crime* determinada conduta caso exista previsão em *lei*. Diz-se o mesmo para a existência da pena. O termo *lei*, nessa hipótese, é *reservado* ao sentido estrito, ou seja, norma emanada do Poder Legislativo, dentro da sua esfera de competência.[9] No caso penal, cuida-se de atribuição do Congresso Nacional, como regra.[10]

A matéria penal (definição de crime e cominação de pena) é *reserva* de *lei*, não se podendo acolher qualquer outra fonte normativa para tanto, pois seria inconstitucional. Portanto, decretos, portarias, leis municipais, resoluções, provimentos, regimentos, dentre outros, estão completamente alheios aos campos penal e processual penal.

A construção do princípio latino, hoje universalmente conhecido, constituído pelo *nullum crimen, nulla poena sine praevia lege*, deveu-se a FEUERBACH.[11] Consagrada a expressão, espalhou-se por vários textos legais e constitucionais. O seu sentido é captado no cenário da tipicidade, fazendo com que o operador do Direito busque adequar o fato ao modelo legal abstrato, previsto no tipo penal incriminador.

3.1.1 Tipo aberto, norma penal em branco e tipo remissivo

O tipo aberto apresenta-se composto por elementos normativos (conteúdo de valoração baseada em fatores culturais ou jurídicos) ou subjetivos (conteúdo relativo à vontade específica do agente). Considerando-se a necessária flexibilidade de certas figuras típicas, de modo a garantir sua correta aplicação, não se pode desprezar a utilização desses fatores, desde que se opere com cautela.

Na Lei 11.343/2006, pode-se indicar como tipo aberto o art. 38 ("Prescrever ou ministrar, culposamente, drogas, sem que delas necessite o paciente, ou fazê-lo em doses excessivas ou em desacordo com determinação legal ou regulamentar"), pois o elemento "culposamente" depende de avaliação do intérprete, sem um significado nítido ou expresso. Observe-se o disposto no art. 18, II, do Código Penal, acerca do delito: "culposo, quando o agente deu causa ao resultado por imprudência, negligência ou imperícia". A lei não define o conceito de *culpa*, mas apenas enumera algumas espécies de culpa – imprudência, negligência e

---

9   A força da tradição referendou a utilização do termo *crime*, mas é evidente tratar-se da infração penal, vale dizer, onde se lê *crime*, leia-se, igualmente, contravenção penal.

10   Art. 22, I, CF: "Compete privativamente à União legislar sobre: I – direito civil, comercial, penal, processual, eleitoral, agrário, marítimo, aeronáutico, espacial e do trabalho".

11   Cf. CEREZO MIR, *Curso de derecho penal español – parte generale*, v. 1, p. 163; ASÚA, *Lecciones de derecho penal*, p. 14 e 57.

imperícia –, cabendo à doutrina e à jurisprudência *fechar* o significado quando for necessário promover a tipificação de um fato danoso, considerado *culposo*. Não se pode considerar essa situação como lesiva ao princípio da legalidade (e da taxatividade), porque é viável construir um significado de delito *culposo*, a partir dos exemplos dados na norma, sem que seja gerado um lapso incompreensível ou extremamente vago. No entanto, se os elementos inseridos no tipo penal incriminador forem muito abertos, incapazes de produzir a segurança mínima em matéria de aplicabilidade uniforme, por certo, haverá prejuízo à legalidade.

Embora não se possa classificar como um *tipo aberto*,[12] parece-nos curial destacar uma norma da referida lei, cujo conteúdo é deveras impreciso, a ponto de causar aplicação dissonante a casos concretos, produzindo decisões judiciais bastante diferenciadas, o que nos soa problemático. Consulte-se o art. 28, § 2.º: "Para determinar se a droga destinava-se a consumo pessoal, o juiz atenderá à natureza e à quantidade da substância apreendida, ao local e às condições em que se desenvolveu a ação, às circunstâncias sociais e pessoais, bem como à conduta e aos antecedentes do agente". Esse parágrafo não integra o tipo incriminador do art. 28, *caput*, tampouco do art. 33, *caput*, mas é o condutor de diferenciação entre o consumidor de droga e o traficante, com consequências totalmente diferentes. Enquanto o usuário pode receber penalidades brandas, sem a possibilidade de ser submetido a pena privativa de liberdade, o traficante tem a sua condenação pautada pela reclusão de 5 a 15 anos, e multa.

Portanto, de forma *indireta*, termina por compor o cenário do tipo incriminador para levar o operador do direito a considerar certa situação como *trazer consigo droga ilícita para consumo pessoal* ou *trazer consigo droga ilícita para qualquer outra finalidade*, provocando soluções jurídicas bem diversas. Isso demonstra que a norma penal explicativa, cujo préstimo é fornecer subsídios ao juiz para avaliar o caso que lhe é apresentado, comporta divergentes – e bastante variáveis – conclusões, com resultados desequilibrados, pois uma pessoa, com a mesma espécie de droga e idêntica quantidade, pode sofrer punições diferentes, a contar de quem é o julgador da causa. A *abertura* conferida por esse dispositivo não tem proporcionado resultados adequados para os inúmeros casos de porte de drogas ilícitas e merece revisão legislativa, buscando especificidade quanto à *natureza* da droga, a presumível *quantidade* para consumo e para comércio ou

---

[12] Reserva-se a nomenclatura de *tipo aberto* ou *fechado* somente aos tipos incriminadores, com o propósito de demonstrar se a sua aplicabilidade depende de valoração – ou não – por parte do operador do direito. Os tipos fechados são autoexplicativos e de fácil aplicação (ex.: art. 121: matar alguém); os abertos contêm algum (ou mais de um) elemento normativo ou subjetivo, dependente de apreciação num ou noutro sentido, conforme o contexto e a própria formação intelectual e cultural do intérprete (tipos culposos).

distribuição, bem como o que se deve compreender por *local, condições da ação, circunstâncias sociais e pessoais* do agente. Acrescente-se, ainda, a exigência de dados mais concretos acerca do que se deve entender no contexto da *conduta* do autor e quais *antecedentes* precisam ser devidamente ponderados.

Pode-se argumentar que definições podem *engessar* a atividade jurisdicional no tocante à interpretação fático-jurídica dos casos ofertados à sua apreciação, embora, por experiência própria, analisando diversos casos de porte de drogas ilícitas, na prática forense, tenhamos constatado um verdadeiro abismo entre decisões judiciais ao apreciar esses fatores. Desse modo, ao réu primário, sem antecedentes, pode-se destinar a branda punição consistente em advertência (art. 28) ou a pena de reclusão de 5 anos (art. 33), quando carrega 3 gramas de crack, apenas para ilustração.

Por outro lado, a norma penal em branco representa uma construção mais complexa, pois o tipo penal faz referência a termos ou expressões cuja descrição e conteúdo somente se tornam claros mediante a consulta a normas constantes em outros corpos legislativos ou administrativos. Diz-se ser verdadeiramente em branco a norma penal (própria) cujo complemento se busca em norma de hierarquia inferior, vale dizer, decretos, portarias, resoluções etc. Denomina-se não autenticamente em branco a norma penal (imprópria) cujo complemento é extraído de norma de igual *status*, por exemplo, outra lei federal, tal qual a editada para criar o tipo incriminador.

As normas em branco próprias têm sua razão de ser no lastro da flexibilidade e da atualização, conforme o passar do tempo. Na Lei de Drogas, prevê-se, expressamente, no art. 1.º, parágrafo único: "para fins desta Lei, consideram-se como drogas as substâncias ou os produtos capazes de causar dependência, assim especificados em lei ou relacionados em listas atualizadas periodicamente pelo Poder Executivo da União". E, em continuidade, estabelece o art. 66: "para fins do disposto no parágrafo único do art. 1.º desta Lei, até que seja atualizada a terminologia da lista mencionada no preceito, denominam-se drogas substâncias entorpecentes, psicotrópicas, precursoras e outras sob controle especial, da Portaria SVS/MS 344, de 12 de maio de 1998". Portanto, configura-se o tráfico ilícito de drogas (art. 33, Lei 11.343/2006) quando o agente pratica qualquer dos verbos ali enumerados em relação a drogas, leia-se, a qualquer dos produtos ou elementos constantes da relação elaborada pela Agência Nacional de Vigilância Sanitária (Anvisa). Alterando-se o contexto fático, torna-se viável acrescentar novas drogas a tal lista ou dela retirar as que não mais sejam consideradas danosas à saúde pública.

Assim considerando, a norma penal em branco se refere a um tipo penal incriminador de conteúdo indeterminado, mas determinável, pois leva quem dele toma conhecimento a uma situação de primeiro entendimento, seguida de busca de esclarecimento, com pesquisa e, na sequência, fechamento da sua compreensão. Noutros termos, lendo o disposto no art. 33, *caput*, da Lei 11.343/2006, pode-se atingir um primeiro patamar de compreensão por meio das suas 18 condutas alternativas em relação à droga considerada ilícita. No entanto, o leitor precisa *buscar* o complemento, pesquisando e fechando o seu entendimento ao tomar ciência da relação de entorpecentes proibidos em portaria da Anvisa.

Confronta-se a norma penal em branco com o princípio da legalidade, em particular, com a taxatividade, chega-se à conclusão de que não há efetiva lesão, pois o mecanismo de *fechamento* da norma é explícito e público, não emergindo de mera interpretação do juiz ou outro operador do direito. Não se trata de entorpecente ilícito aquele que o julgador assim considera, mas o que consta de relação clara e de acesso público, constituída por ato administrativo de órgão do Poder Executivo. Pode não ser o ideal de taxatividade, embora a sua face negativa seja superada pelo ganho da flexibilidade da lista da Anvisa, pois há drogas ilícitas criadas a todo momento, inclusive em laboratório, com alteração de algum componente químico, de forma que aguardar a modificação da lei penal pelo Poder Legislativo, para incluir o novo entorpecente, seria demorado e causaria danos certos a pessoas que o consumissem. Permite-se, com a simples inclusão da droga na lista da Anvisa, que o poder público tenha possibilidade de reprimir a sua fabricação e distribuição, considerando-se traficante (art. 33 da Lei de Drogas) quem o faça, mantendo-se íntegra a norma penal.

Ademais, a norma em branco pode ser muito mais segura do que tipos penais excessivamente abertos, sujeitos a toda sorte de interpretações por quem é encarregado de aplicá-los.

Finalmente, o tipo remissivo é constituído de forma a indicar uma clara referência, para a sua completude, a outras normas constantes do mesmo corpo legislativo. Não há lesividade à legalidade, tendo em vista a facilidade de busca do elemento integrativo. Além disso, não se equipara à norma penal em branco, pois o seu complemento é encontrado, facilmente, na mesma lei. Confira-se o disposto pelo art. 35 da Lei 11.343/2006: "Associarem-se duas ou mais pessoas para o fim de praticar, reiteradamente ou não, qualquer dos crimes previstos nos arts. 33, *caput* e § 1.º, e 34 desta Lei". A alusão aos arts. 33 e 34 é de singela busca e integração, bastando visualizar algumas linhas acima de onde consta o mencionado art. 35.

3.1.2 Integração do sistema em face de lacuna

Integrar o sistema significa completá-lo ou preenchê-lo, de modo a se tornar coerente e satisfatório. No campo jurídico, o sistema normativo pretende ser uno, perfeito e inteiro, capaz de solucionar todo e qualquer conflito emergente. Por vezes, tal situação não se concretiza, surgindo uma lacuna, diante de caso

Capítulo I • Princípios Constitucionais Penais e Processuais Penais Aplicáveis ao Contexto | **11**

concreto para o qual inexiste norma regente específica. Nada mais correto do que preencher a referida lacuna com o uso da analogia, valendo-se de norma correlata, aplicável a situação similar. Com isso, integra-se o sistema e todo e qualquer caso concreto poderá ser resolvido dentro das fronteiras legais.

Entretanto, em matéria penal, porque se encontra presente o princípio da legalidade, prevendo a existência de crime nos exatos termos da lei, assim como a existência de pena nos mesmos parâmetros, torna-se complexa a utilização da analogia. Afinal, no universo penal, a regência é conduzida pela lei em sentido estrito, não se podendo utilizar elementos correspondentes e apenas similares.

É certo que princípios não são absolutos e devem harmonizar-se com outros. Eis o fundamento pelo qual se pode admitir o uso da analogia em favor do réu (*in bonam partem*), mas não se deve aceitar a analogia em prejuízo do acusado (*in malam partem*). Essa conclusão deriva da integração de princípios e metas constitucionais. Em primeiro plano, ressalte-se a finalidade de existência dos direitos e das garantias fundamentais, qual seja a de proteger o indivíduo contra os eventuais abusos e excessos do Estado. Logo, a razão de ser da legalidade é a constituição de um escudo protetor contra a prepotência do *soberano* (ou, simplesmente, Estado, na atualidade). Em segundo lugar, em processo penal, cultua-se a prevalência do interesse do réu, estampada nos princípios da presunção de inocência e da inviabilidade de exigência da autoacusação. Ora, considerando-se a *legalidade* uma proteção individual, além de se buscar, sempre, a prevalência do interesse do réu, a lacuna, quando existente em matéria penal, deve ser resolvida com o propósito de beneficiar o acusado – jamais para prejudicá-lo.

Se, por seu lado, integração tem por finalidade completar o que está faltando, a interpretação foge a esse universo. *Interpretar* significa captar o real sentido de algo, clareando o que se afigura nebuloso, porém presente. No processo de interpretação, não se permite *criar* elementos ou *completar* lacunas. Admite-se, no entanto, extrair de determinado termo ou expressão o seu real significado, mesmo que, para tanto, seja necessário ampliar o seu conteúdo (interpretação extensiva).[13]

---

[13] Há polêmica na doutrina em relação à utilização de interpretação extensiva no âmbito de tipo penal incriminador, embora se deva observar que *interpretar* é dever e tarefa do operador do direito, sem que isso implique geração de novo conteúdo. Algumas normas, sem a interpretação extensiva, tornam-se ilógicas e desproporcionais. Por óbvio, somente se lança mão dessa espécie de análise do conteúdo do tipo em casos excepcionais, mormente quando se constata que o tipo *pune o menos*, deixando de fora *o mais*, o que realmente não tem qualquer sentido. Fornecemos diversos exemplos em outras obras de nossa autoria (*Código Penal comentado*, *Curso de direito penal*, *Manual de direito penal* e *Princípios constitucionais penais e processuais penais*).

Nesse quadro, surge, ainda, a interpretação analógica, consistente no método de extrair o conteúdo de determinada norma, valendo-se de exemplos previamente enumerados pelo legislador, como se pode verificar no art. 34 da Lei de Drogas: "Fabricar, adquirir, utilizar, transportar, oferecer, vender, distribuir, entregar a qualquer título, possuir, guardar ou fornecer, ainda que gratuitamente, maquinário, aparelho, instrumento *ou qualquer objeto destinado à fabricação, preparação, produção ou transformação de drogas*, sem autorização ou em desacordo com determinação legal ou regulamentar" (grifamos). Na composição do tipo incriminador, elenca-se o objeto das condutas – maquinário, aparelho e instrumento – para, na sequência, generalizar, utilizando a interpretação por semelhança – qualquer outro objeto com a mesma capacidade.

3.2 Anterioridade

A *anterioridade* da lei penal significa a exigência de que a legalidade se faça presente *antes* do cometimento do crime, pois, do contrário, seria completamente inútil.

Não há delito sem *anterior* lei que o defina (art. 5.º, XXXIX, CF), ou seja, é indispensável que os destinatários da norma penal saibam, de antemão, quais são os ilícitos mais graves, passíveis de aplicação da pena, podendo optar entre cometê-los ou não, bem como tendo plena ciência das consequências de seu ato. Por isso, demanda-se a bem definida exposição do fato delituoso em caráter público e prévio.

No mesmo contexto, está presente a anterioridade da lei penal em relação à pena. Inexiste pena sem *prévia* cominação legal (art. 5.º, XXXIX, CF). Desse modo, atrelada à figura típica incriminadora, descritiva do fato proibido, encontra-se a medida da punição, em formato de pena privativa de liberdade, restritiva de direitos ou pecuniária.

Cultiva-se a garantia de que não serão *criadas* sanções penais especiais, após o cometimento de um delito, especificamente voltadas a determinado condenado. Do mesmo modo que busca o juiz natural para julgar a causa, fazendo-o de modo imparcial, quer-se a atuação do Estado-legislador em idênticos parâmetros. As penas originam-se da política criminal estatal, cujo exercício se dá no Poder Legislativo, editando as leis penais, contendo as devidas sanções, sempre *antes* da prática criminosa.

Na prática, a anterioridade da lei penal incriminadora assegura a eficácia e a utilidade do princípio da legalidade.

3.3 Retroatividade da lei penal benéfica

Preceitua a Constituição Federal que "a lei penal não retroagirá, salvo para beneficiar o réu" (art. 5.º, XL). Há, portanto, duas formas de se visualizar o princípio penal nesse contexto: pela regra ou pela exceção. A regra é que as leis penais não retroagem a fatos pretéritos (princípio da irretroatividade das leis penais). A exceção é no sentido de que leis penais favoráveis ao acusado retroagem a fatos passados (princípio da retroatividade benéfica).

Optamos pela segunda figuração do princípio, adotando o seu caráter excepcional, como forma de lhe conferir destaque e realce, justamente no cenário em que será aplicado efetivamente. A irretroatividade das leis, como regra, é um objetivo do Estado em todas as áreas, como medida de garantir o direito adquirido, a coisa julgada e o ato jurídico perfeito (art. 5.º, XXXVI, CF). No campo penal, sob prisma diverso, somente não se admitirá a retroatividade das leis maléficas ao indivíduo, quando acusado ou sentenciado. Portanto, o mais relevante é registrar o caráter *retroativo* das normas penais *favoráveis*.

A retroatividade da lei significa a possibilidade de conferir efeitos presentes a fatos ocorridos no passado, modificando, se preciso for, situações jurídicas já consolidadas, sob a égide de lei diversa. Essa retroação da norma, provocadora de inovações no cenário penal, somente pode ocorrer quando auxiliar, proteger e melhorar a situação do réu ou sentenciado.

Seu alcance é capaz de desconstituir a coisa julgada, permitindo o surgimento de inéditas decisões judiciais, recompondo o quadro anterior, sob ótica diferente, inspirada em nova política criminal estatal.

O princípio constitucional da lei penal benéfica encontra guarida no art. 2.º, parágrafo único, do Código Penal: "A lei posterior, que de qualquer modo favorecer o agente, aplica-se aos fatos anteriores, ainda que decididos por sentença condenatória transitada em julgado". Como fruto desse parágrafo, aplica-se o disposto no art. 2.º, *caput*: "Ninguém pode ser punido por fato que lei posterior deixa de considerar crime, cessando em virtude dela a execução e os efeitos penais da sentença condenatória". Observa-se ser o *caput* do art. 2.º uma consequência do disposto pelo parágrafo único, afinal, a lei abolicionista, extirpando do universo penal determinada figura criminosa, retrocede no tempo para *apagar* rastros negativos porventura existentes em relação a qualquer pessoa. Cuida-se de nítida retroatividade da lei penal benéfica.

Em suma, o parágrafo único contém a regra (leis favoráveis retrocedem no tempo e beneficiam o agente), enquanto o *caput* encerra uma das modalidades de retroação (a *abolitio criminis* retrocede no tempo para favorecer o agente).

3.3.1 Combinação de leis penais

Combinar leis significa promover a sua reunião, constituindo um corpo único e ordenado. Na realidade, o ajuntamento de duas ou mais leis penais, seja qual for o propósito, faz nascer uma terceira norma, não prevista, nem aprovada pelo Poder Legislativo. Estaria o Judiciário *legislando*, ao promover a criação de lei, mediante o recolhimento de partes de outras.

Por isso, não somos partidários do entendimento permissivo em relação à combinação de leis penais, quando a meta for o benefício ao réu. Certamente, não se desconhece o teor do art. 2.º, parágrafo único, do Código Penal, ao mencionar que "a lei posterior, que *de qualquer modo* favorecer o agente", poderá retroagir (grifamos). A expressão "de qualquer modo" tornou-se a justificativa para que partes de uma lei, compostas com trechos de outra, fizessem nascer uma diversa norma, inédita, sem qualquer participação legislativa.

Ocorre que a abrangência da terminologia "de qualquer modo" tem o objetivo de garantir a aplicabilidade de qualquer conteúdo de norma penal favorável, vale dizer, podendo envolver todos os aspectos penais possíveis: nova redação de tipo penal, diminuição de pena, eliminação de causas de aumento ou de agravantes, extirpação de qualificadora, concessão de privilégio, criação de atenuação ou causa de diminuição de pena, novo enfoque para o concurso de crimes, critérios inéditos para a progressão de regime, entre inúmeros outros temas.

Note-se que, na visão legislativa, o *caput* do art. 2.º do Código Penal produz a regra básica da lei penal no tempo: "ninguém pode ser punido por fato que lei posterior deixa de considerar crime". Trata-se da *abolitio criminis*. Natural, pois, que, ao redigir o parágrafo único, tenha pretendido envolver as demais situações favoráveis ao réu, consistentes em *novatio legis in mellius*. A alteração benéfica da lei penal, de qualquer modo diverso da abolição do crime, também deve ser utilizada pelo juiz, a fim de dar cumprimento ao preceito constitucional (art. 5.º, XL, CF).

Não nos representa seguro o acolhimento de composição de partes de leis, como se o *qualquer modo*, em verdade, significasse *de qualquer jeito* ou *vale tudo* em matéria de concessão de favores ao réu.

A doutrina e os tribunais são divididos nesse tema, alguns admitindo a combinação para, se for preciso, recolher partes de leis diferentes, aplicando-se ao caso concreto, enquanto outros vedam a combinação e pretendem optar por uma das leis mais favoráveis ao réu.

Sob o prisma da inviabilidade da combinação de leis penais, há que se optar entre duas ou mais normas aplicáveis ao caso concreto, buscando-se a que seja mais benéfica ao réu. Em hipótese alguma consideramos acertada a transmissão da escolha ao defensor do acusado ou sentenciado, justificando-se ser o *porta-voz* do destinatário da norma. O direito à liberdade é indisponível, logo, em matéria penal, cabe ao julgador dizer qual é o caminho mais favorável ao réu, ainda que contrarie a opinião da defesa. Para isso, existem o recurso e o *habeas corpus*. Feito o questionamento pela via cabível, de todo modo quem decidirá em última análise será o Poder Judiciário.

Capítulo I • Princípios Constitucionais Penais e Processuais Penais Aplicáveis ao Contexto | **15**

Há duas maneiras de se optar pela lei mais favorável: considerando-a em tese ou levando-se em conta a realidade. Esta última representa-nos a melhor alternativa. Por vezes, uma análise da lei, feita em abstrato, conduz o juiz a elegê-la como a mais favorável norma ao réu; porém, a verificação detalhada, buscando o caso concreto, pode levar o magistrado a caminho diverso, escolhendo outra como a mais benéfica.

No campo específico das drogas, a Lei 11.343/2006 revogou, expressamente, as anteriores Leis 6.368/1976 e 10.409/2002. Adveio um real conflito neste cenário: pode-se combinar as leis ou aplicar apenas uma delas. Ilustrando a situação que chegou ao Judiciário: o art. 33 da Lei 11.343/2006, tratando do tráfico ilícito de drogas, aumentou a pena mínima para reclusão de cinco anos, enquanto o revogado art. 12 da Lei 6.368/1976 previa o montante mínimo de reclusão de três anos. Nesse ponto, a nova lei é mais severa. Por outro lado, o art. 33, § 4.º, da Lei 11.343/2006 trouxe uma causa de diminuição de pena de um sexto a dois terços, caso o agente seja primário, de bons antecedentes, sem dedicação a atividades criminosas, nem integração com organização criminosa. Nesse aspecto, a nova lei é favorável ao réu, pois o anterior art. 12 não possuía dispositivo semelhante. Para a aplicação da lei penal mais favorável, imaginemos um condenado por tráfico ilícito de entorpecentes, com base na Lei 6.368/1976, a três anos de reclusão. Ele é primário, sem antecedentes ou outra ligação com o crime. Em tese, teria direito à diminuição de sua pena, que fora aplicada no mínimo. Porém, o juiz deve subtrair esse montante (1/6 a 2/3) da pena concretizada (3 anos), advinda da anterior Lei 6.368/1976, ou da atual pena mínima (5 anos)? Se o magistrado adotar a viabilidade de combinação de leis penais, pode usar a pena de 3 anos de reclusão da lei anterior e a causa de diminuição da lei nova. No entanto, estaria *criando* uma lei nova, pois inexiste a referida pena mínima de 3 anos *juntamente* com a causa de diminuição de 1/6 a 2/3.

Por isso, sustentamos que o ideal é optar pela lei anterior ou pela lei nova, a depender do caso concreto. Projete-se o réu condenado a 3 anos de reclusão, com base no art. 12 da Lei 6.368/1976 (tráfico ilícito de drogas). É primário, sem antecedentes. Surge a lei nova, prevendo redutor para quem não tem condenação anterior. O magistrado deve realizar a seguinte projeção: levando em consideração a nova lei, no seu conjunto, incluindo a pena mínima de cinco anos, verifica, concretamente, qual seria a diminuição que o réu ou condenado mereceria. Essa redução (1/6 a 2/3) deve levar em conta a quantidade de drogas (é o entendimento majoritário). Portanto, se o condenado tinha pouca droga, receberia o máximo redutor aplicado sobre a pena mínima da nova lei (5 anos), resultando em 1 ano e 8 meses. No entanto, se ele tinha muita droga, receberia o mínimo redutor aplicado sobre a pena mínima da lei nova (5 anos), resultando em 4 anos e 2 meses.

16 | DROGAS – DE ACORDO COM A LEI 11.343/2006 – **Nucci**

Feita essa ponderação, o juiz da execução penal (para quem deve ser apresentado o pedido de aplicação da lei nova, em tese, benéfica ao condenado) opta pela lei nova *somente se* a pena, com o redutor, redundar em montante *abaixo* dos 3 anos aos quais ele está sentenciado. Porém, opta pela lei antiga caso a aplicação do redutor pudesse gerar qualquer quantia *acima* dos 3 anos da pena consolidada pela lei anterior. Assim agindo, o juiz não produz nova lei e aplica a mais favorável no caso concreto, podendo manter a anterior condenação tal como posta ou modificá-la, nos termos da lei nova.

Os Tribunais Superiores (STF e STJ) optaram pela *impossibilidade* de combinação das leis penais, havendo, inclusive, a Súmula 501, editada pelo Superior Tribunal de Justiça: "É cabível a aplicação retroativa da Lei n. 11.343/2006, desde que o resultado da incidência das suas disposições, na íntegra, seja mais favorável ao réu do que o advindo da aplicação da Lei n. 6.368/1976, sendo vedada a combinação de leis".

3.3.2 *Retroatividade de interpretação favorável de lei penal*

A interpretação favorável ao réu a uma lei penal, quando tomada pelo Supremo Tribunal Federal, em sua composição plena, deve dirigir as demais decisões de tribunais inferiores. Nessa situação, por vezes, a interpretação favorável de um dispositivo entra em confronto com decisões condenatórias transitadas em julgado, demandando, em nosso entendimento, adaptação para gerar um *status* igualitário a todos os autores de idêntico delito.

Embora muitos julgados perfilhem posição diversa, no tocante à manutenção da condenação definitiva, não visualizamos equidade nessa ótica, pois se institui duas versões díspares em relação a uma mesma situação jurídica. Cabe diferenciar, para mais aguda percepção do assunto, duas possibilidades: a) consideração da inconstitucionalidade de uma lei ou parte dela; b) consideração de interpretação benéfica ao acusado no tocante a certa lei ou parte dela. A primeira hipótese nos soa de aplicabilidade indispensável, em nível retroativo, para evitar que alguém, cumprindo pena, tenha um tratamento punitivo mais rigoroso do que o réu autor de delito idêntico ainda respondendo a processo criminal. A segunda hipótese parece-nos de aplicabilidade razoável, quando for possível adequar-se a execução penal à benéfica interpretação feita pelo STF.

Ilustrando, quanto à declaração de inconstitucionalidade, em 2021, o Plenário do Supremo Tribunal Federal considerou desproporcional e, portanto, inconstitucional a pena estabelecida pelo art. 273 do Código Penal (reclusão de 10 a 15 anos, e multa), ao analisar conduta tipificada no art. 273, § 1.º-B, I, repristinando, para esta hipótese, a anterior pena (reclusão, de 1 a 3 anos, e multa). Soa-nos incompreensível que alguém, em cumprimento da pena de

Capítulo I • Princípios Constitucionais Penais e Processuais Penais Aplicáveis ao Contexto | **17**

reclusão de 10 anos, não possa se beneficiar desse entendimento, de modo que a interpretação dada ao dispositivo deve retroagir para envolver os casos concretos, embora já decididos definitivamente, alterando-se a pena, seja por intervenção do juízo das execuções penais, seja pelo ajuizamento de revisão criminal.[14]

Registre-se, ainda, a edição de súmula vinculante (art. 103-A, CF), que deve ser aplicada a todos os processos em andamento, mas, identicamente, aos casos de condenação com trânsito em julgado, enquanto persistir a execução da pena. Cuida-se de retroatividade benéfica necessária ao justo equilíbrio das punições em matéria penal.

Ilustrando, caso exista um condenado por tráfico ilícito de drogas, que teve a progressão de regime (fechado ao semiaberto) deferida pelo magistrado, mas aguarda a vaga na colônia penal em regime fechado, editada a Súmula Vinculante 56 ("A falta de estabelecimento penal adequado não autoriza a manutenção do condenado em regime prisional mais gravoso, devendo-se observar, nessa hipótese, os parâmetros fixados no RE 641.320/RS"), deve ser, de pronto, deslocado para regime menos gravoso (por exemplo, transferido ao regime aberto, enquanto espera a vaga no semiaberto). A retroatividade de qualquer interpretação realizada pelo Plenário do STF espelha o entendimento da mais alta corte de justiça, de modo que o seu alcance precisa realizar-se da maneira mais abrangente possível, equivalendo dizer ser viável a sua aplicação a situações de condenação definitiva, cuja execução penal se encontra pendente.

Especificamente no âmbito da Lei de Drogas, a Súmula Vinculante 59 estipula: "É impositiva a fixação do regime aberto e a substituição da pena privativa de liberdade por restritiva de direitos quando reconhecida a figura do tráfico privilegiado (art. 33, § 4.º, da Lei 11.343/06) e ausentes vetores negativos na primeira fase da dosimetria (art. 59 do CP), observados os requisitos do art. 33, § 2.º, alínea *c*, e do art. 44, ambos do Código Penal". Deve-se aplicá-la não somente aos processos criminais em curso, mas a todos os casos de execução penal em andamento, verificando, nesta última hipótese, o juiz da execução penal a viabilidade de concessão do regime aberto e a substituição da pena privativa de liberdade por restritiva de direitos, nos feitos relativos ao tráfico de drogas, denominado *privilegiado*. Outra alternativa, segundo nos parece, é a aplicação da súmula vinculante benéfica em revisão criminal ajuizada pelo sentenciado, caso o juiz da execução alegue somente poder aplicar a lei posterior benéfica – e não súmula vinculante, seguindo-se a literalidade do art. 66, I, da Lei 7.210/1984.

---

[14] RE 979.962.

3.3.3 Retroatividade do complemento de norma penal em branco

As normas penais em branco não lesam o princípio da legalidade, como já analisado no item 3.1.1, razão pela qual se torna relevante avaliar, neste tópico, qual a consequência jurídica quando o seu complemento é alterado de forma benéfica ao acusado ou condenado. Em primeiro lugar, destaque-se constituir o seu complemento uma norma de natureza intermitente, ou seja, tem o propósito de durar por tempo limitado, justamente o que transforma a norma penal em branco passível de célere modificação, sem a necessidade de ser editada uma lei no Congresso Nacional. Entretanto, no campo das drogas, imagine-se a hipótese de qualquer dos entorpecentes listados como proibidos ser retirado da relação produzida pela Anvisa; há de se conferir a consequência para a situação de quem está sendo processado ou condenado por conta disso.

Parece-nos inequívoco a indispensabilidade de retroatividade benéfica sem o que se teria uma situação incongruente, revelando-se na disparidade da conjuntura de pessoas cuja conduta tenha sido idêntica. Ilustrando, "A" encontra-se condenado por ter trazido consigo a droga X, considerada proibida, pois constante da relação da Anvisa. No entanto, essa droga é retirada da relação. A partir disso, "B" traz consigo a droga X e a consome, enquanto "A" continuaria preso, cumprindo a sanção penal por conta de um fato atualmente lícito. É preciso reputar retroativo o complemento e, com isso, considerar ter havido uma forma de *abolitio criminis*, vale dizer, não constitui mais um delito o porte da droga X e "A" deve ter extinta a sua punibilidade (art. 107, III, CP). Isso se dá porque a natureza do complemento é indispensável à compreensão do tipo incriminador, uma vez que possuir certa droga, por si só, não é esclarecedor na medida em que existem vários entorpecentes lícitos ou de uso regulado ou controlado; assim, saber exatamente quais são as drogas ilícitas é o cerne dos crimes previstos na Lei 11.343/2006.

3.3.4 Crime permanente e delito continuado

Denomina-se *permanente* o delito cuja consumação se protrai no tempo, não se podendo apontar um momento decisivo e preciso para a lesão ao bem jurídico tutelado. Realizada a conduta prevista no tipo incriminador, sem necessidade de qualquer outro ato do agente, o resultado se arrasta na linha do tempo, de forma que o autor pode adquirir droga para, na sequência, guardá--la em sua casa, com o fim de entregá-la a consumo de terceiros. Enquanto o entorpecente estiver guardado em sua residência, o crime de tráfico ilícito de drogas (art. 33, Lei 11.343/2006) está em franca consumação.

Identificando-se o delito permanente, é fundamental lembrar que, havendo qualquer alteração legislativa, mesmo para tornar a pena mais grave, aplica-se de imediato ao caso, cuja consumação se encontra em andamento, visto lesar o bem jurídico "saúde pública". Não se pode invocar a proteção do art. 5.º, XL, da Constituição Federal, pretendendo-se a aplicação da lei mais favorável ao réu, tendo em vista não ter cessado o momento consumativo e, portanto, todas as transformações da lei aplicável ao caso precisam ser utilizadas.

A lei *posterior* à consumação, se benéfica, retrocede no tempo para favorecer o agente. No entanto, a lei editada *durante* a consumação é exatamente a lei da data do fato (*tempus regit actum*), sem qualquer favorecimento ou prejudicialidade ponderável.

Considera-se *continuado* o delito desencadeado em dois ou mais episódios criminosos de mesma espécie, interligados por circunstâncias de tempo, lugar, modo de execução e outras similares, formando um conjunto único, de onde se conclui serem os crimes sucessivos mera continuação do primeiro. Cuida-se de uma ficção jurídica, idealizada para beneficiar o réu. Em lugar de se concluir pela prática de duas ou mais infrações penais, aplicando-se a regra do concurso material (soma das penas), elege-se a pena da mais grave delas (se iguais, qualquer delas), aumentando-se de 1/6 a 2/3, como regra.[15]

Noutros termos, o crime continuado é um *todo* indissolúvel, em que vários crimes se transformam em um único, assim considerado para a aplicação favorável da pena. Por isso, seu desenvolvimento prático é similar ao delito permanente: enquanto não cessar a lesão ao bem jurídico, pela prática do último crime da cadeia sucessiva e continuada, pode-se deduzir estar em franca consumação. Por esse motivo, advindo lei penal desfavorável, enquanto não terminada a continuidade delitiva, será imediatamente aplicada, sem qualquer recurso ao fenômeno da extratividade benéfica.

Encontra aplicação integral a esse contexto o disposto na Súmula 711 do STF: "A lei penal mais grave aplica-se ao crime continuado ou ao crime permanente, se a sua vigência é anterior à cessação da continuidade ou da permanência".

3.4 Humanidade

3.4.1 Conceito e alcance

A questão relativa à *humanidade* (natureza humana ou conjunto de seres humanos) liga-se à *humanização* (conferir a algo ou alguém a natureza humana, simbolizando o trato calcado na tolerância, na benevolência e na indulgência) do caráter punitivo decorrente da prática do crime, afinal, qualquer pessoa está sujeita a cometer erros, e alguns dos quais podem significar uma infração penal. Não é por isso que se pode permitir a prevalência da *desumanização* da

---

[15]   Consultar o art. 71 do Código Penal.

reprimenda, tornando-a cruel, excessiva e intolerante. O Estado, por meio de seus órgãos punitivos, deve dar o exemplo maior de benignidade, jamais se valendo dos mesmos instrumentos usados pelo criminoso, ainda que este tenha agido com perversidade, pois, do contrário, estaria a ele se equiparando, algo que foge à dimensão do Estado Democrático de Direito.

O princípio regente da dignidade da pessoa humana (art. 1.º, III, CF) estende a sua abrangência a este contexto, significando que combater o crime, impedindo o reino da impunidade, não simboliza, porque desnecessário, afastar-se da humanização das sanções penais.

O princípio da humanidade desenha-se no art. 5.º, XLVII: "não haverá penas: a) de morte, salvo em caso de guerra declarada, nos termos do art. 84, XIX; b) de caráter perpétuo; c) de trabalhos forçados; d) de banimento; e) cruéis". Equívoco houve na redação do referido inciso, pois o gênero (penais cruéis) foi inserido como espécie. Em realidade, veda-se, no Brasil, toda pena cruel, dentre elas a pena de morte, de caráter perpétuo, de trabalhos forçados e de banimento. Acrescente-se, por meio da porta de entrada conferida pelo gênero *crueldade*, as penas de castigos corporais e humilhações públicas.

Impulsionando a civilidade e pretendendo consolidar uma atuação imparcial e superior do Estado, considera-se crime grave a prática da tortura (art. 5.º, XLIII, CF), registrando-se que tal delito dá-se, em grande parte, no contexto da ação investigatória estatal. Objeta-se a produção de provas ilícitas (art. 5.º, LVI, CF) e pretende-se punir qualquer discriminação atentatória dos direitos e das garantias fundamentais (art. 5.º, XLI, CF).

A pena deverá ser cumprida em estabelecimento adequado, distinguindo-se a natureza do delito, a idade e o sexo do apenado (art. 5.º, XLVIII, CF), bem como assegurando-se aos presos o respeito à integridade física e moral (art. 5.º, XLIX, CF). As presidiárias terão direito de amamentar seus filhos (art. 5.º, L, CF).

Humaniza-se, constitucionalmente, o Direito Penal sancionador e o Processo Penal ético.

No cenário das drogas, há uma série de fatores a considerar, dentre os quais o trato com os usuários de drogas, bem como a lida com os viciados, além de diversas considerações no tocante à forma e ao modelo adotado pela legislação para tipificar, processar e punir o traficante. Parece-nos *desumano* condenar um usuário de drogas como se traficante fosse, pois as punições para um e outro caso são diametralmente opostas (art. 28: consumidor; art. 33: traficante); no entanto, encontra-se um número considerável de consumidores de drogas sentenciados sob as rigorosas penas do tráfico, por conta da inoperância da lei em distinguir, de maneira eficiente, as situações, além de existir uma parcela de magistrados voltada a atuar com extremo rigorismo, encontrando em qualquer fato um tráfico, ignorando quantidade, qualidade e destino do entorpecente.

O enfrentamento às drogas ilícitas é uma medida indispensável, pois o bem jurídico primordial se liga à saúde pública, significando a viabilidade de, espalhando-se a distribuição e o consumo de entorpecentes, um risco potencial de dano à saúde das pessoas, sem que se possa – nem se deva – especificar uma vítima determinada. Eis por que se trata de saúde *pública* e não individual. No entanto, a expressão *guerra às drogas*, de forte conteúdo valorativo, cunhada há tempos nos Estados Unidos, espelha um combate aguerrido e excessivo contra as pessoas que tenham algum contato com substâncias entorpecentes, embora nem todas representem, verdadeiramente, um perigo à sociedade. Em nome do princípio da humanidade, relembrando-se que o trato de um usuário como se traficante fosse tende a ser tão rigoroso quanto cruel, a demandar providências efetivas do Legislativo para reformar a atual Lei de Drogas, bem como do Judiciário para interpretá-la.

3.5 Personalidade ou responsabilidade pessoal

3.5.1 Conceito e abrangência

A personalidade de uma pessoa é o espelho fiel de sua individualidade, atributo que a torna singular, única e exclusiva em sua comunidade. Preservar a pessoalidade é dever do Estado Democrático de Direito, evitando qualquer padronização de condutas e punições no campo penal. Ademais, ainda que advenha condenação, com base em crime praticado, a individualização da pena – outro princípio constitucional – assegura a justa e personalista aplicação da pena e sua execução.

Por outro lado, o embate à discriminação, ao racismo e às desigualdades sociais tem por finalidade a construção de uma sociedade livre, justa e solidária (art. 3.º, I, CF), calcada, certamente, em respeito harmônico e pleno à liberdade individual. É essencial destacar, sob tal aspecto, que a droga ilícita pode proporcionar um enorme contingente de desgraças sociais, familiares e pessoais, enriquecendo traficantes, que geram organizações criminosas, ao mesmo tempo que afasta indivíduos de suas famílias, transtornando pais e amigos do viciado, cujo custo ao Estado é elevado, bastando verificar todas as mazelas lamentáveis produzidas pela concentração elevada de toxicômanos vagando por vias públicas de grandes centros urbanos.[16]

Pode-se associar, infelizmente, questões de discriminação, racismo e desigualdades sociais aos lamentáveis episódios de punição de traficantes e usuários

---

[16] Consulte-se farto material existente em relação à *cracolândia* da cidade de São Paulo para se ter uma ideia de situação caótica, incapaz de ser solucionada por qualquer governante, seja de que partido político for, ao longo de vários anos.

de drogas, visto que o número de pessoas condenadas por delitos previstos na Lei 11.343/2006 é constituído de indivíduos pobres, muitos dos quais são negros, espelhando uma atuação desequilibrada dos órgãos estatais de repressão, afinal, pessoas de elevado poder aquisitivo também consomem drogas e muitos ricos traficantes exibem seu *status* social a quem queira tomar conhecimento, mas não são estes os aprisionados majoritariamente.

O princípio constitucional da responsabilidade pessoal, em sentido estrito, significa que "nenhuma pena passará da pessoa do condenado, podendo a obrigação de reparar o dano e a decretação do perdimento de bens ser, nos termos da lei, estendidas aos sucessores e contra eles executadas, até o limite do valor do patrimônio transferido" (art. 5.º, XLV, CF). Ocorre que, a continuar a discriminação no cenário da persecução penal aos traficantes e usuários de menor poder aquisitivo, gera-se um universo de prejuízos diretos às famílias pobres, configurando uma forma de *punição indireta*, que ultrapassa a pessoa do delinquente.

Sob prisma diverso, não se encontra protegido o patrimônio arrecadado pelo traficante, em decorrência do comércio ilícito de drogas, podendo ser confiscado pelo Estado, mesmo quando transmitido a sucessores, conforme se pode constatar no art. 60 e seguintes da Lei 11.343/2006.

Acrescente-se, ainda, a previsão constitucional nesse sentido: "Art. 243. As propriedades rurais e urbanas de qualquer região do País onde forem localizadas culturas ilegais de plantas psicotrópicas ou a exploração de trabalho escravo na forma da lei serão expropriadas e destinadas à reforma agrária e a programas de habitação popular, sem qualquer indenização ao proprietário e sem prejuízo de outras sanções previstas em lei, observado, no que couber, o disposto no art. 5.º. Parágrafo único. Todo e qualquer bem de valor econômico apreendido em decorrência do tráfico ilícito de entorpecentes e drogas afins e da exploração de trabalho escravo será confiscado e reverterá a fundo especial com destinação específica, na forma da lei".

3.6 Individualização da pena

3.6.1 Conceito e extensão

Individualizar significa particularizar uma situação ou tornar alguém individual; quer dizer distinguir uma coisa de outra, a fim de poder compreender, exatamente, o conteúdo, o alcance e a extensão do objeto analisado.[17] A *pena* é a sanção penal destinada ao condenado, infrator da lei penal, cujas funções e

---

[17]   Consultar, ainda, para mais detalhes, o nosso livro *Individualização da pena*.

finalidades são multifacetadas, implicando retribuição e prevenção pela prática do crime.

A junção desses termos, constituindo a *individualização da pena*, é essencial para garantir a justa fixação da sanção penal, evitando-se a intolerável padronização e o desgaste da uniformização de seres humanos, como se todos fossem iguais uns aos outros, em atitudes e vivências. Logicamente, todos são iguais *perante a lei*, mas não perante uns e outros. Cada qual mantém a sua individualidade, desde o nascimento até a morte. Esse contorno íntimo deve ser observado pelo magistrado no momento de aplicação da pena.[18]

O mandamento é constitucional: "a lei regulará a individualização da pena (...)" (art. 5.º, XLVI, CF). Em primeiro lugar, deve-se registrar a imperativa colocação no sentido de que a pena *deve ser* individualizada – e jamais, por óbvio, padronizada. Em segundo, nota-se ter o constituinte transmitido ao legislador infraconstitucional a tarefa de detalhar o modo pelo qual se fará a necessária individualização.

Noutros termos, torna-se inviável – e seria inconstitucional – que a lei ordinária, a pretexto de individualizar a pena, na ótica legislativa, retire do magistrado qualquer margem razoável de ação. Acrescente-se que há, também, a individualização executória da pena, permitindo considerar o progresso de cada sentenciado de modo particularizado, motivo pelo qual se justifica a progressão de regimes, conforme requisitos objetivos e subjetivos, bem como outros benefícios – livramento condicional, remição, saída temporária, indulto e comutação, entre outros.

É fundamental assinalar que a pena não significa, única e tão somente, a escolha do *quantum* a ser aplicado (ex.: entre 6 e 20 anos de reclusão, opta-se por 8). Inclui-se no processo de fixação a eleição do regime de cumprimento da pena (fechado, semiaberto ou aberto). Além do regime, torna-se preciso abordar as eventuais aplicações de benefícios legais, por exemplo, a substituição das penas privativas de liberdade por restritivas de direitos ou multa. Considera-se, por certo, a possibilidade de aplicar a suspensão condicional da pena.

---

[18] "Nem todos os del nquentes culpados do mesmo fato comprometem a sociedade no mesmo grau. Ela tem mais a recear do reincidente, do malfeitor habitual, do que daquele que comete um crime pela primeira vez; as conspirações e os agrupamentos de malfeitores em bandos, ameaçam-na mais perigosamente do que o indivíduo isolado; a malícia, a ameaça e a premeditação causam-lhe maiores perturbações do que o arrebatamento ou a negligência" (JHERING, *A evolução do direito*, p. 385).

3.7 Intervenção mínima (subsidiariedade, fragmentariedade e ofensividade)

3.7.1 Conceito e dimensão

Intervir significa tomar parte em algo, colocando-se entre duas ou mais partes. Tratando-se da figura do Estado, a intromissão se dá no contexto de conflitos ou litígios entre pessoas físicas ou jurídicas, necessitando-se da autoridade das leis para que seja composta a disputa de interesses.

Em matéria penal, há uma contenda, envolvendo interesses díspares, no cenário do cometimento do crime. Quando o agente comete a infração penal, de algum modo lesa interesse jurídico tutelado, gerando o contraposto interesse de que haja punição. Assumindo o Estado o monopólio de distribuição de justiça e composição de conflitos, torna-se natural que intervenha para garantir a justa aplicação da lei. Noutros termos, a parte lesada abdica de qualquer interesse punitivo direto, desatrelando-se da vingança privada e confiando na mediação estatal para demonstrar ao agente desafiador qual o rumo ideal para o respeito das leis. Mantém-se, com isso, a estabilidade democrática da sociedade civilizada.

Não se confunda, por óbvio, o monopólio punitivo estatal com a iniciativa da ação penal, cuja finalidade é, ao final, fazer valer a força de punição advinda do Direito Penal. Portanto, advenha a denúncia (promovida pelo Ministério Público) ou a queixa-crime (ajuizada pelo ofendido, por seu advogado), instaura-se o devido processo penal para que se possa atingir a razoável composição do conflito de interesses. Mediatamente, a vítima sente-se atendida, ratificando sua confiança no sistema legal, quando o Estado aplica a lei penal, dentro de critérios previamente estabelecidos, para evidenciar a correção necessária a quem desrespeitou as normas vigentes. Na cena das drogas, relembrando-se que o bem jurídico tutelado é a saúde pública, o interesse lesado pela prática do crime concerne à sociedade, razão pela qual a ação penal é ajuizada pelo Ministério Público.

A intervenção do Estado é desejável, na medida em que se acate a liberdade individual como bem supremo, preservando-se a dignidade da pessoa humana na exata demanda do Estado Democrático de Direito.[19] Eis a razão pela qual se deve buscar a denominada *intervenção mínima* no campo penal, visto ser a

---

[19] "Desta forma, a utilização legítima do direito penal, no modelo de Estado em vigor, só se faz possível diante de condutas que atentem contra a dignidade humana ou contra os bens e valores que permitam sua existência material. Comportamentos que não afetem esta dignidade não oferecem perigo à funcionalidade do sistema Democrático de Direito, não ofendem as expectativas de uma convivência plural e, portanto, não devem ser objeto de repressão penal" (BOTTINI, *Crimes de perigo abstrato e princípio da precaução*, p. 174).

esfera de poder máximo, viabilizando-se as mais enérgicas formas de sanções coercitivas à pessoa.

Fosse o Direito Penal a primeira opção do legislador para a composição de conflitos e mediação de interesses contrapostos, estar-se-ia vulgarizando a força estatal, privilegiando o império da brutalidade, pois a todos os erros seriam impostas reprimendas máximas. Assim não se dá no dia a dia em cenário algum, visto existir a proporcionalidade e a razoabilidade, como mecanismos justos de quantificação da demanda punitiva em face de desvios de toda ordem. Logo, não se poderia acolher, especialmente no contexto penal, o abuso e o exagero para a imposição do respeito à lei.

O direito penal deve ser considerado a *ultima ratio* (derradeira opção ou hipótese) para impor sanção a qualquer lesão de direito, significando, nesse prisma, o seu caráter subsidiário. Se outros ramos do direito não derem conta de regular conflitos e punir infratores, invoca-se a atuação penal.

Noutro ângulo, aponta-se a índole fragmentária do ramo criminal, uma vez que o Direito possui vários outros – civil, processual, trabalhista, tributário, ambiental, administrativo etc. – para cuidar de infrações menos graves, mas igualmente importantes. Portanto, o direito penal ocupa um dos fragmentos do ordenamento jurídico, a ele reservados os atos lesivos mais graves.

Tratando-se do princípio da ofensividade, que consideramos incluído na conjuntura da intervenção mínima, indica-se que o protagonismo penal, para sancionar condutas perniciosas, precisa considerar o valor do bem jurídico e o grau da concreta alegada lesão. Afinal, se o Estado-repressor penal respeitar o critério da intervenção mínima, não poderá ocupar-se de diminutas ofensas ao bem jurídico, pois destas se ocupam outras esferas do Direito. Disso decorre o alheamento das minúsculas lesões a bens juridicamente tutelados do ambiente penal.

O princípio da intervenção mínima emerge do conjunto das normas constitucionais regentes do Estado Democrático de Direito, cujo fundamento se alicerça na dignidade da pessoa humana, valendo dizer que somente Estados totalitários, de espírito antidemocrático, podem pretender a punição de toda e qualquer lesão pelo direito criminal.

Por vezes, argumenta-se que a vítima de um dano a direito seu merece proteção e, para tanto, sejam lesões mínimas, médias ou máximas, deve-se buscar acolhida no seio penal, o que, em verdade, simboliza uma ilogicidade, pois se nega a existência e funcionalidade de outros ramos do ordenamento jurídico. Se alguém perturba o sossego de outrem, com gritaria, abusando de instrumento sonoro ou não impedindo o latido de um cachorro, pode e deve ser punido, *administrativamente*, por meio da aplicação de uma multa. Conforme o caso, pode-se, ainda no campo administrativo, interditar um local

público barulhento ou recolher um cachorro cujo latido é incessante e pertur-
bador. No entanto, cremos inadequada a vetusta previsão, como contravenção
penal, do disposto pelo art. 42 do Decreto-lei 3.688/1941 ("Perturbar alguém
o trabalho ou o sossego alheios: I – com gritaria ou algazarra; II – exercendo
profissão incômoda ou ruidosa, em desacordo com as prescrições legais; III
– abusando de instrumentos sonoros ou sinais acústicos; IV – provocando ou
não procurando impedir barulho produzido por animal de que tem a guarda:
Pena – prisão simples, de quinze dias a três meses, ou multa, de duzentos mil
réis a dois contos de réis").

A consagração da liberdade individual, estampada sob variadas formas (ir,
vir e ficar; pensar e manifestar-se; crer e cultuar; associar-se; viver de maneira
privada; zelar pela intimidade; possuir e usufruir de bens; unir-se em família
etc.), é o paradigma da sociedade democrática, regrada por leis. Destarte, as
infrações às normas postas merecem ser coibidas por inúmeros instrumentos
jurídicos extrapenais, antes que se possa lançar mão da *ultima ratio* (última
hipótese), identificada no Direito Penal.

Há inúmeros institutos editados nas últimas décadas, cujo objetivo é amenizar
a força punitiva penal, citando-se, como exemplo, a Lei 9.099/1995, instituindo
o Juizado Especial Criminal e garantindo-se a possibilidade de transação, com
o contorno à viabilidade de punição por meio da pena privativa de liberdade,
bem como tornando plausível a suspensão condicional do processo, superando
as dificuldades do processo penal obrigatório, que culminava com a aplicação de
sanção por vezes desnecessária. Além disso, a Lei 9.714/1998 inseriu, no Código
Penal, o incremento das penas alternativas, que possibilitam a substituição das
penas privativas de liberdade pelas restritivas de direitos ou pecuniárias. Com a
edição da Lei 13.964/2019, incluiu-se no Código de Processo Penal o art. 28-A,
contendo o benefício do acordo de não persecução penal, destinado a delitos
sem violência ou grave ameaça, com pena mínima inferior a 4 anos, mediante
o preenchimento de certos requisitos objetivos e subjetivos.

Na legislação especial, o exemplo emerge da Lei 11.343/2006 (Lei de Drogas), encartando como sanções penais ao usuário de entorpecentes penas de
advertência, restritivas de direitos ou multa, mas afastando, completamente, a
aplicação de pena privativa de liberdade (art. 28).[20]

As propostas de contorno à obrigatoriedade de ajuizamento de ação penal pública, de abrandamento de punições, de medidas estranhas à tradicional
pena privativa de liberdade e outros institutos tidos por *despenalizadores*, sem

---

[20]   Sob a trilha da intervenção mínima, o STF descriminalizou a posse e porte da maconha, para consumo pessoal, mantendo o caráter ilícito da conduta, aplicando-se
sanções de natureza extrapenal (RE 635.659-SP).

Capítulo I • Princípios Constitucionais Penais e Processuais Penais Aplicáveis ao Contexto | **27**

extrair do cenário penal as infrações, terminam por apontar, com clareza, para a proposta de *intervenção mínima*.

Quanto aos princípios da insignificância (crime de bagatela) e da adequação social, no campo das drogas, comentaremos nos tipos penais dos arts. 28 e 33.

3.8 Taxatividade

3.8.1 Conceito e importância

Taxativo significa limitativo ou restrito, indicando, no contexto do princípio da legalidade, deva o tipo penal incriminador espelhar, com clareza, exatamente a conduta considerada delito. Afinal, é o que dispõe o art. 5.º, XXXIX, da Constituição Federal: "não há crime sem lei anterior que o *defina*, nem pena sem prévia cominação legal" (destacamos). O conceito de definição implica gerar com nitidez o conteúdo de algo, tornando-o específico e determinado. Portanto, na consulta a um tipo penal, é essencial transmitir segurança para que a sociedade possa captar o seu sentido e alcance, sem haver a possibilidade de se cometer um crime por conta de dúvida produzida no intelecto de quem conhece a forma delituosa prevista em lei.

O tipo penal incriminador é um modelo abstrato de conduta proibida, voltado ao esclarecimento de todos em relação aos fatos considerados delituosos. Para cumprir sua função de tornar compreensível a norma penal, deve-se cuidar de seu conteúdo, formado por vocábulos e sentenças, coordenadas e bem-dispostas, de modo a assegurar a perfeita delimitação do universo da comunicação pretendida.

A taxatividade dos tipos penais tem a finalidade de aclarar o objetivo de cada figura criminosa, permitindo a exata captação do sentido dos modelos. Com isso, estabelece-se a relação de confiança entre o Estado e o indivíduo, tornando-se seguro o contorno entre o ilícito penal e o extrapenal.

Na estrutura dos tipos da Lei de Drogas, há normas penais em branco, cuja constitucionalidade já asseveramos em itens anteriores, embora exista um aspecto importante a considerar no tocante ao principal modelo incriminador referente ao tráfico de drogas (art. 33). Observe-se o seu conteúdo: "Importar, exportar, remeter, preparar, produzir, fabricar, adquirir, vender, expor à venda, oferecer, ter em depósito, transportar, trazer consigo, guardar, prescrever, ministrar, entregar a consumo ou fornecer drogas, ainda que gratuitamente, sem autorização ou em desacordo com determinação legal ou regulamentar". Em princípio, compreende-se o significado das 18 condutas enumeradas, associadas à parcela *em branco* (drogas ilícitas ou controladas), cujo complemento se encontra em portaria da Anvisa. Entretanto, na prática, parece-nos que a taxatividade sofre arranhão por omissão, visto que as condutas *independem* de qualquer finalidade, quando se sabe não ser assim que o tráfico se desenvolve.

A conduta *traficar* simboliza comércio – comprar e vender algo, nego-ciar –, não se cuidando de um quadro despido do ânimo de lucro, direto ou indireto, mas o tipo penal não indica qualquer elemento subjetivo específico nesse prisma. Em comparação, sabe-se que o tráfico de pessoas e o tráfico de órgãos constituem crimes compostos, igualmente, pelo intuito lucrativo de quem o pratica. Dever-se-ia afirmar, com clareza, o mesmo no tocante ao tráfico de drogas, inserindo a *finalidade* no tipo, no tipo, de maneira expressa, evitando-se o comodismo do órgão acusatório de, simplesmente, apontar na denúncia que o agente tinha em depósito determinada quanti-dade de droga ilícita, sem qualquer referência ao seu objetivo e, com isso, prescindindo de prova. Tem-se o elemento subjetivo específico explícito, ao contrário, no art. 28 (consumo de drogas), em que se demanda a prova da finalidade ("Quem adquirir, guardar, tiver em depósito, transportar ou trouxer consigo, *para consumo pessoal*, drogas sem autorização ou em desacordo com determinação legal ou regulamentar será submetido às seguintes penas", destacamos).

Cremos relevante, para a estrutura típica clara e determinada do tráfico de drogas, em função da taxatividade, a indicação da finalidade do agente, seja o comércio direto (compra e venda com lucro) ou indireto (fornecer para viciar e, depois, lucrar com a venda), seja a distribuição ou fornecimento gratuito para terceiros de droga proibida. Desse modo, encontrar droga com alguém, sem a demonstração de qualquer fim específico, deve comportar a dedução de ser para consumo pessoal e não para o tráfico. Observa-se, na prática forense, o inverso: toda situação em que haja droga cuja destinação não seja evidenciada como uso individual de quem a possui é tipificada como tráfico (art. 33), delito equiparado a hediondo.[21]

Em síntese, a taxatividade do tipo incriminador merece contar com toda a descrição possível do âmbito da conduta penalmente relevante, incluindo a(s) finalidade(s) específica(s) do agente, quando indispensável para captar, de forma nítida, o que se pretende punir.

Pelo exposto, deve-se buscar, na avaliação de uma imputação de tráfico ilícito de drogas, o elemento subjetivo específico *implícito*, consistente na finalidade de comercializar ou distribuir gratuitamente a terceiros. Fora disso, a presunção precisa resolver-se em favor do acusado, no sentido de ser entorpecente para o seu consumo.

---

[21] PAGLIUCA e CURY concordam que a ausência da finalidade no art. 33 (mas existente no 28) termina por inverter o ônus da prova (*Lei de drogas*, p. 64-65).

3.9 Proporcionalidade

3.9.1 Conceito e amplitude

A proporcionalidade indica a harmonia e boa regulação de um sistema, abrangendo, em Direito Penal, particularmente, o campo das penas.[22] A Constituição Federal sinaliza a preferência por determinadas sanções penais, no mesmo contexto indicativo do princípio da individualização das penas, a saber: "a lei regulará a individualização da pena e adotará, entre outras, as seguintes: a) privação ou restrição da liberdade; b) perda de bens; c) multa; d) prestação social alternativa; e) suspensão ou interdição de direitos" (art. 5.º, XLVI).

Portanto, devem as penas ser individualizadas, ao mesmo tempo que necessitam ser proporcionalmente aplicadas, conforme a gravidade da infração penal cometida.[23] Por isso, há uma meta revelada em direção a dois objetivos: a) preservar a harmonia entre a cominação de penas e os modelos de condutas proibidas; b) fundamentar o equilíbrio entre a aplicação das penas e os concretos modos de realização do crime.

O primeiro objetivo deve ser seguido pelo Poder Legislativo ao criar um tipo incriminador ou quando pretende alterar a espécie, forma ou quantidade de sanção penal. O segundo se volta ao Poder Judiciário e promove a razoável proporção entre o peso da sanção e o dano provocado pela infração penal.

3.9.2 Desproporcionalidade concreta no contexto das drogas

Todo operador do direito é capaz de notar e captar as situações nitidamente desproporcionais advindas da individualização da pena decorrentes de julgados de todas as instâncias. Tivemos a oportunidade de conhecer o teor de dois acórdãos de 2.ª instância com penas significativamente diversas, embora

---

[22] Em sentido amplo, na ótica de Willis Santiago Guerra Filho, o *"princípio da proporcionalidade em sentido estrito* determina que se estabeleça uma correspondência entre o fim a ser alcançado por uma disposição normativa e o meio empregado, que seja *juridicamente* a melhor possível. Isso significa, acima de tudo, que não se fira o 'conteúdo essencial' (*wesensgehalt*) de direito fundamental, com o desrespeito intolerável da dignidade humana – consagrada explicitamente como fundamento de nosso Estado Democrático, logo após a cidadania, no primeiro artigo da Constituição de 1988 –, bem como que, mesmo em havendo desvantagens para, digamos, o interesse de pessoas, individual ou coletivamente consideradas, acarretadas pela disposição normativa em apreço, as vantagens que traz para interesses de outra ordem superam aquelas desvantagens" (Dignidade humana, princípio da proporcionalidade e teoria dos direitos fundamentais, p. 310).

[23] "A pena é tanto mais grave quanto mais precioso for o bem. A *tabela das penalidades é a medida do valor dos bens sociais*" (Jhering, *A evolução do direito*, p. 383).

espelhando, na essência, fatos similares. Enquanto um réu, considerado traficante por trazer consigo 10 gramas de cocaína, terminou apenado a 10 anos de reclusão, e multa, outro acusado, julgado por outra câmara do mesmo tribunal, também reputado traficante, transportando 253 quilos de cocaína, foi condenado a 6 anos e 6 meses de reclusão, e multa, ambos iniciando o cumprimento em regime fechado. Em que pese o primeiro ser reincidente e o segundo, primário, parece-nos um quadro gerador de desproporção em face da disparidade da quantidade de cocaína por ambos transportada.

No entanto, variados casos podem ser colhidos na jurisprudência nos quais é possível constatar até mesmo situações fáticas idênticas, com penas aplicadas em níveis totalmente diferentes. Ilustrando, a depender do magistrado, o réu "A", primário, sem antecedentes, trazendo consigo 30 gramas de maconha, para o fim de tráfico, termina sentenciado ao cumprimento da pena de reclusão, de 1 ano e 8 meses, e multa, em regime inicial aberto, com a substituição por penas alternativas (art. 33, § 4.º, Lei de Drogas), enquanto o acusado "B", primário, sem antecedentes, com a mesma quantidade de maconha, para tráfico, é condenado por juízo diverso e suporta a pena de 5 anos de reclusão, e multa, iniciada em regime fechado (art. 33, *caput*, Lei de Drogas).

Avaliando-se ambas as decisões, torna-se visível a inserção de uma análise extremamente subjetiva por parte de cada julgador. Para um deles, qualquer droga ilícita é muito danosa à saúde e representa um mal grave à sociedade, merecendo rígido tratamento, enquanto o outro acolhe a ideia de que 30 gramas de maconha não é quantidade expressiva e o acusado preenche todos os requisitos do redutor previsto no § 4.º do art. 33. Por mais que se queira prestigiar a independência do juiz ao analisar seus processos criminais, parece-nos abusiva a desproporção entre as duas condenações, levando ao descrédito no campo da segurança jurídica. Essa desigualdade entre pessoas, cuja conduta é, basicamente, a mesma, assim como as suas circunstâncias de caráter pessoal, soa-nos inadmissível, recomendando modificações legislativas, com o objetivo de produzir normas mais específicas para a classificação entre usuário e traficante, mas, igualmente, entre traficantes, com indicações objetivas acerca da aplicação da pena, evitando-se considerações de ordem carregadas de subjetivismo puro.

Uma importante consideração relativa à desproporcionalidade no tocante às sentenças emitidas para o âmbito do tráfico de drogas é a sua peculiar e isolada localização no imenso cenário dos julgamentos criminais, equivalendo dizer que em nenhum outro contexto há tantas decisões diametralmente opostas. Consultando-se julgados concernentes a furtos, roubos, estelionatos, homicídio, estupros etc., delitos frequentemente praticados, inexistem análises tão abstratas e pessoais, feitas pelo julgador, a ponto de gerar penas muito diversas. Pode-se concluir pela nítida individualidade alcançada pelos delitos abrangendo as drogas ilícitas.

Capítulo I • Princípios Constitucionais Penais e Processuais Penais Aplicáveis ao Contexto | **31**

Não se pode apontar a "inconstitucionalidade" de sentença condenatória, porque a pena concretizada é reputada diversa da que foi aplicada em outro caso; nesse ponto, o princípio da proporcionalidade deixa de ser instrumento eficaz para tanto. Visualizada a desproporção, o único caminho é o recurso a instâncias superiores, que também ofertam julgados deveras diferentes para tráficos semelhantes. Enfim, buscando-se contornar qualquer conjuntura de *ativismo judicial*, resta conclamar o Legislativo a ingressar nesse espaço para efetivar modificações indispensáveis que possam assegurar tanto a individualização da pena quanto a proporcionalidade.

Ressalte-se a lembrança de WILLIS SANTIAGO GUERRA FILHO, quanto ao princípio da proporcionalidade: "um marco histórico para o surgimento desse tipo de formação política costuma-se apontar na *Magna Charta* inglesa, de 1215, na qual aparece com toda clareza manifestada a ideia acima referida, quando estabelece: 'o homem livre não deve ser punido por um delito menor, senão na medida desse delito, e por um grave delito ele deve ser punido de acordo com a gravidade do delito'. Essa espécie de contrato entre a Coroa e os senhores feudais é a origem do *Bill of Rights*, de 1689, onde então adquire força de lei os direitos frente à Coroa, estendidos agora aos súditos em seu conjunto".[24]

3.10 Vedação da dupla punição pelo mesmo fato

3.10.1 Conceito e aplicação

A proibição de dupla punição em virtude do mesmo fato criminoso é decorrência de dois princípios constitucionais: o princípio da legalidade em harmonia com o princípio da vedação do duplo processo pelo mesmo acontecimento. Este último encontra expressa previsão da Convenção Americana dos Direitos Humanos (art. 8.º, 4) e ingressa em nosso cenário constitucional pela abertura concedida pelo art. 5.º, § 2.º, da CF.[25] O primeiro é decorrência taxativa do art. 5.º, XXXIX, da Constituição Federal.

Quanto à legalidade, sabe-se não haver crime, nem pena, sem prévia definição e cominação legais. Para cada delito, prevê-se uma única possibilidade de aplicação de pena. Quando se avolumam os crimes, outras fórmulas são utilizadas

---

[24] WILLIS SANTIAGO GUERRA FILHO, Dignidade humana, princípio da proporcionalidade e teoria dos direitos fundamentais, p. 313.

[25] "Os direitos e garantias expressos nesta Constituição não excluem outros decorrentes do regime e dos princípios por ela adotados, ou dos tratados internacionais em que a República Federativa do Brasil seja parte". Cf. STF, RExt 466.343/SP, sobre a supralegalidade dos tratados sobre direitos humanos.

para avaliar a pena cabível (concurso de delitos). Entretanto, inexiste autorização legal para a imposição de mais de uma penalidade para um determinado fato.

Sob outro aspecto, havendo a proibição de se instaurar processo criminal mais de uma vez, pelo mesmo fato, contra alguém, pouco importando a solução anterior – se condenatória ou absolutória –, torna-se natural impedir-se a aplicação de dupla apenação por idêntica ocorrência. Se nem mesmo processo é viável instaurar-se, nem se cogite em dupla punição.

3.10.2 Correlação com a individualização da pena

O processo de aplicação da pena pode acarretar a ofensa ao princípio da vedação da dupla punição pelo mesmo fato sem que o magistrado perceba. Considerando-se os vários estágios utilizados para estabelecer a pena justa, é fundamental a redobrada atenção para ponderar uma única vez cada circunstância envolvendo o delito.

A incidência de circunstâncias judiciais (art. 42, Lei de Drogas) na primeira etapa, estabelecendo a pena-base, pode repetir-se, com outra nomenclatura, ao se cuidar das agravantes e atenuantes, consideradas na segunda etapa, assim como o advento de causas de aumento e diminuição da pena, na terceira fase, pode conflitar com ponderação feita em etapa anterior.

Os pontos mais polêmicos, na conjuntura da Lei 11.343/2006, serão analisados nos comentários aos crimes específicos.

3.10.3 A constitucionalidade da aplicação da reincidência

Reincidente é a pessoa que torna a praticar crime, depois de já ter sido condenada anteriormente em caráter definitivo (art. 63, CP). A reincidência não passa de uma recaída e, como tal, não significa *nova* punição pelo *mesmo fato*. Ao contrário, busca-se *valorar* esse aspecto para efeito de individualização da pena, do mesmo modo que se concede efeito positivo aos bons antecedentes e à primariedade.

O criminoso insistente, alheio à punição estatal como forma de reeducação, cético em relação às normas de vivência em sociedade, não deve ficar imune à análise de seu comportamento. A lei penal incentiva o uso de elementos particulares do agente para a fixação da pena concreta, tais como personalidade, antecedentes e conduta social. Aliás, o art. 42 da Lei de Drogas considera circunstâncias *preponderantes* a personalidade e a conduta social do agente.

A avaliação da reincidência representa o cumprimento fiel ao preceito constitucional, da individualização da pena, evitando-se a injusta padronização da pena. Ninguém deve ser apenado porque é reincidente, mas precisa ser mais severamente punido porque, nos próximos delitos, ignorou a anterior sanção

Capítulo I • Princípios Constitucionais Penais e Processuais Penais Aplicáveis ao Contexto | **33**

e persiste no propósito desafiador das regras estatais. Tal medida indica a fixação de pena mais rigorosa, quando da prática de novo crime, após já ter sido anteriormente condenado.

Aliás, a reincidência não utiliza, como parâmetro, o *mesmo fato* para qualquer finalidade. Vale-se de *fato novo* por completo. A prática de outro delito significa *fato* primário original, nunca considerado pela Justiça Criminal. Ao aplicar a pena, pelo delito inédito, leva-se em conta a circunstância pessoal de ser o réu reincidente, logo, são situações fáticas diversas.

3.11 Culpabilidade

3.11.1 Conceito e abrangência

Não há crime sem dolo ou culpa (*nullum crimen sine culpa*). Nessa expressão, concentra-se importante princípio de Direito Penal, constituindo-se autêntica garantia do indivíduo no Estado Democrático de Direito.

A prática da infração penal proporciona a aplicação da pena, a mais severa sanção imposta pelo Estado, passível de restrição à liberdade individual, devendo pautar-se pelo preenchimento dos seus aspectos objetivo e subjetivo. Não basta que o agente simplesmente realize um fato, mesmo quando decorrente de sua vontade consciente. Torna-se essencial buscar, no seu âmago, o elemento subjetivo, formado por manifestações psíquicas, emocionais, racionais, volitivas e sentimentais, em perfeito conjunto de inspirações exclusivas do ser humano. Cuida-se da expressão demonstrativa de particular modo de ser e agir, constitutivo do *querer ativo*, apto a atingir determinado resultado.

A mera realização de uma conduta, geradora de certo evento no campo naturalístico ou de resultado no cenário jurídico, é insuficiente para detectar o intuito humano de delinquir, vale dizer, de contrariar as regras impostas em sociedade, conforme o princípio da legalidade. Ocorrências advindas de caso fortuito, por exemplo, não podem ser imputadas ao ser humano.

A vontade do agente precisa da coloração do dolo – querer atingir certo resultado ou comportar-se de maneira a viabilizar a sua ocorrência, assumindo esse risco – ou da culpa – atuar de modo desatencioso quando se exige cumprimento ao dever de cuidado objetivo.

O princípio da culpabilidade encaixa-se no cenário das garantias individuais, decorrentes da intervenção mínima do direito penal na esfera privada da pessoa humana, fatores que alicerçam o Estado Democrático de Direito. Eis por que a denominada *responsabilidade penal objetiva* (punição sem ter havido dolo ou culpa) é vedada, como regra, no âmbito penal.

Os crimes previstos na Lei de Drogas são majoritariamente dolosos, com exceção do art. 38.

3.11.2 A responsabilidade penal objetiva e o enfoque da influência da droga

Diz-se *objetiva* a responsabilidade penal porque ausente o lado subjetivo, vale dizer, o dolo e a culpa. Portanto, o mero preenchimento do tipo penal, independentemente da valoração do querer ativo do agente, seria suficiente para efetivar a punição.

Por óbvio, está-se diante de medida drástica, disposta a conturbar as bases do Estado Democrático de Direito, por invadir o campo do desprezo pela vontade humana, quando qualificada na sua própria essência. No entanto, constata-se, diuturnamente, a prática de crimes encontrando-se o agente intoxicado pelo uso de droga, seja ela de comercialização lícita (álcool) ou ilícita (ex.: cocaína, maconha, heroína). A avaliação dessa situação encontra respaldo jurídico no art. 28 do Código Penal, indicando que a embriaguez decorrente de caso fortuito ou força maior (tem-se reservado o termo *embriaguez* para o uso de álcool) elide a culpabilidade e não acarreta punição ao agente. Pode-se sustentar o mesmo se o autor de um injusto penal estiver em êxtase pela ingestão de drogas ilícitas de qualquer natureza.

Entretanto, o registro obtido em casos concretos aponta para a raríssima ocorrência de arrebatamento do sujeito ativo do fato em virtude de intoxicação aguda advinda de caso fortuito ou força maior. A prática frequente se concentra no uso de álcool ou outras drogas, como hábito voluntário de alguém, além de servir de instrumento para encorajar ao cometimento de ato ilícito. Portanto, quem se intoxica voluntária ou culposamente para, na sequência, praticar o injusto penal deve ser por este responsabilizado. Embora não seja esse o campo ideal para debater com maior profundidade o tema, está-se diante de uma hipótese excepcional de responsabilidade penal objetiva, uma vez que o agente se encontra em estado de inconsciência, sem a capacidade real de diferençar o lícito do ilícito.[26]

Como se capta do art. 45 da Lei de Drogas, em paralelo aos arts. 26 e 28 do Código Penal, o agente sob efeito de drogas, que ingeriu *voluntariamente*,

---

[26] Parcela da doutrina e da jurisprudência opta por classificar essa situação como envolta pela teoria da *actio libera in causa* (ação livre na origem), pretendendo dizer que, caso se intoxique de propósito para cometer o crime, o dolo já se encontra delineado, podendo ser projetado para o momento da prática da infração. Esse exemplo é de *intoxicação preordenada*, com o que concordamos. No entanto, há quem se intoxique com drogas apenas para vivenciar o êxtase provocado pela ingestão, sem qualquer intenção delitiva. Eis que, alterado completamente, sem consciência exata do que faz, pratica o ato ilícito. Deve responder, sem dúvida, mas não nos convence a tese da *actio libera in causa*, pois inexiste dolo ao ingerir a droga para ser, depois, projetado ao momento da infração. É uma hipótese de responsabilização objetiva, por exceção.

Capítulo I • Princípios Constitucionais Penais e Processuais Penais Aplicáveis ao Contexto | **35**

sem que seja considerado *dependente* (viciado), sofre o juízo de culpabilidade e deve ser punido pelo que realizou.

3.11.3 Culpabilidade no campo da aplicação da pena

O princípio da culpabilidade liga-se, basicamente, à teoria do crime, concentrando-se no elemento subjetivo; por isso, delineia-se na expressão *não há crime sem dolo ou culpa*. Porém, a *culpabilidade* não se limita a esse cenário, visto constituir o liame entre o delito e a pena.

Diante disso, afora o seu aspecto *como princípio*, a culpabilidade exerce relevante papel para a configuração do crime, figurando como um juízo de reprovação social, incidente sobre o fato e seu autor, que deve ser imputável, atuar com consciência potencial de ilicitude, além de lhe ser possível atuar conforme o Direito (numa ótica finalista). Preenchidos os seus elementos (fato típico, ilícito e culpável), têm-se o delito e, por via de consequência, a viabilidade da condenação.

Na sequência, passa-se à fixação da pena, em que surge, mais uma vez, a noção de culpabilidade, conforme se visualiza no art. 59 do Código Penal. Significa, em sentido lato, despida dos elementos já analisados, somente um juízo de reprovação social (ou censura). Esse juízo se baseia em outros fatores, expostos no referido art. 59 (antecedentes, conduta social, personalidade, motivos, circunstâncias e consequências do delito e comportamento da vítima). Na conjuntura dos crimes da Lei 11.343/2006, deve-se levar em consideração, em particular, o disposto pelo art. 42, que serve para mensurar a culpabilidade do agente.

É fundamental não confundir o princípio da culpabilidade, como garantia contra a responsabilidade penal objetiva – não há crime sem dolo ou culpa –, com a culpabilidade, elemento do crime e fundamento da pena.

4   PRINCÍPIOS PROCESSUAIS PENAIS

4.1   Presunção de inocência

4.1.1   Conceito e abrangência

No cenário processual penal, reputa-se inocente a pessoa não culpada, ou seja, não considerada autora de crime. Não se trata, por óbvio, de um conceito singelo de candura ou ingenuidade. O estado natural do ser humano, seguindo-se fielmente o princípio da dignidade da pessoa humana, base do Estado Democrático de Direito, é a inocência. Inocente se nasce, permanecendo-se nesse estágio por toda a vida, a menos que haja o cometimento de uma infração penal e, seguindo-se os parâmetros do devido processo legal, consiga o Estado provocar a ocorrência de uma definitiva condenação criminal.

Em virtude da condenação, com trânsito em julgado, instala-se a certeza da culpa, abandonando-se o estado de inocência, ao menos quanto ao delito em foco. Não se quer dizer seja a condenação eterno estigma social, tampouco o estágio de inocência se tenha perdido eternamente. A situação é particularizada e voltada a um caso concreto: nesse cenário, o condenado, em definitivo, é culpado. Noutros campos, em razão de fatos diversos, mantém-se o estado natural e original de *inocência*.

O princípio é relevante para apurar, processar e condenar o autor de qualquer crime, não sendo diferente no contexto das infrações penais previstas na Lei 11.343/2006.

A presunção de inocência[27] acarreta o dever do órgão acusatório de provar a culpa do acusado, provocando efeitos secundários, no sentido de que a privação da liberdade, por meio de prisão cautelar, deve ser restritivamente interpretada, assim como outras medidas de cautela que possam afetar outros direitos, tal como o de propriedade. De outra sorte, quem é inocente, até prova definitiva em contrário, por meio de julgamento, não tem nenhuma obrigação legal de se autoacusar, podendo exercer o seu direito ao silêncio, sem qualquer prejuízo à sua defesa. Culmina-se pela avaliação do quadro geral probatório, chegando-se à conclusão de que, havendo dúvida razoável, deve-se decidir em favor do réu (*in dubio pro reo*).

A sua previsão encontra suporte no art. 5.º, LVII, da Constituição Federal: "ninguém será considerado culpado até o trânsito em julgado de sentença penal condenatória".

4.1.2 *Ônus da prova nos crimes de drogas*

O ônus é um encargo, uma responsabilidade ou um fardo, mas não um dever ou obrigação,[28] visto que o dever ou obrigação, quando descumprido, gera uma sanção; o encargo é uma incumbência, como uma atividade ou tarefa a ser desempenhada, com o fito de obter um ganho.

---

[27]   Nas palavras de Maurício Zanoide de Moraes, "a presunção de inocência é, portanto, um direito garantido a seu titular nos moldes 'prima facie' ou como 'mandamento de otimização', o que significa dizer que a norma será cumprida dentro da maior eficácia possível. Isso não significa dizer que os agentes (públicos ou privados) não tenham o dever de respeitar e promover aquele direito, mas apenas que isso deve acontecer na 'maior medida possível'. Possibilidade que se extrai das condições fático-jurídicas do caso concreto" (*Presunção de inocência no processo penal brasileiro*: análise de sua estrutura normativa para a elaboração legislativa e para a decisão judicial, p. 274).

[28]   No máximo, um dever *processual*, havendo o *interesse* de ser a alegação acolhida pelo Judiciário.

Capítulo I • Princípios Constitucionais Penais e Processuais Penais Aplicáveis ao Contexto **37**

No processo criminal, cabe à acusação – Ministério Público (denúncia) ou ofendido (queixa) – a responsabilidade de demonstrar aquilo que alega na sua peça inicial; não se desincumbindo desse encargo, a ação deve ser julgada improcedente. Há um interesse do órgão acusatório no tocante à condenação, não por sentimento pessoal (*v.g.*, vingança), mas pela convicção formada ao ajuizar a demanda, nascendo o ônus da prova. Por outro lado, lastreado no princípio da presunção de inocência, o acusado pode permanecer em silêncio, sem qualquer prejuízo à sua defesa, bem como oferecer a versão que desejar, livremente, porém sem o encargo de demonstrar a sua *não culpabilidade.*

No terreno dos crimes de drogas ilícitas, o ônus da prova, por óbvio, cabe à acusação, embora nem sempre isso se revele na prática. Alicerçado pelos tipos penais, um dos mais intrincados problemas a solucionar é a diferença entre o consumidor da droga e o traficante, cujo teor do § 2.º do art. 28 tem sido incapaz de resolver. *In verbis*: "Para determinar se a droga destinava-se a consumo pessoal, o juiz atenderá à natureza e à quantidade da substância apreendida, ao local e às condições em que se desenvolveu a ação, às circunstâncias sociais e pessoais, bem como à conduta e aos antecedentes do agente".

Além disso, como exposto em itens anteriores, verifica-se em situações concretas que a ausência de um expresso elemento subjetivo específico no tipo incriminador do art. 33 favorece a acusação, visto que a finalidade está inserida, de modo expresso, no tipo mais brando do art. 28 (*para consumo pessoal*).

Relatemos o dilema: o agente é encontrado pela polícia trazendo consigo 3 gramas de crack em área considerada de venda de drogas (*boca de fumo*). Assusta-se com a visão da chegada da viatura e sai correndo. Perseguido, é preso e encontrado com o referido entorpecente. Alega ser usuário, mas, naquele momento, é só o que pode alegar e, por via de consequência, sem mais dados, é preso como traficante. Apresentado à autoridade policial, lavra-se o auto de prisão em flagrante. O órgão acusatório oferece denúncia, narrando apenas o fato de que o acusado carregava 3 gramas de crack, sendo-lhe dispensada qualquer imputação mais ampla, como a finalidade daquele porte. *Presume-se* ser tráfico de drogas. Se a defesa quiser – e puder –, poderá apresentar provas de que aquela quantidade tinha sido adquirida naquele local para consumo pessoal do réu. Está-se, em verdade, invertendo o ônus da prova, o que significa uma ranhura ao princípio da presunção de inocência. É o que se pode observar na prática.

Sob perspectiva diversa: o portador da droga é preso em flagrante por tráfico, mas o tipo penal do art. 33 passa a conter a finalidade específica (para obter lucro, direto ou indireto, ou para a entrega a consumo de terceiros, ainda que gratuitamente). A imputação da denúncia deverá conter não apenas o fato relativo ao porte do entorpecente, mas a finalidade do agente, cujo ônus probatório caberá à acusação. Não demonstrado esse propósito de maneira clara, havendo dúvida quanto a isso, o porte se desloca para a figura do consumo (art. 28).

Pode-se contra-argumentar, afirmando que o tráfico ilícito de drogas é demonstrado, nos casos concretos, porque teria *ficado evidente* não se tratar de entorpecente para consumo pessoal; aponta-se a forma de acondicionamento, a quantidade, eventual antecedente do acusado, o local onde houve a apreensão, o fato de o réu ter corrido com a chegada da polícia, dentre fatores similares. Contudo, todos os elementos indicados comportam excessiva flexibilidade na interpretação realizada pelos operadores do direito e seus agentes (*v.g.*, policiais, delegados, membros do Ministério Público, magistrados, defensores). Afinal, o traficante pode carregar consigo 3 gramas de crack, preparados para a venda, repassando-os ao consumidor; este recebe o entorpecente nesse formato, além de estar na zona de tráfico para comprar – e não para vender; pode ocorrer, ainda, em qualquer situação, a aquisição de drogas, para consumo, em quantidade suficiente para durar um tempo razoável, sem necessidade de retorno àquele lugar tão cedo, dentre outros argumentos.

Sob outro ponto de vista, costuma-se afirmar que uma pessoa pobre não pode ter uma quantidade *irrazoável* (avaliação de cunho subjetivo) de dinheiro, sem justificativa *aceitável* (idem), motivo pelo qual, se encontrado com pouca quantidade de droga, é reputado traficante. O quadro narrado não é o mesmo se uma pessoa, com ótimo poder aquisitivo, possui droga e dinheiro; é considerado consumidor.

Em suma, inexiste um padrão confiável para apontar o traficante e o usuário e pode ser que, mesmo modificada a lei, continue a persistir dúvidas; não há como atingir um patamar de cristalina certeza no panorama das drogas ilícitas, embora isso não justifique o marasmo legislativo para buscar o aperfeiçoamento das normas e, igualmente, a rígida posição do Judiciário ao se manter ligado a ideias preconcebidas acerca do embate ao tráfico de drogas.

4.2 Ampla defesa

4.2.1 Conceito e extensão

A defesa constitui direito inerente à pessoa humana, conferindo-se dignidade, no contexto das relações sociais. Representa uma proteção, uma oposição ou uma justificação voltada à acusação da prática de um crime, quando se está no cenário penal. Emerge de forma automática, na maior parte das vezes, tendo em vista a natureza humana, calcada no sentimento de preservação e subsistência. Não se considera fato normal a assunção de culpa, mormente quando há a contraposição estatal impondo a pena.

Capítulo I • Princípios Constitucionais Penais e Processuais Penais Aplicáveis ao Contexto | **39**

A *ampla* possibilidade de se *defender* representa a mais copiosa chance de preservar o estado de inocência, outro atributo natural do ser humano. Não se deve cercear a autoproteção, a oposição ou a justificação apresentada; ao contrário, exige-se a soltura das amarras formais, porventura existentes no processo, para que se cumpra, fielmente, a Constituição Federal.

Envolve todos os estágios da persecução penal, desde o início da investigação até o término de eventual cumprimento de pena ou o trânsito em julgado de absolvição, devendo-se, naturalmente, distinguir *como* a ampla defesa é instrumentalizada a cada uma dessas etapas. Se na fase do inquérito policial, o indiciado não desenvolve a sua defesa de forma ativa, no sentido de ser chamado a apresentar a sua alegação, não é privado de sua possibilidade de impetrar *habeas corpus* questionando algum aspecto abusivo da investigação. A ampla defesa se expressa de maneira mais visível durante a instrução em juízo, por meio da defesa técnica, através de advogado, além de poder ofertar a autodefesa, apresentando a sua versão da imputação diretamente ao julgador. Na fase da execução da pena, não se perde de vista a ampla defesa em diversos pontos, devendo-se assegurar, também, a autodefesa.

Em processos que envolvem a apuração dos crimes ligados ao tráfico ilícito de drogas, por vezes, com o envolvimento de vários acusados, podendo-se detectar, inclusive, a existência de associação criminosa ou crime organizado, torna o andamento muito lento, com vários defensores pleiteando muitas diligências, acarretando uma duração irrazoável da instrução, mormente levando-se em consideração se houver réus presos cautelarmente. A implementação do equilíbrio entre uma defesa ampla e efetiva associada ao célere desenvolvimento processual com a duração razoável da prisão cautelar não é tarefa simples, cabendo ao juiz o exercício de sua atividade, como presidente da instrução, tanto a permitir a eficaz defesa quanto a evitar atos meramente procrastinatórios.

4.3 Contraditório

4.3.1 Conceito e avaliação quanto aos seus efeitos

O contraditório pode associar-se à ampla defesa, sob o ponto de vista do acusado, mas se torna singular, quando aplicável ao órgão acusatório. Se o réu tem direito à ampla defesa e ao contraditório, a acusação tem direito ao contraditório.

A oportunidade deve ser concedida às partes para contestar, impugnar, contrariar ou fornecer uma versão própria acerca de alguma alegação, prova juntada aos autos ou atividade contrária ao seu interesse. Caso não haja relevância, a parte toma ciência, efetivando-se a alternativa propiciada, mas se omite quanto a qualquer oposição.

DROGAS – DE ACORDO COM A LEI 11.343/2006 – Nucci

Há várias maneiras de se realizar, podendo-se dar ciência à parte contrária por citação, intimação, notificação ou por qualquer outro ato, que atinja a finalidade de dar conhecimento da situação gerada.

O contraditório possui o natural limite do debate, em que uma das partes fala por último, justificando a cessação dos argumentos, exatamente o que se dá em certas situações processuais, como no quadro das alegações finais, quando o órgão acusatório fornece as suas razões e a defesa apresenta as suas, sem retornar ao Ministério Público. Não se pode validar o infinito método de contraposição de argumentos ou pedidos.

No processo, iniciada a ação penal, recebida a peça acusatória, onde consta a imputação, há de se citar o réu para que apresente a sua defesa, por escrito, necessariamente. É o contraditório obrigatório, em função da ampla defesa. Em um primeiro momento, o acusado pode refutar a inicial ou pode calar-se, preferindo postar-se contra a imputação em estágio posterior. Eventualmente, afirmando algo inédito, em sua primeira impugnação, passível de gerar, por exemplo, a extinção da punibilidade, deve-se, novamente, provocar a oitiva da parte contrária, o órgão acusador, a fim de se manifestar em relação a algo, que pode colocar fim à sua pretensão. Cientes de todos os argumentos levantados, decide o juiz. Este, por seu turno, precisa levar em conta todo o alegado e, como bem lembra André Luiz Nicolitt, "não basta que as partes falem no processo, é preciso que elas sejam ouvidas. Assim, se o contraditório deve reger todo o curso do processo, a sentença – como ato pelo qual o juiz esgota sua atividade jurisdicional – deve ser a manifestação apoteótica do contraditório".[29]

4.4 Juiz natural e imparcial

4.4.1 Conceito e perspectivas

Em qualquer processo, o juiz natural é imprescindível para compor o devido processo legal, assegurando às partes a mais precisa imparcialidade.

O juiz *natural*[30] é aquele destinado, por critérios legais, antecipados e lógicos, sem artificialismo, a analisar determinada causa concreta, guardando

---

[29] André Luiz Nicolitt, A garantia do contraditório: consagrada na Constituição de 1988 e olvidada na reforma do Código de Processo Penal de 2008, p. 51. Ou, ainda, no dizer de Antonio Magalhães Gomes Filho, mencionando observação de Colesanti, trata-se da *última manifestação do contraditório* (A garantia da motivação das decisões judiciais na Constituição de 1988, p. 63).

[30] Também denominado de juiz legal, juiz competente ou juiz constitucional, é "o órgão abstratamente considerado, cujo poder jurisdicional emana da Constituição" (Celso de Mello, *Constituição Federal anotada*, p. 450).

Capítulo I • Princípios Constitucionais Penais e Processuais Penais Aplicáveis ao Contexto | **41**

equidistância das partes. Em verdade, cuida-se de um órgão judiciário criado para aguardar futuras demandas, figurando como guardião dos direitos e garantias individuais. Por isso, menciona a Constituição Federal que *ninguém será processado nem sentenciado senão pela autoridade competente* (art. 5.º, LIII). A competência, como se sabe, é a medida da jurisdição, pronta a ser exercitada dentro de determinado território, conforme matéria especificamente delineada, cumprindo os padrões de respeitabilidade das prerrogativas de funções.

A perspectiva do juiz natural envolve, inequivocamente, o juiz *imparcial*, que tem condições, objetivas e subjetivas, de proferir veredicto sem inclinação por qualquer das partes envolvidas, fazendo-o com discernimento, lucidez e razão, com o fito de aplicar a lei ao caso concreto, fornecendo a mais clara evidência de se tratar de um Judiciário integrante do Estado Democrático de Direito.

No quadro das drogas, não há diferença substancial entre a imparcialidade que se exige do magistrado julgador de tráfico ilícito de entorpecente de outro que avalia qualquer outra demanda criminal, embora se possa observar a peculiaridade de haver magistrados inclinados a formar um conceito acerca da criminalização ou descriminalização de drogas, a respeito dos males gerados pelos entorpecentes em diversos setores da sociedade, em especial quanto ao envolvimento de crianças e adolescentes, bem como termina por avaliar, sem estudo científico, qual a natureza da droga e o grau de perigo à saúde. Além disso, essa situação abrange o setor da persecução penal, com juízes mais ligados à tutela das garantias e outros prestigiando a atividade policial, uma vez que o tráfico de drogas é crime permanente, autorizando a prisão em flagrante sem mandado judicial e o ingresso em domicílio durante a noite para efetuar uma detenção. Enfim, observa-se a existência de inúmeros fatores que podem, eventualmente, construir preconceitos e pré-julgamentos comprometedores da imparcialidade.

O ponto de destaque para a análise não é o questionamento direto sobre eventual parcialidade, em abstrato, do julgador, em casos criminais de drogas, mas levantar a questão para ampliar o debate no cenário dos operadores do direito e verificar até que ponto ideias preconcebidas, em terreno fértil e sensível como este, podem comprometer a lida do cotidiano na repressão à utilização, para diversos fins, de entorpecentes.

4.4.2 Fundamentação das decisões

O fornecimento de motivos, fundamentando uma decisão, indica o vínculo indispensável entre o magistrado e a lei, fonte da qual deve emanar a sua legitimidade de atuação. A imparcialidade pode ser analisada sob os aspectos objetivo e subjetivo. Quanto ao primeiro, torna-se visível em virtude dos comandos e decisões proferidos ao longo da instrução, mostrando-se juiz equilibrado e equidistante das partes. O aspecto subjetivo da imparcialidade é mais complexo de se evidenciar, pois faz parte do âmago do ser humano, ora juiz, condutor do feito. Há de se buscar um julgador sereno e comedido, pronto a ouvir todos os argumentos, sem má vontade ou predisposição. Porém, a única forma de se verificar se a equidistância e o comedimento fizeram parte do momento em que chegou ao veredicto concentra-se na avaliação de sua fundamentação.[31] Dados os motivos, expostos de maneira lógica e concatenada, demonstra o julgador a obviedade da formação de seu convencimento, produzindo nas partes o efeito assimilador e legitimador da decisão. Não quer isso dizer que devam se conformar com o mérito do julgado, mas podem as partes ter noção de que foi um veredicto seguro e *imparcial*.

No dizer de ANTONIO MAGALHÃES GOMES FILHO, "a obrigação de apresentar as razões da decisão representa, no mínimo, um forte estímulo à efetiva imparcialidade e ao exercício independente da função judiciária, impedindo escolhas subjetivas ou que possam constituir o resultado de eventuais pressões externas. Ao revés, pode também a motivação servir como ponto de partida para a descoberta de eventuais motivos espúrios ou subjetivos, que tenham influenciado as escolhas adotadas, evidenciando o *verdadeiro* caminho mental seguido para alcançar a solução das diversas questões debatidas; trata-se então de utilizar a motivação como *fonte de indícios*, como menciona Taruffo, no caso para identificar uma possível conduta parcial ou a sujeição do juiz a pressões externas".[32]

4.5 Publicidade

4.5.1 Conceito, necessidade e exceções

A publicidade é fator determinante da transparência e da moralidade, significando a atuação estatal aberta, voltada ao seu real destinatário, que é a sociedade. A realização pública de justiça pertence a todos e passa a ser de conhecimento notório, conferindo legitimidade às posturas estatais de mando e de imposição de regras.[33]

---

[31] É justamente o aspecto demonstrativo de argumentos valorativos – e impróprios – acerca de drogas que se pode constatar em diversas sentenças e acórdãos, com menções *particulares* aos efeitos negativos dos entorpecentes e, com isso, produzindo a elevação da pena sob critérios inadequados.

[32] ANTONIO MAGALHÃES GOMES FILHO, A garantia da motivação das decisões judiciais na Constituição de 1988, p. 63.

[33] "Somente quando os cidadãos sabem, por meio da publicidade, 'como', 'quando', 'por que' e 'por quem' os atos estatais são produzidos, alçando legitimidade interna e externa, estes passam a ser aceitos e respeitados por todos. Não há quem, na

O segredo e o sigilo são seus oponentes, que merecem ser vistos em caráter excepcional, porém, de algum modo, necessários, para a preservação de outros valores, igualmente resguardados pelo Estado Democrático de Direito.

Dispõe o art. 93, IX, da Constituição Federal que "todos os julgamentos dos órgãos do Poder Judiciário serão públicos, e fundamentadas todas as decisões, sob pena de nulidade, podendo a lei limitar a presença, em determinados atos, às próprias partes e a seus advogados, ou somente a estes, em casos nos quais a preservação do direito à intimidade do interessado no sigilo não prejudique o interesse público à informação". Noutra medida, preceitua o art. 5.º, LX, da Constituição que "a lei só poderá restringir a publicidade dos atos processuais quando a defesa da intimidade ou o interesse social o exigirem".

A composição dos interesses individuais foi contemplada com justeza nesses dispositivos constitucionais. Assegura-se a regra no processo: publicidade dos atos processuais e dos julgamentos. Garante-se, por exceção, a intimidade e o interesse público: segredo de justiça em função de atos processuais e julgamentos.[34] Eventualmente, em processos criminais alcançando drogas ilícitas, pode-se apontar como fator de sigilo os feitos envolvendo associações e organizações criminosas, em função do interesse público, preservando-se a apuração, a colheita de provas, muitas vezes com testemunhas protegidas, bem como a proteção das partes. Sob outro aspecto, levando-se em conta processos com celebridades, como acusados, em função do direito à intimidade, pois a imprensa tem particular preferência por esses casos, torna-se viável impor o segredo de justiça.

O mérito da publicidade, como regra, é indeclinável, compondo-se de fatores variados: a) assegurar a imparcialidade do juiz, pois seus atos são acompanhados pelas partes e pelo público em geral, demonstrando-se o seu equilíbrio ou desequilíbrio na condução da causa; b) garantir a economia processual, favorecendo-se a duração razoável do processo e da prisão cautelar, pois somente à vista do público é que se pode dar o controle efetivo; c) consagrar a persuasão racional, impondo-se ao magistrado a motivação de suas decisões, sob pena de nulidade, combatendo-se, com isso, aventuras prepotentes no contexto judiciário.

---

condição de cidadão, aceite atos públicos sendo produzidos de maneira sigilosa" (Maurício Zanoide de Moraes, Publicidade e proporcionalidade. *Sigilo no processo penal*, p. 41).

[34] Art. 792, § 1.º, CPP: "Se da publicidade da audiência, da sessão ou do ato processual, puder resultar escândalo, inconveniente grave ou perigo de perturbação da ordem, o juiz, ou o tribunal, câmara, ou turma, poderá, de ofício ou a requerimento da parte ou do Ministério Público, determinar que o ato seja realizado a portas fechadas, limitando o número de pessoas que possam estar presentes".

4.6 Vedação de provas ilícitas

4.6.1 Conceito e fundamento

A inadmissibilidade das provas obtidas por meios ilícitos, no processo, particularmente o criminal, fundamenta-se em fatores de ordem ética e mantenedores da lisura e da imparcialidade do Estado na condução do devido processo legal.[35]

O princípio significa a proibição de se valer de provas – elementos destinados à demonstração da verdade, persuadindo o julgador – maculadas pelo vício de origem, uma vez que extraídas por mecanismos ilícitos. De nada adiantaria a formação de um processo repleto de garantias constitucionais, focado no juiz e no promotor imparciais, com direito à ampla defesa e ao contraditório, realizado publicamente, para a segurança de todos, além de formalizado por inúmeras regras garantistas, se o principal núcleo de avaliação, voltado à apuração da verdade dos fatos, estivesse manchado pela ilicitude.

A idoneidade dos elementos fornecidos ao magistrado para a demonstração da autenticidade ou inverossimilhança das alegações produzidas pelas partes deve ser mantida, acima de qualquer outro interesse. O julgamento *justo* se perfaz na exata medida em que o juiz se vale de provas sérias e escorreitas, sem vícios, mormente os de natureza criminosa. Cultuar o ilícito para apurar e punir o ilícito é um fomento ao contrassenso, logo, inadmissível no Estado Democrático de Direito.

4.6.2 Provas e drogas ilícitas

Há um campo pródigo de casos de obtenção de provas ilícitas, que têm sido debatidos nos tribunais de todo o Brasil, justificando a análise particularizada dessas situações, o que será feito no tópico referente ao tráfico ilícito de drogas (art. 33). Desde logo, adiante-se a temática mais relevante: a) o ingresso em domicílio, como regra, necessita de mandado judicial, exceto quando houver a ocorrência de flagrante delito; considerando-se a posse de drogas ilícitas um crime permanente, a invasão pela polícia pode dar-se em qualquer circunstância ou há requisitos essenciais; b) a revista pessoal, conforme dispõe o Código de Processo Penal, depende de *fundada suspeita*, mas o significado dessa suspeição é controverso; c) garantia do direito ao silêncio e sua efetivação antes de ser o preso em flagrante interrogado na delegacia; d) ausência de realização de audiência de custódia e legalidade do flagrante; e) grampo ilegal para desvendar associação criminosa ou descobrir traficante de drogas, dentre outros.

---

[35] "São inadmissíveis, no processo, as provas obtidas por meios ilícitos" (art. 5.º, LVI, CF).

4.6.3 Provas ilegítimas

O art. 157 do Código de Processo Penal disciplinou o cenário da obtenção das provas ilícitas, estabelecendo serem consideradas como tais, devendo ser desentranhadas do processo as que forem obtidas em violação a normas constitucionais ou legais.

Portanto, ilicitude é o gênero, do qual se difundem as várias formas de ilegalidade. A infração a normas constitucionais (ex.: invasão de domicílio sem ordem judicial e distante das exceções previstas no art. 5.º, XI, da CF, para obter um documento incriminador) ou a normas legais (ex.: subtrair algo para servir de prova, ofendendo o art. 155 do Código Penal; formar o laudo pericial não oficial com um único perito, ferindo o disposto no art. 159 do Código de Processo Penal) caracteriza o universo da ilicitude, cuja consequência é a extração da prova do processo. Para efeito prático, pode-se dividir a ofensa a normas penais e a lesão a normas processuais, resultando nas provas ilegais (as primeiras) e nas ilegítimas (as segundas).

O processo é formal, repleto de regras, cuja finalidade é garantir a padronização da movimentação do feito, por meio de procedimentos e atos solenes. A existência de um modelo geral de trâmite processual garante às partes a igualdade desejada diante do juiz, razão pela qual os vícios decorrentes do descumprimento de certas regras conduzem ao campo das nulidades. Conforme a gravidade do vício gerado, pode ser sanado e se aproveita o ato processual tal como produzido, ou não.

Entretanto, a jurisprudência dos Tribunais Superiores tem considerado imperiosa a demonstração do prejuízo para a parte, em qualquer cenário de nulidade, para que se possa aventar a viabilidade de refazimento do ato. Privilegia-se o disposto pelos arts. 563 ("nenhum ato será declarado nulo, se da nulidade não resultar prejuízo para a acusação ou para a defesa") e 566 ("não será declarada a nulidade de ato processual que não houver influído na apuração da verdade substancial ou na decisão da causa") do Código de Processo Penal.

No campo das provas, essa avaliação das nulidades nos parece insuficiente para o campo das ilicitudes, fruto da garantia constitucional prevista no art. 5.º, LVI, da CF. As provas *obtidas* ao arrepio da lei processual penal não são simplesmente qualificáveis de nulas (relativas ou absolutas), pois são ilícitas e *inadmissíveis* no processo, devendo ser *desentranhadas*. Elas não devem ser refeitas, não devem se sujeitar à preclusão e não necessitam de uma avaliação subjetiva do juiz. Constatada a sua formação de maneira ilegal, veste-se do manto da inadmissibilidade e da inutilização.

Portanto, se a lei indica, claramente, o modo pelo qual uma prova se forma, caso seja alcançada de maneira afrontosa à norma, passam a ser consideradas ilícitas e inadmissíveis. O laudo não oficial *deve* ser produzido por duas pessoas idôneas, portadoras de diploma de curso superior preferencialmente na área específica, dentre as que tiverem habilitação técnica relacionada com a natureza do delito (art. 159, § 1.º, CPP). Ora, a obtenção do laudo infringindo tal norma dá ensejo à produção de prova ilícita, pouco interessando a análise de nulidade (se relativa ou absoluta), visto ser ela inadmissível e passível de desentranhamento.

4.7 Economia processual e duração razoável do processo

4.7.1 Conceito e importância

A *economia* no âmbito processual significa o bom uso dos instrumentos formais, colocados à disposição das partes e do juiz, para que haja o mais adequado funcionamento e andamento dos atos processuais, culminando com um resultado eficiente e útil. Deve-se evitar o desperdício, em particular do tempo de trabalho de todos os envolvidos no feito, abrangendo não somente as partes, mas também as pessoas que gravitam, eventualmente, em certos processos (peritos, testemunhas, vítimas etc.).

A economia processual emerge como princípio constitucional, calcado no inciso LXXVIII do art. 5.º da Constituição Federal: "a todos, no âmbito judicial e administrativo, são assegurados a razoável duração do processo e os meios que garantam a celeridade de sua tramitação".

Note-se o binômio da economia processual: razoável duração do processo e celeridade de tramitação. Não se fixou um fator temporal rígido, mencionando-se apenas o critério do *razoável*. Sem dúvida, tratou-se da melhor opção, pois somente cada caso concreto poderá permitir ao Judiciário avaliar o grau de razoabilidade ínsito no trâmite do feito. A celeridade vem acoplada dos meios que a garantam, buscando-se, assim, privilegiar as formas de colheita da prova, evitando-se o adiamento de audiências e sessões de julgamento, mormente quando se basearem em requisitos meramente formais.

A razoável duração do processo vincula-se, ainda, à *razoável duração da prisão cautelar*. Afinal, sabendo-se ser a prisão a exceção, enquanto a liberdade constitui a regra, cuida-se de evitar o desgaste de prisões processuais prolongadas, ferindo, indiretamente, a presunção de inocência e colocando em prática, ainda que de forma camuflada, o indevido cumprimento antecipado da pena. Esse enfoque adquire particular importância no contexto dos processos criminais de drogas, porque para o tráfico ilícito há um número considerável de prisões preventivas impostas aos acusados.

Assim sendo, a razoabilidade condutora do tempo máximo para o trâmite do processo, dentro dos parâmetros garantistas constitucionais, cinge-se à prudência, à sensatez, à moderação, enfim, a critérios subjetivos do Judiciário para avaliar o caso concreto, dentro de suas particularidades. O custo da celeridade,

Capítulo I • Princípios Constitucionais Penais e Processuais Penais Aplicáveis ao Contexto

para assegurar a razoável duração do processo, não pode ultrapassar as barreiras dos direitos e das garantias fundamentais, lesando-as ou eliminando-as.[36]

Por outro lado, quando se apura o crime de associação criminosa (art. 35, Lei 11.343/2006), juntamente com o tráfico de drogas (art. 33, Lei 11.343/2006), pode haver inúmeros réus, com diversos advogados, de modo que a complexidade se torna inerente ao andamento processual. Nas palavras de MARIA THEREZA ROCHA DE ASSIS MOURA e THAÍS AROCA DATCHO LAÇAVA: "Trata-se de ponto pacífico, no âmbito deste Tribunal, que o excesso de prazo não deve ser visto apenas com base na soma aritmética dos prazos legais do procedimento, podendo ser estendido quando a complexidade do caso assim o exigir. Têm sido apontados como fatores que identificam uma causa como complexa, e assim justificam uma razoável delonga no procedimento, a necessidade de expedição de cartas precatórias, julgamento de incidentes processuais, bem como de realização de exames e perícias e outras diligências, tais como degravação de conversas telefônicas interceptadas, expedição de ofícios, a pluralidade de acusados e de testemunhas, assim como a existência de autos muito volumosos, que demandem maior tempo para a análise e ordenação dos atos".[37]

4.7.2 Critérios de razoabilidade e proporcionalidade

Em especial para avaliar a prisão cautelar, deve o juiz analisar a sua duração baseando-se nos fatores de razoabilidade e proporcionalidade. O primeiro se concentra na ponderação entre a privação antecipada da liberdade, a gravidade do delito e o perigo que a soltura do acusado possa representar à sociedade. O segundo demanda a comparação entre a pena em abstrato prevista para o crime e a possível pena aplicada pelo julgador, a fim de conferir se o período de custódia provisória se encontra compatível com a sanção.

4.8 Duplo grau de jurisdição

4.8.1 Conceito e aplicação

O duplo grau é uma decorrência da necessidade humana de inconformismo diante da contrariedade, buscando a reavaliação do caso em diversa instância. Não significa, por óbvio, que, havendo o julgamento do recurso, mantida a

---

[36] O aceleramento do processo deve ser cauteloso, pois, do contrário, "começa, então, o sacrifício lento e paulatino dos direitos fundamentais. É o óbito do Estado Democrático de Direito e o nascimento de um Estado Policial, autoritário" (AURY LOPES JR. e GUSTAVO HENRIQUE BADARÓ, *Direito ao processo penal no prazo razoável*, p. 135).

[37] MARIA THEREZA ROCHA DE ASSIS MOURA e THAÍS AROCA DATCHO LAÇAVA, A garantia da razoável duração do processo penal e a contribuição do STJ para a sua efetividade, p. 412.

primeira decisão, a resignação tome conta do perdedor. Porém, na maioria das vezes, tal situação termina por ocorrer, visto terem sido esgotadas as várias possibilidades de análise do caso. Quando quatro magistrados (um de primeiro grau; três de segundo grau) concluem pela condenação, torna-se mais fácil a aceitação por parte do réu.

O *duplo* grau é um fator de estabilidade do sistema judiciário, permitindo uma segunda chance, mas não pode servir para a *eternização* do feito nos escaninhos forenses. Por isso, deve-se vedar o triplo ou o quarto grau de jurisdição, como mecanismo rotineiro, em busca do trânsito em julgado. Dupla avaliação é viável, ao menos quanto ao mérito. A partir disso, tornar-se-ia infindável o desejo da parte perdedora de recorrer, até que consiga um veredicto favorável à sua tese.

É certo existirem os recursos especial e extraordinário, dirigidos, respectivamente, ao Superior Tribunal de Justiça e ao Supremo Tribunal Federal. Porém, não constituem recursos *ordinários*, leia-se, comuns ou rotineiros. São exceções voltadas a casos particulares, normalmente envolvendo questões de direito, buscando uma uniformidade de interpretação para conferir credibilidade ao sistema jurídico, avaliado em conjunto. O duplo grau de jurisdição não envolve a previsão para tais exceções, prevendo, somente, uma reavaliação do caso, por órgão colegiado superior.

O duplo grau tem a sua inserção constitucional de forma implícita e deve--se à expressa previsão na Convenção Americana sobre Direitos Humanos (art. 8, item 2, *h*), ingressando pela porta do art. 5.º, § 2.º, da Constituição Federal, que admite outros princípios, além dos expressamente previstos nos demais incisos do art. 5.º.

Além disso, observa-se o sistema recursal previsto no capítulo destinado ao Poder Judiciário, constatando-se que várias ações possuem o duplo grau previsto no texto constitucional. Exemplos disso podemos encontrar no âmbito do *habeas corpus* (art. 102, II, *a*, CF), bem como no campo do crime político (art. 102, II, *b*, CF). Se o julgamento do crime político, na Justiça Federal de primeira instância, acarreta o direito de recorrer, ordinariamente, ao Supremo Tribunal Federal, consagrando-se o duplo grau de jurisdição, às demais causas criminais, por questão de isonomia, deve-se estender idêntica oportunidade.

4.9 Estrita legalidade da prisão cautelar

4.9.1 *Conceito e relevância*

O princípio da legalidade em sentido amplo ("ninguém será obrigado a fazer ou deixar de fazer alguma coisa senão em virtude de lei", art. 5.º, II, CF), associado à legalidade em sentido estrito, ou em prisma penal ("não há crime

Capítulo I • Princípios Constitucionais Penais e Processuais Penais Aplicáveis ao Contexto | **49**

sem lei anterior que o defina, nem pena sem prévia cominação legal", art. 5.º, XXXIX, CF), espelha a garantia de que, no âmbito criminal, a punição de alguém está vinculada à prática de infração penal, previamente detalhada em lei, assim como a imposição da pena. Não se olvide, entretanto, a preocupação do constituinte com a estrita legalidade da prisão cautelar, muitas vezes constitutiva do início da persecução penal, formalizada com a prisão em flagrante. A detenção do indivíduo, presumidamente inocente, até que se consolide decisão condenatória definitiva, precisa delinear-se em parâmetros rígidos, de modo a não configurar punição antecipada indevida. Há de se buscar justa causa para a cautela consolidada na prisão, pois há cerceamento de bem jurídico fundamental, a liberdade.

A Constituição Federal destinou várias normas para regular a prisão cautelar e os mecanismos formais para a sua implementação, bem como os instrumentos para o seu controle. São dispositivos constitucionais específicos, cuidando da legalidade da prisão cautelar, inseridos no art. 5.º: "LXI – ninguém será preso senão em flagrante delito ou por ordem escrita e fundamentada de autoridade judiciária competente, salvo nos casos de transgressão militar ou crime propriamente militar, definidos em lei"; "LXII – a prisão de qualquer pessoa e o local onde se encontre serão comunicados imediatamente ao juiz competente e à família do preso ou à pessoa por ele indicada"; "LXIII – o preso será informado de seus direitos, entre os quais o de permanecer calado, sendo-lhe assegurada a assistência da família e de advogado"; "LXIV – o preso tem direito à identificação dos responsáveis por sua prisão ou por seu interrogatório policial"; "LXV – a prisão ilegal será imediatamente relaxada pela autoridade judiciária"; "LXVI – ninguém será levado à prisão ou nela mantido, quando a lei admitir a liberdade provisória, com ou sem fiança"; "LXVIII – conceder-se-á 'habeas-corpus' sempre que alguém sofrer ou se achar ameaçado de sofrer violência ou coação em sua liberdade de locomoção, por ilegalidade ou abuso de poder".

A observância da legalidade da prisão provisória precisa ser respeitada em qualquer contexto criminal, embora no embate às drogas ilícitas se deva ter maior cautela porque há inúmeras detenções cautelares, em decorrência de prisões em flagrante – a facilidade de se tratar de crime permanente –, além de decretações de prisões temporárias e preventivas em excesso, alicerçadas na gravidade do risco gerado pelo tráfico.

Capítulo II

POLÍTICAS PÚBLICAS E POLÍTICA CRIMINAL EM RELAÇÃO ÀS DROGAS

1 POLÍTICAS PÚBLICAS

No Brasil, o art. 1.º, *caput*, da Lei 11.343/2006 descreve o seguinte: "Esta Lei institui o Sistema Nacional de Políticas Públicas sobre Drogas – Sisnad; prescreve medidas para prevenção do uso indevido, atenção e reinserção social de usuários e dependentes de drogas; estabelece normas para repressão à produção não autorizada e ao tráfico ilícito de drogas e define crimes".

A partir daí, o conteúdo dos arts. 2.º a 26-A apresenta um plano importante e amplo para implementar um detalhado programa de administração dos problemas relacionados às drogas, aparentando ter todas as condições de vencer os obstáculos existentes e solucionar os variados problemas de combate ao tráfico, prevenir a disseminação de substâncias entorpecentes e amparar usuários e dependentes. No entanto, esse resultado inexiste e há uma profunda diferença entre a realidade e a lei.

As políticas públicas não têm sido eficazes, de modo que isso repercute na elevação da criminalidade, trazendo como consequência indeclinável a aplicação das normas punitivas previstas no Título IV, carecedor de atualização e, por via de consequência, de aprimoramento. Em meio-termo, figura o Título III, voltado à prevenção do uso indevido de drogas e à atenção e reinserção sociais de usuários e dependentes, em que consta a figura típica incriminadora do art. 28, com previsão de sanção a quem consome a droga, embora sem pena privativa de liberdade. Nesse contexto, igualmente, há de se promover a devida modernização legislativa.

1.1 Escorço histórico

Há séculos, as comunidades convivem com as drogas, variando apenas a forma de lidar com cada uma delas e as consequências – positivas ou negativas – em relação à sua existência e utilização.

Os registros históricos e arqueológicos apontam a presença da planta *cannabis sativa* e seus derivados há cerca de 12 mil anos, utilizada para diversas finalidades, inclusive como fonte de fibra têxtil para a confecção de tecidos, cordas e outros utensílios. O álcool é documentado há cerca de 8 mil anos, o ópio há aproximadamente 6 mil anos e a coca há uns 3 mil anos.[1] Aliás, quanto ao ópio, médicos gregos já sabiam dos seus perigos, embora o aceitassem como remédio, visto que suas vantagens superavam os riscos aos pacientes. Nessa verificação, detectaram tanto a overdose fatal como também a dependência provocada, constituindo as primeiras descrições acerca do vício.[2]

No tocante à *cannabis*, popularmente conhecida como maconha, há anotação de plantio na China, há 8 mil anos, além de se espalhar em outras regiões da Ásia, Oriente Médio e África. Por volta de 2700 a.C., registra-se o seu emprego medicamentoso voltado a diversos distúrbios (reumatismo, gota, malária, constipação) e, na época medieval, para cuidar de náuseas, epilepsia, inflamações, dores e febre, passando, em tempos mais recentes, a tratar dores crônicas, vômito resultante de quimioterapia, doenças degenerativas, ansiedade, entre outros. Em síntese, constituía um bom analgésico, anticonvulsionante, antipsicótico e relaxante muscular.[3] Teria chegado ao Brasil por meio dos africanos escravizados na época da colonização. Foi utilizada, também, como medicamento em variados tratamentos (febre, insônia, tosse e disenteria), sem contar os fins recreativos, auxiliando em meditação, relaxamento e outras divagações.[4]

---

[1]   Cf. José Manoel Bertolote, Aspectos históricos e sociais do uso de maconha no Brasil e no mundo, In: Alessandra Diehl e Sandra Cristina Pillon (orgs.), *Maconha*: prevenção, tratamento e políticas públicas, p. 1.

[2]   Cf. Thomas Hager, *Dez drogas*: as plantas, os pós e os comprimidos que mudaram a história da medicina, p. 26.

[3]   Cf. Alexandre Kieslich da Silva, Nathália Janovik e Ronaldo Rodrigues de Oliveira, Canabidiol e seus efeitos terapêuticos, In: Alessandra Diehl e Sandra Cristina Pillon (orgs.), *Maconha*: prevenção, tratamento e políticas públicas, p. 101.

[4]   Cf. Mario Grieco, *Cannabis medicinal*: baseado em fatos, p. 16-17; Edward Macrae, A história e os contextos socioculturais do uso de drogas, *Curso de prevenção dos problemas relacionados ao uso de drogas* – capacitação para conselheiros e lideranças comunitárias, p. 31-32.

Apesar disso, o proibicionismo começou a tomar corpo em todo o mundo, sem que se possa precisar a época e a origem, embora se tenha registro de vedações iniciadas no século XIX, nos Estados Unidos, envolvendo cocaína, ópio, morfina, dentre outras drogas, para chegar, no início do século XX, à proibição do álcool (Lei Seca), que durou pouco mais de dez anos e não conseguiu evitar o seu consumo.[5] Tornou-se notório o *Harrison Narcotics Tax Act* contra os narcóticos, em 1914, representando a primeira regulamentação federal restritiva à venda de drogas e base da proibição atual contra os narcóticos.[6]

Observa-se que, hoje em dia, várias drogas são proibidas (cocaína, ópio, maconha) e objeto de criminalização, enquanto outras permanecem lícitas, como álcool, tabaco e café, além de se encontrar uma série delas de uso permitido, desde que controlado, como benzodiazepínicos e antidepressivos.[7]

O breve histórico pretende somente apresentar a questão das drogas como uma situação em permanente conflito, pois desde a antiguidade até o presente a humanidade lida com substâncias entorpecentes – ou com matéria-prima destinada à sua fabricação – sem ter um consenso acerca de sua utilização, despertando polêmica e gerando a atuação do direito penal, como mecanismo de repressão ao *uso inadequado* ou *não aprovado* por determinados países, com reflexos evidentes na comunidade internacional e no nítido e elevado índice de ocupação de estabelecimentos prisionais.

A legalização contrapõe-se ao proibicionismo, intermediado o conflito pela regulamentação controlada, pois não se consegue abolir completamente as drogas, visto que muitas delas são utilizadas como medicamentos de diversos fins positivos, enquanto outras, embora possam ser classificadas como nocivas,

---

[5]   A 18.ª Emenda proibiu o álcool em 27 de outubro de 1919 (entrou em vigor em 16 de janeiro de 1920). Proibiu a fabricação, a distribuição e a venda de bebidas, mas não o consumo, e permitia a produção para fins industriais e uso religioso (vinho em missa). Foi um fracasso e gerou crimes, envenenamentos com metanol, gastos com repressão etc. O comércio continuou, mas caiu na clandestinidade. A repressão não foi muito severa e, mesmo assim, houve meio milhão de presos, inúmeros mortos na guerra de gangsters, entre outros problemas. A 21.ª Emenda revogou a 18.ª (Henrique S. Carneiro, As origens do abstencionismo e da proibição do álcool na historiografia estadunidense e alguns reflexos no Brasil, In: Beatriz Caiuby Labate e Thiago Rodrigues (orgs.), *Políticas de drogas no Brasil*: conflitos e alternativas, p. 41-57).

[6]   Cf. Mark Thornton, *Criminalização*: análise econômica da proibição das drogas, p. 23, 100 e 106.

[7]   Cf. Henrique Carneiro, Transformações do significado da palavra 'droga': das especiarias coloniais ao proibicismo contemporâneo, In: Renato Pinto Venâncio e Henrique Carneiro (org.), *Álcool e drogas na história do Brasil*, p. 16.

possuem um lado lúdico ou recreativo para inúmeras pessoas mundo afora, despertando o desejo em obtê-las e consumi-las, justamente o que produz um mercado receptivo aos traficantes que, embora na ilegalidade, alcançam lucros altíssimos nesse comércio.

O paradoxo existencial das drogas confere um debate persistente ao campo criminal a respeito do emprego de canais repressivos para controlar, e quiçá eliminar, o uso de drogas ilícitas, o que se tem demonstrado ineficaz ao longo da história. Porém, não se possui qualquer dado conclusivo de acerto e positividade se fosse adotada a postura inversa, afastando-se completamente do cenário penal a sua intervenção para conter o tráfico ilegal de entorpecentes e, por via de consequência, o consumo igualmente vedado. Não se trata de uma questão ligada apenas ao Brasil, mas a diversas nações, prevalecendo a corrente proibicionista, legitimadora da intervenção penal nesse âmbito, impondo sanções elevadas aos *negociantes* de drogas ilícitas e, em diversos locais, também aos usuários.

No Brasil, o Decreto 4.294/1921 promoveu a criminalização da venda de cocaína, ópio e derivados como contravenção penal, prevendo prisão. Em 1932, a Consolidação das Leis Penais estabelece o crime de comercializar ou ministrar substâncias *venenosas* (entorpecentes), no art. 159, passível de punição com multa, constando no tópico referente aos delitos contra a saúde pública.

O Código Penal, editado em 1940, passa a considerar crime o comércio clandestino ou facilitação de uso de entorpecentes (art. 281), constituindo a figura típica mais próxima do que se possui atualmente no ordenamento brasileiro, prevendo pena de reclusão e multa (com alteração promovida pela Lei 5.726/1971).

A Lei 6.368/1976 inaugura a fase da legislação especial para o embate às drogas ilícitas, retirando o tipo do Código Penal. Posteriormente, advém a Lei 10.409/2002, com a falha de ter toda a parte penal vetada. Finalmente, surge a atual Lei 11.343/2006, expressamente autointitulada norma penal em branco, com remissão à relação de drogas proibidas elaborada pelo Ministério da Saúde (Portaria 344/1998).

A mais relevante inovação deveu-se à eliminação completa da imposição de pena privativa de liberdade ao consumidor de droga ilícita, embora tenha sido mais rigorosa com o traficante, resultando em diferença tão drástica, sem critérios objetivos para separar o comerciante de entorpecentes do mero usuário, a ponto de levar ao cárcere inúmeros consumidores e dependentes, como será analisado em tópico específico. Há diversos pontos dessa lei que se mostraram alvo de acirrada controvérsia nos tribunais, demonstrando a indispensabilidade de sua reforma, modernizando-a.

2 POLÍTICA CRIMINAL

Política criminal é a direção assumida pelo Estado para o enfrentamento à criminalidade, prevenindo e reprimindo a prática da infração penal, adotando mecanismos de orientação específicos para tanto, nos campos dos Poderes Legislativo, Executivo e Judiciário. Não nos convence que seja uma ciência, embora dela não se distancie, configurando um método de observação e crítica ao direito penal, com o objetivo de aprimorar cada vez mais o sistema punitivo.[8]

A política criminal é um critério orientador para o Executivo elaborar projetos de lei na área criminal, enviando-os ao Poder Legislativo, que, por seu turno, deve acolhê-los, total ou parcialmente, ou rejeitá-los, igualmente inspirado pelo parâmetro predominante no colegiado acerca da condução do embate aos delitos e às condutas mais lesivas a bens jurídicos de interesse da sociedade. Editada a lei, cumpre ao Judiciário apreciá-la e aplicá-la concretamente, valendo-se da política criminal que lhe diz respeito, visto que interpretação é manobra flexível o suficiente para impor rigorismo ou leniência em face de determinadas condutas e certos apenamentos.

Como bem exposto por García-Pablos de Molina, a criminologia, a política criminal e o direito penal são três pilares do sistema das ciências criminais, em relação de interdependência. A política criminal serve para transformar a experiência criminológica em opções e estratégias concretas a serem assumidas pelo legislador e pelos poderes públicos.[9]

Na conjuntura da política criminal em relação às drogas, particularmente as indicadas pela Agência Nacional de Vigilância Sanitária, o Estado adota um perfil rigoroso, em particular no tocante à traficância, sem modelos liberalizantes e reguladores de substâncias entorpecentes, tradicionalmente conhecidos como nefastos à saúde pública e individual. O Executivo não tem tomado a iniciativa de modernizar a legislação de drogas, em vigor há quase trinta anos a partir da última alteração, tampouco tem partido do Poder Legislativo o andamento de projetos reformistas, com rapidez e eficiência. O Judiciário, em visão majoritária, ao produzir decisões condenatórias, tem aplicado penas mais severas e emoldurado o tráfico de drogas como um grave delito, seguindo o parâmetro de equiparado a hediondo, tal como desenhado pela Constituição Federal.

---

[8] Referindo-se a Roxin, Ana Elisa Bechara menciona situar-se a política criminal "em um peculiar ponto médio entre a ciência e a estrutura social. Com efeito, de um lado, baseia-se como ciência nos conhecimentos objetivos do delito em suas formas de manifestação empíricas e jurídicas; de outro, busca como uma forma da política estabelecer determinados interesses, tratando de desenvolver uma estratégia definitiva da luta contra o delito" (*Bem jurídico-penal*, p. 371).

[9] García-Pablos de Molina, *Tratado de criminologia*, p. 242.

No entanto, um dos mais recorrentes problemas detectados no cotidiano das cidades brasileiras, por todos os lados, tem sido a posse e o porte de drogas para consumo pessoal, fomentando áreas degradadas em grandes centros urbanos – tais como a *cracolândia*, em São Paulo –, sem que o poder público encontre alternativas e soluções para resolver esses aglomerados de viciados.[10] Além disso, embora o crime de posse de entorpecentes para uso não possua a previsão de penas privativas de liberdade, mas outras espécies de sanções, gera o mais grave dos dilemas forenses, que é a diferenciação prática entre o consumo e o tráfico. Essa zona nebulosa tem gerado o enquadramento de consumidores como traficantes e preenchido o sistema carcerário com inúmeros usuários erroneamente situados como comerciantes de entorpecentes.

A política criminal tem a função de optar por caminhos alternativos, procurando atingir o equilíbrio entre a severidade com o tráfico e a brandura com o consumo de drogas, tendo em vista que o primeiro estende suas raízes nocivas, formando organizações criminosas de influência consistente em extratos relevantes da administração pública, enquanto o segundo indica variados formatos, desde o uso recreativo até o emprego de substância psicoativa no âmbito medicinal, além de acarretar a dependência química.

Observa-se, no entanto, a ausência de uma política criminal definida no Brasil, singrando entre as fases de extremado rigor e as de estampada liberalidade, seja no campo penal, seja no setor processual penal, não apenas na área pertinente às drogas, mas em todas as demais. A falta de rumo alcança os três Poderes da República, embora gere um resultado mais visível no Legislativo, cuja inércia deixa de reformar a Lei 11.343/2006, incluindo normas mais objetivas e indiscutivelmente necessárias para tratar traficantes e usuários em níveis diferenciados de modo eficiente. Padecem os que dependem da Justiça para esse fim, pois elementos de ordem subjetiva permeiam os veredictos e as decisões contraditórias evidenciam essa falha, bastando uma análise da jurisprudência brasileira para se constatar essa disparidade.

É medida urgente canalizar os diálogos institucionais em torno da Lei de Drogas, dos seus efeitos e da sua amplitude, como uma das causas – por certo, não a única – de produção de superlotação carcerária, de um lado, e da ausência

---

10 "É preciso tornar explícito que a prisão e a repressão de *usuários* tomada como de *traficantes* nesses dois anos não diminuiu a quantidade de pessoas que circula pela região da 'cracolândia' nem abrandou as atividades desse comércio. As pessoas continuaram chegando e os funcionários do tráfico, a cada prisão, foram recebendo substitutos" (Taniele Rui, Pacote de direitos e repressão na 'cracolândia' paulistana: dois anos do programa de braços abertos (jan 2014-jan 2016), In: Beatriz Caiuby Labate e Thiago Rodrigues (orgs.), *Políticas de drogas no Brasil*: conflitos e alternativas, p. 330).

de amparo aos usuários e dependentes de drogas, de outro, contando com o maléfico envolvimento do traficante, o autêntico causador dos mais prejudiciais efeitos da disseminação de substâncias entorpecentes. Pode-se constatar a vetusta política criminal no cenário das drogas quando se percebe um vazamento incontrolável por todos os buracos existentes na legislação atual, incapaz de conceber soluções efetivas para conter a traficância, escorar os dependentes e administrar os interessados no consumo de drogas.

O direito penal não tem a resposta para a crise no vasto quadro das substâncias entorpecentes ilícitas, necessitando-se de um projeto mais amplo, multidisciplinar, embora a sua parte precise ser feita de modo equilibrado e eficaz. Por certo, espera-se, igualmente, um processo penal adaptado às metas do embate à traficância, sem perder de vista os direitos e as garantias fundamentais, pois justiça não se faz contornando preceitos constitucionais essenciais.

2.1 *Guerra às drogas* e seletividade da punição

Costuma-se analisar a conjuntura dos entorpecentes, seu uso recreativo, a aplicação medicinal e a sua disseminação pelo mundo, por meio do comércio ilegal, valendo-se de um viés ideológico e adotando-se uma postura centralizada em torno de um conservadorismo excessivo ou liberalismo radical, sem que se tenha o bom senso de avaliar o quadro dentro do natural equilíbrio indispensável aos temas controversos, envolvendo a sociedade contemporânea.

O termo *guerra às drogas* é utilizado a partir de um movimento intenso originado nos Estados Unidos, por meio de um discurso proferido pelo presidente Richard Nixon, em 1971, com a finalidade de destinar todo o esforço americano para o combate aos entorpecentes, vedando-se desde a produção, passando pelo consumo e atingindo o tráfico.[11] Bilhões de dólares foram gastos sem que tivesse havido sucesso efetivo nessa empreitada, questionando-se o caminho adotado e as linhas alternativas para atingir metas mais plausíveis nesse cenário. Não são poucas as vozes verberando a respeito do caráter discriminatório e racista dessa política, cujo alvo real não era a maconha, mas as pessoas que dela se valiam, atrelada a proibição às questões inter-raciais, à liberdade sexual, ao movimento de libertação das mulheres e à contraposição à guerra do Vietnã. Eis a plataforma

---

[11] "Uma escolha, não uma doença. Partindo dessa perspectiva, a dura Guerra às Drogas de Nixon fazia sentido. (...) Nixon caiu logo em seguida, mas o Partido Republicano sabia reconhecer uma boa estratégia política, e tornou a Guerra às Drogas um dos pilares de sua plataforma. 'Apenas diga não', lema difundido por Nancy Reagan, virou o mantra antidrogas dessa época" (Thomas Hager, *Dez drogas*: as plantas, os pós e os comprimidos que mudaram a história da medicina, p. 224).

da lei e da ordem. Nessa época, a maconha foi equiparada à heroína, cujo efeito era muito mais prejudicial à saúde e não possuía uso medicinal.[12]

Outros países seguiram idêntico caminho, inclusive o Brasil, sem que houvesse triunfo na eliminação do comércio ilícito de entorpecentes; aliás, ao contrário, o tráfico de drogas cresceu, organizou-se e penetrou em diversas áreas das grandes cidades, controlando regiões e estabelecimentos penitenciários, de modo que o embate se torna cada vez mais inóspito às forças de segurança pública.[13]

Em destaque, há diversos estudos apontando um lamentável ângulo racial na *guerra às drogas*, tanto nos Estados Unidos quanto no Brasil, pois várias pessoas presas, acusadas de tráfico de entorpecentes, são pobres e negras, moradores em áreas periféricas de centros urbanos, podendo-se constatar, no sistema carcerário, dentre os presidiários, essa realidade.

Tratando da situação americana, CARL HART menciona ser "vergonhosa discriminação racial constatada nessas prisões. No nível estadual, os negros têm quatro vezes mais probabilidade de serem presos por posse de maconha do que os brancos. No nível federal, os hispânicos representam três quartos dos indivíduos detidos por violações das leis sobre maconha. Isso ocorre apesar de negros, hispânicos e brancos consumirem a droga em proporções semelhantes e de tenderem a comprá-la de indivíduos de seus próprios grupos raciais".[14] Na sequência, STEVE ANGELO expõe que "pessoas negras nos Estados Unidos consomem maconha na mesma proporção que pessoas brancas, mas, segundo o FBI e os dados estatais, pessoas negras sofrem consistentemente mais prisões por posse de *cannabis* – em todos os cinquenta estados. Em todo o país, afro-americanos são presos por maconha quatro vezes mais do que pessoas brancas".[15]

Dessa situação não se deve extrair a conclusão de que são essas camadas sociais as que mais consomem e comercializam drogas, pois o grande sustentáculo do tráfico se concentra justamente em quem pode custear o entorpecente, espraiando-se pelas classes média e alta, embora se verifique, na prática, que não

---

[12]   Cf. STEVE DE ANGELO, *O manifesto da cannabis*: um novo paradigma de bem-estar, p. 58-59 e 62.

[13]   "Mesmo sem dados mais precisos, o discurso de epidemia se disseminou, gerando medo e incertezas na população e nos profissionais de saúde. Esta sensação de pânico não é um fenômeno recente. Desde a década de 80, a política americana de guerra às drogas, que foi adotada por vários países no mundo, inclusive o Brasil, vem construindo este temor que retroalimenta a guerra" (DANIELA FERRUGEM, *Guerra às drogas e a manutenção da hierarquia racial*, p. 30).

[14]   CARL HART, *Drogas para adultos*, p. 20-21.

[15]   STEVE DE ANGELO, *O manifesto da cannabis*: um novo paradigma de bem-estar, p. 31.

se prende esses usuários, nem os traficantes existentes nesses enclaves. A polícia tem mais acesso às comunidades carentes, muitas vezes violando domicílios e fazendo revistas aleatórias, de modo que é possível prender mais facilmente quem negocia drogas em áreas abertas e menos protegidas por muros e grades de condomínios e residenciais.

Em todos os extratos sociais há o consumo ilícito de drogas e, por via de consequência, a presença ativa do tráfico, mas somente nas camadas mais carentes as prisões em flagrante acontecem com maior frequência, verificando-se o desequilíbrio existente nesse cenário. Disso decorre a injustiça no próprio lema *guerra às drogas*, pois ela se concentra em grupos sociais economicamente vulneráveis, lembrando, ainda, que se torna mais vantajoso ao traficante vender o seu produto a quem realmente pode custeá-lo, adquirindo drogas mais caras e em maior quantidade.

Há uma *luta seletiva* contra as drogas, quando se deveria estendê-la por todos os consumidores e traficantes, existentes em todos os extratos da sociedade, por meio de uma atuação firme, valendo-se de serviços policiais de inteligência, identificando de onde vem o entorpecente e interceptando-o antes que chegue ao consumidor, assim como prendendo os grandes traficantes. Parece-nos essencial igualar, com urgência, essa busca pelos *empresários da droga*, pois a maior parte do Judiciário, ao menos no Brasil, lida com processos envolvendo, majoritariamente, os pequenos comerciantes, que vendem poucas quantidades, geralmente em comunidades carentes.

Enquanto não houver uma atuação mais intensa e firme dos órgãos de segurança pública em relação aos grandes traficantes, por meio de mecanismos de inteligência, infiltração de agentes, ação controlada e delação premiada, continuar-se-á superlotando os presídios brasileiros, tanto quanto acontece nos Estados Unidos,[16] de pequenos comerciantes de drogas, que compõem um verdadeiro *batalhão de formiguinhas*, distribuindo poucas porções a usuários mais pobres, expostos em *bocas de fumo*, presas fáceis para a atuação da polícia ostensiva, embora muitos destes sejam autuados como traficantes, à falta de critérios objetivos para diferenciá-los.

---

[16] "Os Estados Unidos lideram todos os outros países do planeta em uma coisa: maior número de prisioneiros, tanto em valores per capita quanto em termos absolutos. Um por cento dos adultos norte-americanos estão presos. Colocamos mais de nossa própria ração nas prisões do que qualquer outra. Em 2009, metade de todos os presos federais nos Estados Unidos cumpriam sentenças por delitos de drogas (Mendoza, 2010) e os gastos com o combate às drogas ultrapassam U$ 100 bilhões anualmente. Cada prisão custa U$ 45 mil por ano. Valores muito altos pagos por um alojamento público" (JULIE HOLLAND (ed.), *O livro da maconha*: o guia completo sobre a cannabis. Seu papel na medicina, política, ciência e cultura, p. 12).

Por mais que se pretenda defender essas prisões, sob o argumento de que os pequenos traficantes são igualmente nefastos à disseminação das drogas ilícitas e precisam ser contidos, a questão apresentada concentra-se, principalmente, na *seletividade* da detenção, processo e aplicação da pena. Qualquer pesquisa que se faça em tribunais brasileiros tende a apontar o exorbitante número de traficantes tão pobres quanto os seus clientes em contraste nítido ao reduzido montante de traficantes e consumidores da classe média e superior.[17] Portanto, o objetivo não é eliminar a detenção e a condenação do pequeno traficante, mas buscar, encontrar e punir os que representam o imenso volume de drogas ilícitas comercializadas no Brasil. Muitas vezes, a numerosa prisão do reles negociante de entorpecentes contenta a opinião pública e garante boas estatísticas à atuação policial nas diversas cidades, quando, na realidade, está-se simplesmente passando ao redor do problema e bem longe de resolvê-lo, ao menos de maneira parcial, mas eficiente. Ilustrando, a eliminação de um traficante distribuidor de uma tonelada de cocaína, no mercado clandestino, equivale às prisões de cerca de 100 pequenos traficantes, demonstrando o que seria o mais eficaz.

Não se deve olvidar a tendência mundial de abraçar a guerra às drogas, por governos de diferentes tendências ideológicas, como força motriz majoritária, o que não significa necessariamente o acerto desse enfoque absoluto. As legislações estrangeiras a respeito de drogas ilícitas têm privilegiado um modelo de criminalização do comércio e do uso de entorpecentes, enaltecendo a pena de prisão como principal opção, constituindo exceções os países que passaram a adotar uma política criminal mais flexível, legalizando o uso de certas drogas e priorizando o tratamento e a prevenção dos dependentes e usuários. Uma vez mais se pode constatar o abismo existente entre as políticas criminais vigentes nas diferentes nações, não se podendo afirmar, com segurança, qual sistema

---

[17] "Como delegado de polícia, atuando há pouco mais de seis anos na capital, acabei por encontrar uma realidade diversa daquela que nos é apresentada, diariamente, enquanto 'verdade'. Os criminosos autuados e presos pela conduta descrita como tráfico de drogas são constituídos por homens e mulheres extremamente pobres, com baixa escolaridade e, na grande maioria dos casos, detidos com drogas, sem portar nenhuma arma. Desprovidos do apoio de qualquer 'organização', surgem, rotineiramente, nos distritos policiais, os 'narcotraficantes', que superlotam os presídios e casas de detenção. O sistema penal revela assim o estado de miserabilidade dos varejistas das drogas ilícitas, conhecidos como 'esticas', 'mulas', 'aviões', ou seja, aqueles jovens (e até idosos) pobres das favelas e periferias cariocas, responsáveis pela venda de drogas no varejo, alvos fáceis da repressão policial por não apresentarem nenhuma resistência aos comandos de prisão" (Orlando Zaccone, *Acionistas do nada*: quem são os traficantes de drogas, p. 123).

tem obtido os mais eficazes e positivos resultados.[18] A única realidade é que o tráfico de drogas ilícitas não diminuiu e seu poderio econômico elevou-se, permitindo a criação de organizações criminosas, muitas delas infiltradas em setores governamentais de alguns países.

Há prós e contras a levantar em cada política criminal abraçada por uma nação no embate às drogas e seria necessário um estudo mais aprofundado a respeito para se alcançar premissas mais sólidas tanto para criticar quanto para enaltecer qualquer sistema, fugindo à perspectiva destas linhas. Pretende-se analisar o panorama brasileiro, que padece de um dilema até hoje insolúvel: não há uma política criminal definida para lidar com a criminalidade de qualquer espécie, tornando ainda mais grave a contextualização do problema atinente aos entorpecentes.

2.2 Redução de danos

As drogas ilícitas – para delimitar o tema – constituem substâncias nocivas à saúde do ser humano, especialmente se consumidas em excesso, podendo levar a diversas consequências trágicas, desde a dependência química até a morte. Por isso, não é recomendável incentivar o seu uso; ao contrário, o ideal seria a política de conscientização e prevenção para evitar o seu consumo, atingindo-se um nível de segurança para retirar do alcance da criança e do adolescente, principalmente, o acesso às drogas.[19] Se a juventude se afastar dos entorpecentes,

---

[18] "Em abril de 2016, depois de longos dezoito anos de espera, foi realizada uma sessão especial da Assembleia Geral das Nações Unidas (Ungass 2016) para avaliar resultados, desafios e oportunidades no âmbito da política internacional sobre drogas. Autoridades de 193 países testemunharam um momento histórico. Todos nós presentes ao solene auditório da ONU em Nova York, entre 19 e 21 de abril de 2016, percebemos pelos discursos que não existe mais um consenso mundial sobre a política repressiva" (Ilona Szabó e Isabel Clemente, *Drogas*: as histórias que não te contaram, p. 185).

[19] "O uso de maconha na adolescência se torna prejudicial porque interfere no desenvolvimento físico e emocional que caracteriza essa etapa de vida. Hábitos e comportamentos aditivos adquiridos muito cedo tendem a se manter no repertório de vida da pessoa, gerando o que denominamos uma *conduta aditiva*, ou seja, recorrer aos efeitos da droga no cotidiano impede que o adolescente adquira habilidades de enfrentamento da realidade, com dificuldades de suportar situações de tensão, frustração e tédio que fazem parte da vida. (...) Adolescentes não têm meios próprios de custeio e facilmente se submetem a mecanismos perversos do tráfico, que os explora e alicia com muita frequência, oferecendo muito mais do que a droga: *status*, poder, segurança, referência e até figuras de autoridade e autoestima. Esse mundo paralelo no qual o usuário de drogas ilícitas passa a viver constitui fonte de inúmeros conflitos, especialmente com a família, da qual se afasta

de um modo geral, hábitos mais saudáveis podem ocupar o lugar recreativo que atrai as pessoas imaturas às substâncias psicotrópicas, reservando-se a sua utilização para os estritos caminhos medicinais. Sem a pretensão de se atingir um *mundo perfeito*, em que inexista o consumo de substâncias nocivas à saúde, até porque há várias delas consideradas lícitas, como o álcool ou o tabaco, o ponto de maior equilíbrio seria eliminar, pelo menos, os entorpecentes mais agressivos à saúde, cujo risco de overdose e morte se eleva consideravelmente.[20]

Não se podendo contar com a integral eliminação, deve-se inserir como meta a política da *redução de danos*, como alternativa à concepção exclusiva de punição, sob qualquer pretexto. Posto que se possa encontrar diversas concepções acerca do conceito e da amplitude dessa expressão, parece-nos recomendável atender ao mais literal sentido, pois esclarecedor.

As drogas ilícitas causam danos à saúde em maior proporção do que trazem benefícios. Diminuir esses danos deve ser considerado um resultado positivo. Por outro lado, a absoluta *guerra às drogas* produz um contingente elevado de prejuízos, promovendo a superlotação de presídios, quando a punição se concentra na pena privativa de liberdade e não há critérios objetivos para separar o traficante do usuário, além de gerar um gasto imenso para a manutenção dos aparatos de segurança pública destinados a esse embate, sem privilegiar a investigação inteligente, valendo-se da prisão no varejo. Em singelos termos, coloca-se a ponderação entre danos de ambos os lados: os produzidos pelas drogas e os gerados pelo seu combate desenfreado.

Dessa forma, respeitados os variados critérios de conceituação, a *política da redução de danos* deve abranger um método de equilíbrio entre a punição do traficante, o esclarecimento do usuário, o tratamento do dependente químico e a prevenção destinada ao potencial consumidor, limitando os excessos prisionais e tratando com especial zelo o investimento em mecanismos de persecução técnica especializada. Todo esse quadro precisa contar com uma moldura de

---

gradativamente" (Maria Fátima Olivier Sudbrack, O uso da maconha por adolescentes: entre prazeres e riscos, "o barato que sai caro!", In: Luciana Saddi e Maria de Lurdes S. Zemel, *Maconha*: os diversos aspectos, da história ao uso, p. 34 e 38).

[20] "Sob influência da cocaína, pensamentos costumeiros ou desinteressantes às vezes parecem mais significativos do que o seriam em condições normais. Esse é um dos principais motivos pelos quais as pessoas consomem drogas: alterar o estado de consciência. Até onde sabemos, os seres humanos tentam alterar seu estado de consciência com agentes psicoativos (não raro extraídos de plantas) desde que habitam o planeta, e é provável que essas tentativas não tenham fim. Em outras palavras, nunca houve uma sociedade sem drogas, e provavelmente nunca haverá. De modo que slogans como 'nosso objetivo é uma geração livre de drogas' não passam de retórica política vazia" (Carl Hart, *Um preço muito alto*, p. 205).

credibilidade. Para tanto, não se deve utilizar o direito penal como remédio exclusivo para sanar todos esses problemas graves e complexos, reservando-se à sua esfera de atuação as mais nefastas condutas e permitindo-se que outras áreas do direito cuidem das demais.

Se a criminalização das ações vinculadas ao comércio e uso de entorpecentes não tiver um resultado útil e visível à sociedade, o direito penal perde a credibilidade e, com isso, o braço punitivo do Estado tende a ser desmerecido em meio a ineficientes medidas.

MARCELO SANTOS CRUZ afirma que a *redução de danos* "se constitui num conjunto de princípios e ações para a abordagem dos problemas relacionados ao uso de drogas, que é utilizado internacionalmente e apoiado pelas instituições formuladoras da política sobre drogas no Brasil, como a Secretaria Nacional de Política sobre as Drogas (SENAD) e o Ministério da Saúde". Recomenda-se a adoção de algumas alternativas estratégicas ao proibicionismo absoluto, sustentadas em princípios de pragmatismo, tolerância e compreensão da diversidade no tocante àqueles que se envolvem com drogas, inclusive o álcool, ofertando serviços de saúde, com o objetivo maior de preservar a vida e propiciar tratamento. Essa oferta precisaria ser mantida também aos que, embora não dependentes, não pretendem afastar-se dos entorpecentes, abrindo a oportunidade para que solicitem ajuda posteriormente. Deve-se evitar qualquer julgamento moral acerca dos comportamentos ligados ao consumo de drogas, atuando nesse universo sem qualquer preconceito. Um ponto importante é se distanciar da associação entre a droga proibida e a periculosidade de quem a utiliza, lembrando que há entorpecentes lícitos com os quais se convive, igualmente com grande potencial de dano à saúde (álcool, nicotina, opioides – morfina, codeína, meperidina e benzodiazepínicos), capazes de provocar dependência e morte.[21]

No campo da medicina, a redução de danos está vinculada ao enfrentamento da questão das drogas contrapondo-se à meta de eliminar completamente o seu uso, sem fins terapêuticos, bem como se desviar do caminho da internação compulsória para o tratamento de usuários ou dependentes.[22]

SZABÓ e CLEMENTE lembram que a maioria das agências das Nações Unidas têm acolhido o conceito de redução de danos, embora exista a polêmica relacionada a países mais intolerantes como Filipinas, Rússia, Cingapura e Indonésia,

---

[21] O cuidado ao usuário de drogas na perspectiva da atenção psicossocial, *Curso de prevenção dos problemas relacionados ao uso de drogas* – capacitação para conselheiros e lideranças comunitárias, p. 184-186.

[22] MAURÍCIO FIORE, A medicalização da questão do uso de drogas no Brasil: reflexões acerca de debates institucionais e jurídicos, In: RENATO PINTO VENÂNCIO e HENRIQUE CARNEIRO (org.), *Álcool e drogas na história do Brasil*, p. 275 e 283.

por exemplo, onde há pena de morte para traficantes. Apontam como política de redução de danos, adotada no Brasil, a campanha em relação ao consumo de álcool e direção de veículo automotor ("se beber, não dirija"), de modo a não se vetar o uso de bebida alcoólica, mas limitando-a em casos específicos.[23]

Pode-se acrescentar a mesma postura, no Brasil e em outras partes do mundo, associada ao consumo de cigarros (nicotina), em que se partiu de uma campanha de esclarecimento, por meio de diversos instrumentos de comunicação (até mesmo com fotos inseridas em maços de cigarro, mostrando alguns males do fumo), passando pela imposição de multas a usuários e estabelecimentos permissivos, sem atingir em momento algum a criminalização. Houve sucesso e não se considera mais um modelo de sucesso o fumante, de forma que os jovens se afastaram, em grande parte, do consumo de cigarros e o mais relevante é a liberação de espaços públicos da fumaça nociva de quem fuma. No entanto, não se proibiu o consumo, respeitando-se a liberdade individual do adulto que deseje continuar fumando. Esse exemplo não guarda idêntica similitude com o consumo de drogas ilícitas, pois o tabaco gera danos com o passar do tempo e ninguém morre de overdose após fumar um cigarro de nicotina, não se podendo desconsiderar, contudo, o método utilizado pelos órgãos oficiais de controle para desestimular essa prática.

A política de redução de danos não faz apologia às drogas: pretende a aceitação do ser humano, o respeito às liberdades individuais e aos direitos civis, mormente em se tratando daquele que usa, abusa e se vicia em substância entorpecente. O foco é alertar para os riscos e efeitos dos psicotrópicos, sem a ilusão de que viveremos em um mundo totalmente livre de drogas.[24]

No cenário da redução de danos, alguns opinam deva a maconha possuir um tratamento especial, tendo em vista que o tabaco, a má nutrição e o álcool provocam mais mortes na América. Ademais, a maconha não é capaz de produzir uma overdose e possui menos riscos à saúde se comparada às demais drogas.[25] Parece-nos que essa postura não significa extrair do cenário os efeitos nocivos da maconha, tampouco liberá-la completamente, mas não se deveria mantê-la no patamar de outros entorpecentes ilícitos, como a cocaína, o crack e a heroína, para efeitos punitivos. Cada sociedade deve debater a questão desapaixonadamente, sem o viés preconceituoso de se tratar de um entorpecente,

---

[23]   ILONA SZABÓ e ISABEL CLEMENTE, *Drogas*: as histórias que não te contaram, p. 168.

[24]   Cf. VERA DA ROS, Redução de danos, maconha e outros temas polêmicos, In: LUCIANA SADDI e MARIA DE LURDES S. ZEMEL, *Maconha*: os diversos aspectos, da história ao uso, p. 78.

[25]   JULIE HOLLAND (ed.), *O livro da maconha*: o guia completo sobre a cannabis. Seu papel na medicina, política, ciência e cultura, p. 226.

logo um veneno a ser eliminado, pois há quem assim não pense, nascendo o impasse e, a partir do obstáculo ao diálogo, pode vencer a absoluta punição ou a legalização ampla, possivelmente dois caminhos radicais inadequados.

Como bem delineia ROGÉRIO CRUZ SCHIETTI, "merece enfático registro, sem embargo, que a descriminalização do consumo pessoal de drogas não implica nenhum apoio, pensamento ou ação favorável a tal prática, pois são inquestionáveis os danos que o consumo de drogas causa na saúde física, com reflexos sobre uma infinidade de pessoas, próximas ou não ao usuário. Daí por que devem ser cada vez mais intensificados os programas desenvolvidos junto à comunidade – especialmente entre jovens –, para o honesto esclarecimento acerca dos efeitos nocivos das drogas em geral, como também deve haver maciça publicidade contrária ao seu consumo, como foi feito em relação ao tabaco, cujos índices de consumo reduziram-se drasticamente nas últimas décadas, mercê de uma forte ênfase dada à informação e à publicidade negativa, e assim como é feito em relação ao uso abusivo de bebidas alcoólicas".[26]

A pregação de mera abstinência ao uso de drogas, lícitas ou ilícitas, adequa-se mais ao discurso religioso, conforme a crença individual para aceitar ou rejeitar esse postulado, mas não se deve impor a todos a mesma ideia e idêntico comportamento. Afinal, a Constituição Federal assegura a liberdade de crença e culto.

O foco principal deve ser alterado da cessação absoluta do uso de entorpecentes para o reconhecimento de que a abstinência é *um dos caminhos* para mudar a relação com a droga, mas não o único. Assim, a redução de danos deve apoiar os usuários a escolher, de modo consciente e responsável, a opção que lhe convém.[27] Há que se aceitar a diversidade de pensamentos e, com isso, de posturas diante da utilização de entorpecentes, desde que se situe nos estritos limites da individualidade, sem espargir-se ao restante da sociedade, e esse é o imenso custo de liberar drogas hoje proibidas. A garantia de que o consumo de uma substância entorpecente fique dentro do âmbito da vida de cada indivíduo é praticamente impossível e, por isso, aponta-se que o porte e a posse para uso de droga ilícita ofendem a saúde pública. Aparentemente, evidencia-se um impasse entre os valores em jogo, embora o debate aberto e livre de preconceitos possa auxiliar a busca de um denominador comum. É o que se pretende verificar no Capítulo III.

---

[26] ROGÉRIO SCHIETTI CRUZ, FERNANDO ESTEVAM BRAVIN RUY e SÉRGIO RICARDO DE SOUZA, *Lei de drogas*: comentada conforme o pacote anticrime (Lei n. 13.964/2019), p. 44.

[27] Cf. ANDREW TATAFSKY, Psicoterapia de redução de danos, In: JULIE HOLLAND (ed.), *O livro da maconha*: o guia completo sobre a cannabis. Seu papel na medicina, política, ciência e cultura, p. 365-366.

3 ANÁLISE DO BEM JURÍDICO

O termo *bem* refere-se a algo positivo, como um proveito ou benesse, voltado à satisfação de alguma necessidade humana, integrando seu patrimônio no sentido amplo – material e espiritual. Quem possui um bem demonstra *interesse* em protegê-lo, configurando uma relação de atração pela sua importância, conforme os valores pessoais.

Suplantando o aspecto individual, o *bem* pode concernir a uma coletividade, pois espelha uma necessidade humana difusa, impossível de ser detectada de maneira isolada, mesmo porque o interesse em protegê-lo transcende os valores pessoais, alcançando uma valia coletiva.

Em prisma individual ou coletivo, para ser classificado como *jurídico*, deve ser tutelado pelo conjunto de preceitos editados conforme o sistema constitucional de determinado país, que, no caso do Brasil, advêm do Poder Legislativo com a participação do Poder Executivo e a fiscalização do Poder Judiciário.

O *bem jurídico* adquire relevância imanente à sociedade organizada, vivendo sob o império da lei, porém, sem que se deva olvidar de todos os fatores ligados ao desenvolvimento humano e suas reais necessidades, nem sempre refletidas pelas normas editadas. A partir desse ponto, identificando-se os mais importantes valores, cuja lesão se considere grave o suficiente para merecer a mais severa sanção prevista pelo ordenamento – pena privativa de liberdade –, nascem os bens jurídico-penais, inseridos nos tipos incriminadores.[28]

O maior *termômetro* para reconhecer os principais bens jurídicos se encontra na Constituição Federal, muitos dos quais ingressaram no âmbito do direito penal: vida, liberdade, igualdade, propriedade, segurança, intimidade, vida privada, honra, saúde, entre outros. Considerando o panorama das drogas, enfoca-se a saúde como um bem essencial à sociedade, como se pode vislumbrar nos seguintes artigos: "Art. 196. A *saúde é direito de todos e dever do Estado*, garantido mediante políticas sociais e econômicas que visem à redução do risco de doença e de outros agravos e ao acesso universal e igualitário às ações e serviços para sua promoção, proteção e recuperação. Art. 197. São de *relevância pública as ações e serviços de saúde*, cabendo ao Poder Público dispor, nos termos da lei, sobre sua regulamentação, fiscalização e controle, devendo sua execução ser feita diretamente ou através de terceiros e, também, por pessoa física ou jurídica de direito privado" (grifamos).

Diante disso, torna-se evidente que o foco primordial dos tipos incriminadores da Lei 11.343/2006 é a saúde pública, tendo em vista a indispensabilidade

---

[28] "Nem todo bem jurídico requer tutela penal, nem todo *bem jurídico* há de se converter em um *bem jurídico-penal*" (MIR PUIG, *Estado, pena y delito*, p. 85 – traduzi).

de se proteger a saúde de todos e não somente em prisma individual, embora se possa sustentar que os crimes relacionados ao tráfico de entorpecentes envolvem prejuízos de variadas ordens à coletividade. Paira maior questionamento no tocante à criminalização da posse de drogas para uso pessoal (art. 28), o que se pretende abordar em maiores detalhes no Capítulo III.

Outro aspecto a merecer destaque, ao analisar o bem jurídico-penal, relaciona-se à paz pública (ou segurança pública), igualmente importante na Lei 11.343/2006, quando se cuida de tráfico, tendo em vista o abalo causado em diversos setores, quando se focaliza os tentáculos dos traficantes nas comunidades carentes, exercendo domínio e repressão, além de gerar confrontos com a polícia, em que há tiroteios e perda de vidas. O comércio de entorpecentes faz brotar inúmeras associações e organizações criminosas, que cometem diversos delitos, tornando evidente o prejuízo para a segurança pública, permitindo-se indicá-lo como bem jurídico secundário.

Se a saúde pública é o principal, encontrando-se na paz ou segurança pública o secundário, há os que são eventuais, captados das lesões experimentadas pelas vítimas indiretas do comércio ilegal de drogas (vida, integridade física, liberdade, patrimônio etc.).

Questionando o bem jurídico apontado pela maior parte da doutrina – saúde pública –, com os alegados danos potenciais a outras pessoas, diversas do consumidor, PAULO QUEIROZ e MARCUS LOPES afirmam que, "se a preocupação com a saúde pública fosse a questão política fundamental no particular, o mais adequado não seria a criminalização da produção, do comércio e do consumo de droga, mas a sua legalização pura e simples, à semelhança do que se passa com as drogas lícitas, mesmo porque a distinção entre umas e outras é arbitrária. Seria o caso, portanto, de tratar a droga não como problema de polícia, mas como um problema – gravíssimo, sem dúvida – de saúde pública. (...) De mais a mais, o legislador não pode pretender proteger pessoas adultas contra suas próprias decisões, isto é, contra si mesmas, tratando-as e castigando-as como se fossem crianças indefesas. Rigorosamente falando, pois, a criminalização do tráfico de droga e afins não protege bem jurídico algum, ou, ao menos, não protege a saúde pública adequadamente. No fundo, a alegação de que tutelaria a saúde pública constitui simples pretexto para legitimar uma política criminal fortemente paternalista, irracional e absolutamente desastrosa".[29]

É compreensível a crítica dos autores em relação à política criminal brasileira no tocante às drogas ilícitas, tanto no aspecto das medidas preventivas, passando pelos mecanismos de contenção e redução de danos aos usuários, até

---

[29] PAULO QUEIROZ e MARCUS MOTA MOREIRA LOPES, *Comentários à Lei de Drogas*, p. 16-17.

atingir os critérios usados para a tipificação das infrações penais. Entretanto, pensamos existir a meta de proteção à saúde pública, na medida em que a disseminação do consumo de drogas tende a produzir inúmeros problemas sociais, afetando famílias e possibilitando o incremento dos dependentes, que terminam utilizando o sistema público de saúde, já superlotado. De modo geral, pode-se alcançar danos diretos e indiretos à saúde das pessoas, pois o potencial lesivo dos entorpecentes é cientificamente demonstrado. A legalização e a regulamentação do mercado de drogas, sem qualquer distinção – maconha, heroína, cocaína, metanfetamina etc. –, inexistem em qualquer parte do mundo, porque o dano chega a ir além da saúde, atingindo a vida humana, o que se pode constatar por overdoses fatais, conforme o entorpecente utilizado.

O percurso das ideias relacionadas à autodeterminação dos adultos e o direito de cada um pela opção de riscos em suas vidas formam um quadro associado às liberdades individuais, sem dúvida, mas há limites para todos os direitos, mesmo os fundamentais. Observe-se que o consumo de bebidas alcoólicas é permitido aos adultos, embora não se admita que seja tolerado aos motoristas em condução de veículo na via pública, logo, o direito não é absoluto, encontrando suas fronteiras em outras atividades de risco.

A criminalização do tráfico de drogas atende a um objetivo existente em diversos países do mundo contemporâneo, embora se possa destacar algumas exceções no que se refere ao consumo de entorpecentes. A permissão para a comercialização de drogas está longe de resolver o problema por elas causado, que, aliás, os próprios autores reconhecem como *gravíssimo* no quadro da saúde pública. Então, enquanto campanhas educativas e orientação eficiente não forem geradas pelos organismos estatais e entidades privadas especializadas, com o fito de desestimular o uso indiscriminado de entorpecentes, sem a necessidade de criminalização, deve-se utilizar o direito penal, que é a *ultima ratio* nesse cenário, ao menos por enquanto.

Enquanto o debate mais intenso se concentra no consumo de entorpecentes, o que é salutar, a comercialização de drogas, feita de maneira clandestina e ilegal, é rejeitada pela sociedade – e não somente no Brasil –, pois não traz nenhum benefício, ao contrário, é capaz de dar origem a inúmeros riscos e danos diretos e indiretos a variados bens jurídicos, além do primário, que é a saúde pública. Para ilustrar em paralelo, proíbe-se a posse e o porte de armas de fogo, sem autorização legal, pois compromete a paz e a segurança públicas, não se pretendendo discutir que uma pessoa adulta, portanto, capaz e responsável pelos seus atos, teria o *direito* absoluto de ter tais instrumentos. Cuida-se de dever do Estado guarnecer, pelo instrumento repressivo do direito penal, a sociedade, evitando que armas de fogo circulem livremente, conhecidos que são os seus fatores geradores de crimes diversos. Do mesmo modo, a droga ilícita não deve se tornar permitida em ampla escala, com livre circulação, pois também produz riscos intoleráveis à saúde das pessoas.

Os crimes de perigo, onde estão incluídos os relativos às drogas e às armas de fogo, perfilham uma moldura paternalista do Estado em relação à sociedade, pois o risco produzido pela prática de determinadas condutas é inaceitável para os que podem ser por elas atingidos. A direção de veículo automotor em via pública, para ilustrar, estando o condutor embriagado, é inadmissível, assim como o racha praticado por motoristas que apreciam o risco. Portanto, não se trata de enfocar apenas a eventual *autolesão*, para quem provoca o acidente de trânsito, visto que atinge quem não optou por tal perigo de dano, algo que se constata frequentemente em atropelamentos, com vítimas fatais, causados por bêbados dirigindo ou por incautos praticando competição automobilística em via pública. Não basta ser adulto, capaz de suportar a autolesão e ter direito à liberdade, quando se vive em comunidade, com regras para todos, cujo desrespeito não atinge, na maior parte das vezes, somente o aventureiro, mas quem não tem o menor apreço por viver perigosamente.

Punir o traficante de drogas está longe de constituir uma conduta repressiva ao adulto. É uma necessidade para impedir a incontrolada disseminação de drogas nocivas à saúde. Punir o usuário de entorpecentes ilícitos não significa dar-lhe um tratamento como se criança indefesa fosse. Busca-se punir o traficante e o consumidor para que a droga ilícita e prejudicial à saúde não chegue até a criança (também ao adolescente), esta, sim, indefesa, imatura o suficiente para consumir o entorpecente que lhe é fornecido na saída da escola, quando se encontra ainda mais vulnerável, sem a proteção e vigilância direta de seus pais ou responsáveis. Por certo, mesmo com toda a legislação punitiva atual, o entorpecente pode alcançar crianças e adolescentes, mas poderia ser ainda pior o cenário caso a droga se espalhasse por todos os cantos, pois descriminalizada.

Note-se que qualquer proposta de legalização de drogas passa pelo estudo da regulamentação e registro de qual órgão ou empresa vai comercializá-la, havendo o dever do Estado de proteger os que pretendem passar distante desse cenário. A simples descriminalização, sem regulamentar e legalizar a venda, pode tornar o usuário um indivíduo em busca do criminoso-traficante para satisfazer a sua opção e necessidade, o que representa um contrassenso em qualquer espécie de política pública. Aliás, a bem da verdade, quem compra a droga incentiva o tráfico, e este depende do consumidor, em relação simbiótica inafastável; se o tráfico é constitucionalmente equiparado a crime hediondo, com rigoroso tratamento, na esfera criminal, soa ilógico descriminalizar qualquer entorpecente, mantendo-se a sua comercialização como infração penal, pois o comprador poderia, em tese, ser inserido no quadro de partícipe do tráfico, visto que incentivador da sua prática.

Pode-se sinalizar como desprovido de tutela à saúde pública o crime de posse ou porte para consumo pessoal (art. 28, Lei 11.343/2006), pois quem decide usar drogas colocaria em risco a sua própria saúde ou integridade. Embora nesta hipótese o debate possa ser mais intenso e diversificado, pensamos que se deveria enfocar, na realidade, a necessidade ou desnecessidade de se utilizar o direito penal para enfocar essa conduta; no entanto, não nos soa adequado legalizar e regulamentar o comércio e consumo de todos os entorpecentes. Ser um problema a ser solucionado pelo direito penal é um tema; ser viável a ampla legalização é outro diverso. Afinal, pode-se manter a proibição, embora em cenário extrapenal.

Abstraindo-se as diferenças entre álcool, tabaco e diversas outras drogas (cocaína, maconha, heroína etc.), para o efeito de prejuízo à saúde, é fato que ambos – álcool e tabaco – provocam efeitos nocivos a quem os consome em demasia e podem atingir terceiros (fumante passivo e pessoa atingida pelo embriagado, sob variados prismas). É fácil encontrar nos processos criminais em trâmite nos juízos de todo o Brasil quem agrediu, matou, estuprou, roubou e prejudicou terceiros sob influência do álcool; os casos de violência doméstica são exemplos cotidianos dos males das bebidas alcoólicas (e outras drogas), que perfazem o cenário do agressor. Isso não significa que se caminhe para a proibição do álcool, cujo consumo é tradicional e milenar em diversas sociedades, pois se cuida de um problema com o qual se tem lidado por meio de orientação e educação, cujo foco é evitar o abuso. Mas não se pode disso deduzir que, sendo uma droga lícita, outras também podem ou devem sê-lo.

Aliás, quanto ao tabaco, por não se tratar de substância entorpecente, inexistem delitos praticados por fumantes, embora o fumo em local público tenha sido vedado, visto prejudicar quem está por perto, aspirando a fumaça nociva e, atualmente, atingiu-se, no Brasil e em outras partes do mundo, um comportamento contido por quem ainda faz uso de nicotina. Como já mencionado no tópico anterior, uma campanha educativa, associada a punições no campo administrativo, com maior frequência a estabelecimentos que permitam o fumo do que a indivíduos fumantes, foi e continua sendo eficaz.

No entendimento de Henrique Carneiro, "não se pode isentar as drogas dos usos destrutivos e patológicos que delas se fazem – da qual a maior responsabilidade é devida justamente ao proibicionismo – mas sim separar tal tipo de consumo do uso recreacional, psiconáutico ou hedonista que elas permitem. Mesmo considerando que os viciados patológicos sejam escravos de substâncias e não de um sistema que ao proibi-las as torna ainda mais perigosas, *podemos, em nome da liberdade, proibir a autoescravização voluntária a si próprio?* Da mesma forma, *não se pode proibir a ninguém que se torne 'escravo'* de uma religião, de um time de futebol, de uma opção sexual ou de qualquer consumo ou atividades a que se dedique".[30] Em visão contraposta, MENDONÇA e CARVALHO esclarecem ser "uma falácia imaginar que no porte de droga para consumo pessoal haveria lesão apenas ao bem jurídico do usuário e que o único interesse lesionado seria o seu. Há, em verdade, um evidente perigo de lesão ao bem jurídico tutelado, de natureza difusa, ou seja, titularizado por toda a sociedade, que é a saúde pública. Afirmar-se o contrário é esquecer que o ser humano não é uma ilha, como já se disse, e, assim, relaciona-se com os demais indivíduos em sociedade".[31]

O direito penal brasileiro não pune a autolesão, exceto quando atinge terceiros, por mecanismos indiretos, tal como ocorre com o segurado ao se machucar de propósito com o intuito de obter um valor monetário da companhia de seguros, cuidando-se de estelionato e a vítima é a seguradora. No campo das drogas ilícitas, o alvo punitivo não é o usuário, porque ele não teria o direito de se autolesionar; o foco é a saúde pública, na medida em que o consumo de entorpecentes é capaz de gerar dependência, e esta acarreta diversos prejuízos a quem circula no entorno do viciado. Não se trata de impedir a *autoescravização*, valendo-se de ilustrações vinculadas a uma religião ou a um time de futebol, porque são situações diversas. A crença é uma liberdade individual, conduzindo a pessoa a seguir determinada religião, frequentar seus cultos e se submeter aos seus dogmas, não se tendo notícia de que isso extravase a esfera individual, ferindo bens difusos, importantes à comunidade, tampouco terceiros isoladamente considerados. Diga-se o mesmo da idolatria a um time de futebol, que, por si só, não ultrapassa as barreiras aceitáveis do individualismo; pode-se, sem dúvida, apontar a formação da torcida organizada, com metas beligerantes, como causa de agressões e até mortes em estádios de futebol. No entanto, essa conduta advém da associação de torcedores fanáticos, sem noção do respeito ao direito alheio, levando à prática de crimes.

Adorar um Deus ou um time de futebol é conduta que se pode desenvolver em cenário privado, sem *nenhum contato* negativo com outras pessoas. Voltando-se ao usuário de drogas ilícitas, hoje há o primeiro problema insuperável: onde adquirir o entorpecente, visto que não se encontra à venda em estabelecimento público, no qual se pode pagar com cartão de crédito e exigir recibo. O consumidor *precisa* valer-se do traficante, e este comete um delito, de modo que se configura conduta inaceitável, sem que, com isso, se pretenda *demonizar* o comércio de entorpecentes, como se fosse a causa de todas as desgraças sociais. Não se cuida de um crime catalisador de *todas* as desventuras e sofrimentos

---

[30]   HENRIQUE CARNEIRO, *Drogas*: a história do proibicionismo, p. 61 (grifo nosso).

[31]   ANDREY BORGES DE MENDONÇA e PAULO ROBERTO GALVÃO DE CARVALHO, *Lei de Drogas comentada*, p. 61.

da sociedade, mas, com certeza, integra o quadro das mazelas enfrentadas em todas as partes do mundo.

Não fosse suficiente o fato de o usuário necessitar do tráfico de drogas para manter o seu gosto pela droga ilícita, há o contexto da inegável influência em outros cenários, compostos pela família, escola, trabalho, clube e demais locais de convívio, onde é viável deduzir a disseminação do uso ou vício, desde a simples oferta de entorpecente ao colega de escola até a cizânia instaurada no ambiente familiar, quando o consumidor demanda fundos para adquirir cada vez mais quantidades de drogas. Fosse uma simples e contida *autolesão* ou *autoescravização*, poder-se-ia tratar do tema com mais flexibilidade, menor complexidade e maior facilidade.

Um dos tristes aspectos do autoflagelo imposto pela dependência do usuário encontra-se visível na *cracolândia* da cidade de São Paulo, um aglomerado de pessoas que se *escravizaram* e necessitam de droga para preencher o seu cotidiano, formando uma massa de gente que termina por atingir o direito de terceiros, cometendo crimes diversos para sustentar o vício. Fosse tão simples garantir o *direito individual à autolesão*, o drama dessa turba de indivíduos já teria sido resolvido há muito tempo pelo poder público, porém, diversamente, passam os governantes – prefeitos e governadores – e a denominada *cracolândia* ali permanece, espalhando transtornos não somente aos próprios viciados, mas a todos os que vivem ao seu redor. Por isso, no primeiro item, referente às políticas públicas, mencionamos que a Lei 11.343/2006 enumera uma série de providências que, em tese, são perfeitamente adequadas para solucionar todos os dilemas envolvendo a prevenção e o tratamento de pessoas dependentes de entorpecentes; na realidade, inexistem resultados efetivos, de modo que algum mecanismo não está funcionando.

Eis por que talvez se possa adotar um caminho específico para o *uso* de drogas ilegais, apresentando punições extrapenais, embora eficientes e desestimuladoras do consumo, em vez de levar o caso ao juízo criminal, mesmo que se apliquem sanções diversas da pena privativa de liberdade. No entanto, descriminalizar não equivale a dar aprovação e regularizar o comércio.

O alcance do uso de drogas não é limitado ao universo do consumidor, porque pode conduzir o usuário a adotar condutas perigosas, como direção de veículo automotor em via pública, além de gerar o vício, cuja complexidade afeta a família em que se encontra o dependente, assim como os amigos e os colegas na escola. Tudo isso leva o dependente a necessitar de tratamento de desintoxicação, e inúmeros deles precisam utilizar o sistema público de saúde, logo, a conta do uso não é debitada apenas do patrimônio privado, mas daquele que é custeado pela sociedade.

Em síntese, tanto o uso quanto o tráfico, atualmente considerados condutas criminosas, atingem o bem jurídico consistente na *saúde pública*, primariamente, podendo alcançar, ainda, a paz pública, de modo secundário, chegando a outros bens jurídicos de maneira indireta. Não há nenhuma proposta legislativa ou judiciária em curso, no Brasil, voltada a descriminalizar o tráfico de drogas ilícitas; igualmente, não se detecta proposta viável para legalizar e regulamentar o uso indiscriminado de todos os entorpecentes, em nome da liberdade individual. O que existe é a busca pelos mais eficientes mecanismos de criminalização do tráfico de drogas e quais seriam as metas mais democráticas para lidar com o uso de entorpecentes, mesmo assim em caráter restrito a alguns.

Esse debate não afasta a questão do bem jurídico tutelado no âmbito dos delitos vinculados às drogas ilícitas; afinal, as que eventualmente tornarem-se lícitas – e regulamentado o seu uso – passam a integrar um outro foco da vida em sociedade e até mesmo da saúde pública, que deixaria de ser bem jurídico-*penal* nesse específico cenário. Enquanto isso não se der, busca-se proteger, por meio da criminalização de condutas, a saúde da coletividade como um todo, sem qualquer enfoque individualizado, que poderia ser considerado invasão de privacidade ou punição à autolesão.

4 CRIMES DE PERIGO ABSTRATO

Os crimes de dano causam lesão ao bem jurídico tutelado; os crimes de perigo colocam em risco de dano o bem jurídico protegido pela norma penal incriminadora. O tráfico ilícito de entorpecentes é um delito de perigo, pois os bens colocados em risco são a saúde pública e, secundariamente, a paz pública, que podem ser comprimidos, mas não destruídos.

Dentre os crimes de perigo, há os de *perigo concreto*, cuja probabilidade de dano deve ser devidamente demonstrada no caso concreto, e os de *perigo abstrato*, presumindo-se o risco de lesão, razão pela qual não há necessidade de se provar, no processo, que ele existe, pois implícito no tipo incriminador criado pelo legislador. Há quem sustente a inconstitucionalidade da existência de crimes de perigo abstrato, visto haver um critério emoldurado pela *presunção* (uma hipótese calcada em indícios captados da realidade), algo que seria incompatível com a segurança demandada pelo direito penal, emoldurada pela presunção de inocência, de onde emana o dever da acusação de provar a culpa do acusado.

Por certo, a edição de tipos incriminadores de perigo abstrato precisa respeitar o princípio da intervenção mínima, que abrange a fragmentariedade, a subsidiariedade e a ofensividade, para não punir lesões incompatíveis com a finalidade precípua do direito penal, cuja meta é impor a pena somente em última hipótese (*ultima ratio*), razão pela qual a inconstitucionalidade pode advir da banalização dessa indevida criminalização.

74 | DROGAS – DE ACORDO COM A LEI 11.343/2006 – Nucci

Porém, no tocante às infrações penais relacionadas ao comércio de drogas, inexiste qualquer ofensa aos princípios constitucionais, inclusive o da intervenção mínima, pois a probabilidade de dano à saúde pública é consistente, extraída de inúmeros casos comprobatórios de vícios advindos da utilização incontrolada de drogas, provocando um acesso imponderável ao sistema de saúde de custeio público, além de gerar lesões irreversíveis e morte. Além disso, é notória a influência dos traficantes no cenário da violência nos centros urbanos, gerando perturbação constante à segurança.

Ademais, o que se leva em consideração, ao cuidar de *perigo abstrato*, não é uma presunção de culpa, que deve ser demonstrada pelo órgão acusatório ao Judiciário, mas a presunção ínsita ao tipo de que comercializar entorpecentes proibidos é perigoso à saúde pública. Logo, o que o Ministério Público apresenta na denúncia é o fato – o imputado tinha em depósito específica quantidade de droga ilícita –, sendo desnecessário demonstrar, nos autos, que isso representa perigo à sociedade. Seria inviável, aliás, impor ao órgão acusatório tal ônus, visto ser a razão crucial de criação do próprio tipo incriminador, cuja esfera de atribuição transcende o processo individualizado de cada réu, pois pertinente aos critérios do Poder Legislativo, calcados em política criminal.

Assim sendo, o crime de perigo abstrato não permite que o acusado pretenda provar ao juiz que o Estado está equivocado ao apontar o tráfico de drogas como perigoso à saúde pública.

Noutros termos, ainda, nenhuma ofensa a direitos fundamentais ocorre se o legislador agir dentro dos parâmetros democráticos que dele se espera para a construção de tipos penais de perigo abstrato, baseado em regras de experiência sólidas e estruturadas, apontando para a necessidade de se proibir determinada conduta, pois sua prática pode envolver o risco de perecimento de bens considerados indispensáveis à vida em sociedade.

Caso o tipo incriminador de perigo abstrato seja editado como fruto de mero arbítrio ou capricho do legislador, é natural que se torne inconstitucional por ferir o princípio penal da intervenção mínima, deslegitimando a atuação do direito penal. A construção de um tipo penal de perigo abstrato com razoabilidade, alicerçado em dados concretos, advindos do anseio social, não produz atentado ao princípio da responsabilidade pessoal (a pena não passará da pessoa do delinquente), pois será apenado somente o traficante e nenhuma outra pessoa que não seja diretamente responsável como coautor ou partícipe. Nada existe de violação ao princípio da culpabilidade (não há crime sem dolo ou culpa), pois o traficante age, evidentemente, com dolo de perigo (vontade de colocar em risco o bem jurídico tutelado – a saúde pública – ainda que não o lese efetivamente). Inexiste ofensa ao princípio da presunção de inocência, pois o traficante, para receber a pena merecida, se submeterá ao devido processo legal, com ampla defesa e contraditório.

Seria ilógico, *a contrario sensu*, permitir que o acusado de tráfico de drogas pudesse produzir prova acerca dos benefícios da substância entorpecente, objeto de seu negócio, buscando convencer o juízo de que nenhum malefício é capaz de gerar à saúde pública.

Não se permite que determinados entorpecentes circulem em sociedade porque seus danos, ao longo do tempo, já foram comprovados, não somente por médicos, cientistas, especialistas da área de saúde pública em geral, como também por fatos passados. A saúde pública, bem jurídico imaterial, significa a possibilidade de várias pessoas, em número indefinido, adoecerem e, por fim, morrerem, vitimadas pelo consumo de entorpecentes, originários do tráfico ilícito de drogas.

Existem, por certo, exageros evidentes em inúmeros argumentos para a proibição de várias drogas, muitas das quais podem ser consideradas menos ofensivas que as atualmente tidas como lícitas. Há estudos apontando benefícios e malefícios de entorpecentes, com maior ênfase à maconha, que não devem ser desprezados ou ignorados.

Não se trata, no entanto, de delito material aquele que produz, necessariamente, para sua consumação, resultado naturalístico. É crime de atividade, na modalidade *formal*, isto é, pune-se apenas a conduta de vender substância entorpecente, por exemplo. Mas, a partir disso, *pode* ocorrer dano efetivo à saúde pública (exaurimento do delito), com a perda efetiva da saúde de inúmeras pessoas ou até com a morte de viciados. Há quem sustente ser o delito de tráfico ilícito de drogas um crime de dano, porque o interesse jurídico tutelado pela norma – a saúde pública – é ferido pela conduta do agente. Ora, se assim fosse, estar-se-ia, na verdade, defendendo a teoria do resultado jurídico (não há crime sem resultado) e não a do resultado naturalístico (há crimes com resultado modificativo do mundo naturalístico e outros em que se pune somente a atividade do agente, podendo ou não haver modificação do mundo exterior).

Optando-se pela teoria do resultado jurídico, não há sentido em se dividir os crimes em delitos materiais, formais e de mera conduta. E todos os crimes produziriam resultado, pois *todas* as infrações penais ofendem um bem jurídico tutelado, seja ele material ou imaterial. Em nosso entendimento, cuida-se de contradição sustentar, ao mesmo tempo, a teoria do resultado naturalístico (dividindo os crimes em materiais, formais e de mera conduta) e a tese de ser o crime de tráfico ilícito de entorpecente um crime de resultado jurídico, vale dizer, lesivo ao *interesse*, que é imaterial, tutelado pela norma (a saúde pública). Para que o tráfico constitua crime de mera atividade significa a adoção da teoria do resultado naturalístico. Nesse prisma, *não há* resultado modificativo do mundo exterior necessário quando alguém importa maconha ou quando alguém traz consigo pedras de crack.

Em conclusão, o crime de tráfico ilícito de entorpecentes é infração penal de perigo, representando a *probabilidade* de dano à saúde das pessoas, mas não se exige a produção de tal resultado para a sua consumação. É de perigo abstrato, pois não se permite ao infrator a prova de que seu comportamento *pode* ser inofensivo, pois regras de experiência já demonstraram não ser conveniente à sociedade a circulação de determinados tipos de drogas, pois geradoras de maiores problemas do que vantagens a quem delas faz uso.

Deve-se empreender esforços para a extinção das infrações penais irrelevantes, aquelas que o tempo demonstra não serem do gosto da sociedade e que caem no esquecimento. Deve-se contrariar a existência de tipos penais ofensivos à intervenção mínima do Direito Penal nos conflitos sociais, pois são representativos de um Estado totalitário. Deve-se, enfim, sustentar a inconstitucionalidade de tipos penais de perigo abstrato arbitrários e frutos da intolerância do legislador em relação às mais relevantes liberdades individuais.

No mais, deve-se apoiar o legislador, quando acerta na construção de tipos penais de perigo abstrato, cujas condutas são realmente arriscadas à integridade das pessoas que vivem em sociedade. É o caso do tráfico ilícito de entorpecentes.

Capítulo III
CONSUMO DE DROGAS ILÍCITAS

1 CONCEITO DE DROGA

Há diversos significados para o termo *droga*, embora o atinente a este trabalho se forme em torno de uma substância constituída por elementos naturais ou artificialmente produzidos para servir de remédio, medicamento, componente tóxico ou entorpecedor, capaz de gerar dependência física ou psíquica ou sanar uma enfermidade, conforme recomendação médica ou farmacêutica. A droga é tanto um remédio, quando corretamente utilizado, para curar uma doença,[1] como pode ser um produto tóxico ao organismo e, dentre estes, existem muitos proibidos e outros controlados.

É importante relembrar a existência de drogas lícitas e tradicionalmente usadas para recreação ou momentos de relax ou lazer, como o álcool, componente de diversas bebidas distribuídas e consumidas em ambientes variados. Por outro lado, há medicamentos de prescrição e uso controlado, sob supervisão médica, capazes de produzir efeitos positivos à saúde, caso absorvidos dentro dos critérios farmacêuticos adequados, embora possam ser desviados de sua precípua finalidade, para a utilização negativa, apta a acarretar dependência

---

[1] Há "drogas para trabalhar, para dormir, para fazer sexo, para vencer a tristeza, o cansaço, o tédio, o esquecimento, a desmotivação" (HENRIQUE CARNEIRO, *Drogas*: a história do proibicionismo, p. 18).

física ou psíquica, embora provoque momentos de êxtase ou alucinação por algum tempo.[2]

Por derradeiro, o ponto fulcral da análise a ser considerado concerne, principalmente, às drogas proscritas,[3] cuja aquisição, produção, distribuição ou consumo forma o cenário dos crimes definidos pela Lei 11.343/2006.

2 CRIMINALIZAÇÃO DO PORTE PARA CONSUMO

No Capítulo III da referida lei, intitulado *Dos crimes e das penas*, consta o art. 27 com o seguinte conteúdo: "As penas previstas neste Capítulo poderão ser aplicadas isolada ou cumulativamente, bem como substituídas a qualquer tempo, ouvidos o Ministério Público e o defensor". Em seguida, o art. 28 expõe um tipo penal incriminador, com as penas a ele cominadas, embora sejam elas de fundo eminentemente preventivo a eventual vício e educativo quanto ao uso de drogas ilícitas, mas deixando nítido o propósito punitivo, pois a prestação de serviços à comunidade e a multa são as mesmas existentes no Código Penal.

Quando a Lei 11.343 foi editada em 2006, houve quem defendesse que o art. 28, substituindo o anterior art. 16 da Lei 6.368/1976, teria *descriminalizado* o porte de drogas para consumo pessoal, o que não produziu nenhum eco efetivo no campo da jurisprudência, além de, igualmente, ser refutado pela maioria da doutrina.[4] Inexistiu a retirada do consumo de drogas ilícitas do contexto penal; objetivou a lei apenas *abrandar* as penas, eliminando a privativa de liberdade. Em nosso entendimento, nem mesmo se poderia cuidar de *despenalização* propriamente dita, visto que as penas existem; houve uma *desprisionalização*

---

[2] "Tudo pode viciar: coca-cola ou cocaína, álcool ou cafeína, aspirina ou dimetiltriptamina. Todos somos drogados. Mas existe, entretanto, uma dicotomia ideológica básica entre droga e fármaco (Basaglia, 1994), a primeira é vista como veneno e o segundo, como remédio, que fundamenta a definição de drogas ilícitas e lícitas" (Henrique Carneiro, Transformações do significado da palavra "droga": das especiarias coloniais ao proibicismo contemporâneo, *In*: Renato Pinto Venâncio e Henrique Carneiro (org.), *Álcool e drogas na história do Brasil*, p. 20).

[3] "Fala-se em 'drogas', no plural, como sinônimo para as substâncias proibidas por lei e supostamente malévolas por natureza. As drogas legais são 'remédios' e as ilegais 'drogas'" (Beatriz Caiuby Labate e Thiago Rodrigues, Introdução. SOS e políticas de drogas no Brasil em perspectiva, *In*: Beatriz Caiuby Labate e Thiago Rodrigues (orgs.), *Políticas de drogas no Brasil*: conflitos e alternativas, p. 25).

[4] A questão encontra-se superada; o art. 28 configura um crime. O STF pronunciou constituir crime o art. 28 (RE 430.105-RJ, 1.ª T., rel. Sepúlveda Pertence, 13.02.2007) após a entrada em vigor da Lei 11.343/2006. No RE 635.659-SP, novamente, considerou crime o art. 28, tanto que *descriminalizou* a posse e porte de maconha para fim de consumo pessoal.

ou *descarcerização*, afastando, por completo, a imposição de prisão ao consumidor de entorpecentes. No entanto, é possível valer-se do termo *despenalizar*, no estrito prisma de excluir a pena privativa de liberdade, mantendo-se outras penalidades; em suma, tratou-se de uma forma de *despenalização*, em sentido lato, afastando uma espécie de pena anteriormente existente na lei anterior.

Essa posição se voltou a uma nova política criminal em relação ao usuário habitual ou eventual de substância entorpecente, considerando-o *criminoso*, mas merecedor de um tratamento especial, seja para evitar que termine dependente e acometido de transtorno mental, seja pelo fato de que a prisão não o afastaria desse costume prazeroso e somente a reeducação, por medidas apropriadas, conduziria o consumidor à convicção de que as drogas fazem mal à saúde, afastando-se desse universo.

Criou-se um quadro de penas, cujos comentários serão feitos em tópico próprio, mas é preciso destacar a possibilidade de as sanções não surtirem efeito, caso o sentenciado resolva ignorá-las. Num primeiro momento, o juiz pode aplicar as penas de advertência sobre os efeitos da droga, prestação de serviços comunitários ou medida educativa de comparecimento a programa ou curso educativo. No entanto, se o apenado ignorar a advertência, deixar de prestar os serviços ou não comparecer a qualquer programa ou curso, o magistrado pode impor admoestação verbal ou multa. Desconsiderando-se a eficiência de uma mera admoestação, resta a pena pecuniária, que, mesmo elevada, pode redundar em algo inócuo. Atribuir somente multa a réu pobre, que não possa arcar com o seu montante, resulta em impunidade. Impor uma multa a acusado rico permite que este a pague, retornando à prática do consumo de drogas. Talvez a pena pecuniária surta um efeito punitivo majorado em face de sentenciado de classe média, que pode pagar, embora com sacrifício.

Diante dessa moldura do delito do art. 28, pode-se constatar que a tipificação do contato de alguém com drogas ilícitas, para consumo pessoal, espelha uma aspiração da sociedade em querer dois resultados nem sempre conciliáveis de maneira eficaz: manter a criminalização do uso de drogas, mas evitar a prisão do consumidor. Por isso, surgem as sanções descritas, sem qualquer possibilidade de coerção eficaz por parte do Estado, a não ser eventual execução da sanção pecuniária, com caráter punitivo a quem não cumpre as anteriormente estabelecidas. Em suma, pode haver o usuário contumaz, cuja reprimenda se esvai em inocuidade, conforme a situação.

Parece-nos que, inexistindo o propósito de descriminalizar por parte do Poder Legislativo, mantendo-se o tipo incriminador do art. 28, não poderia ser um delito sem penas mais eficientes. Pode-se conceder muitas oportunidades ao usuário de drogas, mas com limites mais estreitos, que possam produzir sanções de efeito significativo.

O consumidor de drogas deve sofrer penalidades que possam desestimulá-lo a perpetuar a sua prática. A pena de prestação de serviços à comunidade e a medida de comparecimento a programa educativo são apropriadas, embora o mecanismo utilizado para compelir o usuário a cumpri-las seja relativamente eficaz. A admoestação verbal é insuficiente e a multa pode ter alguma efetividade para quem tiver bens a perder, em caso de execução, desde que esse prejuízo lhe seja sensível (como expusemos em linhas anteriores).

A prestação de serviços à comunidade, quando imposta para outros crimes, termina cumprida porque, se isso não ocorrer, poderá ser convertida em pena privativa de liberdade. Há, pois, um efeito concreto e desestimulante para deixar de atender à sanção aplicada. Se a política criminal se volta à integral imunidade à privação da liberdade, outras medidas devem ingressar, tal como a supressão de algum direito relevante, conforme o caso concreto, como a suspensão da carteira de habilitação (ou do passaporte), bem como a proibição de frequentar certos lugares de seu agrado, *desde que exija o uso de monitoramento eletrônico*. Naturalmente, conforme o perfil de cada usuário, o juiz poderia infligir uma coerção que lhe seja particularmente incômoda, levando-o a cumprir a anterior prestação de serviços ou comparecimento a curso educativo de desestímulo ao uso de entorpecentes. Se for dependente, pode-se submetê-lo a tratamento médico adequado, inclusive internação, se for preciso, nos termos do art. 45 da Lei 11.343/2006.

Por óbvio, há infrações penais sujeitas a penas exclusivas de multa – como as contravenções do Decreto-Lei 3.688/1941 – cuja reiteração levaria à imposição de nova sanção pecuniária, embora o caminho mais harmonioso, em nosso entendimento, sob o manto do princípio da intervenção mínima, seja a extinção das contravenções, transformando-as em ilícitos administrativos, agora, sim, passíveis de punição pecuniária.[5] Por outro lado, se o consumo de drogas comportar, no máximo, pena pecuniária, mais adequado seria manter-se como ilícito, sem dúvida, mas de caráter extrapenal. De outra parte, se for considerado pela sociedade conduta grave o suficiente para ser mantido como crime, ao menos a criação de outras sanções mais efetivas seria indispensável.

Apesar de todas essas considerações, enquanto persistir a densa zona nebulosa que impede diferenciar o usuário e o traficante, em termos mais objetivos, levando-se em conta todos os elementos legais e jurisprudenciais, a tendência atual persistirá, vale dizer, inúmeros consumidores continuarão a ser autuados,

---

[5]   De maneira ilógica, editou-se o crime de intimidação sistemática (*bullying* e *cyberbullying*) no art. 146-A do Código Penal, com a pena singela de multa para a conduta prevista no *caput* (*bullying*) gerando perplexidade para grande parte da doutrina penal.

processados e punidos como traficantes, de modo que se torna inútil o debate a respeito das espécies de sanção ao crime previsto pelo art. 28 da Lei de Drogas.

3 *CANNABIS*: USO RECREATIVO E MEDICINAL

A planta *cannabis*, popularmente conhecida como maconha, possui propriedades variadas, dentre as quais a de provocar efeitos psicoativos, quando é utilizada para recreação, bem como pode ser usada, conforme sugerem alguns estudiosos, para fins medicinais, com viabilidade para controlar convulsões, tratar depressão, ansiedade, insônia, dor crônica, glaucoma, diminuir tumores cancerígenos, prevenir o Alzheimer, dentre outras.[6] Para a finalidade curativa, não há necessidade de seu efeito de alteração psíquica, como regra; portanto, pode funcionar desligada do componente THC (tetrahidrocanabinol), a depender do critério do paciente.[7]

Na mesma trilha, ressaltando o conteúdo medicinal, RENATO FILEV expõe que "o uso da planta e derivados mostrou efeitos consistentes na melhora, diminuição ou mesmo desaparecimento dos efeitos no tratamento de dor crônica originária no tecido nervoso. Dores oriundas de câncer, fibromialgia, reumatismo, lesões ou membro fantasma podem ser atenuadas por meio do efeito dos canabinoides. Existem extensos ensaios em um número abrangente de indivíduos que comprovam seus efeitos analgésicos, descritos há milênios. Ainda, o consumo da planta é capaz de promover um potente efeito relaxante e antiespasmódico, o que faz que indivíduos com espasmos ou contrações involuntárias dos músculos sejam beneficiados por suas propriedades. Assim, é utilizada no manejo de doenças que atacam o sistema nervoso, como esclerose múltipla, Parkinson, entre outros".[8]

Inúmeras pessoas beneficiam-se da utilização da *cannabis* para tratamento de saúde, com resultados positivos, e a sua procura cresceu em quantidade

---

[6]   Cf. STEVE DE ANGELO, *O manifesto da cannabis*: um novo paradigma de bem-estar, p. 16-17 e 66-67.

[7]   "O foco do tratamento é aprender como usar a cannabis sem a sensação de 'high', mas isso não significa que o principal componente psicoativo, o THC, deva ser evitado. Ele é uma parte importante e altamente farmacológica do Perfil Canainoide Total (TCP, do inglês *Total Cannabinoid Profile*) da planta e um aspecto útil no uso da cannabis medicinal. (...) A cannabis medicinal é útil para diminuir o uso de outros medicamentos, incluindo os opioides, e pode substituí-los ou trabalhar com eles, ajudando a otimizar o uso de fármacos para a menor dose possível" (MICHAEL H. MOSKOWITZ, *Cannabis medicinal*: um guia para pacientes e profissionais de saúde, p. 18-19, 244 e 251).

[8]   RENATO FILEV, Os usos terapêuticos da maconha, *In*: LUCIANA SADDI e MARIA DE LURDES S. ZEMEL, *Maconha*: os diversos aspectos, da história ao uso, p. 119.

exponencial, sem risco de overdose. Ainda assim, há resistência de órgãos de vários países para reconhecer a sua importância e, com isso, regularizar o seu uso ao menos para fins medicinais. A Organização Mundial de Saúde chegou a propor a remarcação, no direito internacional, da *cannabis*, retirando-a da lista de produtos representativos de risco sério à saúde para a lista de drogas de uso terapêutico, embora outras agências da ONU não tenham atendido a essa solicitação, baseando-se em argumentos de segurança.[9]

Das várias drogas consideradas ilícitas, a maconha apresenta um cenário particularizado, pois tem uma utilização de duplo aspecto – recreativo e medicinal –, sendo necessário avaliar essa questão de maneira diferenciada, ao menos no tocante à parte terapêutica. Observa-se, na prática, o ingresso de medidas judiciais para obter autorização de plantio e produção da *cannabis*, com o objetivo de tratamento de pacientes, sob argumentos variados, dentre os quais estado de necessidade (excludente de ilicitude) e inexigibilidade de conduta diversa (excludente de culpabilidade) para afastar a incriminação do art. 28 da Lei 11.343/2006. Parece-nos essencial revisar os critérios da Anvisa para essa finalidade, pois não se trata de uso ligado a mero entretenimento, mas um direito à saúde individual. E, justamente para não gerar o cultivo ilegal da planta ou a produção ilícita, há de se estabelecer as regras para tanto no território nacional, sem necessidade de importação, a serem efetivadas, preferencialmente, por lei, evitando-se a busca de solução por meio do Judiciário.[10]

---

[9] Cf. José Manoel Bertolote, Aspectos históricos e sociais do uso de maconha no Brasil e no mundo, In: Alessandra Diehl e Sandra Cristina Pillon (org.), *Maconha*: prevenção, tratamento e políticas públicas, p. 6 e 102; Mario Grieco, *Cannabis medicinal*, p. 394.

[10] STJ: "(...) 21. No caso, uma vez que o uso pleiteado do óleo da Cannabis Sativa, mediante fabrico artesanal, se dará para fins exclusivamente terapêuticos, com base em receituário e laudo subscrito por profissional médico especializado, chancelado pela Anvisa na oportunidade em que autorizou os pacientes a importarem o medicamento feito à base de canabidiol – a revelar que reconheceu a necessidade que têm no seu uso –, não há dúvidas de que deve ser obstada a iminente repressão criminal sobre a conduta praticada pelos pacientes/recorridos. 22. Se o Direito Penal, por meio da 'guerra às drogas', não mostrou, ao longo de décadas, quase nenhuma aptidão para resolver o problema relacionado ao uso abusivo de substâncias entorpecentes – e, com isso, cumprir a finalidade de tutela da saúde pública a que em tese se presta –, pelo menos que ele não atue como empecilho para a prática de condutas efetivamente capazes de promover esse bem jurídico fundamental à garantia de uma vida humana digna, como pretendem os recorridos com o plantio da Cannabis sativa para fins exclusivamente medicinais. 23. Recurso especial do Ministério Público não provido, confirmando-se o salvo-conduto já expedido em favor dos ora recorridos" (REsp 1.972.092/SP, 6.ª T., rel. Rogerio Schietti Cruz, j. 14.06.2022, v.u.).

4 SOBRE A CONSTITUCIONALIDADE DA PUNIÇÃO AO USUÁRIO

4.1 Análise do julgamento do STF

O Supremo Tribunal Federal analisou a constitucionalidade do art. 28 da Lei 11.343/2006, verificando os diversos aspectos envolvidos na criminalização da posse de drogas para consumo pessoal (RE 635.659-SP). Em primeiro exame da matéria, o Ministro Gilmar Mendes (relator) dava provimento ao recurso, para declarar a inconstitucionalidade do referido dispositivo, de forma a afastar todo e qualquer efeito de natureza penal.

Todavia, manteve, no que coubesse, até o advento de legislação específica, as medidas ali previstas, com natureza de ilícito extrapenal. Na prática, seria a descriminalização da conduta prevista no mencionado art. 28, retirando a posse e porte de droga para consumo pessoal do cenário penal, não significando considerá-la *lícita* ou *regularizada*. Transferir-se-ia o quadro das sanções previstas no art. 28 para a esfera extrapenal, até que se tenha uma lei específica disciplinando o tema.

Do voto inicial do Ministro GILMAR MENDES extrai-se o seguinte: "quando se discute a utilização do Direito Penal como instrumento de repressão à posse de drogas para consumo pessoal, questiona-se sobre a existência de bem jurídico digno de proteção nesse campo, tendo em vista tratar-se de conduta que causaria, quando muito, dano apenas ao usuário e não a terceiros. Em contraste com esse entendimento, levanta-se a tese de que a incriminação do porte de droga para uso pessoal se justificaria em função da expansibilidade do perigo abstrato à saúde. Nesse contexto, a proteção da saúde coletiva dependeria da ausência de mercado para a traficância. Em outras palavras, não haveria tráfico se não houvesse consumo. Além disso, haveria uma relação necessária entre tráfico, consumo e outros delitos, como crimes contra o patrimônio e violência contra a pessoa. Temos em jogo, portanto, de um lado, o direito coletivo à saúde e à segurança públicas e, de outro lado, o direito à intimidade e à vida privada, que se qualificam, no caso da posse de drogas para consumo pessoal, em direito à autodeterminação. Nesse contexto, impõe-se que se examine a necessidade da intervenção, o que significa indagar se a proteção do bem jurídico coletivo não poderia ser efetivada de forma menos gravosa aos precitados direitos de cunho individual. Cabe ressaltar que não se cuida, aqui, de ignorar os riscos e malefícios associados ao uso de drogas, mas em examinar se a restrição penal mostra-se, neste contexto, inexoravelmente necessária. Para isso, é preciso que se avaliem, a partir de aportes teóricos sobre restrições a direitos fundamentais em situações de aparente conflito, a intensidade da intervenção e os fundamentos que a justificaram (proporcionalidade em sentido estrito)".

Ingressa-se no cenário do princípio da intervenção mínima, em que o direito penal não deve ser utilizado para sancionar toda e qualquer conduta considerada ilícita, além de se invocar a questão da desproporcionalidade da coerção criminal para evitar o consumo de drogas.

E prossegue: "(...) É sabido que as drogas causam prejuízos físicos e sociais ao seu consumidor. Ainda assim, dar tratamento criminal ao uso de drogas é medida que ofende, de forma desproporcional, o direito à vida privada e à autodeterminação. O uso privado de drogas é conduta que coloca em risco a pessoa do usuário. Ainda que o usuário adquira as drogas mediante contato com o traficante, não se pode imputar a ele os malefícios coletivos decorrentes da atividade ilícita. Esses efeitos estão muito afastados da conduta em si do usuário. A ligação é excessivamente remota para atribuir a ela efeitos criminais. Logo, esse resultado está fora do âmbito de imputação penal. A relevância criminal da posse para consumo pessoal dependeria, assim, da validade da incriminação da autolesão. E a autolesão é criminalmente irrelevante. (...) A criminalização da posse de drogas para uso pessoal conduz à ofensa à privaci-dade e à intimidade do usuário. Está-se a desrespeitar a decisão da pessoa de colocar em risco a própria saúde. Não chego ao ponto de afirmar que exista um direito a se entorpecer irrestritamente. É perfeitamente válida a imposição de condições e restrições ao uso de determinadas substâncias, não havendo que se falar, portanto, nesse caso, em direito subjetivo irrestrito. (...) Ainda que se afirme que a posse de drogas para uso pessoal não integra, em sua plenitude, o direito ao livre desenvolvimento da personalidade, isso não legitima que se lance mão do direito penal para o controle do consumo de drogas, em prejuízo de tantas outras medidas de natureza não penal, como, por exemplo, a proibição de consumo em lugares públicos, a limitação de quantidade compatível com o uso pessoal, a proibição administrativa de certas drogas sob pena de sanções administrativas, entre outras providências não tão drásticas e de questionáveis efeitos como as sanções de natureza penal".

É inequívoco que a punição do usuário de qualquer droga não pode ter por escopo punir a autolesão, pois, se assim fosse idealizado, surgiriam várias outras hipóteses no campo penal a serem tipificadas, por exemplo, a tentativa de suicídio e a autolesão corporal, o que não nos soa adequado. Mais complexa é a apreciação da compra, pelo usuário, do entorpecente ilícito das mãos do traficante, pois isso influencia e incentiva o comércio, afinal, sem consumidor inexiste fornecedor. Ademais, o Estado deve zelar pela saúde pública, instando a sociedade, de um modo geral, a se abster de drogas danosas, capazes de pro-vocar sérias lesões, embora se possa utilizar campanhas educativas em lugar da punição de ordem penal.

Além disso, como sugere o relator, há sanções administrativas a ocupar o espaço da reprimenda criminal: "Na Espanha, por exemplo, entre as sanções

Capítulo III • Consumo de Drogas Ilícitas | **85**

administrativas previstas na legislação, há multas de até 30 mil euros e/ou a suspensão da carteira de motorista. São medidas, como se percebe, bem mais eficazes na contenção do consumo do que a simples aplicação de medidas penais sem resultados práticos demonstráveis. (...) Nesse contexto, a criminalização do porte de drogas para uso pessoal afigura-se excessivamente agressiva à privacidade e à intimidade. Além disso, o dependente de drogas e, eventualmente, até mesmo o usuário não dependente estão em situação de fragilidade, e devem ser destinatários de políticas de atenção à saúde e de reinserção social, como prevê nossa legislação – arts. 18 e seguintes da Lei 11.343/06. Dar tratamento criminal a esse tipo de conduta, além de andar na contramão dos próprios objetivos das políticas públicas sobre o tema, rotula perigosamente o usuário, dificultando sua inserção social. (...) Assim, tenho que a criminalização da posse de drogas para uso pessoal é inconstitucional, por atingir, em grau máximo e desnecessariamente, o direito ao livre desenvolvimento da personalidade, em suas várias manifestações, de forma, portanto, claramente desproporcional. (...) Em todo o mundo, discute-se qual o modelo adequado para uma política de drogas eficiente. A alternativa à proibição mais em voga na atualidade é a não criminalização do porte e uso de pequenas quantidades de drogas, modelo adotado, em maior ou menor grau, por diversos países europeus, Portugal, Espanha, Holanda, Itália, Alemanha e República Checa, entre outros. Muitos desses países passaram a prever apenas sanções administrativas em relação a posse para uso pessoal. (...) Por isso mostra-se recomendável, no caso do Brasil, ainda sem critérios objetivos distinção entre uso e tráfico, regulamentação nesse sentido, precedida de estudos sobre as peculiaridades locais".

A diferenciação entre usuário e traficante, em termos mais objetivos, constantes em lei, é um dos mais urgentes temas a merecer a consideração do legislador para a reforma da Lei 11.343/2006. Em decorrência dessa omissão, ingressa o STF propondo critérios mais específicos, como se verá na sequência do julgamento deste recurso extraordinário.

Outro ponto relevante, anotado pelo relator, diz respeito à política de redução de danos e à adoção de uma política criminal mais adequada à realidade: "Reconhecida a inconstitucionalidade da norma impugnada, e considerando, por outro lado, que as políticas de redução de danos e de prevenção de riscos positivadas na legislação em vigor conferem ponderável grau de legitimidade a medidas restritivas de natureza não penal, é importante viabilizar, até o aprimoramento da legislação, solução que não resulte em vácuo regulatório que, em última análise, possa conduzir à errônea interpretação de que esta decisão implica, sem qualquer restrição, a legalização do porte de drogas para consumo pessoal. Tendo em conta os resultados retratados na pesquisa sobre práticas integrativas, há pouco noticiada, afigura-se que a aplicação, no que couber, das medidas previstas no referido artigo, sem qualquer efeito de natureza penal, mostra-se solução apropriada, em caráter transitório, ao cumprimento dos objetivos da política nacional de drogas, até que sobrevenha legislação específica. Afastada a natureza criminal das referidas medidas, com o consequente deslocamento de sua aplicação da esfera criminal para o âmbito civil, não é difícil antever uma maior efetividade no alcance dessas medidas, além de se propiciarem, sem as amarras da lei penal, novas abordagens ao problema do uso de drogas por meio de práticas mais consentâneas com as complexidades que o tema envolve".

O Ministro EDSON FACHIN entendeu viável analisar o recurso nos exatos termos do caso concreto, que abrangia a posse de maconha para uso pessoal e, desse modo, teceu os seguintes principais argumentos: "o presente Recurso Extraordinário desafia acórdão que trata de caso específico, o de porte para uso pessoal de maconha. A análise de um recurso extraordinário sob a sistemática da repercussão geral possibilita a esta Corte extrapolar os limites do pedido formulado para firmar tese acerca de tema, que para além dos interesses subjetivos da demanda, seja de inegável relevância jurídica, social, política ou econômica. Não obstante, quando se está diante de um tema de natureza penal, é prudente judiciosa autocontenção da Corte, pois a atuação fora dos limites circunstanciais do caso pode conduzir a intervenções judiciais desproporcionais, seja sob o ponto de vista do regime das liberdades, seja sob o ponto de vista da proteção social insuficiente. Assim sendo, em virtude da complexidade inerente ao problema jurídico que está sob a análise do Supremo Tribunal Federal no presente recurso extraordinário, propõe-se estrita observância às balizas fáticas e jurídicas do caso concreto para a atuação da Corte em seara tão sensível: a definição sobre a constitucionalidade, ou não, da criminalização do porte unicamente de maconha para uso próprio em face de direitos fundamentais como a liberdade, autonomia e privacidade. (...) É paradoxo desassossegador perfilhar descriminalização do uso de drogas cuja produção e comercialização tipificam, ao mesmo tempo, o crime de tráfico. Isso porque se a retirada do estigma criminal permite que se dê a devida atenção ao bem jurídico tutelado e ao tratamento do usuário, sempre conviver-se-á com o indelével gravame de vê-lo enredado no tecido criminoso de distribuição da droga. A dependência é o calabouço da liberdade mantida em cárcere privado pelo traficante. (...) Diante de princípios basilares desde a reforma penal iluminista, como aquele da ofensividade, segundo o qual não se pune a autolesão, serve a pena estatal, sim, à proteção quanto à lesão de direitos de terceiros. A razão do tratamento diferenciado a substâncias como álcool e tabaco, por exemplo, é opção político-criminal também".

Observa-se a preocupação quanto ao princípio da intervenção mínima, assegurando ao direito penal a atuação nos casos mais graves, embora não se descuide do inter-relacionamento negativo entre usuário e traficante, situação a merecer a consideração do Estado. Diante disso, declarou a inconstitucionalidade do art. 28 da Lei 11.343/2006, específica para a situação espelhada pelo caso concreto apresentado a julgamento: porte de maconha para uso pessoal. Manteve a proibição, inclusive para uso e porte para consumo pessoal, de todas as demais drogas ilícitas, o que sinaliza o cuidado existente no tocante aos males produzidos pelos entorpecentes em geral à saúde pública.

O voto inicial do Ministro Luís Roberto Barroso seguiu a linha do antecessor e fixou a fronteira no tocante à maconha: "1. Estamos lidando com um problema para o qual não há solução juridicamente simples nem moralmente barata. Estamos no domínio das escolhas trágicas. Todas têm custo alto. Porém, virar as costas para um problema não faz com que ele vá embora. Por isso, em boa hora o Supremo Tribunal Federal está discutindo essa gravíssima questão. Em uma democracia, nenhum tema é tabu. Tudo pode e deve ser debatido à luz do dia. Estamos todos aqui em busca da melhor solução, baseada em fatos e razões, e não em preconceitos ou visões moralistas da vida. 2. O caso concreto aqui em discussão, e que recebeu repercussão geral, envolve o consumo de 3 gramas de maconha. A droga em questão, portanto é a maconha. O meu voto trabalha sobre este pressuposto. É possível que algumas das ideias que eu vou expor aqui valham para outras drogas. Outras, talvez não".

Em continuidade, indica o objetivo da Corte, que é a descriminalização do art. 28, no tocante à maconha, sem que isso represente a legalização do consumo: "(...) 4. A discussão no presente processo diz respeito à descriminalização, e não à legalização. Vale dizer: o consumo de maconha ou de qualquer outra droga continuará a ser ilícito. O debate é saber se o Direito vai reagir com medidas penais ou com outros instrumentos, como, por exemplo, sanções administrativas. Isto inclui a possibilidade de apreensão, proibição de consumo em lugares públicos, submissão a tratamento de saúde etc.". E prossegue: "1. O consumo de drogas ilícitas, sobretudo daquelas consideradas pesadas, é uma coisa ruim. Por isso, o papel do Estado e da sociedade deve ser o de: a) desincentivar o consumo; b) tratar os dependentes; e c) combater o tráfico. Portanto, nada do que se dirá aqui – e creio que isso vale para todos os Ministros, independentemente de sua posição – deve ser interpretado como autorização ou incentivo ao consumo de drogas. 2. A guerra às drogas fracassou. Desde o início da década de 70, sob a liderança do Presidente Nixon, dos Estados Unidos, adotou-se uma política de dura repressão à cadeia de produção, distribuição e fornecimento de drogas ilícitas, assim como ao consumo. Tal visão encontra-se materializada em três convenções da ONU. A verdade, porém, a triste verdade, é que passados mais de 40 anos, a realidade com a qual convivemos é a do consumo crescente, do não tratamento adequado dos dependentes como consequência da criminalização e do aumento exponencial do poder do tráfico. E o custo político, social e econômico dessa opção tem sido altíssimo".

Registre-se a preocupação com o problema das drogas no universo brasileiro: "3. É preciso olhar o problema das drogas sob uma perspectiva brasileira.

Olhar o problema das drogas sob a ótica do primeiro mundo é viver a vida dos outros. Lá, o grande problema é o usuário. Entre nós, este não é o único problema e nem sequer é o mais grave. Entre nós, o maior problema é o poder do tráfico, um poder que advém da ilegalidade da droga. E este poder se exerce oprimindo as comunidades mais pobres, ditando a lei e cooptando a juventude. O tráfico desempenha uma concorrência desleal com qualquer atividade lícita, pelas somas que manipula e os pagamentos que oferece. A consequência é uma tragédia moral brasileira: a de impedir as famílias pobres de criarem os seus filhos em um ambiente de honestidade".

Avalia-se o tema pertinente à intervenção mínima do direito penal, por meio do princípio da lesividade, enfocando, igualmente, a não punição da autolesão: "O denominado *princípio da lesividade* exige que a conduta tipificada como crime constitua ofensa a bem jurídico alheio. De modo que se a conduta em questão não extrapola o âmbito individual, o Estado não pode atuar pela criminalização. O principal bem jurídico lesado pelo consumo de maconha é a própria saúde individual do usuário, e não um bem jurídico alheio. Aplicando a mesma lógica, o Estado não pune a tentativa de suicídio ou a autolesão. Há quem invoque a saúde pública como bem jurídico violado. Em primeiro lugar, tratar-se-ia de uma lesão vaga, remota, provavelmente em menor escala do que, por exemplo, o álcool ou o tabaco. Em segundo lugar porque, como se procurou demonstrar, a criminalização termina por afastar o usuário do sistema de saúde, pelo risco e pelo estigma. De modo que pessoas que poderiam obter tratamento e se curar, acabam não tendo acesso a ele. O efeito, portanto, é inverso. Portanto, não havendo lesão a bem jurídico alheio, a criminalização do consumo de maconha não se afigura legítima".

Por certo, a intervenção mínima recomenda que o consumo pessoal de drogas possa permanecer ilícito e sancionado, embora não necessite do direito penal para tanto. Complexa se faz, todavia, a questão atinente ao contexto da avaliação do bem jurídico tutelado, pois a saúde pública fica em permanente risco enquanto um número indeterminado de consumidores – mesmo que se trate apenas de maconha – continue figurando como mercado apto a absorver os entorpecentes comercializados pelos traficantes. A política criminal brasileira entende ser viável a permissão para a comercialização de álcool e tabaco, razão pela qual não são objeto de atenção punitiva. Por isso, não existem traficantes com o mesmo poderio dos que negociam maconha e outras drogas. Afinal, adquire-se a bebida alcoólica em qualquer mercado. Nesse prisma, se o uso de maconha for eventualmente *legalizado* – não somente descriminalizado –, haveria o Estado de permitir a sua comercialização aberta e formal.

É sempre difícil lidar com o paradoxo de se afastar o risco à saúde pública em relação ao consumidor de drogas proibidas, quando se sabe a ligação estreita entre quem compra e quem vende, visto que a ilicitude do comércio traduz a ausência de dados no tocante à disseminação do entorpecente e veda qualquer análise acerca da sua qualidade. Desconhece-se o número de usuários e dentre estes os que são consumidores ocasionais, os que são viciados ou habituais e os que já são considerados dependentes. Todo esse quadro indefinido abrange, também, o grau de pureza da droga, que, envolvendo outros produtos além da maconha, pode comprometer gravemente a saúde do usuário, com aptidão para gerar a morte. Dentro desse cenário, não pode o Estado simplesmente abster-se de agir, sob a alegação de que tudo isso envolve *apenas* um direito individual de se autolesionar na sua intimidade.

Apesar disso, a atuação estatal pode dar-se no campo da ilicitude e da punição extrapenal, desde que se procure fazer com empenho e eficiência. Para tanto, o ideal seria uma política pública efetiva, em especial dos Poderes Executivo e Legislativo.

Tratando do tema pertinente à maconha, o Ministro BARROSO apresenta a sua visão quanto ao critério diferenciador entre traficante e usuário: "5. Minha preferência pessoal, neste momento, seria pela fixação do critério quantitativo em 40 gramas. Porém, em busca do consenso ou, pelo menos, do apoio da maioria do Tribunal, estou propondo 25 gramas, como possível denominador comum das diferentes posições. Cabe deixar claro que o que se está estabelecendo é uma presunção de que quem esteja portando até 25 gramas de maconha é usuário e não traficante. Presunção que pode ser afastada pelo juiz, à luz dos elementos do caso concreto. Portanto, poderá o juiz, fundamentadamente, entender que se trata de traficante, a despeito da quantidade ser menor, bem como de que se trata de usuário, a despeito da quantidade ser maior. Nessa hipótese, seu ônus argumentativo se torna mais acentuado".

Em seguimento (02.08.2023), o Ministro Alexandre de Moraes, restringin-do-se à maconha, acompanhou o relator e votou nos seguintes termos: "1. Não tipifica o crime previsto no artigo 28 da Lei 11.343/2006 a conduta de adquirir, guardar, ter em depósito, transportar ou trazer consigo, *para consumo pessoal*, a substância entorpecente 'maconha', mesmo sem autorização ou em desacor-do com determinação legal ou regulamentar; 2. Nos termos do § 2.º do artigo 28 da Lei 11.343/2006, será presumido usuário aquele que adquirir, guardar, tiver em depósito, transportar ou trazer consigo, uma faixa fixada entre 25,0 a 60 gramas de maconha ou seis plantas fêmeas, dependendo da escolha mais próxima do tratamento atual dado aos homens brancos, maiores de 30 anos e com nível superior; 3. A presunção do item anterior é relativa, não estando a autoridade policial e seus agentes impedidos de realizar a prisão em flagrante por tráfico de drogas mesmo quando a quantidade de maconha for inferior à fixada, desde que, de maneira fundamentada, comprovem a presença de outros critérios caracterizadores do tráfico de entorpecentes; 4. Nas hipóteses de prisão em flagrante por quantidades inferiores à fixada no item 2, para afastar sua presunção relativa, na audiência de custódia, a autoridade judicial, de maneira fundamentada, deverá justificar a conversão da prisão em flagrante em prisão preventiva e a manutenção da persecução penal, apontando, obrigatoriamente, outros critérios caracterizadores do tráfico de entorpecentes, tais como a forma de acondicionamento, a diversidade de entorpecentes, a apreensão de outros instrumentos como balança, cadernos de anotação, celulares com contatos de compra e venda (entrega 'delivery'), locais e circunstâncias de apreensão, entre outras características que possam auxiliar na tipificação do tráfico; 5. Nas hipóteses de prisão em flagrante por quantidades superiores à faixa de 25,0 a 60 gramas de maconha ou seis plantas fêmeas, dependendo da escolha mais próxima do tratamento atual dado aos homens brancos, maiores de 30 anos e com nível superior, na audiência de custódia, a autoridade judicial deverá permitir ao suspeito a comprovação de tratar-se de usuário".

Em 24 de agosto de 2023, buscando o consenso, o Ministro Gilmar Mendes ajustou seu voto para limitar a declaração de inconstitucionalidade à maconha, droga objeto da condenação, que deu ensejo à interposição do recurso extraordinário. Inseriu os parâmetros expostos pelo Ministro Alexandre de Moraes, considerando o patamar de 60 gramas de *cannabis* ou seis plantas-fêmeas para diferenciar o usuário do traficante, em presunção relativa. A Ministra Rosa Weber acompanhou o relator. O Ministro Cristiano Zanin negou provimento ao recurso, considerando constitucional o art. 28 da Lei de Drogas, mas concordou em adotar critério objetivo para dividir traficante e usuário, indicando a quantia de 25 gramas de maconha ou 6 plantas-fêmeas, em presunção relativa.

O julgamento prosseguiu em 6 de março de 2024, ocasião em que o Ministro Roberto Barroso ajustou seu voto para acompanhar os Ministros Gilmar Mendes e Alexandre de Moraes. O Ministro André Mendonça negou provimento ao recurso extraordinário, declarando constitucional o art. 28 e propondo que se fixasse o prazo de 180 dias para o Congresso Nacional estabelecer critérios objetivos de diferenciação entre usuário e traficante, em presunção relativa. Até que isto ocorra, indicou o patamar de 10 gramas de maconha para essa finalidade, se não houver prova em contrário acerca da traficância. O Ministro Nunes Marques negou provimento ao recurso, afirmando a constitucionalidade do art. 28; indicou a quantia de 25 gramas ou 6 plantas-fêmeas para diferenciar consumidor e traficante. Por fim, o Ministro Edson Fachin acompanhou o relator, renovando a tese de que cabe ao Congresso Nacional mensurar a quantidade de maconha para distinguir uso e tráfico.

Na sessão do dia 20 de junho de 2024, o Ministro Dias Toffoli negou provimento ao recurso, sem declarar a inconstitucionalidade do art. 28, embora reconheça que as sanções aplicadas (incisos I a III) não produzem efeitos penais. Propôs o prazo de 18 meses para que os Poderes Legislativo e Executivo formulem e efetivem uma política pública de drogas, com fundamento em dados cientíﬁcos, regulamentando as medidas previstas nos incisos I a III do art. 28 da Lei de Drogas, além de critérios objetivos para diferenciar usuário e traﬁcante de maconha. Mencionou a importância de ser iniciada uma campanha permanente de esclarecimento público a respeito dos malefícios do uso de drogas, dando como exemplo a exitosa campanha contra o tabaco.

Em 25 de junho de 2024, o Ministro Luiz Fux proferiu voto, negando provimento ao recurso para declarar a constitucionalidade do art. 28 da Lei 11.343/2006. Não estabeleceu quantidade para diferenciar consumidor e traﬁcante. A Ministra Carmen Lúcia acompanhou o voto do Ministro Edson Fachin, dando provimento parcial ao recurso, com declaração de inconstitucionalidade, sem redução de texto do art. 28, conferindo interpretação conforme. Até que haja atuação do Poder Legislativo, acompanhou o voto do Ministro Alexandre de Moraes no que concerne ao critério quantitativo de maconha. Aderiu a uma parcela dos votos dos Ministros André Mendonça e Dias Toffoli.

Finalizando o julgamento, no dia 26 de junho de 2024, o STF, por maioria de votos, deu provimento parcial ao Recurso Extraordinário 635.659-SP, absolvendo o recorrente e declarando a inconstitucionalidade, sem redução de texto, do art. 28 da Lei 11.343/2006, para afastar qualquer efeito penal a esse dispositivo no tocante à posse e porte de maconha.

Houve o estabelecimento da seguinte tese, em tópicos: "1. Não comete infração penal quem adquirir, guardar, tiver em depósito, transportar ou trouxer consigo, para consumo pessoal, a substância *cannabis sativa*, sem prejuízo do reconhecimento da ilicitude extrapenal da conduta, com apreensão da droga e aplicação de sanções de advertência sobre os efeitos dela (art. 28, I) e medida educativa de comparecimento a programa ou curso educativo (art. 28, III); 2. As sanções estabelecidas nos incisos I e III do art. 28 da Lei 11.343/2006 serão aplicadas pelo juiz em procedimento de natureza não penal, sem nenhuma repercussão criminal para a conduta; 3. Em se tratando da posse de *cannabis* para consumo pessoal, a autoridade policial apreenderá a substância e notiﬁcará o autor do fato para comparecer em Juízo, na forma do regulamento a ser aprovado pelo CNJ. Até que o CNJ delibere a respeito, a competência para julgar as condutas do art. 28 da Lei 11.343/2006 será dos Juizados Especiais Criminais, segundo a sistemática atual, vedada a atribuição de quaisquer efeitos penais para a sentença; 4. Nos termos do § 2.º do art. 28 da Lei 11.343/2006, será presumido usuário quem, para consumo próprio, adquirir, guardar, tiver em depósito, transportar ou trouxer consigo, até 40 gramas de *cannabis sativa* ou seis plantas-fêmeas, até que o Congresso Nacional venha a legislar a respeito; 5. A presunção do item anterior é relativa, não estando a autoridade policial e seus agentes impedidos de realizar a prisão em ﬂagrante por tráﬁco de drogas, mesmo para quantidades inferiores ao limite acima estabelecido, quando presentes elementos que indiquem intuito de mercancia, como a forma de acondicionamento da droga, as circunstâncias da apreensão, a variedade de substâncias apreendidas, a apreensão simultânea de instrumentos como balança, registros de operações comerciais e aparelho celular contendo contatos de usuários ou traficantes; 6. Nesses casos, caberá ao Delegado de Polícia consignar, no auto de prisão em flagrante, justificativa minudente para afastamento da presunção do porte para uso pessoal, sendo vedada a alusão a critérios subjetivos arbitrários; 7. Na hipótese de prisão por quantidades inferiores à fixada no item 4, deverá o juiz, na audiência de custódia, avaliar as razões invocadas para o afastamento da presunção de porte para uso próprio; 8. A apreensão de quantidades superiores aos limites ora fixados não impede o juiz de concluir que a conduta é atípica, apontando nos autos prova suficiente da condição de usuário".[11]

Além disso, outras medidas foram tomadas pelo STF: "1) Determinar ao CNJ, em articulação direta com o Ministério da Saúde, Anvisa, Ministério da Justiça e Segurança Pública, Tribunais e CNMP, a adoção de medidas para permitir (i) o cumprimento da presente decisão pelos juízes, com aplicação das sanções previstas nos incisos I e III do art. 28 da Lei 11.343/2006, em procedimento de natureza não penal; (ii) a criação de protocolo próprio para realização de audiências envolvendo usuários dependentes, com encaminhamento do indivíduo vulnerável aos órgãos da rede pública de saúde capacitados a avaliar a gravidade da situação e oferecer tratamento especializado, como os Centros de Atenção Psicossocial de Álcool e Drogas – CAPS AD; 2) Fazer um apelo aos Poderes Legislativo e Executivo para que adotem medidas administrativas e legislativas para aprimorar as políticas públicas de tratamento ao dependente, deslocando o enfoque da atuação estatal do regime puramente repressivo para um modelo multidisciplinar que reconheça a interdependência das atividades de (a) prevenção ao uso de drogas; (b) atenção especializada e reinserção social de dependentes; e (c) repressão da produção não autorizada e do tráfico de drogas; 3) Conclamar os Poderes a avançarem no tema, estabelecendo uma política focada não na estigmatização, mas (i) no engajamento dos usuários, especialmente os dependentes, em um processo de autocuidado contínuo que lhes possibilite compreender os graves danos causados pelo uso de drogas; e (ii) na agenda de prevenção educativa, implementando programas de dissuasão ao consumo de drogas; (iii) na criação de órgãos técnicos na estrutura do Executivo, compostos por especialistas em saúde pública, com atribuição de aplicar aos usuários e

---

[11]   "Ficaram vencidos: no item 1 da tese, os Ministros Cristiano Zanin, André Mendonça, Nunes Marques e Luiz Fux; no item 2 da tese, os Ministros Cristiano Zanin, André Mendonça e Nunes Marques; no item 3 da tese, o Ministro Luiz Fux; no item 4 da tese, os Ministros Flávio Dino e Luiz Fux; e, nos itens 5 e 7 da tese, o Ministro Luiz Fux. Votou na fixação da tese o Ministro Flávio Dino".

dependentes as medidas previstas em lei; 4) Para viabilizar a concretização dessa política pública – especialmente a implementação de programas de dissuasão contra o consumo de drogas e a criação de órgãos especializados no atendimento de usuários – caberá aos Poderes Executivo e Legislativo assegurar dotações orçamentárias suficientes para essa finalidade. Para isso, a União deverá liberar o saldo acumulado do Fundo Nacional Antidrogas (Funad), instituído pela Lei 7.560/1986 e gerido pelo Ministério da Justiça e Segurança Pública (MJSP), e se abster de contingenciar os futuros aportes no fundo, recursos que deverão ser utilizados, inclusive, para programas de esclarecimento sobre os malefícios do uso de drogas. Por fim, a Corte determinou que o CNJ, com a participação das Defensorias Públicas, realize mutirões carcerários para apurar e corrigir prisões decretadas em desacordo com os parâmetros fixados no voto do Relator".

Em suma, a posse e porte de maconha para consumo pessoal foi *descriminalizada*, fixando-se um patamar de 60 gramas de *cannabis* ou 6 plantas-fêmeas para diferenciar consumidor e usuário, em presunção relativa. A figura do art. 28 da Lei 11.343/2006 mantém-se como crime e assim permanece para todas as demais drogas consideradas ilícitas.

Analisaremos os efeitos no item 8.1, infra.

5   DESCRIMINALIZAÇÃO E LEGALIZAÇÃO

O enfoque deste tópico se concentra no uso de drogas para consumo pessoal, na perspectiva das que são atualmente consideradas ilícitas ou proibidas (cocaína, crack, maconha, heroína, LSD etc.), extraindo-se do cenário as permitidas (álcool, tabaco, cafeína etc.), bem como as de utilização controlada (benzodiazepínicos, barbitúricos, analgésicos, anestésicos etc.). Embora o Supremo Tribunal Federal, no julgamento do Recurso Extraordinário 635.659-SP (item anterior), concentre-se na avaliação apenas da descriminalização da maconha, sem considerar a hipótese de sua legalização, há de se explorar a temática de forma abrangente.[12]

Valemo-nos de algumas das sugestões apresentadas por MARK THORNTON,[13] para acrescentar outras e expor as nossas considerações a respeito do assunto.

Inicialmente, pode-se enumerar os argumentos em prol da proibição: a) o consumo de drogas ilícitas causa dano à saúde do usuário; a sua enfermidade

---

[12]   Reitere-se a significação terminológica. *Descriminalizar*: deixar de considerar a conduta como *crime*, portanto, não mais sujeita a aplicação de pena. *Legalizar*: tornar lícita certa conduta, permitindo-a, podendo regulamentar a sua prática ou não.

[13]   MARK THORNTON, *Criminalização*: análise econômica da proibição das drogas, p. 122-123 e 236-238.

reduz a permanência no trabalho, aumenta a demanda por estabelecimentos de saúde e aumenta os custos governamentais nesse âmbito; b) as despesas destinadas aos cuidados com produtos proibidos podem ser redirecionadas a outras utilidades de interesse da sociedade; c) a dependência de drogas e o comportamento compulsivo podem extravasar o âmbito individual e, por isso, precisam ficar sob controle estatal; d) a utilização de certas drogas pode causar violência e criminalidade, de modo que a proibição auxilia a reduzir o número de delitos; e) o uso de drogas é capaz de gerar problemas na vida familiar e nas demais relações sociais; f) o consumo de entorpecentes pode ser contagioso, espalhando-se para outros grupos, elevando o número de dependentes; g) o uso de drogas é desnecessário e não possui nenhuma função social benéfica; h) a proibição de certas drogas, levando em conta os problemas que elas causam, apresenta um custo inferior; i) adotada uma política pública eficiente, os potenciais usuários podem ser desestimulados a experimentar e os que já usam podem ser incentivados a abandonar o seu hábito, de modo que, a longo prazo, alguns produtos tendem a ser eliminados do mercado.

Em seguimento, alguns argumentos em prol da descriminalização e legalização: a) o consumo de drogas lícitas preserva o direito individual de autodeterminação, sem o controle estatal em relação à vida privada; b) o fornecimento dos produtos por entidades conhecidas e fiscalizadas garante a qualidade do que é consumido e preserva a sua distribuição a quem possa deles fazer uso, como pessoas adultas e capazes; c) a legalização afasta o traficante, que atua no submundo da criminalidade, eliminando a denominada *guerra às drogas*, com economia aos cofres públicos; d) o consumidor de drogas poderia mensurar, por sua conta, a intensidade e frequência do uso, tal como faz com o álcool, por exemplo, sem qualquer paternalismo estatal; e) as políticas públicas de orientação e prevenção seriam mais amplas e abertas, porque os consumidores poderiam delas participar sem o estigma de serem considerados criminosos ou pessoas imersas na ilegalidade; f) o uso de droga de modo explícito pode levar a um maior diálogo em família ou no ambiente escolar ou laborativo, sem necessidade de que o usuário se esconda por se encontrar na ilegalidade; g) a comercialização aberta de drogas reduziria o preço dos produtos, pois permitiria a livre concorrência; h) a oficialidade do comércio permitiria afastar as drogas consideradas muito perigosas, evitando-se mortes por overdose; i) a regulamentação do mercado permitiria a clara atuação do direito do consumidor; j) a explicitude do comércio permitiria o afastamento dos menores de idade para a venda clandestina dos produtos; k) as drogas comercializadas seriam objeto de tributação, aumentando a arrecadação do Estado; l) os presídios diminuiriam a superlotação, porque haveria a redução dos traficantes – parcela considerável que ocupa as vagas do sistema; m) a polícia passaria a ter mais tempo para se ocupar de crimes tradicionalmente preocupantes, como homicídio, roubo, estupro, estelionato etc.; n) muitos produtos atualmente proibidos foram importantes para o desenvolvimento da civilização moderna e a sua legalização contribuiria para a continuidade desse progresso.

Inicialmente, não se deve mensurar os fatores em prol da proibição ou da legalização pelo número de itens, pois, se assim fosse, parece mais convidativo o quadro da legalização das drogas. O conteúdo das mensagens é muito mais relevante.

Buscando afastar o caráter ideológico e o fundo religioso do debate, que nunca serão totalmente eliminados, é preciso considerar que as drogas ilícitas constituem produtos nocivos à saúde, como demonstrado amplamente por critérios científicos e médicos. Inserem-se no universo do risco, das coisas perigosas, cujo controle permite evitar danos a um número indeterminado de pessoas, tal como se considera a arma de fogo, que demanda autorização legal para posse e porte, pois o inapto pode desencadear sérias lesões à comunidade. Nesse prisma, há de se registrar que muitos dos que defendem a descriminalização e/ou a legalização reputam as drogas ilícitas como produtos perigosos, embora situem o debate no nível do direito individual à autolesão e à busca pela aventura arriscada, vez que são pessoas adultas e capazes. Se partirmos desse pressuposto, há de se considerar que, embora nefasto o uso de certas drogas, sem vantagens reais ao indivíduo, existiria o direito de se autolesionar.

No entanto, soa-nos exagerado o discurso de que a autolesão seria um *direito* inafastável de quem é maior e capaz, pois até mesmo a tentativa de suicídio é considerada ato ilícito, permitindo que qualquer pessoa utilize a coação necessária para impedi-lo (art. 146, § 3.º, II, do Código Penal). Se inexiste punição ao sobrevivente dessa tentativa cuida-se de política criminal, cuja finalidade é auxiliar o potencial suicida a não tentar novamente, em vez de puni-lo, não significando constituir a vida um bem jurídico disponível. Aliás, não fosse esse o ângulo utilizado pelo direito brasileiro, seria perfeitamente admissível e legalizado o suicídio assistido, bem como todas as hipóteses de eutanásia, o que não ocorre.

O confronto entre *proibir, proibir com punição criminal* e *permitir* produz as seguintes consequências, no tocante às atuais drogas ilícitas, respectivamente: a descriminalização, mantendo-se a ilicitude, manter a criminalização e a descriminalização, com a legalização. São correlações diferentes.

Há defensores das três perspectivas, contudo a decisão do Supremo Tribunal Federal adotou as duas primeiras, nos seguintes termos: a) quanto à maconha, descriminalizou, mas manteve a proibição, com sanções de caráter extrapenal; b) quanto às demais drogas atualmente consideradas ilícitas, manteve a proibição, com punição criminal. Não houve qualquer descriminalização, com legalização e permissão de uso.

Mantém-se na legislação a criminalização da posse e porte de drogas ilícitas para consumo pessoal – exceto a maconha. Resta saber qual seria a mais adequada alternativa para o futuro.

Considerando-se a presente conjuntura, debate-se o cabimento da absoluta liberdade individual de se autolesionar e, portanto, usar a droga que bem entender no exercício de seu direito à intimidade.

Sem a pretensão de exaurir temática tão palpitante quanto complexa, no cenário das drogas, parece-nos essencial apontar a natural falha humana para segurar o desejo pessoal à autolesão, utilizando drogas de nefasto efeito, quando se julga nos estreitos limites da sua intimidade. Não há de se reconhecer um direito absoluto nesse sentido, justamente porque a dignidade da pessoa humana lida com valores indisponíveis, tal como a vida, além do que a experiência de usar entorpecente tende a extrapolar o ambiente da privacidade, atingindo terceiros. Por isso, é lógico supor que a utilização de certas drogas pode atingir outros bens jurídicos de relevo, como a saúde pública e a segurança pública.

O Direito Penal interfere nesse cenário valendo-se dos *crimes de perigo*, considerando-se a sua necessidade para evitar efetivos danos a bens valiosos. A regra se baseia na perspectiva de se punir a conduta perigosa com o fim de impedir um mal maior. Ilustrando, fora do contexto dos entorpecentes, a colocação em risco da segurança viária, ao entregar veículo a quem não é habilitado, tem o potencial de gerar atropelamento e morte de pessoas;[14] coloca-se em risco a segurança pública, ao permitir que um imaturo jovem acesse uma arma de fogo, podendo produzir tiros em qualquer lugar, vitimando de modo fatal indivíduos.[15] Pune-se a conduta perigosa para desestimular a sua prática, com o intuito de evitar o dano a bens jurídicos de maior relevo. Eis o fundamento de se punir criminalmente o perigo gerado pelo consumo e tráfico de drogas reputadas inadmissíveis, pois a sua disseminação tem o potencial de gerar graves enfermidades e morte de um número imponderável de pessoas.[16]

---

[14] Lei 9.503/1997, art. 310: "Permitir, confiar ou entregar a direção de veículo automotor a pessoa não habilitada, com habilitação cassada ou com o direito de dirigir suspenso, ou, ainda, a quem, por seu estado de saúde, física ou mental, ou por embriaguez, não esteja em condições de conduzi-lo com segurança: Penas - detenção, de seis meses a um ano, ou multa".

[15] Lei 10.826/2003, art. 13: "Deixar de observar as cautelas necessárias para impedir que menor de 18 (dezoito) anos ou pessoa portadora de deficiência mental se apodere de arma de fogo que esteja sob sua posse ou que seja de sua propriedade: Pena – detenção, de 1 (um) a 2 (dois) anos, e multa".

[16] Pode-se questionar, em qualquer delito de perigo, as premissas da lei em relação ao bem jurídico tutelado penalmente. No caso das drogas, a saúde pública, em primeiro plano. Esta é uma das principais controvérsias acerca da proibição ou legalização de substâncias entorpecentes.

Se, por um lado, criminalizar o consumo de drogas pode simbolizar medida por demais rigorosa, tornar lícito o seu uso, sem controle médico e necessidade terapêutica, pode acarretar perigo à saúde pública e à segurança pública, tendo em vista que o uso indiscriminado pode ultrapassar as barreiras da intimidade do usuário, alcançando inclusive crianças e adolescentes.

O meio-termo poderia ser justamente o adotado pelo STF, no Recurso Extraordinário 635.659-SP, apontando o caminho da descriminalização do consumo pessoal, mantendo-o no campo da ilicitude, com a aplicação de sanções extrapenais. Anote-se que a parcela referente ao tráfico ilícito de drogas é delito constitucionalmente equiparado a hediondo, mantendo-se como tal, apontando-se, de todo modo, tratar-se de crime de perigo à saúde pública.

Levando-se em conta, para argumentar, que esse meio-termo fosse acolhido para todas as substâncias entorpecentes, a descriminalização *sem legalização* gera a permanente situação paradoxal de se punir brandamente – sanção extrapenal – o usuário, mas severamente, no contexto penal, o traficante. Ocorre que, atenua-se a posição do consumidor sabendo-se que ele deverá servir-se de um criminoso para a satisfação do seu interesse.

Para escapar dessa singular contradição, a descriminalização precisaria comportar a legalização, com a regulamentação de como e onde comercializar drogas, a fim de permitir que o usuário possua um fornecimento lícito, dentro de padrões aceitáveis. No entanto, esse quadro não tem sido contemplado pela maioria das vozes que defendem a descriminalização do consumo de entorpecentes – somente da maconha ou de vários. Assim como fez o STF, aponta-se como *avanço* deixar de constituir crime o uso de drogas, mas sem que seja *legalizado*, de maneira ampla, o seu consumo. Aliás, a *liberação geral* para o consumo de qualquer entorpecente seria atitude temerária, não concebida por país algum. Por isso, o que se encontra, como opção de algumas sociedades, tem sido a descriminalização do consumo pessoal de drogas e a legalização, para uso recreativo ou medicinal, apenas da maconha.

Pode-se apontar para o consumo de álcool como indicativo de droga lícita potencialmente danosa, o que não deixa de ser um ponto válido. Inúmeros delitos graves têm por origem a embriaguez do agente, variando desde a violência doméstica, passando por violações sexuais, até atingir o homicídio. Talvez a lição extraída seja que a convivência com um mal estabelecido e arraigado justifica o impedimento do surgimento de outros.

Se por tradição, cultura ou até mesmo pela força empresarial a bebida alcoólica é licitamente consumida, é preciso ponderar, com cautela, se vale o risco de liberar outras drogas, até porque o legislador toma cuidados com o consumo do álcool, criminalizando certas condutas, cuja aceitação é praticamente unânime em sociedade, *v.g.*: Lei 9.503/1997, art. 306: "Conduzir veículo automotor com capacidade psicomotora alterada em razão da influência de álcool ou de outra substância psicoativa que determine dependência: Penas - detenção, de seis meses a três anos, multa e suspensão ou proibição de se obter a permissão ou a habilitação para dirigir veículo automotor".

No contexto das drogas ilícitas, há incontáveis razões para sustentar a descriminalização, com ou sem legalização, bem como a mantença da criminalização, muitas delas de conteúdo lógico e amparadas por dados estatísticos e até mesmo científicos, mas *inexiste a fórmula perfeita*, afinal, trafega-se em terreno movediço, composto pela atuação de seres humanos imperfeitos, que são capazes de deturpar a aplicação da mais bem-feita legislação. Além disso, o universo que engloba a substância entorpecente é o espaço destinado ao perigo, ao risco e à possibilidade de geração de danos a diversos bens caros à sociedade. Resta sempre a indagação, difícil de ser respondida, para medir até que ponto se deve suportar esse perigo, abstendo-se de utilizar o direito penal para tentar coibi-lo.

Em princípio, soa-nos razoável permanecer no meio-termo, seguindo-se o princípio constitucional penal da intervenção mínima, *descriminalizando* a posse e porte de drogas para consumo pessoal, *mantendo* essa conduta como *ilícita*, sujeita a sanções extrapenais eficazes para inibir o uso. O julgamento do STF limitou-se à maconha, mas poderia ter avançado para outras drogas.

A par disso, é perfeitamente possível adotar a mesma atuação estatal realizada para a prevenção do uso do tabaco e do álcool, este último em direção de veículo automotor, para o campo das drogas ilícitas. As campanhas contra o tabagismo, com sanções extrapenais aos infratores, bem como contra a condução de automóvel sob influência de álcool, especialmente quanto às eficientes sanções administrativas, têm obtido triunfo na sociedade e qualquer um pode notar esse avanço nos lugares em que frequenta, no seu meio familiar, com seus amigos e, em particular, dentre os jovens. Observa-se ter esse enfoque constituído um dos pontos do *decisum* do STF no julgamento do RE 635.659-SP.

Todas essas providências podem ser tomadas pelos Poderes da República, sem prescindir do amplo debate em sociedade, por meio das instituições apropriadas, para captar o real interesse de diversos setores no tocante ao trato com todas as drogas potencialmente danosas à saúde.

6   TIPO INCRIMINADOR DO ART. 28[17]

O delito se compõe de condutas mistas alternativas – adquirir, guardar, ter em depósito, transportar ou trazer consigo –, significando que a prática de uma

---

[17]   "Quem adquirir, guardar, tiver em depósito, transportar ou trouxer consigo, para consumo pessoal, drogas sem autorização ou em desacordo com determinação

Capítulo III • Consumo de Drogas Ilícitas | **99**

delas, ou mais de uma, no mesmo contexto, constitui uma só infração penal. O objeto dessas condutas é a droga ilícita. Prevê, ainda, outra parte, contendo as condutas de semear, cultivar ou colher qualquer planta voltada à preparação de pouca quantidade de substância entorpecente ou produto apto a gerar dependência física ou psíquica; embora não esteja expresso no tipo, a mantença da planta somente é incriminada se não houver autorização legal ou regulamentar.

Difere esse crime da figura prevista no art. 33, justamente em face da finalidade específica do agente (consumo pessoal). Por isso, além do dolo, deve-se demonstrar esse fim especial, não havendo a forma culposa. Sob outro aspecto, trata-se de infração de *menor* potencial ofensivo, para o fim de aplicação do disposto na Lei 9.099/1995, embora se possa mencionar o seu *ínfimo* potencial ofensivo. Além da possibilidade de transação (art. 48, § 5.º), não se imporá prisão em flagrante (art. 48, § 2.º) e, ao final, poderá ser aplicada simples advertência. Denominamos de *ínfimo* potencial ofensivo o crime previsto no art. 28 desta Lei, tendo em vista que, mesmo não sendo possível a transação, pois reincidente o agente, com maus antecedentes ou péssima conduta social, *jamais* será aplicada pena privativa de liberdade.

Outro ponto a ser analisado diz respeito ao *uso* do entorpecente, que não consta no tipo, logo, não é incriminado. Se alguém for surpreendido *usando* a

---

legal ou regulamentar será submetido às seguintes penas: I – advertência sobre os efeitos das drogas; II – prestação de serviços à comunidade; III – medida educativa de comparecimento a programa ou curso educativo. § 1.º Às mesmas medidas submete-se quem, para seu consumo pessoal, semeia, cultiva ou colhe plantas destinadas à preparação de pequena quantidade de substância ou produto capaz de causar dependência física ou psíquica. § 2.º Para determinar se a droga destinava--se a consumo pessoal, o juiz atenderá à natureza e à quantidade da substância apreendida, ao local e às condições em que se desenvolveu a ação, às circunstâncias sociais e pessoais, bem como à conduta e aos antecedentes do agente. § 3.º As penas previstas nos incisos II e III do *caput* deste artigo serão aplicadas pelo prazo máximo de 5 (cinco) meses. § 4.º Em caso de reincidência, as penas previstas nos incisos II e III do *caput* deste artigo serão aplicadas pelo prazo máximo de 10 (dez) meses. § 5.º A prestação de serviços à comunidade será cumprida em programas comunitários, entidades educacionais ou assistenciais, hospitais, estabelecimentos congêneres, públicos ou privados sem fins lucrativos, que se ocupem, preferencialmente, da prevenção do consumo ou da recuperação de usuários e dependentes de drogas. § 6.º Para garantia do cumprimento das medidas educativas a que se refere o *caput*, nos incisos I, II e III, a que injustificadamente se recuse o agente, poderá o juiz submetê-lo, sucessivamente a: I – admoestação verbal; II – multa. § 7.º O juiz determinará ao Poder Público que coloque à disposição do infrator, gratuitamente, estabelecimento de saúde, preferencialmente ambulatorial, para tratamento especializado."

droga (ex.: cocaína injetada na veia), sem possibilidade de se encontrar a substância entorpecente em seu poder, não poderá ser punido.[18]

Cuida-se de crime comum, podendo ser cometido por qualquer pessoa. O sujeito passivo é a sociedade, pois o bem jurídico sob tutela é a saúde pública (conferir a análise feita no item 3 do capítulo II). É importante ressaltar que não se pune, no cenário penal, a autolesão; desse modo, a proteção à saúde do consumidor de droga é secundária, embora se possa mencionar a sua presença, afinal, preveem-se instrumentos de advertência sobre os males dos entorpecentes e medidas educativas para evitar a continuidade da utilização de drogas.

A expressão *sem autorização ou em desacordo com determinação legal ou regulamentar* constitui fator vinculado à ilicitude, porém, quando inserido no tipo incriminador, torna-se elemento deste e, uma vez que não seja preenchido, transforma o fato em atípico. Portanto, adquirir, guardar, ter em depósito, transportar ou trazer consigo drogas, para consumo pessoal, devidamente autorizado, é fato atípico, como pode acontecer se alguém obtiver licença para ter em casa a maconha para fins medicinais ou quando um remédio de uso controlado estiver em posse de quem tem receita médica.

Cuida-se de situação excepcional, sob pena de se gerar contradição patente. Não é viável, por exemplo, autorizar alguém a manter cocaína em casa, para uso próprio. Porém, cuidando-se de um doente, em estado muito grave, é possível a mantença de morfina, para consumo pessoal, como meio de amenizar a dor provocada por alguma enfermidade. Seria, pois, fato atípico.

Parcela essencial da classificação desse crime concentra-se nas condutas *guardar, ter em depósito, transportar e trazer consigo*, que são permanentes, significando que a consumação se prolonga no tempo. Em princípio, permitiria a prisão em flagrante e até mesmo a invasão domiciliar para conter o desenvolvimento do delito. Porém, tratando-se de uso, essas medidas coercitivas estão descartadas. Eis nesse ponto um dos fatores indicativos do excessivo número de autuações por tráfico em relação a pessoas que poderiam ser consideradas usuárias. Se a polícia pode prender a qualquer momento o portador de qualquer quantidade de droga ilícita *se não for destinada a consumo*, torna-se mais simples dar voz de prisão em flagrante por tráfico e colocar o detido nas mãos da autoridade policial para decidir o que fazer.

Ressalte-se, novamente, que o tratamento muito diferenciado para deter o usuário e o traficante coloca em risco o trabalho policial na ponta da inves-

---

[18] No mesmo sentido: Rogério Sanches Cunha, Ronaldo Batista Pinto e Renee do Ó Souza, *Leis penais especiais comentadas*, p. 1.727.

Capítulo III • Consumo de Drogas Ilícitas | **101**

tigação, que é a sua atuação em via pública e nas cercanias, de modo que seria imperioso autorizar, *expressamente em lei*, a detenção imediata de quem carrega consigo droga ilícita, sem alegação de abuso de autoridade, para que o delegado possa sinalizar qual a autuação a encaminhar. Se usuário, deve providenciar a apresentação ao Juizado Especial Criminal; não sendo possível, lavra-se o termo circunstanciado para posterior comparecimento em juízo. Se traficante, procede-se à elaboração do auto de prisão em flagrante.

O crime admite tentativa, embora de rara configuração, como acontece se o agente procura alguém para adquirir a droga, sendo interrompido exatamente nesse momento.

6.1 Princípio da insignificância

Lastreado no princípio da intervenção mínima (caráter subsidiário do direito penal), o critério da insignificância não consta expressamente em lei penal, embora seja acolhido por parte considerável da doutrina e pela jurisprudência, inclusive dos Tribunais Superiores (STF e STJ), com os seguintes fundamentos:

a) *consideração do valor do bem jurídico em termos concretos*, sob o ponto de vista da vítima e não apenas em razão da visão da sociedade ou do agressor; afinal, o que pode representar algo simplório para uns, é capaz de simbolizar um bem valioso para o ofendido. Ilustrando, uma bicicleta usada pode ter um valor de mercado pequeno, embora constitua para o seu proprietário o veículo de sua locomoção ao trabalho; se for furtado, há de se valorizar esse bem, a ponto de não considerar o crime como se fosse de bagatela. No campo das drogas, pode-se enfocar a minúscula quantidade de entorpecente apreendido como irrelevante para a saúde pública, considerando-se a sociedade;

b) *consideração da lesão ao bem jurídico em visão global*, significando que valores relevantes para a sociedade, primariamente, precisam ser levados em conta pelo direito penal, como se pode indicar em relação ao meio ambiente, à saúde pública, à administração pública, dentre outros. Observe-se, neste último campo, o contexto do crime de corrupção, não sendo viável avaliar como delito de bagatela a corrupção envolvendo um pequeno valor utilizado para ofertar ao funcionário público. O bem em jogo é não somente o patrimônio da administração, mas a moralidade e a lisura dos atos administrativos, de modo que o montante envolvido nessa situação pode ser irrelevante. Isto não fecha a questão, visto que entregar um chaveiro de ínfimo valor, representativo de propaganda de uma empresa, por exemplo, entregue ao servidor público não pode ser incluído no universo da corrupção. Retornando ao cenário das drogas, um montante pequeno recolhido do usuário confunde-se com o item anterior, pois o bem jurídico é a saúde pública, não existindo vítima determinada, de modo que é quantia incapaz de causar alguma lesão;

c) *as condições pessoais do agente devem ser levadas em consideração*, porque, do contrário, a reiteração delitiva sem qualquer punição, tratando-se de fato potencialmente típico, pelo conjunto, pode ser perniciosa ao sistema jurídico-penal. Exemplificando, o agente reincidente, com antecedentes criminais, furtando pequenas quantidades de mercados da vizinhança, precisa de punição, sem que se possa acolher a tese da bagatela seguida e continuamente. Há casos de quem furta uma mercadoria e, mesmo condenado por furto privilegiado (algo de pequeno valor), não se emenda e torna a fazer a mesma coisa; caso seja sistematicamente absolvido, o patrimônio alheio passa a não lhe significar nada. Na conjuntura das drogas, igualmente, a existência de antecedente criminal por uso ou tráfico permite supor que a ínfima quantidade recolhida não mais serve à insignificância, tendo em vista a reiteração, que desqualifica a ideia de mínima lesividade.

No âmbito das drogas, há que se distinguir entre o porte para uso e os demais delitos. Assim sendo, cremos viável aplicar a insignificância no tocante ao art. 28, pois a ínfima quantidade é desprezível em confronto com a saúde pública. Inexiste sustentáculo para impor a sanção, seja ela qual for, a quem carrega, para consumo, por exemplo, 0,5 g de cocaína.[19]

No entanto, sustentávamos de maneira diversa nos primeiros comentários feitos à lei de drogas, assim que foi editada em 2006. O enfoque concentrava-se na branda penalidade, que pudesse servir de alerta ao consumidor para que se desligasse das drogas; dessa maneira, impor uma advertência sobre os efeitos dos entorpecentes seria mais salutar do que simplesmente absolvê-lo por atipicidade material. Essa visão, que atualmente não nos parece a ideal, é adotada por outros autores e, também, por vários julgados. Naturalmente, há uma ter-

---

[19] STF: "Penal e processual penal. *Habeas corpus*. Possibilidade de aplicação do princípio da insignificância em porte de entorpecentes para consumo pessoal. 1. A aplicação do princípio da insignificância, de modo a tornar a conduta atípica, exige sejam preenchidos, de forma concomitante, os seguintes requisitos: (i) mínima ofensividade da conduta do agente; (ii) nenhuma periculosidade social da ação; (iii) reduzido grau de reprovabilidade do comportamento; e (iv) relativa inexpressividade da lesão jurídica. 2. Paciente que portava 1,8g de maconha. Violação aos princípios da ofensividade, proporcionalidade e insignificância. 3. Precedentes: HC 110475, Rel. Min. Dias Toffoli, Primeira Turma, *DJe* 15.03.2012; HC 127573, Rel. Min. Gilmar Mendes, 2.ª T., *DJe* 25.11.2019. 4. Ordem concedida para trancar o processo penal diante da insignificância da conduta imputada" (HC 202.883-AgR, 2.ª T., rel. Gilmar Mendes, 15.09.2021, maioria). Esse julgado cuida da maconha, hoje descriminalizada pelo STF para consumo pessoal. Assim sendo, portar 1,8g é levado em conta apenas para aplicar sanção extrapenal. Não há necessidade de se tratar da insignificância para a *cannabis*, todavia, continua aplicável a outros entorpecentes em nossa ótica.

ceira posição, que visualiza no porte de drogas, mesmo para consumo e em se tratando de mínima quantidade, um autêntico perigo para a sociedade, pois o consumidor adquiriu de algum traficante e fomenta o comércio ilegal e danoso à saúde pública. Haveria, portanto, esses três enfoques.[20]

Há que se acrescentar ao debate a decisão proferida no RE 635.659-SP pelo STF, descriminalizando a posse e porte de maconha para consumo pessoal. Pode-se observar na fundamentação dos votos vencedores a cautela adotada no tocante à punição do usuário, no contexto penal, que mereceria somente sanção extrapenal. Essa visão deveria ter sido acolhida para todos os entorpecentes, quando para uso próprio, registrando-se, então, a viabilidade de se considerar, pelo menos, a insignificância como critério apto a gerar a atipicidade da conduta, quando for possível. Soa-nos a mais adequada política criminal para os julgamentos atualmente.

No tocante ao prisma de que o art. 28, sem pena privativa de liberdade, não admite a aplicação da insignificância, pode-se mencionar a visão de Cruz, Ruy e Souza: "a utilização genérica do princípio da insignificância em relação ao crime em questão, tão somente pelo fundamento da pequena quantidade da droga apreendida, praticamente teria efeito semelhante ao de uma *abolitio criminis* judicial, visto que a grande maioria dos casos enquadrados neste tipo penal envolve como autores (dependentes e usuários), portadores de pequena quantidade de droga, quantidade esta que, dependendo do comportamento do usuário, pode gerar os efeitos negativos que a norma penal objetiva prevenir a

---

[20] STJ: "1. A jurisprudência deste Superior Tribunal de Justiça tem posicionamento assente no sentido de que o crime de posse de drogas para consumo pessoal é de perigo abstrato ou presumido, não havendo necessidade de demonstração de efetiva lesão ao bem jurídico tutelado pela norma, isto é, a saúde pública. Precedentes. 2. Nesse sentido, não há falar em incidência do postulado da insignificância em delitos desse jaez, porquanto, além de ser dispensável a efetiva ofensa ao bem jurídico protegido, a pequena quantidade de droga é inerente à própria essência do crime em referência (AgRg no RHC n. 160.581/SP, 5.ª T., rel. Ribeiro Dantas, 15/3/2022, v.u.); 1. Em razão da política criminal adotada pela Lei n. 11.343/2006, há de se reconhecer a tipicidade material do porte de substância entorpecente para consumo próprio, ainda que pequena a quantidade de drogas apreendidas, como na espécie. 2. Conforme jurisprudência pacífica desta Corte Superior de Justiça, não se aplica o princípio da insignificância ao delito descrito no art. 28 da Lei n.º 11.343/2006, em razão de se tratar de crime de perigo abstrato, contra a saúde pública, sendo, pois, irrelevante, para esse fim, a pequena quantidade de substância apreendida. Precedentes" (AgRg no RHC 147.158/SP, 6.ª T., rel. Rogerio Schietti Cruz, 25.05.2021, v.u.). Com a descriminalização da posse e porte de maconha para uso próprio, parece-nos que essa visão mereceria alteração para considerar as hipóteses de insignificância, quanto às demais drogas, quando for o caso, com o fim de não gerar qualquer efeito penal.

combater, atingindo, dentre outros bens jurídicos tutelados pela norma, a saúde pública e a paz social".[21]

Assim não nos parece, pois o usuário pode ser surpreendido com variadas quantidades e não apenas com montantes pequenos. Quando se menciona a insignificância, estamos nos referindo a quantias realmente ínfimas, o que realmente não abrange a maior parte dos usuários. Se for considerada essa análise como uma *abolitio criminis* judicial, o mesmo parâmetro poderia ser utilizado para furtos de reles valor do bem subtraído e não se tem levado para esse campo a adoção do delito de bagatela. Denomina-se *aplicação da insignificância*, incapaz de preencher o nível suficiente de lesão ou potencial lesão ao bem jurídico tutelado, resolvendo-se a questão no campo da tipicidade, sem que se utilize a terminologia de abolição do crime por critério judicial, algo passível de constatação nos julgados de vários tribunais, inclusive no STF e no STJ. A indicação de *abolitio criminis* fornece a impressão de que o juiz resolve, por sua conta, eliminar o delito do cenário penal, o que não é a situação desenhada pela bagatela, pois não se desconstitui o tipo incriminador, mas tão somente a adequação do fato ao modelo de conduta proibida, mesmo assim em caráter excepcional.

Ademais, tomando novamente como parâmetro o resultado do RE 635.659-SP, o STF fixou como patamar de diferenciação entre traficante e usuário de maconha a quantidade de 60 gramas, o que não demonstra que o usuário carrega consigo montantes ínfimos. Quantias representativas da bagatela giram em torno de 1 grama, situação encontrada na prática. Enfocando-se o bem jurídico consistente na saúde pública, a mínima quantidade, equivalente a uma pequena pedra de crack, soa-nos irrelevante.

Outro argumento para afastar a bagatela encontra-se nas linhas de MENDONÇA e CARVALHO: "para aqueles que entendem aplicável o princípio da insignificância em razão de se tratar de crime de perigo abstrato, por estar ausente qualquer perigo à saúde pública ou por não estarem presentes a lesividade e a alteridade na conduta do mero usuário, entendemos que esses questionamentos levariam à negativa da própria constitucionalidade da incriminação do porte para consumo pessoal. Para os defensores desses pontos, portanto, o correto seria arguir a inconstitucionalidade da norma, conforme visto (e refutado) no item anterior, e não a insignificância da conduta".[22] Não vemos relação entre o princípio da insignificância e a inconstitucionalidade de um tipo incriminador, qualquer que seja. A avaliação da bagatela se vincula à análise da tipicidade

---

[21] CRUZ, RUY e SOUZA, *Lei de Drogas*: comentada conforme o pacote anticrime (Lei n. 13.964/2019), p. 85.

[22] MENDONÇA e CARVALHO, *Lei de Drogas comentada*, p. 65-66.

formal e material, e não à figura típica em abstrato. É exatamente o mesmo critério para outras situações de insignificância, como o exemplo do furto, em que subtrair algo de mínimo valor, irrelevante para o patrimônio da vítima, respeitados os demais requisitos, inclusive previstos em decisões do STF, gera fato materialmente atípico. Não se debate a inconstitucionalidade do art. 155 do Código Penal.

Quanto ao art. 28 da Lei 11.343/2006, pode-se sustentar, sem dúvida, a sua inconstitucionalidade, por lesão ao princípio da intervenção mínima ou às normas constitucionais que tutelam a intimidade, a vida privada e a autodeterminação do indivíduo. No entanto, se o juiz entender que se trata de tipo perfeitamente adequado à Constituição, ainda assim pode absolver o réu, porque se trata de atipicidade material. Além disso, em colegiados, conforme regra estabelecida pelo STF, somente o plenário da Corte pode tomar a decisão da inconstitucionalidade de um artigo de lei em face da Constituição; assim sendo, a câmara ou turma do tribunal não tem essa competência, mas pode absolver o acusado, que trazia consigo meio grama de droga, porque o fato é materialmente atípico.

De nossa parte, a previsão do art. 28 fere a intervenção mínima, não significando dizer que a conduta é inofensiva à saúde pública. Cremos que carregar droga para consumo pessoal pode ser inserido em universo afastado do direito penal, por razões de *política criminal* – a mesma que norteia todas as demais descriminalizações de condutas que podem ser sancionadas por outros ramos do direito. No entanto, não menosprezamos o potencial risco à saúde pública. Não é por isso que a descriminalização é adequada, mas porque a lesão pode ser devidamente cuidada em ambiente extrapenal.

Quanto ao crime militar de posse ilícita de drogas, mesmo que para consumo pessoal (art. 290, CPM), a maioria dos entendimentos, inclusive na jurisprudência, com vistas à preservação da disciplina na caserna, sustenta a inaplicabilidade do crime de bagatela. Levando-se em consideração a prevalência da Constituição Federal e, com isso, o princípio da dignidade da pessoa humana, parece-nos que não se deve estabelecer a desigualdade no contexto penal quando no cenário do porte de drogas em quantidade ínfima. Não se descura da disciplina necessária no âmbito militar, mas deve ela ser aplicada, juntamente com a sanção indispensável, no contexto administrativo, porém, não no espectro penal. Porém, nesta situação, há de se cuidar de quantidades realmente ínfimas, que possam ser incluídas no cenário de uso absolutamente pessoal e individual, sem qualquer indício de tráfico. Além disso, deve ser atestado como de mínima potencialidade lesiva para efeito de retirar a capacidade de discernimento do militar.

Aliás, há um argumento utilizado em alguns julgados, no prisma de que o militar tem acesso a armas de fogo e a sua atividade exige um nível específico de responsabilidade incompatível com o uso de drogas que possa alterar os seus sentidos, mas não se dá o mesmo se o militar utilizar bebida alcoólica, vale dizer, não há *crime* militar para o uso de álcool, exceto no caso de direção de veículo motorizado, embora possa causar tanto dano quanto qualquer outro entorpecente. Por isso, não nos soa um alicerce sólido para excluir a atipicidade material para pouquíssima quantidade de droga.[23]

6.2 Princípio da adequação social

Trata-se de uma conduta aceita e aprovada consensualmente pela sociedade, ainda que não se constitua causa de justificação, podendo ser entendida como não lesiva ao bem jurídico tutelado. É o caso da colocação do brinco, situação tradicionalmente aceita, como meta de embelezamento, embora se possa cuidar, ao menos na aparência, de lesão à integridade física. No entanto, quem fura a orelha de outra pessoa para a inserção do brinco pode praticar uma ofensa à integridade corporal *formalmente*, mas na essência – materialmente – não configura uma autêntica lesão.

É inviável transportar essa teoria para a conjuntura dos crimes de drogas, porque o trato com substância entorpecente, considerada ilícita, não abrange qualquer consenso em sociedade; aliás, longe disso, desperta polêmica e, talvez, seja voz majoritária a rejeição à descriminalização, mesmo que para o consumo individual.

6.3 Sanção penal

Na Lei de Drogas, elas são intituladas de medidas educativas, quando inseridas no art. 28, relativo ao consumo pessoal. As sanções podem ser aplicadas de forma isolada ou cumulativamente, comportando a substituição de uma por outra a qualquer tempo (art. 27). Parece-nos que a opção do julgador, por uma das penas, deve se basear na culpabilidade (grau de reprovação social merecido) e, por consequência, nos demais critérios previstos no art. 59 do Código Penal. Por outro lado, com fundamento nos mesmos elementos (art. 59, CP), pode o magistrado optar pela aplicação cumulativa de duas das medidas previstas nos incisos I a III do art. 28, *caput*, ou mesmo das três penalidades em conjunto.

Quanto à substituição das penas a qualquer tempo, deve-se levar em conta que a sanção é fixada na sentença condenatória (ou homologatória de transação)

---

[23] Ao comentarmos o Código Penal Militar, tivemos a oportunidade de indicar diversos tipos penais que poderiam ser deslocados para o cenário da punição administrativa, colocando-se fora do direito penal, sem afetar a imposição de sanção para preservar a disciplina e a hierarquia.

e o julgador precisa eleger uma das penalidades dos incisos I, II ou III do art. 28, *caput*, ou fixá-las de modo cumulativo. Transitando em julgado, segue-se à fase executória. Nesta, conforme o caso, pode-se substituir a pena estabelecida por outra, talvez mais severa ou eficiente. Entretanto, as possibilidades do juiz são limitadas às previstas no art. 28.

Caso estabeleça a pena de comparecimento a programa ou curso educativo, pode-se substituí-la por prestação de serviços à comunidade. Ou esta pode ser transformada naquela. Ouvem-se as partes – Ministério Público e Defensoria – previamente. Para a admoestação verbal e/ou multa, previstas no § 6.º do art. 28, como meios de coerção às restritivas de direitos, não se fala em substituição, logo, as partes devem ser ouvidas como decorrência natural do princípio constitucional do contraditório e, no caso do condenado, em especial, da ampla defesa.

O art. 28 é infração de menor potencial ofensivo. Lavra-se termo circunstanciado e encaminha-se o agente ao Juizado Especial Criminal para transação. Realizada esta e aplicada a pena, não há possibilidade de gerar reincidência, nos termos do art. 76, § 4.º, da Lei 9.099/1995.

Quanto ao acordo de não persecução penal, a viabilidade de transação é um obstáculo à sua aplicação, conforme o art. 28-A, § 2.º, I, do CPP. Imagine-se que o sujeito pratica nova infração, com pena mínima inferior a quatro anos, dentro dos cinco anos seguintes à transação. Se for infração de menor potencial ofensivo, não pode obter nova transação (art. 76, § 4.º, parte final, Lei 9.099/1995). E, também, não cabe o acordo de não persecução penal (art. 28-A, § 2.º, III, CPP).

Sob outro prisma, passados os cinco anos da última transação, o agente comete novamente o crime do art. 28. Tem direito à transação no JECRIM. Em suma, não haverá espaço para a aplicação do acordo de não persecução penal.

6.3.1 Penas principais

A *advertência* é a primeira opção, referindo-se a uma *chamada de atenção*, um *alerta* ou *repreensão verbal*, relacionada aos efeitos nocivos das drogas. Quando se cuida de crianças ou adolescentes, ao praticar ato infracional, justifica-se a medida socioeducativa de advertência (art. 112, I, Lei 8.069/1990), pois se refere a uma pessoa em pleno desenvolvimento da personalidade, rumo ao amadurecimento; no entanto, advertir adultos não nos parece ser a função do Poder Judiciário. É uma atitude paternalista, de certo modo autoritária, obrigando alguém a ouvir um conselho de como administrar a sua vida e se comportar em relação às drogas. Mesmo que se possa considerar um ponto de vista positivo para lidar com a pessoa envolvida com o consumo de substância entorpecente, em vez de puni-la com uma severa pena de prisão, isso não significa que se deva passar de um extremo ao outro. Se a sanção privativa de liberdade é considerada excessiva, a pena de advertência é inadequada para se aplicar a um adulto.

Alguns procuram equiparar os benefícios da advertência com a ideia de despenalização, como se fosse um autêntico prêmio que o Estado, geralmente repressor, oferta ao criminoso, autor de infração de menor potencial ofensivo. Entretanto, não se trata de uma troca retirando uma sanção ruim por uma situação pior. A ineficácia da advertência é outro fator a ser ponderado, situação que pode espelhar descrédito à justiça criminal, porque o sentenciado pode não levar em consideração e até mesmo evitar comparecer à audiência marcada para essa finalidade. A consequência para tanto é composta, segundo o inciso I do § 6.º do art. 28, por admoestação verbal, o que representa outra *chamada de atenção*, por mais que se pretenda desenhá-la como medida mais rigorosa.

Não se desconhece que pode haver cumulatividade de sanções, como advertência e prestação de serviços comunitários, e que a *garantia* para o cumprimento dessas penas deve ser, *sucessivamente*, nos termos legais, a admoestação verbal, que, ineficiente, será seguida pela imposição de multa. De qualquer maneira, as penas principais podem ser rejeitadas pelo sentenciado, isolada ou cumulativamente impostas, para comportar outra repreensão verbal a desencadear, eventualmente, a sanção pecuniária. Esta seria a única com maior eficácia e, mesmo assim, voltada a quem pode quitá-la. Parece-nos viável cominar sanções mais eficientes, lidando com a restrição de direitos, como, apenas para exemplificar, a suspensão da carteira de habilitação ou do passaporte e a proibição de frequência a certos lugares *se houver* monitoramento eletrônico.

A par das críticas, feita a transação, cabe ao magistrado advertir o réu diretamente, sem transmitir essa tarefa ao Ministério Público ou a um serventuário, tampouco deve singelamente constar do termo de audiência, sem que seja pronunciada verbalmente. De qualquer forma, há de se formalizar a advertência por termo, assinado pelo juiz, pelo promotor, pelo advogado do acusado e pelo réu-advertido. O não comparecimento do acusado para ser advertido pode levar o magistrado a impor outra medida em substituição, como a prestação de serviços comunitários ou o comparecimento a programa ou curso educativo, bem como pode submetê-lo a uma admoestação[24] ou, sucessivamente, a uma multa.

Sobre a pena de advertência, as posições doutrinárias são diversificadas. Há vozes indicando deva ser aplicada pelo magistrado, com assessoria de profissionais da área de saúde física e mental, evitando-se o descrédito e a ridicularização

---

[24] Não deixa de ser estranho impor admoestação verbal como medida constritiva a quem se subtrai à advertência, levando-se em consideração que ambas as medidas representam, basicamente, a mesma coisa.

da lei e do Judiciário.[25] A partir desse ponto de vista e considerando-se que a imensa maioria – senão a totalidade – das Comarcas, no Brasil, focalizando-se o JECRIM e as varas cumulativas do interior, não possui assessoria técnica especializada nem para laudos importantes em diversos setores, como a avaliação de imputabilidade, a escuta especializada, o acompanhamento do depoimento especial da criança ou a análise e acompanhamento de atos infracionais, dentre outros, o fim da advertência é mesmo gerar o completo descrédito ao Judiciário.

Outros argumentam com a imprestabilidade da advertência, pois cabe aos órgãos do Ministério da Saúde advertir a sociedade e os usuários de drogas sobre os malefícios dos entorpecentes, e não ao Poder Judiciário.[26] Encontra-se, também, a visão dos que nem mesmo a consideram autêntica pena, pois não tem caráter retributivo ou preventivo, de forma que o juiz não poderia aplicá-la isoladamente, mas sempre cumulada com outra.[27]

Em posição mais contundente, THUMS e PACHECO afirmam que se mostra "completamente ingênua e irracional a medida de advertência para drogados, porque a medida pode servir de chacota contra o próprio magistrado que vai advertir normalmente usuário de longo caminho já percorrido no mundo das drogas e este simplesmente vai debochar da situação constrangedora em que se encontra o juiz com o gesto da advertência".[28]

Estivesse o usuário de droga ilícita situado fora do cenário penal, comparecendo em órgão de saúde pública, sob condução de um técnico especializado, poder-se-ia tratar da advertência como uma alternativa viável para conscientizar alguns consumidores acerca dos malefícios dos entorpecentes. Não é o caso do juiz, que não possui formação nessa área, nem é obrigado a ter, mas termina encarregado pela lei de *advertir* um adulto sobre a sua opção de consumir drogas. A sanção *penal* não tem função retributiva, nem mesmo qualquer efeito preventivo eficaz, de modo que, na prática, encontra-se esvaziada e inútil.

Um ponto merece destaque, pois o § 6.º permite a imposição de medidas *coercitivas* se houver recusa *injustificada* para cumprir qualquer das penas descritas nos incisos I, II e III do *caput* do art. 28. Podem configurar justificativa válida, a título de exemplo: a) a advertência, feita pelo juiz, é ríspida e grossei-

---

[25] Cf. ROGÉRIO SCHIETTI CRUZ, FERNANDO ESTEVAM BRAVIN RUY e SÉRGIO RICARDO DE SOUZA, *Lei de Drogas*: comentada conforme o pacote anticrime (Lei n. 13.964/2019), p. 79.

[26] Cf. MASSON e MARÇAL, *Lei de Drogas*, p. 24.

[27] Cf. MENDONÇA e CARVALHO, *Lei de Drogas comentada*, p. 70.

[28] THUMS e PACHECO, *Nova Lei de Drogas*, p. 50. Consulte-se, ainda, JOSÉ DE SIQUEIRA SILVA, RODNEY ROCHA MIRANDA, DANIELLE NOVAES DE SIQUEIRA VALVERDE e FRANCISCO VALVERDE DE CARVALHO FILHO, Os reflexos da nova Lei de Drogas na atuação das polícias estaduais, *Revista Brasileira de Segurança Pública*, p. 132-133.

ra, menosprezando o sentenciado. Dessa forma, pode retirar-se da audiência, lavrando-se o protesto no termo, por meio do seu advogado; b) a prestação de serviços à comunidade deve ser cumprida em lugar onde o condenado exerce as suas atividades profissionais normais, o que lhe representaria uma forma de humilhação; c) a frequência a cursos ou programas pode referir-se a uma situação improvisada, totalmente alheia ao tema de tóxicos. Em suma, o importante é oferecer motivos plausíveis para que o juiz substitua a pena por outra.

Não é demais lembrar que, em face da opção legislativa de afastar a prisão do cenário dos usuários e dependentes, é evidente não ser possível buscar atingir esse objetivo por formas indiretas, tal como a tipificação da recusa como se fosse crime de desobediência. Seria contornar a política criminal adotada ferindo a legalidade. Todavia, poder-se-ia editar lei, prevendo especificamente a hipótese de delito de desobediência para quem não cumprir a determinação judicial; nessa hipótese, haveria uma novidade na política criminal do Estado no tocante aos consumidores de drogas.

As outras duas penas previstas são a prestação de serviços à comunidade e a medida educativa de comparecimento a programa ou curso educativo. A primeira configura-se da mesma forma que a previsão feita no Código Penal (art. 46, § 2.º), o que é positivo. Afinal, a natureza do crime acompanha, em última análise, a essência da pena. Possui prazo próprio, que varia de um dia a cinco meses (deve-se indicar como o mínimo *um dia* porque a lei não estabelece o piso; logo, utiliza-se a menor quantidade possível para a pena, pois inexiste pena em horas, conforme o art. 11 do Código Penal). O local ideal para a prestação de serviços deve voltar-se, de modo preferencial, a programas comunitários, entidades educacionais ou assistenciais, hospitais, estabelecimentos congêneres, públicos ou privados, sem fins lucrativos, que se destinem à prevenção ao consumo e à recuperação do usuário e dependente de drogas.

Se a prestação de serviços à comunidade não for cumprida, sujeitará o sentenciado à admoestação verbal e/ou à aplicação de uma multa. As penas prescrevem em dois anos. No mais, parece-nos que se pode aplicar o disposto no Código Penal, vale dizer, o condenado a cumprirá à razão de uma hora-tarefa por dia de condenação, num total de sete horas por semana, ajustando-se a maneira de executá-la de acordo com a conveniência do trabalho regular do condenado (art. 46, § 3.º, CP). Não poderá haver antecipação, afinal, esta somente é permitida quando a pena atinge patamar superior a um ano (art. 46, § 4.º, CP), o que não é o caso da Lei 11.343/2006.

Quanto à medida educativa de comparecimento a programa ou curso educativo, cuida-se de pena inédita, não constante do Código Penal, mas também sem ter sido detalhadamente regulada pela Lei 11.343/2006, o que foi um equívoco. Não se mencionou a forma da obrigação de comparecimento a programa

Capítulo III • Consumo de Drogas Ilícitas | **111**

ou curso educativo. Por isso, a única maneira de se evitar lesão ao princípio da legalidade, porém buscando-se *salvar* a pena criada, parece-nos que se deva fazer uma analogia com a prestação de serviços à comunidade. Desse modo, o juiz fixaria a obrigação de comparecimento a programa ou curso educativo pelo prazo mínimo de um dia (o que deve ser evitado, pois inócuo) até o máximo de cinco meses. A periodicidade do comparecimento deve guardar correspondência com a estrutura estabelecida pelo curso (duas vezes por semana, durante duas horas, por exemplo). Em caso de reincidência, é ajustável a aplicação dessa medida até o prazo de dez meses, como disposto no art. 28, § 4.º.

6.3.2 Medidas constritivas

A Lei 11.343/2006 criou duas medidas, com natureza de instrumentos de constrição, a serem utilizadas caso as penas aplicadas (art. 28, I, III e III) não sejam cumpridas pelo réu, de maneira injustificada, embora elas possuam equivalentes como típicas sanções penais. A admoestação verbal tem similitude com a advertência, enquanto a multa é a mesma pena pecuniária prevista para todos os demais crimes da Lei de Drogas (arts. 33 a 38) e legislação penal. Portanto, no âmbito do art. 28, foi escolhida como mecanismo de constrangimento – punição secundária – porque alguma das penas principais (ou mais de uma) não foi seguida.

O critério legal das medidas constritivas é convocar o acusado para a admoestação verbal e, *na sequência*, não resolvendo, aplicar a multa.

A admoestação verbal é a censura feita oralmente, sem necessidade de se reduzir o que foi falado a termo. Deve o magistrado utilizar de cautela para não ferir a suscetibilidade do réu, embora deva ser enfático o suficiente para registrar a seriedade do cumprimento da pena anteriormente fixada. A audiência destinada à admoestação será registrada em termo próprio, mas não se torna indispensável detalhar o que o juiz disse ao condenado, afinal, cuida-se de exortação *verbal*.

A diferença fundamental entre a pena de *advertência* e a *admoestação verbal* é, na essência, a finalidade. No primeiro caso, o juiz se concentra a alertar o acusado a respeito dos *efeitos das drogas*, não somente em relação à sua própria pessoa, mas sobretudo em relação à saúde pública e ao incentivo ao tráfico ilícito de entorpecentes. No segundo, cuida o magistrado de avisar, com firmeza, o agente de que ele não vem cumprindo, corretamente, a pena aplicada. Estará, então, sujeito à sanção pecuniária, caso assim continue a agir.

A multa obedece à regra específica prevista no art. 29 da Lei 11.343/2006: "o juiz, atendendo à reprovabilidade da conduta, fixará o número de dias-multa, em quantidade nunca inferior a 40 (quarenta) nem superior a 100 (cem), atribuindo depois a cada um, segundo a capacidade econômica do agente, o valor de um trinta avos até 3 (três) vezes o valor do maior salário mínimo".

O legislador, não querendo descriminalizar a conduta do usuário, optou por sanções brandas ou ineficientes ao caso concreto. Considere-se a seguinte hipótese: o agente não cumpre a prestação de serviços, nem a medida de comparecimento a programa educativo; será admoestado a fazê-lo e queda inerte; o juiz fixa multa. Considerando o parâmetro elementar para estabelecer o número de dias-multa (fatores do art. 59 do Código Penal e do art. 42 da Lei 11.343/2006), a primeira tendência é a fixação, no mínimo, de 40 dias. À ausência de sólidas provas quanto à capacidade econômica do admoestado, estabelece-se o valor do dia em 1/30 do salário mínimo. O apenado hipossuficiente não pagará a multa e prosseguirá usando drogas. Se outra vez for surpreendido em idêntica situação, percorre o mesmo caminho até chegar a *lugar nenhum*. Caso seja abonado, paga a multa e continua usando entorpecente, passando a ter maior cuidado para não ser surpreendido outra vez.

O objetivo da crítica é gerar a reflexão. Se é tão importante manter o consumo de drogas sob tutela penal, torna-se fundamental assegurar a aplicação de penas eficazes, evitando-se desacreditar a justiça criminal. Assim sendo, pode-se aplicar inicialmente prestação de serviços à comunidade ou medida educativa de comparecimento a programa ou curso; não cumprida, segue-se multa; não quitada por qualquer razão, restrição a direitos. Se esta, igualmente, for desatendida, processa-se pelo descumprimento, impondo-se pena privativa de liberdade. Pode-se optar pela criação de um tipo penal específico para a Lei de Drogas, nos moldes já realizados no Código de Trânsito Brasileiro[29] e na Lei Maria da Penha,[30] ou é possível deixar clara a possibilidade de aplicação do crime de desobediência.[31]

O ponto essencial é que se cuida de *Direito Penal* e não é aceitável a imposição de penas, cujo descumprimento fica totalmente imune à sanção mais relevante, que é a privativa de liberdade. Esta é a alternativa que nos soa lógica e razoável.

Contudo, considerando-se inadequada a imposição de pena privativa de liberdade, ainda que em último caso, pode-se, então, deixar bem nítido em lei que a condenação pelo crime previsto no art. 28, *quando não cumprida inte-*

---

[29] Art. 309. "Dirigir veículo automotor, em via pública, sem a devida Permissão para Dirigir ou Habilitação ou, ainda, *se cassado o direito de dirigir,* gerando perigo de dano: Penas – detenção, de seis meses a um ano, ou multa" (grifamos).

[30] Art. 24-A. "*Descumprir decisão judicial* que defere medidas protetivas de urgência previstas nesta Lei: Pena – detenção, de 3 (três) meses a 2 (dois) anos" (grifamos).

[31] Art. 330. "Desobedecer a ordem legal de funcionário público: Pena – detenção, de quinze dias a seis meses, e multa".

gralmente a pena, produzirá efeitos negativos futuros para gerar todas as consequências da reincidência ou de antecedente criminal, impedindo benefícios se houver a prática de *qualquer outro delito*. Registra-se essa situação porque nos parece que a reincidência prevista no art. 28, § 4.º, da Lei 11.343/2006, produz efeitos somente no quadro do próprio art. 28 (vide item 6.3.4, infra). Ademais, há posição jurisprudencial favorável ao entendimento de que a condenação pelo art. 28 não serve de empecilho para a aplicação do redutor em posterior condenação por tráfico de drogas, por exemplo.[32]

Nesse caminho, como estímulo ao cumprimento da pena imposta, se for efetivamente seguida, a eventual reincidência (ou mau antecedente) somente se aplicaria para fins de apenação no caso de outra condenação pelo art. 28, mas *não produziria efeitos* fora desse cenário.

Se esta opção também for reputada rigorosa demais, parece-nos que a própria criminalização da posse e porte de drogas para uso pessoal se encontra enfraquecida o suficiente para ser extraída do cenário penal.[33] Quem defende ser essencial sancionar criminalmente o consumidor deveria levar em conta a efetividade da pena.

6.3.3 Detração imprópria

Nos termos do art. 42, "computam-se, na pena privativa de liberdade e na medida de segurança, o tempo de prisão provisória, no Brasil ou no estrangeiro, o de prisão administrativa e o de internação em qualquer dos estabelecimentos referidos no artigo anterior". A *detração* significa a diminuição do tempo de

---

[32] STJ: "1. A jurisprudência do Superior Tribunal de Justiça firmou entendimento no sentido de que é desproporcional o reconhecimento da reincidência em virtude de anterior condenação pelo delito previsto no art. 28 da Lei 11.343/2006. Precedentes da Quinta e Sexta Turmas. 2. Nesse contexto, é adequado o afastamento da reincidência apoiado em condenação por uso de drogas e, em consequência, preenchidos os demais requisitos previstos no § 4.º do art. 33 da Lei 11.343/2006, é cabível o reconhecimento do privilégio no crime de tráfico de drogas, que foi aplicado em sua fração máxima, com base na inexpressiva quantidade das drogas apreendidas" (AgRg no HC 686.647/SP, 5.ª T., rel. Reynaldo Soares da Fonseca, 24.08.2021, v.u.); "4. Nos termos da jurisprudência desta Corte Superior, a condenação anterior pelo crime do art. 28 da Lei 11.343/2006 (posse de drogas para consumo pessoal) não se presta para configurar reincidência, tampouco antecedente criminal desfavorável e, dessa forma, não pode afastar a causa de diminuição de pena prevista no § 4.º do art. 33 da Lei de Drogas" (AgRg no AREsp n. 2.275.150/SP, 6.ª T., rel. Laurita Vaz, 18.04.2023, v.u.).

[33] É o que sustentamos em nome do princípio da intervenção mínima, mas estamos argumentando com relação a quem defende seja mantida a criminalização do usuário. Para essa ótica, ao menos é preciso sustentar eficácia à sanção penal aplicada.

cumprimento de pena privativa de liberdade (ou do prazo mínimo da medida de segurança) do período destinado à prisão provisória (ou de internação provisória), como um benefício instituído em lei, por medida de política criminal, com o objetivo de *compensar* o dissabor de ter sido aplicada uma medida cautelar restritiva da liberdade antecipadamente.

Desse contexto, extrai-se a detração *imprópria*, significando o desconto da prisão provisória em outras espécies de pena, que não sejam privativas de liberdade (ou medida de segurança), por uma questão de equilíbrio sistêmico e justiça. Se o acusado por tráfico ilícito de drogas ficar preso cautelarmente durante a instrução, experimentando a decisão judicial de desclassificação para o crime previsto no art. 28 (consumo pessoal), não há sentido em impor uma sanção *a mais* ao acusado, por exemplo, cumprir cinco meses de prestação de serviços à comunidade. Compare-se a situação de quem ficou seis meses preso cautelarmente e, depois, é apenado a seis meses de detenção: não cumpre nenhuma sanção. No entanto, ficando preso por seis meses, ao longo da instrução, caso seja apenado a seis meses de prestação de serviços comunitários, se fosse cumprir, na realidade, suportaria doze meses de constrangimento.

Aliás, nem mesmo advertência deve ser aplicada para quem sofreu privação da sua liberdade anteriormente, em decorrência de prisão provisória, pois é um constrangimento a mais, não apenas desnecessário como injusto.

Temos optado pela detração imprópria, quando ocorre a desclassificação para o art. 28, depois de ter o acusado passado extenso período preso cautelarmente; não vemos razão plausível para lhe aplicar qualquer espécie de sanção, mesmo que não se trate de privação da liberdade.[34]

6.3.4 *Reincidência*

Considera-se reincidente o agente que comete novo crime, depois de já ter sido condenado, com trânsito em julgado, no Brasil ou no estrangeiro, por crime anterior (art. 63, CP). Levando-se em conta essa definição, bem como o fato de que a infração descrita no art. 28 da Lei 11.343/2006 é considerada delito, conforme exposto anteriormente, se o usuário de droga ilícita é condenado e torna a cometer o mesmo delito ou outro qualquer, deveria ser reputado reincidente para qualquer finalidade.

---

[34] STF: "Tráfico de drogas. Conduta desclassificada para posse de droga para consumo pessoal. Extinta a punibilidade do agente tendo em vista o cumprimento de medida mais severa do que a pena aplicável à conduta reclassificada" (RHC 205.077 AgR, 1.ª T., rel. Alexandre de Moraes, 05.09.2021, maioria).

Em tese, para ilustrar, condenado com base no art. 28, caso cometa tráfico de drogas, previsto no art. 33, deveria ser considerado reincidente e, com isso, não poderia receber o benefício do redutor, nos termos do § 4.º do art. 33. Assim, também seria reincidente para todos os fins, se condenado pelo art. 28 e cometesse qualquer outro delito. Entretanto, há que se ponderar três questões importantes.

Em primeiro lugar, o delito previsto no art. 28 é de menor potencial ofensivo e deve seguir para o Juizado Especial Criminal. Nos termos do art. 76, § 4.º, da Lei 9.099/1995, "acolhendo a proposta do Ministério Público aceita pelo autor da infração, o Juiz aplicará a pena restritiva de direitos ou multa, que não importará em reincidência, sendo registrada apenas para impedir novamente o mesmo benefício no prazo de cinco anos". Desse modo, a transação realizada por conta do consumo de substância entorpecente não gera reincidência caso o agente pratique crime de outra espécie. Somente se leva em conta a referida transação para que o mesmo benefício não seja novamente concedido dentro o prazo de cinco anos. Então, na hipótese sugerida, caso o usuário, condenado nos termos do art. 28, cometa tráfico de drogas, pode receber o benefício do redutor previsto no § 4.º do art. 33. Igualmente, se cometer outro delito, diverso do art. 28, mesmo previsto no Código Penal ou em outra lei, pode receber benefícios como se primário fosse.

Em segundo lugar, como bem destacado em julgamentos, pelo Superior Tribunal de Justiça, deve-se levar em consideração o princípio da proporcionalidade, pois o delito previsto no art. 28 é uma infração de ínfimo potencial ofensivo, com penas brandas, sem a hipótese de pena privativa de liberdade, razão pela qual não guardaria equilíbrio sistêmico se a condenação pelo consumo (na realidade, na maior parte, pena advinda de transação) pudesse causar um impedimento para futuros benefícios em relação a crimes mais graves.

Em terceiro lugar, considerando a política criminal utilizada pelo Estado para prever penas alheias à prisão para o consumidor de drogas ilícitas, além de toda a ideia desenvolvida por profissionais de várias outras áreas no sentido de dar suporte a quem utiliza entorpecente, em lugar de simplesmente punir, parece-nos relevante manter a reincidência nas fronteiras do próprio art. 28, ou seja, para que a fixação das penas tenha o correto equilíbrio, como, por exemplo, estabelecer um tempo de prestação de serviços ou de medida educativa mais extenso (§ 4.º do art. 28).[35]

---

[35] "Art. 28. (...) § 4.º Em caso de reincidência, as penas previstas nos incisos II e III do *caput* deste artigo serão aplicadas pelo prazo máximo de 10 (dez) meses."

Em suma, a aplicação de pena em decorrência da prática do crime previsto pelo art. 28 não deve gerar reincidência, a não ser para os fins previstos no quadro do próprio art. 28.[36]

6.4 Prescrição

Nos termos do art. 30 da Lei 11.343/2006, "prescrevem em 2 (dois) anos a imposição e a execução das penas, observado, no tocante à interrupção do prazo, o disposto nos arts. 107 e seguintes do Código Penal". Significa que esse prazo de dois anos é utilizado para a pretensão punitiva (imposição da pena) e para a pretensão executória (execução da pena).

A referência feita aos arts. 107 e seguintes do Código Penal foi ilógica, na medida em que há inúmeros artigos completamente estranhos ao tema nesse contexto. Aliás, o próprio art. 107, retromencionado, não tem nenhum relacionamento com interrupção de prescrição, trazendo apenas um rol de situações aptas a gerar a extinção da punibilidade. O correto seria fazer menção diretamente ao art. 117 do Código Penal, que prevê a relação das causas interruptivas da prescrição. Registre-se, ainda, a viabilidade de aplicação dos prazos de suspensão do prazo prescricional previstos no art. 116 do Código Penal.

7 EFEITOS DO JULGAMENTO DO STF

7.1 Avaliação da tese

A decisão do Supremo Tribunal Federal, no RE 635.659-SP, produz efeitos diretos na aplicação do art. 28 da Lei 11.343/2006, ainda que mais concentrado no âmbito da maconha. Para permitir a sua imediata aplicação, expôs a tese adotada em artigos.

> "1. Não comete infração penal quem adquirir, guardar, tiver em depósito, transportar ou trouxer consigo, para consumo pessoal, a substância *cannabis sativa*, sem prejuízo do reconhecimento da ilicitude extrapenal da conduta, com apreensão da droga e aplicação de sanções de advertência sobre os efeitos dela (art. 28, I) e medida educativa de comparecimento a programa ou curso educativo (art. 28, III)".

Em primeiro lugar, deve-se destacar a *descriminalização* da posse e porte de maconha (*cannabis sativa*), para consumo pessoal, mantendo-se a viabilidade de aplicação das sanções previstas no art. 28, I e III. Em segundo, mantém-se

---

[36] No mesmo sentido, Rogério Schietti Cruz, Fernando Estevam Bravin Ruy e Sérgio Ricardo de Souza, *Lei de Drogas*: comentada conforme o pacote anticrime (Lei n. 13.964/2019), p. 81.

a ilicitude da conduta, embora de caráter extrapenal. Em terceiro, não houve a legalização ou permissão de uso de *cannabis*. Em quarto, frise-se a continuidade do art. 28, como crime, para todas as demais drogas ilícitas.

Extraiu-se a aplicação da prestação de serviços à comunidade pela sua coincidência com pena prevista no Código Penal (art. 43, IV), com fundo aflitivo, o que seria incompatível com a noção de sanção de índole administrativa, e não mais penal. No entanto, permanece em suspenso a efetividade das sanções aplicáveis (advertência e comparecimento a programa ou curso educativo), dependente da regulamentação por parte do Conselho Nacional de Justiça, enquanto não houver lei específica a respeito.

Destaquem-se dois pontos:

a) deverá o CNJ adotar medidas administrativas para viabilizar a imposição dessas sanções pelos juízes, em procedimento de natureza não penal e para verificar como realizar audiências envolvendo os consumidores considerados dependentes, com o seu encaminhamento aos órgãos da rede pública de saúde a fim de analisar a gravidade da situação, ofertando tratamento especializado. Entretanto, não poderá tratar de mecanismos ou instrumentos para *compelir* o usuário da droga a comparecer para ser advertido ou frequentar programa ou curso de qualquer finalidade. Se o fizer, ultrapassará a fronteira do determinado pelo STF, bem como da própria legalidade, pois se está *aproveitando*, como sanção, a previsão feita na Lei 11.343/2006; contudo, não se determinou a utilização dos mecanismos de coerção previstos no art. 28, § 6.º, da referida Lei (admoestação verbal e multa). Do mesmo modo, não nos parece competir ao CNJ estabelecer qualquer método compulsório para encaminhamento de pessoas dependentes para tratamento. Diante desse quadro, a concretização das sanções extrapenais pode simplesmente falhar. O ideal seria a intervenção do Poder Legislativo para disciplinar, por lei, exatamente quais sanções seriam adequadas e os instrumentos de coerção para que sejam cumpridas;

b) não se sabe se haverá a edição de lei estabelecendo sanções especiais ao consumidor de maconha e a forma de cumprimento, pois o Legislativo tem indicado a sua contrariedade com a visão descriminalizadora do STF, tanto que se encontra em trâmite a Proposta de Emenda Constitucional 45/2023, pretendendo inserir no art. 5.º, LXXX, da Constituição Federal que "a lei considerará crime a posse e o porte, independentemente da quantidade, de entorpecentes e drogas afins, sem autorização ou em desacordo com determinação legal ou regulamentar, observada a distinção entre traficante e usuário por todas as circunstâncias fáticas do caso concreto, aplicáveis ao usuário penas alternativas à prisão e tratamento contra dependência". Por logicidade, se a meta for a mantença da posse e do porte de qualquer droga como crime, dificilmente, o parlamento terá disponibilidade e boa vontade para tratar da situação da maconha como ilícito extrapenal, elaborando lei para essa finalidade.[37]

Indica-se que a posse e o porte da maconha – e logicamente o uso – são ilícitos, porque cabe a apreensão da droga, razão pela qual não se constitui um produto de livre integração ao patrimônio do usuário, como acontece com o tabaco e o álcool, substâncias lícitas.

> "2. As sanções estabelecidas nos incisos I e III do art. 28 da Lei 11.343/2006 serão aplicadas pelo juiz em procedimento de natureza não penal, sem nenhuma repercussão criminal para a conduta".

A descriminalização da posse e porte da maconha para consumo pessoal, com vigência imediata, mas mantida a ilicitude da conduta, conduz à situação lacunosa de inexistência de específica sanção administrativa, pois depende-se de lei para criá-las, regulando qual órgão aplicaria e como seria o procedimento. Por isso, o STF entendeu pertinente selecionar a advertência e a medida educativa de comparecimento a programa ou curso, previstas no art. 28, I e III, da Lei de Drogas, estabelecendo devam ser aplicadas pelo juiz do Juizado Especial Criminal, adotado um procedimento a ser regulamentado pelo Conselho Nacional de Justiça, embora sem qualquer caráter penal.

O ideal, segundo nos parece, é a edição de lei para disciplinar o quadro da posse e porte de *cannabis* para uso próprio, sem que se valha da atuação judicial para aplicar as sanções cabíveis. O poder jurisdicional, na essência, não se ocupa de punições administrativas, de modo que até mesmo o delegado poderia fixar a penalidade, desde que legalmente autorizado a tanto.

Enquanto inexistir lei específica, o juiz o fará, atuando de maneira anômala, para não haver uma lacuna em relação à punição de quem possuir ou portar maconha para seu consumo. Mesmo assim, como destacado no item anterior, não se tem mecanismo de coerção, caso o usuário deixe de comparecer para ser advertido ou ignore a determinação de comparecimento a qualquer programa ou curso educativo, que, a bem da verdade, não se encontra presente na maioria das comarcas.

> "3. Em se tratando da posse de *cannabis* para consumo pessoal, a autoridade policial apreenderá a substância e notificará o autor do fato para comparecer em Juízo, na forma do regulamento a ser aprovado pelo CNJ.

---

[37] Se a PEC 45/2023 for aprovada, a sua constitucionalidade será questionada ao STF e novo debate jurídico deverá ser inaugurado, envolvendo o tema. Por óbvio, a questão terá maior amplitude e significado político, pois se analisará o confronto de normas constitucionais.

Até que o CNJ delibere a respeito, a competência para julgar as condutas do art. 28 da Lei 11.343/2006 será dos Juizados Especiais Criminais, segundo a sistemática atual, vedada a atribuição de quaisquer efeitos penais para a sentença".

Esse tópico tem o cuidado de não deixar espaço aberto para que o portador de maconha possa ficar livre em lugares abertos ao público, sem ser incomodado, afinal, a conduta continua a ser considerada ilícita. Ao frisar que o uso de *cannabis* deve ser evitado e não há legalização da conduta do consumidor, o STF determina ao Conselho Nacional de Justiça que discipline o assunto, embora se mantenha a competência do juiz do JECRIM para aplicar as sanções. Essa decisão judicial não produzirá efeito penal.

Parece-nos que, não sendo mais crime, nem mesmo de menor potencial ofensivo, descabe a transação entre Ministério Público e defesa do infrator. Basta a aplicação da sanção pelo magistrado, optando por uma das duas selecionadas pelo STF. Aguarda-se, no entanto, a regulamentação do CNJ para conferir como se dará o procedimento.

A expressa menção à viabilidade de a polícia *apreender* a maconha em posse de alguém condiz com a meta de indicar a ilicitude da conduta, não permitindo a livre utilização da droga em qualquer lugar. Ao fazê-lo, deve o agente policial, de pronto, *notificar* o infrator a comparecer ao JECRIM. No entanto, sendo vedada a prisão de qualquer espécie, parece-nos que essa notificação deva ser feita no local onde a droga foi recolhida, sem obrigar que o usuário compareça de imediato a uma delegacia. Mas para que essa notificação tenha algum efeito, não sendo lavrado nem mesmo o termo circunstanciado, deve ser criado um formulário próprio para registrar a ocorrência, colher os dados pessoais do infrator, a fim de se saber de quem se trata.

Um tópico merece referência: a circulação da maconha em área de uso coletivo, como clubes, condomínios, shoppings etc. Parece-nos razoável supor que, havendo segurança privada, podem os agentes, no exercício regular de direito, apreender a droga e chamar a polícia para que notifique o infrator, colha seus dados e assuma o caso a partir dali. Não haveria sentido a permissão de posse de *cannabis* em espaço privado de acesso público ou de sócios ou condôminos, sem qualquer ação para coibi-la. Se é possível a qualquer pessoa realizar a prisão em flagrante, não constituindo crime, mas uma conduta ilícita, inexiste a prisão, mas a apreensão do entorpecente é adequada. Com maior razão, quando a conduta ocorrer em área de escolas ou colégios, onde há a frequência de crianças e adolescentes, existindo segurança no local, cabe aos agentes recolher o entorpecente ilícito, chamando agentes policiais para finalizar o ato.

Ao ser notificado da necessidade de comparecimento ao JECRIM, inexistirá data específica de audiência com o juiz para receber a sanção. Aguarda-se a regulamentação do CNJ; de todo modo, a alternativa seria a presença do infrator no Juizado para que o serventuário local lhe possa indicar uma data para o ato sancionador, a menos que o magistrado possa atendê-lo prontamente. Resta a hipótese de o usuário da droga, notificado, não seguir o determinado, sem comparecer ao JECRIM. *In litteris*, se não cabe nenhuma forma de detenção ao consumidor, a condução coercitiva para ser *sancionado* é medida drástica, vez que se cuida de infração administrativa. Não nos soa adequada, nem mesmo teria o CNJ atribuição legal para assim disciplinar. Contudo, se o fizer, o infrator poderá questionar o ato junto ao STF.

Se o infrator não pode ser *obrigado* a comparecer, uma alternativa seria enviar a decisão do juiz pela via disponível (carta, e-mail ou outro tipo de mensagem digital), contendo a advertência ou a recomendação de comparecimento a programa ou curso educativo.

A advertência tem uma finalização, bastando chegar ao conhecimento do usuário; porém, a medida educativa de comparecimento a programa ou curso é mais complexa, visto não contar com as *medidas coercitivas* previstas no art. 28, § 6.º, da Lei 11.343/2006, pois assim não previu o STF. Logo, receber a *recomendação* de comparecimento e não a seguir tornaria a sanção extrapenal totalmente inócua. Aliás, é preciso verificar, na prática, se as comarcas brasileiras terão lugar específico para esse programa ou curso educativo, algo que, também, pode levar à inofensividade da sanção.

A solução para esse desdém do infrator poderia ser a aplicação da admoestação verbal ou da fixação de multa, embora ambas, como medidas coercitivas, deveriam ter previsão legal. O STF, se assim entendesse, deveria tê-las incluído na tese firmada. Se o CNJ o fizer, por certo, quem receber notificação para ser admoestado, pode não comparecer. Quem for multado, pode recorrer, sob o argumento de que a previsão feita no § 6.º do art. 28 se encontra no cenário penal, logo, incompatível com punição administrativa.

Caso o CNJ discipline que as medidas do referido § 6.º possuiriam índole extrapenal, como meio coercitivo válido, em última análise, o STF poderá ser chamado a decidir a respeito em caso de impugnação do infrator. Não adotando essas medidas, soa-nos ilegal que o Conselho Nacional de Justiça *crie* sanção hoje inexistente para *compelir* o usuário a comparecer a programa ou curso educativo.

Um ponto permanece obscuro: se a posse e o porte de maconha para consumo pessoal são infrações extrapenais e as sanções são apenas duas, que podem ser ignoradas pelo usuário, em caso de reiteração, não há nada a ser feito. Tornar-se-á a apreender a droga, notificar o infrator e novamente buscar a aplicação de advertência ou medida de comparecimento a programa ou curso. Pode-se *eternizar* esse ciclo, sem resultado efetivo.

Não constituindo infração penal, não gera reincidência e, no âmbito administrativo, a reiteração da conduta precisaria contar com sanção expressamente prevista em lei. Ademais, cuida-se de outro tópico sobre o qual não se manifestou o STF. Inexiste atribuição legítima para o CNJ *editar* norma de caráter extrapenal para sancionar o reincidente nesse contexto.

Todos os espaços vagos dependeriam de lei para serem preenchidos validamente. Sem isso, corre risco o princípio da legalidade. Qualquer sanção deriva de lei para ser legitimamente aplicada. Resta a incógnita em relação à amplitude que o CNJ pretende dar a todas as situações decorrentes da *transformação* de uma conduta criminal em ilícito extrapenal, bem como, por consequência, da aplicação de duas sanções aproveitadas do art. 28, sem previsão de mecanismo de coerção para serem efetivadas. Nada impede que o CNJ crie instrumentos que vão além do decidido pelo STF e, quando houver questionamento, o Pretório Excelso valide todas essas novéis normas.

É preciso acrescentar o destino da maconha apreendida: deve ser destruída. O fato de se tornar um ilícito extrapenal não autoriza o armazenamento de substância entorpecente de posse ilegal.

A nebulosa zona presente na avaliação de se tratar de posse da maconha para uso ou tráfico deve ser da alçada da polícia, como veremos no próximo item, num primeiro momento, justamente o determinante para concretizar a prisão em flagrante ou a mera apreensão do entorpecente.

Nesse cenário tormentoso para decidir entre tráfico e uso, há os aspectos vinculados à revista pessoal, havendo *fundada suspeita*, bem como a possibilidade de invasão de domicílio, sem mandado judicial. Se houver dados suficientes para apontar ao tráfico, as regras de revista e invasão são estudadas nesse contexto, o que veremos no capítulo próprio. No entanto, embora seja ilícita a conduta de posse ou porte de maconha para consumo pessoal, a invasão de domicílio, sem mandado judicial, é integralmente desautorizada. A Constituição Federal permite que isto se dê apenas em caso de flagrante delito, o que não se enquadra na hipótese de ilícito extrapenal. Portanto, ter maconha dentro de casa cria um ambiente de proteção inexpugnável pela polícia, resultando no consumo imune à apreensão da polícia, que só pode agir em local público.

A prática de qualquer ilícito administrativo dentro de casa – asilo inviolável do indivíduo – torna o consumo de maconha praticamente livre. Ademais, para obter um mandado judicial com o fim de invadir o domicílio, a polícia precisaria de uma investigação prévia, dando conta da dúvida entre ilícito penal e extrapenal, motivo pelo qual o magistrado poderia expedir essa ordem. Porém, havendo certeza de que se trata de consumidor, mais complexa se torna a validação da invasão pelo Judiciário, visto inexistir lei específica sobre o assunto, tratando de ilícito extrapenal. Pode-se até sustentar a legitimidade do juiz para expedir mandado de busca e apreensão de maconha do usuário, dentro de casa, pois seria conduta ilícita, mas a certeza dependeria de investigação preliminar. Não aparenta ser hipótese razoável – sem lei disciplinando esse tema – que a autoridade policial instaure *inquérito* para investigar ilícito extrapenal e, com isso, justificar o pedido de mandado judicial para a mencionada invasão e apreensão da droga. Eis que, ao final, na prática, ter maconha em casa para consumo será *território livre*.

Muito debate há de suscitar a concretização da decisão tomada pelo STF no RE 635.659-SP.

> "4. Nos termos do § 2.º do art. 28 da Lei 11.343/2006, será presumido usuário quem, para consumo próprio, adquirir, guardar, tiver em depósito, transportar ou trouxer consigo, até 40 gramas de *cannabis sativa* ou seis plantas-fêmeas, até que o Congresso Nacional venha a legislar a respeito".

Os elementos previstos no art. 28, § 2.º, da Lei de Drogas, são abertos e fluidos, de forma a dificultar o trabalho dos operadores do direito na avaliação e diferenciação entre traficante e usuário. Temos exposto essas dificuldades há algum tempo e indicamos que o caminho ideal seria uma reforma legislativa com a meta de estabelecer alguns fatores objetivos para essa função. Um deles é a quantidade da droga, embora não se consiga atingir um quadro de fatores perfeitos; todos apresentam falhas. Mensurando entre defeitos e acertos, mais condizente com a segurança jurídica é a criação de elementos objetivos.

O julgamento do RE 635.659-SP permitiu esse avanço, ao menos no tocante à maconha, dispondo acerca do montante de 40 gramas ou 6 plantas-fêmeas para dividir traficantes e consumidores. Abaixo dessa quantidade, presume-se ser usuário; acima, traficante. Desde logo, o STF deixa claro que essa disposição deve ser utilizada *até que o Congresso Nacional legisle a respeito*.

Levando-se em conta que as leis incriminadoras da Lei 11.343/2006 são normas penais em branco, cujo complemento é indispensável para que se possa conhecer, na integralidade, o conteúdo dos tipos penais, observa-se a importância da atuação da ANVISA, atualmente órgão encarregado de estabelecer a relação das drogas proibidas.[38] Se cabe a um ente externo ao Legislativo fixar a parte relevante da lei punitiva no campo das substâncias entorpecentes, parece-nos que poderia, igualmente, fornecer critérios objetivos a respeito da natureza das

---

[38] Atualmente, ainda se encontra em vigor a Portaria SVS/MS 344, de 12 de maio de 1998, editada pelo Secretário de Vigilância Sanitária do Ministério da Saúde (art. 66, Lei 11.343/2006).

drogas e das quantidades para sustentar o vício e as que fogem a essa finalidade. Nota-se a subjetividade dos magistrados ao analisar o que consideram entorpecentes mais ofensivos que outro à saúde e a imensa divergência no que concerne ao montante para cada um deles simbolizar uso ou comércio.

A inércia, nesse contexto, do Poder Legislativo e da Agência Nacional de Vigilância Sanitária, fez com que o Supremo Tribunal Federal ingressasse na área, optando pela quantia de 40 gramas de *cannabis* (ou 6 plantas-fêmeas). Como já expusemos, a oposição do Legislativo à descriminalização da posse e porte de qualquer droga, hoje reputada ilícita, manifesta-se de modo crescente, tanto assim que tramita a PEC 45/2023, já aprovada no Senado Federal, buscando manter como delito o art. 28. Isso significa a pouca – ou nenhuma – colaboração para editar lei auxiliando, por meio de critérios objetivos, a diferença entre tráfico e consumo.

A bem da verdade, se a maior parcela do Parlamento for contrária à retirada do cenário penal do uso de entorpecentes, mesmo editando norma para a separação entre o tráfico e o consumo, pode-se adotar regra extremamente restritiva e invalidar essa meta. Ilustrando, caso o Legislativo crie regra no sentido de ser o patamar distintivo de 1 grama de maconha, por exemplo, estar-se-ia esvaziando, quase integralmente, a necessidade de norma para essa finalidade. De qualquer maneira, essa situação ainda está longe de ser viabilizada.

O debate acerca do valor de 40 gramas instituído continuará a produzir dissenção, tendo em vista que esse montante equivale a 40 cigarros de maconha, aproximadamente. Pode-se questionar, sob dois aspectos, somente para ilustrar, essa quantidade. Dificilmente, o usuário carrega consigo 40 cigarros para usar num só dia, em determinado local. Seria um traficante? Por outro lado, se os 40 cigarros estiverem dentro de casa, poder-se-ia supor tratar-se de uma quantia para uso em diversos dias. Seria um usuário? Além disso, a quantia compacta – sem a separação em cigarros – de 40 gramas pode pertencer ao consumidor que a adquiriu e está levando para sua casa. Aliás, poder-se-ia encontrar um total muito superior, representativo de usuário que comprou de traficante e vai armazenar para consumir ao longo de meses.[39] A dificuldade vai permanecer, conquanto seja mais seguro debater o tema em torno de um critério objetivo do que depender, exclusivamente, da opinião pessoal de cada magistrado.

---

[39] Tivemos casos julgados em que o consumidor explicou a compra de volume considerável de maconha para usar aos poucos e evitar o contato frequente com traficantes. Esse é um dos paradoxos da descriminalização. Não é mais crime o uso, mas o consumidor necessariamente deve valer-se do delito de tráfico, equiparado a hediondo, para satisfazer seu gosto ou vício.

"5. A presunção do item anterior é relativa, não estando a autoridade policial e seus agentes impedidos de realizar a prisão em flagrante por tráfico de drogas, mesmo para quantidades inferiores ao limite acima estabelecido, quando presentes elementos que indiquem intuito de mercancia, como a forma de acondicionamento da droga, as circunstâncias da apreensão, a variedade de substâncias apreendidas, a apreensão simultânea de instrumentos como balança, registros de operações comerciais e aparelho celular contendo contatos de usuários ou traficantes".

Evitando argumentos que apontem situações realistas de que traficantes podem se valer da quantidade usada de parâmetro para carregar consigo um máximo de 40 gramas de maconha para comercializar e, caso surpreendidos, alegarem ser usuários, o STF deixa clara a ideia de que tal valor forma apenas uma presunção relativa.

A presunção é absoluta (*jure et de jure*) quando não admite prova em contrário. Exemplo disso, no campo penal, é a idade de 18 anos para criar a presunção incondicional de se tratar de pessoa capaz e madura o suficiente para compreender o caráter ilícito do que faz e de se comportar de acordo com esse entendimento. Em sentido contrário, presume-se, em caráter absoluto, que o menor de 18 é inimputável, não permitindo prova oposta a essa dedução. Se tiver 17 anos e 11 meses, reputa-se integralmente incapaz de compreender o ilícito ou de se comportar conforme esse entendimento e não responde pelo que fizer no âmbito criminal.

A presunção é relativa (*jures et de jure*) quando admite prova em contrário. É exatamente a presunção apontada pela quantia de 40 gramas de maconha (ou 6 plantas-fêmeas) para indicar que, abaixo disso, deve ser usuário e, acima, provavelmente um traficante. A hipótese – inferior ou superior – permite a dedução preliminar de se tratar de um ilícito extrapenal ou de um crime grave.

Registre-se que a tese exposta pelo STF adquire um colorido didático, ao fornecer exemplos do que possa ser usado para afastar a presunção das 40 gramas. Indica intuito mercantil a forma de acondicionamento da droga (invoca-se o exemplo supramencionado de pessoa carregando consigo 40 cigarros devidamente preparados para imediato consumo), as circunstâncias da apreensão (*v.g.*, se o local onde o portador de quantia inferior a 40 gramas foi encontrado é zona de tráfico conhecida da cidade), a variedade de entorpecentes apreendidos (ilustrando, com o sujeito foram encontradas diversas porções de maconha, cocaína e crack, situação típica de traficante), apreensão simultânea de instrumentos para o comércio (exemplo: balança, anotações de operações comerciais, aparelho celular com contatos de consumidores e traficantes). São os mais conhecidos casos de critérios distintivos entre usuário e comerciante de drogas ilícitas, embora outros possam ser enumerados.

A tese do STF refere-se diretamente à viabilidade de a autoridade policial e seus agentes – por certo os que realmente combatem o tráfico – prender alguém em flagrante por tráfico ilícito de maconha, mesmo que o total seja inferior a 40 gramas. Não haveria como escapar dessa menção expressa, justamente para não manietar a atividade investigatória e ostensiva da polícia, além de fornecer uma justificativa à sociedade de que não se pretende a criação de uma imunidade ao comerciante de entorpecente, cuja pretensão for ocultar-se em torno de montantes menores de maconha para distribuir à vontade.

Um dos objetivos da fixação do patamar de 40 gramas de *cannabis* tem por alvo a obrigação mais apurada da polícia de captar elementos probatórios, no *lugar da prisão* em flagrante (quando se tratar de investigação normal, o indiciamento do traficante será mais fácil, pois os elementos de prova já terão sido coletados), para *justificar* o desfazimento da presunção de que o indivíduo, apesar de trazer consigo quantia inferior, é traficante. Diversos casos concretos nos evidenciam atuações eficientes da polícia para efetuar a prisão em flagrante, como empreender vigilância de um local suspeito de ser centro de distribuição de drogas, inclusive filmando a atividade, com entrada e saída de pessoas, carregando pacotes, além de abordar usuários que acabaram de comprar a droga no lugar. Nessa situação, a quantidade de drogas encontrada é o que menos pesa para a tipificação do tráfico.

Inversamente, o encontro de montante superior a 40 gramas de maconha não perfaz automaticamente o perfil de traficante, pois é viável representar o consumidor que armazena quantidade para durar um bom tempo sem que ele tenha que regressar ao perigoso lugar onde o crime de tráfico ilícito de entorpecentes é praticado.

Destaquem-se alguns pontos problemáticos: a) ônus da prova do flagrante e da ação penal; b) dúvida não solucionada acerca da posição do portador da maconha; c) prova baseada apenas em depoimentos policiais; d) maioria de casos representa droga diversa da maconha; e) número considerável de prisões de pequenos traficantes.

Quanto ao primeiro, a presunção relativa concerne à prisão em flagrante de pessoa em poder de mais ou menos que 40 gramas de maconha e não ao ônus da prova no tocante ao mérito da ação penal. A *presunção de inocência* é princípio constitucional expresso (art. 5.º, LVII, CF) e uma de suas consequências concentra-se na determinação de que o ônus da prova, no processo penal, cabe à acusação. Portanto, cabe ao Ministério Público demonstrar que o acusado é traficante – e não usuário – qualquer que seja a quantidade de drogas. Por ter sido o réu encontrado com quantidade superior a 40 gramas de maconha, tal circunstância não desloca o ônus da prova de ser usuário para a defesa.

Assim sendo, a presunção de se tratar de traficante ou usuário liga-se ao momento da prisão em flagrante; neste momento, pode-se supor que o portador de quantia superior a 40 gramas é traficante, sendo do seu interesse demonstrar o contrário, vale dizer, que é usuário. Nada mais que isso, sem que arraste a presunção para o mérito da demanda. Por consequência, o encontro de montante menor que 40g conduz a polícia a nutrir com mais elementos probatórios o campo da prisão em flagrante efetivada.

O segundo ponto de destaque vincula-se à dúvida porventura existente a respeito da situação do portador da maconha, se usuário ou traficante. Considerando-se um trabalho policial apurado e imparcial, podem emergir dúvidas acerca dos fatos visualizados, seja porque a quantidade encontra-se no limite de 40 gramas, seja porque está abaixo ou acima, mas outros fatores não estão nítidos. Soa-nos indicado não efetuar a prisão em flagrante, pois medida de força, cuja consequência pode ser traumática. Aliás, esse dilema pode ser recorrente, pois há um abismo entre as situações: se for usuário, recebe simples notificação para comparecer ao JECRIM e é dispensado; se for traficante, recebe voz de prisão, será algemado e conduzido à delegacia para ser autuado como autor de crime equiparado a hediondo.

Não realizando a prisão em flagrante, mas não estando convencido o agente policial de que se trata de usuário, pode-se colher seus dados, apreender a maconha, dispensá-lo sem notificação para ir ao JECRIM, instaurando-se inquérito para apurar se há tráfico. Com isso, haverá dilação probatória, ainda em plano investigatório, para delimitar o quadro exato da situação.

O terceiro ponto diz respeito à *qualidade* e *isenção* dos elementos probatórios colhidos no ato da prisão em flagrante, algo sempre questionado pela defesa de inúmeros réus. Apesar da presunção e dos fatores indicados pelo STF, tudo isso pode ser preenchido, como ocorre na maioria dos casos, pelo depoimento exclusivo dos policiais envolvidos na prisão. Assim acontecendo, a carência de *outros dados* objetivos pode persistir, de modo que autuações por tráfico ainda se perpetuarão dentro de uma normalidade não rompida.

O quarto aspecto liga-se à espécie de droga mais encontrada, em poder de usuários mais pobres atualmente, que é o crack e não a maconha. Extrai-se essa conclusão da experiência dos diversos casos apresentados a julgamento no Tribunal de Justiça de São Paulo. Se esse panorama corresponder à realidade, a decisão do STF não produzirá efetivo reflexo no quadro de encarceramento provisório ou decorrente de penas aplicadas por tráfico de drogas.

O quinto ponto concerne ao perfil de quem mais é preso em flagrante na atualidade: o pequeno traficante. Muitos casos resumem a figura daquele que comercializa no varejo poucas quantidades de drogas variadas, abrangendo maconha, crack e cocaína, basicamente. Levanta-se esse aspecto porque a política criminal em matéria de punição do traficante estabelece sanções rigorosas, cuja faixa cominada parte de cinco anos de reclusão, sem dar muita oportunidade para o pequeno traficante. Pode-se apontar a existência do redutor do art. 33, § 4.º, da Lei 11.343/2006, mas nem mesmo ele é aplicado por muitos magistrados, justamente por conta da subjetividade na avaliação da natureza da droga e a valoração da quantidade.

Talvez, a decisão tomada no julgamento do RE 635.659-SP seja mais importante para desencadear um amplo debate a respeito da política pública em relação às drogas ilícitas e, também, à política criminal do Estado nesse campo, do que propriamente para solucionar problemas de discriminação para efetuar prisões e punições ou esvaziar o cárcere.

> "6. Nesses casos, caberá ao Delegado de Polícia consignar, no auto de prisão em flagrante, justificativa minudente para afastamento da presunção do porte para uso pessoal, sendo vedada a alusão a critérios subjetivos arbitrários".

Dando seguimento ao tópico anterior, a presunção criada – 40 gramas de maconha ou 6 plantas-fêmeas – precisa ser devidamente analisada no corpo do auto de prisão em flagrante, quando a autoridade policial entenda por bem lavrá-lo em face da apresentação de alguém detido.

Parece-nos que a *justificativa minudente* é o caminho ideal para qualquer situação fática: acima ou abaixo do patamar de 40 gramas. Afinal, quem tem mais que isso pode ser usuário; quem possui menos que isso pode ser traficante.

A voz de prisão é proferida fora da delegacia por agentes policiais, porque entenderam haver um tráfico de drogas, no caso em análise, a maconha. Levado o detido ao delegado, cabe-lhe avaliar todos os fatos para *ratificar* a prisão por tráfico, lavrando o auto ou *desqualificar* a prisão, apontando ser o detido um mero usuário. Entretanto, para tomar esta segunda decisão terá que afrontar o entendimento dos policiais, o que não deixará de gerar um confronto direto entre eles. Não cremos que isto se efetivará na realidade.

A situação pode ser ainda mais grave, pois a desconsideração da prisão em flagrante por tráfico pode gerar o quadro de um delito de abuso de autoridade por parte de quem entendeu estar diante de um traficante, mas era um simples usuário.[40] Ao menos um inquérito poderia ser instaurado para apurar se o crime se concretizou por parte de quem realizou a prisão excessiva e inadequada.

---

[40] Lei 13.869/2019, art. 9.º: "Decretar medida de privação da liberdade em manifesta desconformidade com as hipóteses legais: Pena – detenção, de 1 (um) a 4 (quatro) anos, e multa". Com a decisão vinculante do STF, as hipóteses legais para o caso da maconha têm padrões específicos.

Por outro lado, a fundamentação da autoridade policial não é norma inédita, conforme se observa pela previsão feita no art. 52, I, da Lei 11.343/2006: "Findos os prazos a que se refere o art. 51 desta Lei, a autoridade de polícia judiciária, remetendo os autos do inquérito ao juízo: I – relatará sumariamente as circunstâncias do fato, *justificando as razões que a levaram à classificação do delito, indicando a quantidade e natureza da substância ou do produto apreendido, o local e as condições em que se desenvolveu a ação criminosa, as circunstâncias da prisão, a conduta, a qualificação e os antecedentes do agente*" (grifamos).

A vantagem da decisão do STF é a vedação do emprego de fatores meramente subjetivos, como aventar a *intuição* ou *experiência* policial para detectar o traficante, bem como a origem *anônima* de uma denúncia de comércio de drogas. Afinal, esses dados é que são os subjetivamente *arbitrários*, porque vagos e impossíveis de serem provados.

Contudo, em defesa da postura dos policiais, levanta-se dois pontos: o primeiro diz respeito à interpretação dos fatos; o segundo relaciona-se à mantença, em lei, de critérios subjetivos, que não são necessariamente *arbitrários*.

No universo do direito, interpretar um fato, subsumindo-o a um tipo penal incriminador não é tarefa fácil em várias situações e pode-se não encontrar consenso nessa tipificação. Isso não significa haver desvio de função ou a vontade de abusar da autoridade. A propósito, a interpretação impõe soluções completamente distintas entre órgãos judiciais diferentes. Um caso autuado como tráfico, processado como tal, sentenciado e condenado o réu dessa forma pode ser posteriormente desclassificado para uso pelo tribunal. Jamais se pode pressupor que as versões antecedentes estavam *erradas* e a correta é a visão da corte, até porque entre tribunais a tipificação também é variável.

Por outro lado, os critérios subjetivos persistem, em lei, de modo expresso, para a diferenciação entre usuário e traficante, razão pela qual não podem ser ignorados. Eis o conteúdo do art. 28, § 2.º, da Lei 11.343/2006, enumerando os dados para estabelecer essa tipificação: natureza e quantidade da substância apreendida; local e condições em que se desenvolveu a ação; circunstâncias sociais e pessoais do agente; conduta e antecedentes do autor. Dentre todos, há poucos que podem ser reputados objetivos. Aliás, até mesmo os que poderiam ser mais seguros como natureza e quantidade da droga se mostram de análise subjetiva, porque opinativa, sem lastro técnico, por parte de vários magistrados.

Arbitrariedade subjetiva pode ser a consideração de elementos fenotípicos e de posição socioeconômica do portador de maconha para delimitar se é usuário ou traficante. Estes fatores – circunstâncias sociais e pessoais do agente – não podem sobrepujar outras condições do fato, que possuam maior objetividade, em especial no campo da prova.

Até a denúncia anônima, por si só, não é mecanismo descartado no cenário criminal. O problema concentra-se em *como* utilizá-la. A descoberta de delitos ou sua autoria pode iniciar-se por esse tipo de denúncia, regulamentado pela Lei 13.608/2018 (disque-denúncia). O ponto essencial é valer-se dela para dar início a uma investigação mais profunda e não para fundamentar medidas invasivas e drásticas, como gerar prisão cautelar ou permitir a expedição de mandado de busca e apreensão.

A intuição policial, ou a experiência, pode gerar um bom agente estatal, quando se serve disso para buscar elementos probatórios consistentes; ela, por si só, não é prova e se torna imprestável para medidas coercitivas, como a prisão em flagrante. É esse tipo de subjetivismo arbitrário que o STF pretende evitar.

Não se deve buscar a *perfeição* em matéria de provas para a realização de uma prisão em flagrante; quer-se apenas contornar a tendência de analisar os fatos de um ponto de vista exclusivamente pessoal, sem causa exterior.

> "7. Na hipótese de prisão por quantidades inferiores à fixada no item 4, deverá o juiz, na audiência de custódia, avaliar as razões invocadas para o afastamento da presunção de porte para uso próprio".

Este tópico segue o desenvolvimento lógico de se exigir de todas as autoridades envolvidas na tipificação inicial do portador de maconha, se usuário ou traficante, a indispensável fundamentação.

A bem da verdade, quanto ao magistrado, é seu dever funcional motivar todas as decisões (art. 93, IX, CF), o que envolve a sua análise acerca da legalidade do auto de prisão em flagrante, de onde se extrai a tipificação provisória feita pelo delegado. Isto é fundamental no presente cenário da posse ou porte de maconha porque houve a descriminalização da conduta, quando para consumo pessoal, eliminando-a do cenário penal. A propósito, já era relevante essa avaliação, pois o usuário de qualquer droga comete infração de menor potencial ofensivo e não pode ser preso em flagrante; quanto à *cannabis*, mais séria a situação, pois nem mesmo é crime.

De todo modo, o STF especifica, com nitidez, o dever do juiz das garantias, condutor da audiência de custódia (ou quem lhe fizer as vezes), de estimar, com precisão, a tipificação feita por ocasião da prisão em flagrante e sua formalização.

A carência de motivação, com a mantença de prisão em flagrante considerada, depois, indevida, vez que o agente é consumidor de maconha, pode gerar responsabilidade funcional, criminal e civil.

> "8. A apreensão de quantidades superiores aos limites ora fixados não impede o juiz de concluir que a conduta é atípica, apontando nos autos prova suficiente da condição de usuário".

130 | DROGAS – DE ACORDO COM A LEI 11.343/2006 – **Nucci**

A descriminalização do consumo de maconha é geral, envolvendo qualquer quantidade da droga. O patamar de 40 gramas é somente um indicativo de fundo objetivo para auxiliar na valoração dos fatos. Em face disso, o disposto neste tópico consagra a viabilidade de se julgar atípica qualquer situação de posse ou porte de *cannabis*, em qualquer montante.

A recomendação feita proporciona um apurado alcance do julgamento do RE 635.659-SP, pretendendo ser detalhista na maior parte das conclusões, com o propósito de implementar desde logo a decisão.

O veredito de atipicidade pode dar-se em diversas fases: na audiência de custódia, por ocasião do oferecimento de denúncia ou queixa, na sentença e, até mesmo, em qualquer tribunal, quando em fase recursal. Do mesmo modo, a desclassificação do art. 33 para o art. 28, nas demais drogas, pode envolver fases diferentes do procedimento criminal.

7.2 Princípio da igualdade

Por certo, nada mais conhecido do que o conteúdo do art. 5.º, *caput*, da Constituição Federal, no âmbito dos direitos humanos: "Todos são *iguais* perante a lei, sem distinção de qualquer natureza, garantindo-se aos brasileiros e aos estrangeiros residentes no País a inviolabilidade do direito à vida, à liberdade, à *igualdade*, à segurança e à propriedade (...)" (grifamos). Reitera-se a isonomia por duas vezes.

O *decisum* do Supremo Tribunal Federal, no julgamento do RE 635.659-SP, promoveu a descriminalização da posse e porte da maconha, substância considerada proscrita pela Portaria SVS/MS 344/1998, que enumera o complemento da norma penal em branco criminalizadora do consumo e tráfico ilícito de drogas no Brasil. Analisando os fundamentos utilizados, verifica-se que o cerne da medida se concentra no direito individual à intimidade e à vida privada, além de que não se pune a autolesão no direito penal. Além disso, enaltece-se que o bem jurídico tutelado (saúde pública) pode ser afetado pelo consumo de drogas ilícitas, mas de maneira indireta ou, ao menos, mais distante do que ocorre com a prática do tráfico. Aventa-se a política pública de trato com usuários, viciados e dependentes de drogas em geral, para a prevenção e redução de danos, em lugar de se acolher postura eminentemente punitiva. Socorre-se do princípio da intervenção mínima a reger o ambiente penal e seu corolário referente à ofensividade, indicando-se a viabilidade de se reputar ilícita a conduta do usuário de entorpecentes, embora passível de punição extrapenal. Dentre outros, são os principais enfoques, tanto que no voto original do relator, Ministro Gilmar Mendes, a proposta era a descriminalização integral do art. 28 da Lei 11.343/2006, vale dizer, no tocante a todas as drogas ilícitas.

Há argumentos concentrados na maconha e seus efeitos, mas em menor intensidade.

Parece-nos que a essência do julgamento se ateve a diversos princípios e normas fundamentais, inclusive a dignidade da pessoa humana, confrontando-se todos eles com a proporcionalidade para indicar a inviabilidade de se continuar punindo, *criminalmente*, o consumidor de drogas *em geral*.

Da avaliação dos fundamentos não nos parece lógica a conclusão de descriminalizar a posse e porte somente da *cannabis*, até porque se ventilou que o uso de toda e qualquer droga é prejudicial à saúde e não é recomendável. No entanto, torna-se coerente a decisão se for enfocada a perspectiva da imersão no cenário da política criminal, neste caso efetivada pelo Poder Judiciário. Por se tratar de sensível temática a lida com as drogas, particularmente as listadas pelo Ministério da Saúde como proibidas, a repercussão geral do julgado do STF, caso abrangesse todas as substâncias entorpecentes, poderia mais gerar conflito entre os Poderes da República do que solucionar um problema. Enfim, compreende-se a acomodação de interesses pela provocação iniciada a partir da descriminalização, pelo menos, de uma das drogas utilizadas.

No entanto, resta um ponto não menos relevante, que se alicerça no princípio da igualdade de todos perante a lei, mas, acima de tudo, perante os princípios e direitos fundamentais, *constitucionalmente* estabelecidos. Essa isonomia não se estrutura em política criminal. Nem mesmo nos parece ajustado o postulado correlato da paridade consistente em *tratar desigualmente os desiguais*. Afinal, o usuário de outras drogas ilícitas tem idêntico direito essencial à intimidade, vida privada e autodeterminação. Se a conduta do consumidor, caso assim se entenda, arranha a saúde pública, mas não é capaz de lesioná-la da mesma forma que o faz o traficante, esse uso envolve qualquer entorpecente. Ademais, todo usuário, em seus diversos graus, tem direito à política pública de prevenção e redução de danos. E a intervenção mínima é válida para todo o universo de uso de entorpecentes – e não apenas para um deles.

O cerne da descriminalização não se deu em relação à *inofensividade* da maconha, nem a um padrão de comparação, em grau de risco à saúde, com outras drogas. Foram pontos circunvizinhos.

Um dos argumentos cingiu-se ao fato de ter sido interposto recurso extraordinário em relação a um condenado por porte de maconha para uso próprio, razão pela qual deveria o STF ater-se a essa droga. Se assim for considerado, não se fecha a porta para o debate de outros entorpecentes, quando utilizados para consumo pessoal. Pode-se, então, baseado no julgamento do RE 635.659-SP, tomando-se por fundamento o princípio constitucional da igualdade, consequência natural da dignidade da pessoa humana, aventar-se a descriminalização de outras drogas para uso próprio, inclusive por meio de *habeas corpus*.

DROGAS – DE ACORDO COM A LEI 11.343/2006 – **Nucci**

Concluindo, a isonomia merece atenção em valioso tema como o da criminalização ou descriminalização da posse e porte de drogas para consumo pessoal. A justa medida para um deve ser utilizada para todos.

8   CONFRONTO ENTRE CONSUMO E TRÁFICO ILÍCITO DE DROGAS

8.1   Critérios para diferenciação

A conduta de *trazer consigo* droga ilícita está prevista tanto no art. 28 quanto no art. 33, com consequências totalmente diversas. Se alguém for surpreendido com substância entorpecente ilegal, cabe ao operador do direito – delegado, promotor e juiz – *decidir* se tipifica a conduta como consumidor ou como traficante. Se incurso no art. 28, não há prisão em flagrante, mas lavratura de um termo circunstanciado; o usuário poderá fazer transação e não se submete a nenhuma pena privativa de liberdade.[41] Caso esteja incurso no art. 33, submete-se à prisão em flagrante e, em muitos casos, o juiz decreta a prisão preventiva; ao final, termina condenado ao mínimo de cinco anos de reclusão, e multa (exceto de houver a aplicação do redutor do § 4.º do art. 33), com viabilidade para iniciar o cumprimento no regime fechado; cuida-se de delito equiparado a hediondo e a execução da sanção imposta depende de prazo maior para a progressão de regime e obtenção de livramento condicional; não pode receber anistia, indulto ou graça, enfim, um tratamento muito mais rigoroso.

Como expusemos no item 3.8.1 do Capítulo I, o ideal seria inverter o elemento subjetivo específico de maneira expressa. Da forma como redigidos os tipos dos arts. 28 e 33, o primeiro prevê a finalidade de utilizar a droga *para consumo pessoal*, enquanto o segundo não faz nenhuma menção a qualquer fim específico para portar o entorpecente. Disso resulta que, *na prática*, o órgão acusatório constrói a denúncia indicando o fato de o agente *trazer consigo* droga ilícita, sem se preocupar em especificar o fim e muito menos prová-lo ao longo da instrução. Por outro lado, a defesa há de se preocupar em demonstrar a finalidade específica – *para consumo pessoal*.[42]

Embora haja argumento apontando para a indispensabilidade de o órgão acusatório demonstrar a *finalidade de tráfico* para os casos de imputação dos arts. 33 e 34, o que nos parece correto, a ausência do elemento específico *expresso* nesses tipos penais não favorece o quadro existente na prática forense. Observa-se, nas condenações por tráfico de drogas, conforme os motivos ex-

---

[41]   Vale lembrar que, tratando-se de maconha, a polícia apenas apreende a droga e notifica o infrator a comparecer no JECRIM para receber sanção extrapenal, como exposto em tópicos anteriores.

[42]   Consultar o item 1.1 do Cap. IV.

Capítulo III • Consumo de Drogas Ilícitas | **133**

postos nas decisões, a despreocupação do julgador em demonstrar a referida meta específica de comercialização e lucro para a tipificação. Resta o interesse do acusado para a busca de elementos probatórios demonstrativos da sua finalidade de consumo pessoal.

Há opiniões doutrinárias apontando para o ônus da prova caber à acusação, no sentido de ela demonstrar que a droga apreendida com o réu *não se destinava* ao consumo pessoal, mas ao tráfico, com o propósito de afastar a incidência do art. 28.[43] Basta uma consulta aos processos criminais em trâmite, com avaliação das suas sentenças condenatórias, para constatar a fragilidade dessa recomendação. O órgão acusatório varia entre nem mesmo mencionar que a droga *não era destinava ao consumo pessoal* e a alegação meramente formal de que era *óbvio ser destinada ao tráfico*. Portanto, o ônus efetivo termina com a defesa para convencer o magistrado de que o entorpecente tinha o fim específico de ser pelo réu consumido integralmente.

Mesmo que se possa considerar o conteúdo do § 2.º para efetuar a diferença entre consumidor e traficante, de modo a ignorar a questão do elemento subjetivo específico, esses fatores estão distantes, ainda, da realidade dos processos. Como explanam Cruz, Ruy e Souza, "não há na jurisprudência brasileira um padrão mínimo de objetividade e similaridade em relação à aplicação de critérios metodológicos para a definição dos casos em que a droga se destina ao 'consumo próprio' ou ao 'tráfico'".[44]

Os elementos abertos a considerar são os seguintes: a) natureza da droga; b) quantidade da substância entorpecente apreendida; c) local da apreensão; d) condições em que se deu a ação; e) circunstâncias sociais envolvendo o agente; f) circunstâncias pessoais do agente; g) conduta e antecedentes do autor. Essa distinção é um dos mais complexos problemas enfrentados pelo Judiciário nos casos práticos.[45]

---

[43] Cf. Masson e Marçal, *Lei de Drogas*, p. 13.

[44] Rogério Schietti Cruz, Fernando Estevam Bravin Ruy e Sérgio Ricardo de Souza, *Lei de Drogas*: comentada conforme o pacote anticrime (Lei n. 13.964/2019), p. 105.

[45] "Embora a nova lei pareça um avanço, no sentido da descriminalização do usuário e do comerciante ilegal (traficante), não traz de forma descritiva qual a definição para um ou outro. Quais os critérios para essa diferenciação? Quais as bases de fundamentação para estabelecer se é usuário ou traficante? (...) Se a política reconhece que deve haver diferenciação entre usuário e traficante, mas não estabelece balizas para essa diferenciação, ao mesmo tempo em que visa garantir persecução criminal e repressão pelo tráfico de substâncias, como serão definidos esses traficantes a quem deve pesar a repressão e estatuto penal?" (Daniela Ferrugem, *Guerra às drogas e a manutenção da hierarquia racial*, p. 103).

8.1.1 Natureza e quantidade da droga

Quanto à *natureza da droga* – se maconha, cocaína, heroína, crack, LSD etc. –, inexiste uma clara diferença entre todas as espécies de substâncias entorpecentes proibidas, devidamente previstas em lei ou mesmo em ato normativo específico.

No caso brasileiro, agrupam-se todos os entorpecentes proibidos numa única lista e não há nenhuma especificação de critérios de diferenciação entre eles, tampouco a respeito do grau de nocividade à saúde. Desse modo, a recomendação da lei, nos arts. 28, § 2.º (para distinguir entre traficante e usuário), e 42 (para fixar a pena-base) da Lei 11.343/2006, se torna uma avaliação subjetiva do magistrado, que não é especializado no assunto, nem conta com assessoria nesse contexto.

Surge, a partir disso, uma divergência visível entre as diversas decisões judiciais para classificar o réu como traficante ou usuário e, considerado traficante, emerge a ponderação da pena com enorme variação, pois não há dados objetivos para a análise da natureza do entorpecente.

A equiparação de drogas – todas consideradas proibidas, sem mais especificações – leva a conclusões singelas, agrupando no mesmo cenário entorpecentes bem diferentes, como a maconha e a cocaína, que provocam efeitos diferenciados em seus usuários, inclusive porque depende da quantidade e da frequência com que são utilizadas.[46]

O alerta de Mark Thorton é relevante ao mencionar que há uma crença de serem as drogas de alta potência mais perigosas, gerando um risco maior à saúde do usuário, embora o ponto fulcral seja, na realidade, a grande variação na sua composição, gerando maior ou menor risco. Quando se trata do mercado clandestino, a potência da droga não é estabelecida e os consumidores não têm como saber sobre ela e seus ingredientes, além de que os produtores não podem ser responsabilizados pela mistura ofertada, como ocorreria com as empresas farmacêuticas.[47]

Portanto, para efeito de individualização da conduta, buscando tipificar como uso pessoal ou tráfico, a *natureza* da droga (a essência ou o conjunto

---

[46] "Só uma resposta simplista permite considerar uma política que agrupa em um mesmo conjunto de drogas tão diferentes como a maconha, a cocaína e a *salvia divinorum*, planta que posta na ilegalidade no Brasil em 2012 sem nenhum tipo de evidência ou mesmo investigação sobre disseminação, padrão ou consequência do uso" (Mauricio Fiore, Alguns desafios pós-proibicionistas: o caso da regulação da maconha, In: Beatriz Caiuby Labate e Thiago Rodrigues (orgs.), *Políticas de drogas no Brasil*: conflitos e alternativas, p. 422).

[47] Mark Thorton, *Criminalização*: análise econômica da proibição das drogas, p. 150.

dos produtos que a constituem) deveria ser ponderada, levando-se em conta o grau de pureza e os riscos acarretados pela mistura realizada pelo traficante, algo que está distante dos laudos técnicos constituídos nas diversas comarcas brasileiras.

A cocaína em pó e o crack são, na essência, a mesma droga; o que as diferencia é a forma de utilização, a rapidez dos efeitos e os produtos adicionados às misturas, como explicam SZABÓ e CLEMENTE. E continuam: "fumada, a pasta base de cocaína – ou crack – chega em segundos ao cérebro, como a droga injetada, produzindo resultados mais intensos e perigosos. Esse tipo de uso está mais associado a níveis altos de vício. Na essência, no entanto, crack e cocaína são drogas capazes de produzir dependência e desenvolver tolerância, o que faz com que doses cada vez maiores sejam necessárias para se atingir o mesmo efeito. A diferença estabelecida entre cocaína e crack tem a ver também com o status que cada substância construiu ao longo da história. Enquanto a cocaína virava refrão da música de Eric Clapton nos anos 1970, a droga ganhava fama associada à riqueza e à vida de playboys. A pedra de crack, mais barata e de fácil acesso, acabou se tornando a droga mais usada por pessoas em situação de rua, mais expostas, portanto. Essas cenas públicas alimentam a ideia de que o crack se tornou uma epidemia".[48]

Considerando as ponderações acerca do uso e da pureza na sua fabricação, bem como o modo de utilização de cada usuário, para a meta de diferenciar tráfico e uso, bem como para a fixação da pena, o julgador pode ter razoável dúvida acerca de como mensurar um fato, em que consta a apreensão de cocaína em pó, e outro, em que há o recolhimento de pedras de crack.

Afinal, tudo depende de vários fatores, inclusive e particularmente a frequência e o modo de utilização, algo que não consta dos autos. Observa-se, na prática, o subjetivismo judicial predominando e cada magistrado simplesmente *opinando* sobre o grau de nocividade de ambas (por exemplo, cocaína em pó *versus* crack). Se isso ocorre, os critérios para tipificar como consumo ou tráfico, bem como para mensurar a pena, são aplicados de modo desigual, sem qualquer base científica.

No tocante à *quantidade do entorpecente* apreendido, não há um padrão fixo e estável que possa indicar, com precisão, o que se aplica ao usuário e ao traficante, pois o acúmulo de certa droga pode ser um montante guardado para ser utilizado aos poucos pelo consumidor ou para evitar que o usuário tenha que retornar várias vezes ao traficante para adquirir o produto, correndo riscos

---

[48] SZABÓ e CLEMENTE, *Drogas*: as histórias que não te contaram, p. 170.

de toda ordem. No entanto, idêntico acúmulo pode configurar o tráfico de entorpecentes, para permitir farta distribuição em pequenas porções.[49]

Outros exemplos extraídos da prática evidenciam as dúvidas surgidas nos processos: a) numa *república* de estudantes, encontrar um tijolo de maconha armazenado não indica necessariamente o tráfico, pois a droga pode ser destinada ao consumo diário de várias pessoas; b) a apreensão de certa quantidade de cocaína em pó junto de uma balança de precisão tende à conclusão de ser produto para o tráfico, embora possa ser destinada ao consumo pessoal e o usuário pesa a quantia para saber quanto vai utilizar diariamente; c) o encontro de várias pedras de crack tanto pode ser situação voltada à distribuição quanto ao consumo, a depender de quem a possui; d) vários cigarros de maconha tanto podem significar um material para distribuição como uma quantidade já preparada para o consumo. Esses casos constituem o cotidiano das varas criminais, variando somente as pessoas e os locais. Logo, distinguir o usuário do traficante não é operação simples.[50]

Para MARCELO DA SILVEIRA CAMPOS, "se fizermos um rápido cálculo hipotético com um limite que para o usuário de crack (2 dias a quantidade descrita pela FIOCRUZ) observa-se que na faixa de até 7 gramas são incriminados 62,7% das pessoas, ou seja, mais da metade das pessoas incriminadas por comércio de crack portavam uma quantidade suficiente para uso durante dois dias, o que

---

[49] STJ: "2. A Lei n. 11.343/2006 não determina parâmetros seguros de diferenciação entre as figuras do usuário e a do pequeno, médio ou grande traficante, questão essa, aliás, que já era problemática na lei anterior (n. 6.368/1976). 3. O alargamento da consideração sobre quem deve ser considerado traficante acaba levando à indevida inclusão, nesse conceito, de cessões altruístas, de consumo compartilhado (art. 33, § 3.º, da Lei n. 11.343/2006), de aquisição de drogas em conjunto para consumo próprio e, por vezes, até de administração de substâncias entorpecentes para fins medicinais" (HC 727.297/SP, 6.ª T., rel. Rogerio Schietti Cruz, 17.05.2022, v.u.).

[50] STJ: "2. A quantidade de drogas apreendida não constitui fator determinante para a compreensão de que a substância se destinava a consumo pessoal, porquanto também é preciso verificar o local e as condições em que se desenvolveu a ação, as circunstâncias sociais e pessoais, bem como a conduta e os antecedentes do agente, nos termos do art. 28, § 2.º, da Lei n. 11.343/2006. 3. Na hipótese, não obstante a ínfima quantidade de entorpecente apreendida em poder do agravante, destacou-se que foram apreendidos petrechos comumente utilizados na prática do delito de tráfico de drogas e outros, como: '05 (cinco) aparelhos de telefone celular (laudo de fls. 152/156), 02 (dois) eppendorfs vazios, 01 (uma) balança, 01 (um) canivete, 01 (um) simulacro de arma de fogo, 01 (um) rolo de plástico filme PVC, 09 (nove) embalagens plásticas 'sacolé', 01 (um) recipiente plástico pequeno com sementes (laudo de fls. 219/221, que não detectou a presença de substâncias entorpecentes) e 01 (uma) tesoura'" (AgRg no HC 744.620/SP, 6.ª T., rel. Antonio Saldanha Palheiro, 14.06.2022, v.u.).

resulta em aproximadamente 30 pedras de crack (7 a 8 gramas). Até 25 gramas (100 pedras de crack) nota-se que 87,8% do total de criminalização por crack são feitas pela polícia com até 25 gramas. Em relação à cocaína aspirada, observa-se que com até 7 gramas tem-se um percentual de 40% de pessoas incriminadas. Se estendermos a faixa para até 25 gramas, observa-se que 66,6% das pessoas foram incriminadas com até 25 gramas de cocaína. Portanto, numa perspectiva conservadora pode-se dizer que 50,7% das pessoas incriminadas com até 7 gramas de substâncias ilícitas poderiam ser deslocadas para outros sistemas (como o sistema de saúde e de assistência social) ao invés de serem deslocados para o sistema de justiça criminal".[51]

Verifica-se que a conjuntura exposta é um *cálculo hipotético*, mas possível. Entretanto, raramente, se constata essa análise pelo Judiciário quando um caso lhe é apresentado, procurando a distinção entre o traficante e o usuário. Nota-se, ao contrário, contentar-se o juiz, muitas vezes, com a classificação realizada no começo pela autoridade policial, seguida da tipificação constante da denúncia do Ministério Público, até porque se fosse, logo de início, classificada pelo policial, na via pública, como porte para uso, nem mesmo haveria prisão em flagrante, mas simples formalização de um termo circunstanciado.[52] Portanto, quem realiza a diferenciação entre traficante e usuário, na prática, é o policial civil ou militar que encontra o indivíduo com a droga; nesse momento, se entender que é tráfico, dá voz de prisão e o conduz à delegacia para lavrar o auto de prisão em flagrante. Caso entenda ser usuário, não há prisão, mas encaminhamento para lavratura do termo circunstanciado no juizado especial criminal (art. 48, § 2.º, Lei 11.343/2006).[53]

Reina o subjetivismo nesse quadro, desde o policial na via pública, passando pela autoridade policial, pelo membro do Ministério Público, até chegar ao Judiciário, de todas as instâncias. É preciso haver alteração legislativa para aperfeiçoar esses fatores – natureza e quantidade da droga –, estabelecendo maior precisão para a distinção entre traficante e usuário, além de permitir adequada equivalência na mensuração das penas.

8.1.2 Local da apreensão e condições em que se deu a ação

O *lugar da apreensão* é questionável na própria essência, porque o tráfico de drogas acontece em todos os lugares e concentrá-lo nas denominadas *bocas*

---

[51]   Marcelo da Silveira Campos, *A Lei de Drogas do Brasil*, p. 142-143.

[52]   Cuidando-se de maconha para consumo pessoal, nem mesmo termo circunstanciado. Uma simples notificação de conteúdo extrapenal para ser advertido ou lhe ser sugerido um curso educativo.

[53]   Conferir a nota anterior.

138 | DROGAS – DE ACORDO COM A LEI 11.343/2006 – Nucci

de fumo (pontos usuais de comércio de drogas) é deveras ingênuo, inclusive pelo fato de que, mesmo nesse local, são encontrados os traficantes, que vendem, e os consumidores, que ali estão para adquirir.

Para KONSEN e GOLDANI, "com a territorialização do narcotráfico, as vilas e favelas passaram a ser concebidas no imaginário social como 'lugares de tráfico', o que pode não ser condizente com as práticas espaciais observáveis em um assentamento informal popular em específico. Neste estudo de geografia jurídica, considerando a relevância da problemática da espacialidade como fator de determinação da fundada suspeita em abordagens policiais, buscamos responder à seguinte questão: as chances de práticas espaciais serem vistas como suspeitas pela polícia são maiores nas vias públicas de vilas e favelas do que no restante da cidade? Partimos da hipótese de que as pessoas que se deparam com a polícia em assentamentos informais populares estão mais propensas a ser vistas como suspeitas do crime de tráfico de drogas do que aquelas que se comportam de modo similar em outros locais, porque a suspeita policial é influenciada por representações do espaço que concebem vilas e favelas como 'lugares de tráfico'".[54]

Não se pode negar a impressão de que, em certas favelas e lugares degradados, como a *Cracolândia* em São Paulo, as pessoas que por ali passam são *suspeitas* e qualquer movimento pode ser interpretado como atividade do tráfico de drogas, razão pela qual, com a aproximação da viatura policial, há fugas e correrias, seguidas de perseguições. Os fugitivos podem jogar mochilas, pochetes, sacolas e outros invólucros pela rua e, quando presos, são enquadrados como traficantes, afinal, correram da polícia e livraram-se de entorpecentes, pouco importando a quantidade. Ocorre que consumidores também podem estar no mesmo local efetuando a compra da droga e, ao visualizarem a polícia, saem correndo, buscando livrar-se do que adquiriram, justamente para não serem presos como traficantes. Nesse *arrastão*, usuários são considerados traficantes pelo lugar onde se encontravam e pelas condições da ação desenvolvida, bem como pela sempre usada análise: *se correu da polícia, é traficante.*

No entanto, não visualizamos nenhuma lógica em se esperar que o consumidor da droga seja *especialista* em direito e, com isso, ao constatar a aproximação da viatura, fique no local onde está, porque acabou de comprar pedras de crack, apresentando-se aos policiais e aguardando, então, que seja considerado usuário com a consequente lavratura do termo circunstanciado. Ele teria que saber que a sua fuga pode ser interpretada erroneamente como atitude típica do traficante e, com isso, sofrer prisão em flagrante. Ademais, mesmo que, somente para

---

54   KONSEN e GOLDANI, Lugares de tráfico: a geografia jurídica das abordagens policiais em Porto Alegre, *Revista Direito GV*, p. 4.

argumentar, ficasse o consumidor parado na zona de tráfico, apresentando-se aos policiais como tal, inexiste qualquer garantia de não ser preso e levado à delegacia como traficante. Por isso, muitos usuários fogem da polícia e nem por isso devem ser, automaticamente, transformados em traficantes.

Há que se registrar a evidente desigualdade existente entre o *tráfico pobre* e o *tráfico rico*, vulgarmente falando. A polícia age em lugares abertos e expostos, como favelas e zonas degradadas das cidades, encontrando, com maior facilidade, o *tráfico pobre*, com venda e compra de pequenas quantidades de entorpecentes e o ajustamento das condutas como tráfico ou uso – mais tráfico do que consumo para efeito de autuação. A ronda policial não atinge o *tráfico rico*, que se realiza em lugar distante da via pública, em condomínios cercados por muros e outros locais privados, podendo dar-se até mesmo por entrega em domicílio sem qualquer interferência. Provavelmente, esse tráfico envolve quantidades muito maiores de drogas, mas inatingível pela investigação ostensiva.

Dificilmente, o tráfico realizado dentro de estabelecimentos abertos ao público (shopping center, parque de diversão, cinema, teatro etc.) ou privados com amplo acesso de pessoas (universidade, escola, clube, associação desportiva etc.) é detectado pelos órgãos de segurança, com ação policial efetiva e consequente prisão em flagrante dos envolvidos. Se ocorrer, ausente o preconceito, poder-se-ia separar o traficante e o consumidor, analisando-se, em maior detalhamento, as condições em que se deram a ação.

É ingenuidade supor que o tráfico de drogas se situa apenas em zonas específicas, como as biqueiras ou bocas de fumo, que são lugares públicos, de fácil acesso da polícia. Mas são esses locais que figuram na maior parte dos autos de prisão em flagrante lavrados no dia a dia das cidades brasileiras e, a partir disso, perpetuam-se as *fundadas suspeitas*, sempre com idêntica conotação.[55] Se essa tem sido a realidade dos casos que chegam ao Judiciário, torna-se essencial a maior cautela em analisar as pessoas envolvidas na situação flagrancial, procurando-se distinguir o traficante do usuário.

8.1.3 Circunstâncias sociais e pessoais do agente

Circunstância significa o cenário ou contexto que envolve algo ou alguém, podendo ser representado por um fato ou uma situação, bem como um motivo

---

55 Há um certo padrão de criminalização do traficante, podendo-se vislumbrar em ocorrências: "a) quebra de 'rotina' porque os policiais avistaram um 'suspeito', b) na 'abordagem' o sujeito 'foge', c) para 'enquadrar' o suspeito havia 17 pedras de crack, num saquinho plástico, colocadas na boca, d) encontrou-se R$ 73,00 em dinheiro e um celular, e) o suspeito confessou 'espontaneamente' que vende drogas" (Marcelo da Silveira Campos, *Pela metade*: a Lei de Drogas do Brasil, p. 163).

ou um objetivo. É o modo, estado ou conjuntura vinculada a uma pessoa ou a um acontecimento. Pode-se apontar, ainda, como o conjunto de elementos caracterizadores de um ser ou objeto. Ilustrando, imagine-se o peixe no aquário: pode-se apontar, como circunstâncias, a sua imersão em água, represada por fronteiras de vidro, onde estão presentes plantas, funcionando um filtro para produzir oxigênio, cujo piso é forrado por pedras e o teto é formado por lâmpadas que clareiam o seu interior.

Por isso, todo crime possui, necessariamente, circunstâncias que abrangem o fato e seu autor, cabendo ao operador do direito identificá-las para o fim primário de tipificar o fato, avaliar a sua ilicitude e analisar a culpabilidade. Essas circunstâncias foram o tipo básico, essencial para a condenação. Outras decorrem do tipo derivado, consideradas as qualificadoras ou privilégios e as causas de aumento ou diminuição. Elas são importantes para estabelecer o montante da pena, mas não somente, visto existirem outras circunstâncias legais, previstas na parte geral do Código Penal, denominadas agravantes e atenuantes. Finalmente, restam as circunstâncias judiciais, previstas, de maneira aberta, no art. 59 do Código Penal.

Enfoca este item as circunstâncias *sociais* e *pessoais* do agente, portanto, o cenário onde ele se insere em seu meio social – como a avaliação de sua *classe social*, em nível econômico, que pode ser baixa, média ou alta – e a moldura que o reveste como indivíduo – personalidade (comportamento exteriorizado em seu convívio), motivo (móvel impulsionador para agir), estado civil, dentre outros.

É certo que todos os indivíduos possuem as suas próprias circunstâncias sociais e pessoais, situações relevantes para a individualização da pena, mas complexas e arriscadas para o fim de tipificar uma conduta, em particular no contexto da diferenciação entre traficante e usuário, visto que ambos possuem droga ilícita, restando saber para qual finalidade. Apurar o destino do entorpecente por meio da análise de quem é o agente, onde e como vive pode levar à construção de estereótipos, que são padrões advindos de regras de experiência calcadas em ideias preconcebidas a respeito de alguém ou de uma situação. Entretanto, essa padronização é falível, porque alicerçada em concepções abertas e sem necessidade de possuir lastro com a realidade.

Konsen e Ribeiro esclarecem que "os estereótipos sociais que condicionam a seletividade policial e a formação da fundada suspeita tendem a ser reforçados pela atuação do Poder Judiciário. Em estudo sobre os fatores determinantes da decretação de prisões preventivas em audiências de custódia em Belo Horizonte, Lages e Ribeiro (2019, p. 20) demonstraram que as chances de pessoas negras e do sexo masculino serem recolhidas ao cárcere enquanto aguardam uma decisão judicial são maiores em comparação com as populações brancas e do sexo feminino. No entanto, a pesquisa também apontou que o fator que mais influencia os magistrados é o fato de o flagrante ter sido pelo delito de tráfico de drogas, o que denota o peso do discurso de 'guerra às drogas' no funcionamento do sistema penal (LAGES e RIBEIRO, 2019, p. 25)".[56]

Seguindo a trilha da verificação dos estereótipos, RODRIGUES e LABATE demonstram que "*usuários* de classe média, ou pessoas que utilizem drogas ilegais consideradas 'mais leves' e 'recreativas', como a maconha, o êxtase, ou o LSD, são tratados com maior condescendência pela Justiça e pela polícia, além de ser menos estigmatizados moralmente. Já usuários de drogas tidas como 'pesadas', como a heroína e, principalmente, o crack, recebem tratamento oposto, agravando sua situação de miséria e aumentando sua exposição à violência policial e de usuários de drogas pobres e marginalizados segue, atualizada, no pânico contra 'cracudos' ou 'crakeiros' nas regiões mais degradadas das metrópoles brasileiras".[57]

Há um padrão contido na apreciação de pessoas surpreendidas com drogas ilícitas, sendo comum deduzir que o indivíduo pobre, na favela, com pedras de crack, carregando R$ 100,00 e afirmando estar desempregado, embora diga ser estudante, é um traficante. Rapaz de classe média, em bairro considerado nobre, com cigarros de maconha, carregando R$ 100,00, sem emprego, dizendo ser estudante, é um usuário.[58] Por certo, a estereotipagem não perfilha todas as autuações, nem figura da mesma forma em todos os processos criminais por conta de drogas ilícitas, mas é um bom termômetro de verificação de grande parte deles. Quem lida, na prática criminal, atuando em feitos ligados a tráfico ou uso de entorpecentes, adquire experiência suficiente para atestar esse quadro.

---

[56] KONSEN e RIBEIRO, Lugares de tráfico: a geografia jurídica das abordagens policiais em Porto Alegre, *Revista Direito GV*.

[57] BEATRIZ CAIUBY LABATE e THIAGO RODRIGUES, Pacificação, militarização e a "guerra às drogas" no Brasil, *In*: BEATRIZ CAIUBY LABATE e THIAGO RODRIGUES (orgs.), *Políticas de drogas no Brasil*: conflitos e alternativas, p. 259.

[58] "Lembro-me da passagem em que um delegado do meu concurso, lotado na 14.ª DP (Leblon), autuou, em flagrante, dois jovens residentes da zona sul pela conduta descrita para o usuário, porte de droga para uso próprio, por estarem transportando, em um veículo importado, 280 gramas de maconha. Para se ter uma ideia do que isso representa em termos quantitativos, um bom cigarro de maconha tem um grama, segundo Bob Marley, o que equivaleria a 280 'baseados' do estilo jamaicano. O meu amigo se convenceu de que a quantidade não era determinante para prendê-los no tráfico, uma vez que a forma com que a droga estava condicionada, dois volumes prensados, bem como o fato de os rapazes serem estudantes universitários e terem emprego fixo, além da folha de antecedentes criminais limpa, era indiciário de que o depoimento deles, segundo o qual traziam a droga para uso próprio, era pertinente" (ORLANDO ZACCONE, *Acionistas do nada*: quem são os traficantes de drogas, p. 19-20).

Em pesquisa realizada em Recife, DAUDELIN e RATTON explanam que "o tratamento dos mercados de classe média pelo sistema de justiça criminal deve ser considerado um fator importante para explicar seu funcionamento 'suave' e não violento. De forma geral, a atitude das polícias e do Judiciário diante desses mercados, especialmente no nível do varejo, pode ser considerada de uma negligência benigna (mas que reflete os padrões seletivos da atividade policial). Embora a imprensa relate esporadicamente a apreensão de LSD, ecstasy ou maconha entre usuários e traficantes de classe média, as entrevistas com policiais, vendedores e compradores mostram claramente que aqueles não são a prioridade ou mesmo uma preocupação significativa das autoridades do sistema de justiça. As razões são muitas: falta de recursos, alto custo para entrar em redes fechadas e cobertas, baixa chance de condenação, posição social e influência dos envolvidos. Por último, do ponto de vista das autoridades, está o fato de que os mercados de classe média não são violentos se comparados aos do crack nas comunidades pobres, o que explicaria sua baixa posição na agenda de prioridade supostamente estruturada pelas implicações violentas dessas atividades ilegais. Obviamente, a atuação desigual de policiais e operadores do sistema de justiça nos diferentes mercados tem consequências distintas para grupos sociais diversos (Azevedo, 2005)".[59]

Para CAMPOS, "é como se a nova lei de drogas [Lei 11.343/2006] enunciasse assim: olha para você ser considerado um usuário de drogas, você terá de ter pouca droga; somente um tipo; pequeníssima quantidade da substância; estar, na hora da abordagem policial, no lugar 'certo' e com as pessoas 'certas' (em alguns dos bairros de classe média da capital paulista); possuir alta escolaridade e uma 'ocupação lícita'; e não possuir qualquer antecedente criminal. Só assim você será considerado um usuário por mim".[60]

Do exposto, pode-se concluir que os fatores constantes do art. 28, § 2.º, da Lei 11.343/2006, particularmente enfocando as *circunstâncias sociais e pessoais*, dizem tudo e não dizem nada, porque permitem uma amplíssima interpretação, por parte dos operadores do direito, restando desigual a aplicação das normas ali contidas e, em destaque, o problema diário de estabelecer um critério diferenciador confiável para tipificar uma conduta como tráfico de drogas (art. 33) ou como posse para consumo (art. 28). Longe de ser uma questão de importância secundária, cuida-se de tópico central da legislação vigente, pois gera desequilíbrio na persecução penal, discriminando pessoas e protegendo outras, além de inserir no sistema carcerário vários usuários considerados traficantes.

---

[59] DAUDELIN e RATTON, Mercados de drogas, guerra e paz no Recife, *Tempo Social – Revista de Sociologia da USP*, p. 124.

[60] CAMPOS, *A Lei de Drogas do Brasil*, p. 180-181.

É preciso uma reforma legislativa para corrigir essas distorções, com a retirada de termos vagos ou com a especificação, em lei, do que vem a ser a circunstância *social*, bem como a *pessoal*, a ser levada em consideração pelas forças de segurança e, em última análise, pelo Poder Judiciário.

8.1.4 Conduta e antecedentes do agente

Em primeiro plano, deve-se apontar que o termo *conduta* se refere à *conduta social* do agente, vale dizer, o papel do réu na comunidade, inserido no contexto da família, do trabalho, da escola, da vizinhança etc., a ser conferido, na hipótese do art. 28, § 2.º, da Lei 11.343/2006, para fins de tipificação entre traficante e usuário e não para a fixação da pena.

Parece-nos um requisito desnecessário por duas razões: a) consta a conduta social como critério para mensurar a pena (art. 42, Lei 11.343/2006), o que é mais coerente; b) cuida-se de termo inserido nas *circunstâncias sociais*, já mencionado no mesmo parágrafo e analisado no item *supra*. Pretender o estabelecimento de diferença entre conduta social e circunstância social é um preciosismo fora de propósito, especialmente porque ambos se apresentam vagos e abertos. As mesmas dúvidas geradas pelas circunstâncias sociais atingem a conduta social, para fins de tipificação da ação do agente.

Portanto, reportamo-nos às definições e críticas construídas no tópico anterior.

Quanto aos *antecedentes*, por certo significam os *criminais*, devendo-se considerar apenas as condenações com trânsito em julgado existentes *antes* da prática do fato pelo agente. É o caminho mais seguro, em respeito ao princípio constitucional da presunção de inocência.

No entanto, não deixa de ser a constituição de um estigma decorrente da anterior condenação por tráfico, por exemplo, que irá apontar ao operador do direito tratar-se de traficante, logo, a conduta em análise contará com esse pressuposto para ser tipificada. Assim sendo, encontrar o agente com algumas pedras de crack e certa quantidade de dinheiro, caminhando pela via pública, possuindo condenação antecedente por tráfico, o levará à mesma tipificação, quando detido e encaminhado à delegacia. Provavelmente, será assim denunciado e, depois, condenado. Cria-se o postulado: *uma vez traficante, sempre traficante*. Haveria dificuldade em se acolher a moldura de uma pessoa ser usuária de entorpecentes, mesmo tendo sido antes apenada como traficante; talvez tenha começado a usar a droga no presídio e, ao sair, não mais comercializou, mas se tornou consumidor.

Cuida-se de um elemento de constitucionalidade duvidosa, pois não se está verificando eventual reincidência, como circunstância para agravar a pena, tampouco esse antecedente para influir na elevação da pena-base, de modo a concluir que, mesmo condenado e após o cumprimento da pena, não se emendou e tornou a cometer idêntico delito, motivo pelo qual deve sofrer maior sanção.

Na hipótese do art. 28, § 2.º, da Lei 11.343/2006, utiliza-se o antecedente para tipificar um fato – ou pelo menos auxiliar nessa tipificação. Seria o equivalente a dizer que, por ter sido condenado antes por roubo, surpreendido com o objeto subtraído da vítima, deve ser o roubador. Porém, nesse caso, tende-se a considerar o agente como receptador e não como autor de roubo, porque se leva mais em conta o reconhecimento da pessoa ofendida e outras circunstâncias. No campo da distinção entre tráfico e uso, essa medida não vale; utiliza-se a condenação precedente para inferir que a presente conduta é a mesma, logo, tráfico – e não uso.

A presunção de inocência valeria menos na lei de drogas do que nas situações desenhadas pelo Código Penal, o que nos soa de difícil acolhimento, especialmente se o juiz usar o antecedente para *confirmar* na decisão condenatória ser realmente o acusado um traficante.

Parece-nos cauteloso utilizar o requisito legal dos antecedentes para compor um quadro maior, formado por todos os elementos constantes do art. 28, § 2.º, sem que se possa visualizá-lo como a única razão para autuar o agente como traficante em vez de usuário. Se essa ponderação não for utilizada, estar-se-ia menosprezando o estado de inocência para constituir a tipicidade de um crime em decorrência de outro, já julgado, cuja pena foi cumprida.

Deveria ser o campo dos antecedentes o *argumento de arremate*, ou seja, dados todos os outros desfavoráveis à visão de se tratar de usuário – natureza e quantidade da droga, local e condições da ação, circunstâncias sociais e pessoais e conduta social –, ainda por cima o agente ostenta condenação anterior por tráfico de entorpecente. Não pode ser a primeira avaliação, nem a única.

8.1.5 Síntese dos fatores de diferenciação

Uma parcela exponencial da doutrina, ao comentar a distinção entre traficante e consumidor, com base nos critérios do art. 28, § 2.º, da Lei 11.343/2006, expõe a sua preocupação com a vagueza de seus elementos, que merecem uma revisão legislativa, tornando-se mais objetivos e permitindo decisões mais uniformes por parte do Judiciário. Essa objetividade pode ser alcançada por variados caminhos, dentre os quais se encontra a conceituação, com lastro técnico, da natureza da droga, estimando o seu grau de nocividade à saúde e a facilidade de gerar dependência, associada à definição da quantidade do mesmo entorpecente para o uso diário e o que pode extravasar por completo a ideia de mero consumo.[61]

Sabe-se que a associação entre a potência psicótica da droga e o seu uso permite deduzir a quantia necessária para manter o vício ou a habitualidade de quem a consome. Mas isso não está explicitado na lei e cada magistrado constrói a sua linha de raciocínio pessoal, nem sempre formada por meio de fontes confiáveis. O estabelecimento de parâmetros mais objetivos em lei permitirá, inclusive, à polícia adotar um parâmetro para o seu trabalho de campo e realização de prisões ou encaminhamento de pessoas ao Juizado Especial Criminal (especialmente, no caso da maconha, cujo porte para consumo pessoal deixou de ser crime). Assim também pode facilitar o trabalho de membros do Ministério Público na formação de seu convencimento para oferecimento da denúncia ou da proposta de transação.[62]

A sugestão de que esses critérios mais objetivos advenham da jurisprudência não nos parece o ideal, porque a atual Lei de Drogas foi editada em 2006 e até a presente data, bastando analisar julgados, impera uma imensa mescla de entendimentos contraditórios e subjetivos até mesmo para apontar o que seria *grande* ou *pequena* quantidade. Note-se que essa avaliação reflete não apenas na tipificação – se traficante ou usuário –, mas, também, na concessão do redutor do art. 33, § 4.º, da Lei 11.343/2006 e no grau de diminuição da pena, caso se aplique essa causa de diminuição.

Por outro lado, da jurisprudência não se obtêm critérios objetivos quanto aos demais fatores, notando-se o vasto campo de considerações pessoais de magistrados acerca de natureza da droga, potencialidade lesiva à saúde, além de análises subjetivas de comportamento social e pessoal do agente, bem como

---

[61] "Para evitar os frequentes abusos, o ideal seria que a lei ou a jurisprudência fixasse, além dos critérios mencionados, um patamar mínimo objetivo (*v.g.*, 50 gramas) para se admitir a imputação por tráfico de drogas" (QUEIROZ e LOPES, *Comentários à Lei de Drogas*, p. 23). No mesmo sentido: PAGLIUCA e CURY, *Lei de Drogas*, p. 54.

[62] "Para aparar os erros, tem-se que o primeiro passo a ser tomado deverá ser a alteração no que se refere ao uso de entorpecentes, já que como se pode constatar, não há no cotidiano jurídico diferenciação entre o indivíduo usuário e o indivíduo traficante. Esta diferenciação poderá ser auferida com uma simples mudança na legislação, acrescentando ao artigo 28, § 2.º da Lei 11.343/06 a quantidade de droga que será entendida para destinação de uso pessoal. Outra possível solução para o referido problema seria a conclusão da discussão para a legalização/descriminalização do porte de drogas para uso próprio. Muitas pessoas são presas por tráfico de drogas, quando que na realidade os entorpecentes seriam para seu uso próprio" (RICARDO BISPO RAZABONI JUNIOR, RAFAEL JOSÉ NADIM LAZARI e GUILHERME DOMINGOS DE LUCA, Lei de Drogas: 10 anos da Lei 11.343/2006, *REGRAD*, p. 243).

146 | DROGAS – DE ACORDO COM A LEI 11.343/2006 – NUCCI

do lugar onde houve a apreensão e dos antecedentes. Enfim, outra miscelânea que de objetivo nada possui.

Cabe ao Legislativo, como fonte material primária da lei, estabelecer os detalhes, de fundo objetivo, para tão relevante diferença entre tráfico e uso. Aliás, considerando que os elementos existentes no art. 28, § 2.º, possam ser aperfeiçoados, um dos percursos seria a definição do que se pode e se deve analisar.

O STF, em julgamento do RE 635.659, debatendo o fator referente à quantidade de maconha para diferenciar traficante e usuário, espelhou a posição individual de cada ministro, variando-se de 10 a 60 gramas. Unanimidade não houve nem mesmo no tocante à *cannabis*, atingindo-se uma posição intermediária de 40 gramas para que o julgado tivesse alguma eficácia prática. Por isso, a jurisprudência não tem meios de pacificar esse entendimento. Cabe à lei ou à portaria da ANVISA, fundada em critérios científicos.

Em suma, parece-nos essencial a mudança legislativa, com a modificação do conteúdo do art. 28, § 2.º, da Lei 11.343/2006, de forma a permitir um *universo objetivo* mais amplo de dados para auxiliar os operadores do direito, nessa área, a fim de realizar buscas, investigações, prisões, denúncias e sentenças. Essa medida não deve ter a finalidade de eliminar todos os fatores subjetivos, mas limitar-lhes as fronteiras.

A alteração pode implicar a inserção de novos elementos para essa diferenciação ou procurar conceituar e definir cada um dos já existentes, estabelecendo presunções, de caráter relativo, para traficante e usuário. Fora disso, haverá a continuidade de subjetivismo excessivo, conduzindo a injustiças concretas no apenamento de traficantes e usuários.

9   O CONTRASTE DAS SANÇÕES AOS USUÁRIOS E TRAFICANTES: O DESAFIO (E O FRACASSO) DA LEI 11.343/2006

A edição da Lei 11.343/2006 produziu a separação drástica entre o consumidor e o traficante de drogas ilícitas, prevendo ao primeiro as penas de advertência, prestação de serviços comunitários e comparecimento a programa ou curso educativo, com possibilidade de admoestação verbal e multa, e ao segundo, penas privativas de liberdade e multa. Destaque-se que o crime de tráfico mais frequente está previsto no art. 33 da referida lei, e para ele as penas foram elevadas ao patamar de reclusão de 5 a 15 anos, com multas aumentadas.

Eliminou-se, por completo, qualquer possibilidade de prisão do usuário, enquanto se carregou na punição do traficante. Forneceu-se alguns critérios para diferenciar as duas situações que, como visto nos itens anterior, são insuficientes para a devida, eficaz e justa separação.

O resultado do abismo de tratamento entre consumo e tráfico mostrou-se inseguro e negativo, no sentido de se abrandar em demasia a punição a pessoas consideradas usuárias, agravando-se bastante a situação dos que forem reputados traficantes. Em vez de solucionar um problema, que seria evitar a prisão do usuário, provendo-lhe orientação e ressocialização, retirando-o do universo das drogas, lançou-se o consumidor ao cenário da instabilidade, visto que muitos usuários passaram a ser visualizados como traficantes.

Observe-se o cenário criado: entre o mínimo – nenhuma prisão ou coerção efetiva contra o consumidor – e o máximo – prisão com elevada pena em regime fechado ao traficante, levou-se o operador do direito a optar pelo segundo quadro. Na dúvida, tem-se considerado o possuidor de droga ilícita como traficante. Isto se viabilizou porque a mesma lei que estabeleceu essa diferença permitiu a fixação de critérios muito subjetivos para se operar a separação entre o *tudo ou nada*.

Maximiano e Paiva asseveram que, "no Brasil, já é possível saber que a lei aprovada em 2006 provocou um grande aumento no número de presos por crimes relacionados ao tráfico de drogas. Constatamos, por exemplo, que esse número – comparando-se os dados de 2006 em relação aos de 2012 – passou de 47.472 prisões por tráfico para 138.198, o que representa um aumento de 191%. A proporção dos presos por tráfico de drogas em relação ao total de presos no País dobrou: em 2012, esse número representava mais de 25% do total, contra apenas 12% em 2006. Assim, nesses sete anos, o tráfico de drogas ultrapassou o crime de roubo qualificado como o tipo penal mais comum nas prisões. Ademais, a população carcerária feminina também se avolumou significativamente: em 2006, 5.800 mulheres foram presas por tráfico; no entanto, esse número passou, em 2012, para 14.900. Hoje, a prisão por tráfico responde por 43% de toda a população carcerária feminina".[63]

Na mesma linha, RODRIGUES e LABATE afirmam que, "se o proibicionismo consolidou-se historicamente como uma potente tática biopolítica para controle das populações, quer seja pela disciplinarização de hábitos individuais e da prática da medicina, quer seja pela repressão seletivamente direcionada a grupos sociais visados pelo direito penal (Rodrigues & Labate, neste volume), é possível afirmar que a versão brasileira da 'guerra às drogas' tem sido muito eficiente como meio para incidir sobre a conduta individual, a ocupação de determinados espaços das cidades e para o aprisionamento de milhares de

---

[63] "Os instrumentos legais e as políticas sobre drogas no Brasil". In: *Curso de Prevenção dos Problemas Relacionados ao Uso de Drogas – Capacitação para Conselheiros e Lideranças Comunitárias*, 6ª ed. Prevenção dos problemas relacionados ao uso de drogas: capacitação para conselheiros e lideranças comunitárias. Ministério da Justiça, Secretaria Nacional de Políticas sobre Drogas. Brasília, DF: SENAD-MJ/NUTE-UFSC, 2014, p. 220).

pessoas, homens e mulheres, na sua maioria jovens, pobres e negros. A Lei de Drogas de 2006, espelhando as tensões entre progressismo e conservadorismo, trouxe elementos como a separação entre 'traficante' e 'usuário' – já presente na Lei de Tóxicos da ditadura militar – mas, ao invés de fazer dessa distinção um dispositivo para encarcerar menos, terminou por potencializar prisões e controles sobre ampliados grupos sociais".[64]

CAMPOS e ALVAREZ abordam a temática da seletividade das punições: "se o novo dispositivo foi formulado com base na influência de dois saberes distintos (o saber médico e o saber jurídico-criminal), a 'inovação' proposta pelo sistema político – o fim da aplicação da pena de prisão para os usuários de drogas – *não produziu os resultados esperados*. Em um contexto caracterizado pela aplicação desigual da lei e pela grande seletividade do sistema de justiça criminal (Alvarez, 2002; Azevedo, 2003; Kant de Lima, 1989), a 'dimensão médica' do dispositivo acaba preterida em prol da dimensão jurídico-punitiva. A supostamente nova maneira de administração estatal da droga no Brasil privilegia, no interior do sistema de justiça criminal, o uso da pena de prisão, mesmo após o suposto fim da aplicação desta para os usuários de drogas. O resultado observado dessa política pode ser sintetizado pela metáfora de um copo, em que uma metade está vazia de práticas médicas e a outra metade está cheia de práticas punitivas (Campos, 2015a). (...) A série temporal indica o *aumento progressivo na incriminação de traficantes, a cada ano após 2006, o que ocorre concomitante com a diminuição de usuários incriminados*: no último trimestre da série (outubro-dezembro de 2009) 87,5% das pessoas foram incriminadas por tráfico de drogas e 12,5%, incriminadas por uso de drogas. É plausível defender, nesse sentido, que há uma *forte relação* entre a diminuição do número de pessoas incriminadas como usuários e, concomitantemente, o aumento do número de pessoas incriminadas como traficantes. Dessa forma, o fim da pena de prisão para o usuário não parece ter acarretado necessariamente o deslocamento destes para o sistema de saúde pública".[65] E concluem ter havido a *intensificação* da criminalização por tráfico de drogas e a *rejeição* do deslocamento do usuário para outro sistema que não o sistema de justiça criminal.[66]

---

[64] BEATRIZ CAIUBY LABATE e THIAGO RODRIGUES, A política de drogas brasileira: tensões entre a repressão e as alternativas, *In*: BEATRIZ CAIUBY LABATE e THIAGO RODRIGUES (orgs.), *Políticas de drogas no Brasil*: conflitos e alternativas, p. 133.

[65] CAMPOS e ALVAREZ, Pela metade. Implicações do dispositivo médico-criminal da "Nova" Lei de Drogas na cidade de São Paulo, *Tempo Social – Revista de Sociologia da USP*, p. 47.

[66] CAMPOS e ALVAREZ, Pela metade. Implicações do dispositivo médico-criminal da "Nova" Lei de Drogas na cidade de São Paulo, *Tempo Social – Revista de Sociologia da USP*, p. 48.

Pode-se apreciar a aplicação da Lei de Drogas de 2006 por meio de diferentes visões, valendo-se de critérios sociológicos, antropológicos, médicos, assistenciais, psicológicos e, sobretudo, jurídicos, captando as opiniões de profissionais de diversas áreas em busca de uma solução que não se concretizou em relação à difícil e complexa questão da prevenção e repressão aos crimes ligados às drogas ilícitas.

Não há como deixar de concluir o incremento da população carcerária, após o advento da atual legislação antidrogas, embora se tenha deixado de aplicar a pena de prisão ao usuário, mantendo-se a figura criminosa. Havíamos alertado que tal resultado poderia ocorrer,[67] porque os parâmetros legais estabelecidos não foram precisos e detalhados, além de não ter havido a prévia orientação e preparação da comunidade jurídica para a recepção e absorção dos paradigmas da nova lei, deixando-se de aplicar os parâmetros da anterior.

Em primeiro lugar, a abrupta vedação integral da prisão ao usuário – o que não ocorria na precedente legislação – impôs um comportamento diferenciado por parte de quem atua na ponta da repressão, que é a polícia. Por outro lado, criou-se a nítida impressão de que o tráfico é um delito gravíssimo, já equiparado a hediondo pela Constituição de 1988, mas com a pena aumentada, exigindo mais eficiência ao aparato de segurança estatal.

Somente por esse aspecto, o agente policial passou a lidar com a seguinte situação: deparando-se com alguém carregando consigo certa quantidade de droga, deve decidir ali mesmo, na via pública, se o considera um traficante ou um usuário. Se o enquadrar como consumidor, não pode prendê-lo, mas encaminhá-lo ao Juizado Especial Criminal, pois está diante de infração de menor potencial ofensivo. Basicamente, não se esclareceu o que representa esse *encaminhamento*, em especial se o agente se recusar a tanto. Caso o juízo não esteja disponível, mesmo assim a prisão não seria o caminho. Deve-se lavrar termo circunstanciado pela autoridade policial (em algumas comarcas, a própria polícia militar o faz), liberando-se o usuário.[68]

Tomemos a mesma situação para adotar outra visão, em que o policial considera o agente como traficante. O seu trabalho é extremamente facilitado,

---

[67] Desde a primeira edição do nosso *Leis penais e processuais penais comentadas*, em 2006.

[68] Lei 11.343/2006: "Art. 48. (...) § 2.º Tratando-se da conduta prevista no art. 28 desta Lei, não se imporá prisão em flagrante, devendo o autor do fato ser imediatamente encaminhado ao juízo competente ou, na falta deste, assumir o compromisso de a ele comparecer, lavrando-se termo circunstanciado e providenciando-se as requisições dos exames e perícias necessários. § 3.º Se ausente a autoridade judicial, as providências previstas no § 2.º deste artigo serão tomadas de imediato pela autoridade policial, no local em que se encontrar, vedada a detenção do agente".

pois há voz de prisão e encaminhamento, devidamente detido na viatura, à delegacia, onde a autoridade policial, acostumada a esse procedimento, lavra o auto de prisão em flagrante por crime equiparado a hediondo, logo, grave, encarcerando-o. Depois, o caso – e o problema – não mais concerne à polícia, mas ao magistrado (hoje, juiz das garantias), que decidirá o rumo a seguir, na audiência de custódia: se mantém a prisão, convertendo-a em preventiva, a pedido do Ministério Público, ou coloca o detido em liberdade provisória, com ou sem medidas cautelares alternativas à segregação.

Pois bem. Estabelecida a comparação, não custa deduzir o que vem acontecendo há décadas: os policiais, em atividade ostensiva – como regra, a polícia militar –, deparando-se com portador de drogas, seja de que natureza for, com qualquer quantidade, dão voz de prisão por tráfico, algemam o agente e o levam à delegacia. Sem maior complicação, a prisão do "traficante" é efetivada e entra para a estatística de eficiência policial – se for usuário, nem mesmo algemar o recalcitrante detido pode ser feito, colocando-o na viatura para conduzi-lo preso à presença da autoridade policial, sob pena de responder por abuso de autoridade, em tese.

Chegando preso à delegacia, a autoridade policial não se vê na posição de "julgar" a detenção já realizada, considerando o agente mero usuário e desfazendo toda a situação até então consolidada, para soltar a pessoa e encaminhá-la com o termo circunstanciado ao JECRIM. Afinal, não sabe como o membro do Ministério Público deverá, em sua opinião jurídica, tipificar a infração; se o fizer como tráfico, pode questionar a atitude da autoridade policial e mais complicações surgem. Mais propício ratificar a prisão, lavrar o auto e encaminhar o preso à audiência de custódia.

Nessa audiência, apresentado o agente, a tendência é não "pré-julgar" e, com isso, decide-se apenas se é caso de conversão do flagrante em preventiva ou permitir que seja posto em liberdade, geralmente com medidas alternativas (art. 319, CPP). No entanto, não se empreende, nesse momento procedimental, à *desclassificação* do enquadramento feito no art. 33, passando-o ao art. 28 e encaminhando, de pronto, o detido ao Juizado Especial Criminal. Afinal, o promotor pode antecipar-se, requerer a prisão preventiva e, portanto, o Ministério Público, na dúvida, denuncia por tráfico. Ao término da instrução, pode-se verificar se realmente se cuida de tráfico ou de uso. No entanto, a prisão cautelar pode ter durado meses e, quando isso se repete inúmeras vezes, por várias comarcas, o cárcere excede a sua capacidade somente com segregação cautelar.

Em parâmetro rigoroso – uma visão adotada em grande parte por promotores e magistrados –, a autuação por tráfico permanece e a condenação decorre naturalmente, questionando-se, apenas, o montante da pena privativa de liberdade e se haverá redutor. Todo o percurso em torno do traficante – e não do usuário.

Acrescente-se um fator psicológico – goste-se ou não desse fator – em alguns raciocínios judiciais: na vigência da Lei 6.368/1976, consumidor e traficante seriam presos e punidos com pena privativa de liberdade (arts. 12 e 16), tornando-se *mais aceitável* encaixar o portador de droga como usuário em vez de traficante, afinal, sofreria a *merecida* punição, por lidar com entorpecente proibido. Na constância da Lei 11.343/2006, o consumidor *não sofrerá* em hipótese alguma pena privativa de liberdade e pode ser *singelamente* advertido dos males da droga (qualquer uma), o que significa para muitos magistrados uma benesse inaceitável. Então, tem havido a tendência de perfilhar a posse ou porte de droga no âmbito do tráfico, mesmo que se possa aplicar o redutor previsto no art. 33, § 4.º, da Lei 11.343/2006. Por mais que se busque criticar essa mentalidade, ela existe e torna mais difícil a almejada separação entre usuário e traficante, porque subsiste a impressão de impunidade ao primeiro e justa reprimenda ao segundo. São poucos os operadores do direito que consideram o consumidor de drogas ilícitas uma *vítima* do traficante e um *necessitado*, carente de auxílio, para despir-se do vício ou desligar-se da dependência. Se essa assertiva estiver correta, explica-se a facilidade com que se tipifica a posse ou porte de pouca quantidade de entorpecente como tráfico, evitando-se a frágil sanção prevista para o consumidor.[69]

Pode ser que, havendo o encontro de pessoa de classe média, em lugar de divertimento público, com pouca quantidade de entorpecente – por mero acaso, pois *batidas policiais* não ocorrem nesses locais –, o agente da segurança pública tome a providência de considerar o agente como usuário e o encaminhe ao JECRIM, sem prisão. Eventualmente, pode até dar-lhe voz de prisão em flagrante por tráfico e seguir os trâmites já expostos. Mas tem sido exceção.

Aliás, cuida-se de exceção não por acaso ou porque o agente policial deixa de cumprir a sua função; a excepcionalidade se concentra na indiferença geral para o tráfico em *zonas de conforto* de pessoas com alto poder aquisitivo em contraste com as constantes rondas ostensivas em biqueiras e favelas, onde o tráfico é praticado abertamente, porque nem mesmo é possível ocultar-se. Po-

---

[69] O conservadorismo no cenário das drogas ilícitas é marcante e possui raízes profundas na sociedade brasileira, como pode atestar qualquer pesquisa a respeito da *liberação* do uso de entorpecentes. Policiais, promotores e juízes fazem parte desse contexto e muitos expressam a sua repulsa à brandura demasiada destinada ao usuário de drogas. Basta ligar os pontos para visualizar o desenho hoje existente para lançar diversos consumidores no rigoroso enquadramento do tráfico. Talvez, se a punição fosse mais equilibrada entre consumidor e traficante a tipificação se fizesse de modo mais técnico e menos *ativista*.

de-se, para argumentar, divergir dessa visão, mas seria imperioso *derrotar* os números extraídos do encarceramento de pessoas classificadas como traficantes, atestando-se, de maneira clara, haver perfeito equilíbrio entre presos de todas as classes sociais, o que nos parece impossível.

Outra perspectiva a ser usada para contrariar a conclusão de que há um largo contingente de pessoas pobres detidas e acusadas pela prática de tráfico, em lugar de uso, seria deduzir – e até comprovar – que os indivíduos de classes economicamente abastadas não consomem drogas e, por isso, não são vistos pela polícia e os traficantes inexistem nesses locais, o que soa inverossímil.

Ainda argumentando com a tese de não haver desigualdade entre classes sociais em matéria de crimes relacionados a drogas, pode-se apontar para a traficância e o consumo ocultos, em lugares tão privados que inatingíveis por rondas ostensivas. Por isso, indivíduos da classe média e superior não são autuados em flagrante por tráfico e não compõem a superlotação carcerária. Embora isso possa ser verdadeiro, seria preciso questionar os métodos investigatórios da polícia e seus aparatos de inteligência para localizar esses traficantes mais especializados e o público consumidor para, de posse de mandados judiciais de busca e apreensão, invadir e prender os que estão comercializando entorpecentes. E tal situação, se fosse realizada, seria algo a refletir de imediato na população carcerária, passível de demonstração por levantamento estatístico oficial, o que não ocorre.[70]

O objetivo destas linhas é ponderar que a modificação legislativa, ocorrida em 2006, impedindo, de maneira absoluta, a detenção de usuário e fixando critérios vagos para diferenciá-lo do traficante, além de elevar a punição deste último, trouxe o quadro de aumento do número de prisões cautelares, seguido de condenações por tráfico de drogas.

Antes da alteração trazida pela Lei 11.343/2006, inexistiu amplo debate, ao menos na comunidade jurídica que mais lida com o crime, para demonstrar a importância de evitar a todo custo a prisão do usuário. Não houve critério sensato e prudente para fixar parâmetros objetivos de diferenciação entre

---

[70] Sobre a forma seletiva, "indivíduos de grupos desprezados e marginalizados são desproporcionalmente visados, detidos e encarcerados por violações da legislação antidrogas, embora o uso de drogas recreativas seja comum em todos os estratos da sociedade. Em sua esmagadora maioria, o alvo são pessoas com poucos recursos, cuja capacidade de obter representação legal apropriada é praticamente inexistente. Para piorar a situação, moralistas e outros culpam as drogas pelos problemas dos pobres, inclusive a pobreza. Essa lógica mal concebida ignora o fato de que a maioria dos usuários de drogas não é pobre e muitos gozam de uma renda considerável. Pense nisso. O tráfico de drogas é uma indústria multibilionária" (Carl Hart, *Drogas para adultos*, p. 292).

consumidor e traficante. Elevou-se a punição para o traficante, deixando ao critério judicial, em termos abertos, a mensuração da sanção, mas partindo de uma pena de reclusão de 5 anos, que pode alcançar, com folga, o pequeno traficante.[71] Os paradigmas para aplicação do redutor, voltado ao traficante de primeira viagem, são igualmente fluidos. Por tantas razões – e outras mais –, a lei de 2006 contribuiu para o incremento da população carcerária, majoritariamente formada por pessoas pobres, perpetuando a desigualdade e o sistema seletivo na área penal.

---

[71] Pena mínima idêntica ao homicídio culposo, cometido por embriagado, na direção de veículo automotor. Pena quase igual ao mínimo previsto para o homicídio doloso (6 anos) e para o estupro (6 anos). Pena superior ao crime de roubo (4 anos). Fosse um grande distribuidor de drogas, seria compreensível (até superior a 5 anos), mas não é a realidade.

Capítulo IV
TRÁFICO ILÍCITO DE DROGA

1 TIPO INCRIMINADOR PRINCIPAL

1.1 Art. 33, *caput*[1]

Tráfico significa comércio ou negócio, de modo que *traficar* é a conduta de realizar uma operação comercial, embora se reserve esse termo para o comércio clandestino ou criminoso, abrangendo desde drogas, passando por órgãos e animais, até atingir pessoas. Enfim, envolve uma compra e venda ilícita de *bens* interessantes e valiosos, embora situados na ilegalidade.

No tipo incriminador principal da Lei 11.343/2006, prevê-se a alternatividade de dezoito condutas possíveis: importar, exportar, remeter, preparar, produzir, fabricar, adquirir, vender, expor à venda, oferecer, ter em depósito, transportar, trazer consigo, guardar, prescrever, ministrar, entregar a consumo e fornecer, tendo por objeto a droga ilícita, que se trata de substância entorpecente (produto tóxico provocador de alterações psíquicas ou analgésicas), apta a provocar dependência física ou psíquica, alterando o usuário orgânica ou mentalmente. É preciso ressaltar que a prática de uma conduta ou mais de uma, no mesmo contexto, gera um só delito. Naturalmente, se as condutas forem concretizadas

---

[1] "Art. 33. Importar, exportar, remeter, preparar, produzir, fabricar, adquirir, vender, expor à venda, oferecer, ter em depósito, transportar, trazer consigo, guardar, prescrever, ministrar, entregar a consumo ou fornecer drogas, ainda que gratuitamente, sem autorização ou em desacordo com determinação legal ou regulamentar: Pena – reclusão de 5 (cinco) a 15 (quinze) anos e pagamento de 500 (quinhentos) a 1.500 (mil e quinhentos) dias-multa."

em cenários totalmente diversos, pode configurar mais de um crime. Ilustrando: importar, transportar e guardar uma mesma carga de maconha em sequência acarreta um delito de tráfico de drogas; porém, importar uma carga de maconha e guardar em contexto diverso, em sua residência, um lote de cocaína permite a viabilidade de configuração de dois crimes de tráfico de drogas.

O legislador teve a cautela de inserir no tipo penal a hipótese de que a entrega de droga a alguém seja feita a título gratuito – e não somente por meio de pagamento. Se anteriormente expusemos que o cerne do tráfico de drogas é a comercialização de substâncias entorpecentes, o que denota, por via de consequência, o objetivo de lucro, o fato de se oferecer e entregar a consumo a droga não se trata de uma conduta desviada desse cenário, como regra. A maioria absoluta dos casos de destinação de entorpecente a terceiro, *sem pagamento*, figura como a atividade do traficante buscando encontrar mais usuários, funcionando a quantidade entregue gratuitamente como um mecanismo de fidelizar um futuro consumidor habitual ou viciado. Logo, a empreitada sem pagamento imediato é simples forma de captação de ganhos posteriores. Por outro lado, há situações em que nem mesmo se cuida de um autêntico traficante, mas um usuário que oferece, gratuitamente, droga a outra pessoa, como se oferta um cigarro ou uma dose de bebida alcoólica, de modo a promover um encontro festivo, uma reunião de amigos ou um momento de lazer.

A entrega gratuita a alguém também pode figurar como um tráfico privilegiado, previsto no § 3.º do art. 33, com pena substancialmente menor, o que nos parece correto, mas o tipo penal impõe a condição de que ambos (fornecedor e destinatário) a *consumam juntos*, de modo que um amigo, passando maconha a outro, para que ele use onde bem queira, embora em pouca quantidade, termina inserido como traficante (figura do *caput* e não do § 3.º).

Compreende-se a preocupação do legislador ao vedar o fornecimento de drogas ilícitas, de forma gratuita, a quem quer que seja – fora da hipótese estrita do § 3.º do art. 33 –, para que não haja a disseminação do consumo e até mesmo do vício.

Pretende-se expor que a meta principal e usual de quem oferece, ministra, fornece ou entrega a consumo uma substância entorpecente assim age mediante uma contraprestação com valor econômico. Do mesmo modo, as demais condutas previstas no *caput* do art. 33 têm idêntico propósito. Eis por que o ideal seria inserir, claramente, o elemento subjetivo específico, consistente em obter lucro, direto ou indireto, mediata ou imediatamente, bem como gratuitamente com o propósito de gerar o consumo habitual ou a dependência em terceira pessoa.[2] Para essa figura uma pena rigorosa. No entanto, outras possibilidades

---

[2]   Consultar, ainda, o item 3.8.1 do Capítulo I e o item 8.1 do Capítulo III.

Capítulo IV • Tráfico Ilícito de Droga | **157**

de entrega e recepção de droga ilícita deveriam comportar uma faixa punitiva menos rigorosa, o que não significa privilegiar o consumo, mas apenas dividir o autêntico traficante – *empresário* das drogas ilegais – dos meros consumidores, que terminam fornecendo a conhecidos, que pedem, a substância por eles utilizada e nem sempre para *juntos a consumirem*. Seria uma forma de dar maior flexibilidade ao tipo previsto no § 3.º.[3]

Trata-se de crime comum, podendo ser cometido por qualquer pessoa. A inclusão do verbo *prescrever*, dentre os dezoito do *caput*, em princípio, seria exclusiva de quem possui essa atribuição legal, como o médico ou o dentista, para *receitar* drogas de uso controlado – até mesmo porque as proibidas não podem ser prescritas de modo algum. Por isso, havíamos sustentado, em nossa obra *Leis penais e processuais penais comentadas*, não se tratar de sujeito ativo especial, devendo-se compreender que essa prescrição seria praticada por pessoa que assume a postura de médico, como o curandeiro.

Entretanto, parece-nos surgir uma hipótese viável para que o médico ou dentista (ou quem mais assim seja autorizado por lei) responda com base no art. 33, *caput*, que se trata de um delito *doloso*. Para tanto, pode-se transportar para o cenário do dolo o conteúdo do art. 38 da Lei 11.343/2006. Imagine-se o profissional de saúde habilitado a prescrever ou mesmo ministrar drogas que assim atue *sem que o paciente delas necessite* ou mesmo fazendo-o em *doses excessivas* ou, ainda, em *desacordo* com a determinação legal ou regulamentar de forma *dolosa*. Se o agente *sabe* perfeitamente que pode prescrever uma substância entorpecente desnecessária ao paciente, mas o faz para viciá-la, por exemplo, por motivos escusos, deve responder pelo art. 33, *caput*, uma vez que a figura do art. 38 é culposa. Em hipótese desse naipe, é viável conceber a inserção de profissional habilitado a receitar e aplicar o medicamento entorpecente ao paciente em doses inaceitáveis: para esse cenário, em sentido estrito, adquire o caráter de crime próprio. No entanto, visualizando-se o verbo *prescrever*, em sentido amplo, como se mencionou, o curandeiro pode fazê-lo e qualquer um pode assim se intitular.

Considera-se como sujeito passivo a sociedade, pois o bem jurídico sob tutela é a saúde pública (conferir a análise feita no item 3 do Capítulo II). Portanto, cuida-se de crime *vago*, que não possui um sujeito passivo determinado.

---

[3] Em nossa atividade judicante, temos acompanhado casos de entrega eventual de droga a pessoas conhecidas, em pouca quantidade, de forma gratuita, que terminam denunciadas por tráfico (*caput* do art. 33), sem o benefício do modelo privilegiado do § 3.º, até porque a investigação (ou o flagrante realizado) não segue na esteira desse cenário, desprezando o propósito do agente ou simplesmente afirma inexistir o consumo *conjunto* e *concomitante* entre fornecedor e receptor.

158 | DROGAS – DE ACORDO COM A LEI 11.343/2006 – NUCCI

O elemento subjetivo é o dolo[4] e a forma culposa, na Lei de Drogas, é reservada para a figura do art. 38. No entanto, como temos sustentado, deveria haver – de maneira expressa na Lei – a finalidade específica, direta ou indireta, de atingir proveito econômico ou disseminação da droga. Isso abrange tanto quem comercializa de maneira direta ao consumidor, auferindo lucro imediato, quanto o indivíduo que fornece a substância entorpecente gratuitamente para viciar alguém e, posteriormente, vendê-la. Envolve, ainda, aquele que distribui, de qualquer forma, a droga, espalhando-a indevidamente.

Disso decorre, acompanhando a posição dos que entendem indispensável demonstrar o tráfico – ônus da acusação –, haver o elemento subjetivo específico *implícito* nos termos explicados no parágrafo anterior. Dispensar, por completo, a prova de ser o agente um traficante (comerciante ou distribuidor) consolida a concepção de que o ônus de demonstrar o fim específico de consumo pessoal cabe ao réu, caso deseje a aplicação do art. 28 em lugar do art. 33. Transferir ao acusado esse fardo probatório contraria os postulados acusatórios do processo penal brasileiro e da presunção de inocência.

O debate acerca da inviabilidade absoluta da tentativa não nos convence, pois, embora possa ser de difícil configuração, é perfeitamente possível. Há dezoito condutas tipificadas como crime, de modo que o cometimento de uma delas pode ser a sequência de outra antecedente, inviabilizando a tentativa. Em situação fática em que se verifica ter o agente em depósito determinada droga após já tê-la transportado para esse local, não há como *tentar* ter em depósito, visto já ter consumado o transporte precedente. No entanto, é viável que alguém *tente* adquirir droga ilegal, sendo surpreendido nesse momento, não se tratando de usuário encaixado no art. 28.[5]

1.1.1 Desclassificação para a figura típica do art. 28

As condutas previstas no art. 28 (adquirir, guardar, ter em depósito, transportar e trazer consigo) também fazem parte do art. 33. Neste último caso, cuida-se de tráfico ilícito de entorpecentes, crime equiparado a hediondo, gerando pena de reclusão, de 5 a 15 anos, e multa elevada, enquanto o outro,

---

[4] "Embora a expressão 'tráfico de drogas' esteja associada, na linguagem comum, à ideia de mercancia e lucro, o conceito jurídico é diverso, pois não se exige qualquer elemento subjetivo, além da simples consciência e vontade de praticar qualquer dos dezoito verbos-núcleo mencionados" (MENDONÇA, Andrey Borges de. CARVALHO, Paulo Roberto Galvão de. *Lei de drogas comentada* p. 101).

[5] É cabível a tentativa para a maior parte da doutrina: GRECO FILHO e RASSI, *Lei de Drogas anotada*, p. 86; MASSON e MARÇAL, *Lei de Drogas*, p. 53; LIMA JÚNIOR, *Leis de Drogas comentada*, p. 70; RANGEL e BACILA, *Leis de Drogas*, p. 93-94, dentre outros.

Capítulo IV • Tráfico Ilícito de Droga | **159**

além de não constituir delito equiparado a hediondo, jamais será punido com a aplicação de pena privativa de liberdade. O critério diferencial é a finalidade do agente: no art. 28 trata-se do *consumo pessoal*; no art. 33, o *comércio ou a disseminação da droga*.

Por conta disso, vários traficantes buscam, como meio de defesa, a desclassificação da infração penal da figura do art. 33 para o tipo do art. 28. Por outro lado, inúmeros usuários acabam, injustamente, autuados com base no tráfico de drogas, quando deveriam responder pelo porte para consumo. Essa situação não possui uma resposta fácil para diferenciar um delito do outro, pois os critérios fixados em lei (art. 28, § 2.º, Lei 11.343/2006) são de avaliação subjetiva, sem qualquer fator seguro e consistente. Consultar o item 8.1 do Capítulo III.

1.1.2 Competência para o julgamento

A maior parte dos casos é da competência da Justiça Estadual. Porém, tratando-se de tráfico internacional (crime a distância), que possui base em mais de um país, envolvendo o Brasil, passa a ser da Justiça Federal (art. 70, Lei 11.343/2006).

Nos termos do art. 109, V, da Constituição Federal, se o delito de tráfico, que é previsto em convenção internacional para sua repressão, iniciar-se no exterior e finalizar no Brasil ou começar em território nacional findando no estrangeiro, a alçada é federal. Embora seja atribuição constitucional da Polícia Federal a prevenção e a repressão ao delito de tráfico ilícito de entorpecentes e drogas afins (art. 144, § 1.º, II, CF), pois é interesse nacional que essa espécie de crime seja combatida de maneira uniforme em todo o Brasil, caso seja lavrado um auto de prisão em flagrante por um delegado federal, mas sem ocorrer a hipótese de crime internacional, cabem à Justiça Estadual do lugar da lavratura do referido auto a apuração e o julgamento do caso.

Deve-se utilizar o mesmo critério para as situações de conexão entre o tráfico transnacional e qualquer outro delito, cabendo o julgamento pela Justiça Federal. Identicamente ocorre se houver a prática do delito de contrabando, da alçada federal, ligado ao tráfico de drogas cometido dentro do território brasileiro.

1.1.3 Confronto da Lei de Drogas com outras leis

O art. 243 do Estatuto da Criança e do Adolescente (Lei 8.069/1990) prevê a venda, o fornecimento, ainda que gratuito, a aplicação e a entrega a criança ou adolescente de *produtos* cujos componentes possam causar dependência física ou psíquica, como cigarros e bebidas alcoólicas, mas não necessariamente substância entorpecente, prevista na relação de drogas proibidas no Brasil.

Por isso, entendemos que o art. 33 da Lei de Drogas é especial em relação ao art. 243, devendo sobre este prevalecer, até pelo fato de possuir pena mais grave e representar crime equiparado a hediondo. Quem vende substância entorpecente a criança ou adolescente é traficante, incurso no art. 33.

Os arts. 290 e 291 do Código Penal Militar estabelecem figuras típicas similares ao tráfico de drogas, previsto na Lei 11.343/2006, devendo prevalecer por se cuidar de lei mais específica do que a Lei de Drogas, visto se voltar para tudo o que ocorre no ambiente militar.

No entanto, há determinadas condutas que o Código Penal Militar deixou de prever, como *importar* ou *exportar*. Cremos, pois, que o militar que importar, por exemplo, substância entorpecente, sem autorização legal, deve responder como incurso no art. 33 da Lei 11.343/2006. Somente se aplica o disposto na legislação especial militar quando as condutas forem idênticas às previstas na Lei 11.343/2006.

1.1.4 Excludentes para o delito

Há, basicamente, três excludentes que têm sido alegadas, no contexto do tráfico de drogas: exclusão da tipicidade por ter ocorrido a hipótese de *crime impossível* (art. 17, CP) e exclusão da ilicitude por conta de *estado de necessidade* (art. 24, CP).

A primeira delas está prevista no art. 17 do Código Penal nos seguintes termos: "não se pune a tentativa quando, por ineficácia absoluta do meio ou por absoluta impropriedade do objeto, é impossível consumar-se o crime". O enfoque se volta, especificamente, à situação de flagrante preparado, aplicando-se a Súmula 145 do Supremo Tribunal Federal ("Não há crime, quando a preparação do flagrante pela polícia torna impossível a sua consumação"). Poderia tratar-se de tentativa impossível se um policial busca droga de alguém, passando-se por usuário; quando o traficante apresentasse o entorpecente, seria dada voz de prisão em flagrante pela *tentativa de venda*. Ora, se o agente da autoridade não pretendia adquirir droga, mas apenas se valer de um subterfúgio para prender o fornecedor, por certo, seria *impossível* se consumar o crime. Em tese, essa seria a solução, embora essa hipótese, na prática, seja contornada pelo fato de haver outros verbos no tipo penal do art. 33, de modo que *para vender* o traficante já *trazia consigo* a droga e seria por conta disso a realização da prisão.

Buscando superar a alegada inviabilidade de consumação pela *venda* do entorpecente, a Lei 13.964/2019 incluiu o inciso IV ao § 1.º do art. 33, nos seguintes termos: "vende ou entrega drogas ou matéria-prima, insumo ou produto químico destinado à preparação de drogas, sem autorização ou em desacordo com a determinação legal ou regulamentar, a agente policial disfarçado, quando presentes elementos probatórios razoáveis de conduta criminal preexistente".

Nem seria necessária essa alteração, pois o tipo do art. 33 possui dezoito condutas, razão pela qual a venda ou entrega de droga a agente policial contava com a prisão em flagrante por conta de atitude antecedente, como *trazer consigo, guardar, transportar, ter em depósito*, entre outras.

No entanto, defendemos a viabilidade de ocorrência do crime impossível, mesmo no caso da venda a policial, desde que este, no exercício da sua função, aproxime-se de usuário para solicitar que lhe venda uma droga que efetivamente não possui, compelindo-o a buscar o entorpecente em algum lugar, com um traficante, somente para conseguir o negócio, que lhe possibilitaria auferir um montante a ser utilizado, depois, para comprar droga e satisfazer seu próprio consumo. Note-se que a conduta do agente público fez com que o usuário de entorpecente se transformasse em *traficante* apenas para atender o pedido formulado; permanece, nesse caso, a viabilidade de se configurar exatamente o previsto no art. 17 do Código Penal. O consumidor *não tinha* substância entorpecente e terminou conseguindo em fonte diversa para atender o pedido de quem não pretendia, na realidade, comprá-la, mas prender a pessoa. Em suma, parece-nos situação adequada ao conteúdo da Súmula 145 do Supremo Tribunal Federal, pois o flagrante foi *preparado* pela polícia.[6]

Outra hipótese concerne ao traficante que alega *vender droga ilícita*, porque se encontra desempregado, passando por privações, assim como sua família, motivo pelo qual não encontrou outra opção a não ser esse caminho, configurando, então, a excludente do estado de necessidade (art. 24, CP). Pode-se considerar até mesmo autêntica a situação precária de quem comercializa o entorpecente, embora não tenha cabimento aceitar essa justificativa, tendo em vista o número vasto de pessoas que padecem de problemas financeiros e nem por isso ingressam em cenário criminoso. O estado de necessidade, considerado ato lícito, precisa de um confronto de situações, espelhando um conflito entre bens jurídicos tutelados, envoltos em perigo atual, não causado por vontade do agente do fato necessário, com o propósito de evitar o perecimento de direito próprio ou alheio, cujo sacrifício não era razoável exigir-se. Seria, em tese, estado de necessidade caso alguém conseguisse uma substância entorpecente, casual-

---

[6] No mesmo sentido: "merece sempre lembrar que a provocação ou indução a que o suspeito adquira a droga ou as substâncias precursoras, que não possuía anteriormente, para atender à encomenda do agente disfarçado, não se enquadra na autorização constante do novo inciso IV e continua gerando o chamado 'crime impossível', com a consequente aplicação da previsão contida na Súmula 145 do STF, tendo como consequência o reconhecimento do 'flagrante preparado' e a nulidade da prisão e a atipicidade da própria conduta" (ROGÉRIO SCHIETTI CRUZ, FERNANDO ESTEVAM BRAVIN RUY e SÉRGIO RICARDO DE SOUZA, *Lei de Drogas*: comentada conforme o pacote anticrime (Lei n. 13.964/2019), p. 130).

mente, dispondo-se a vendê-la, em vez de eliminá-la, porque necessita comprar um remédio essencial e urgente para uma doença grave de seu filho pequeno. Os bens jurídicos em conflito seriam, de um lado, a saúde pública (tráfico de droga) e, de outro, a vida de uma criança, merecendo se ponderar ser aceitável salvar esta pessoa em vez de assegurar a saúde *em abstrato* de uma coletividade.

O exemplo narrado assemelha-se ao denominado *furto famélico*, em que alguém subtrai um alimento de um mercado (conduta contra o patrimônio) para saciar a fome – sua ou de outrem –, que se encontra em nível excessivo, provocando a precariedade de sua saúde. Em situação-limite, a fome advém de caso fortuito, não provocado pelo agente do fato necessário (que subtrai o alimento), buscando suprir uma necessidade urgente, para salvar a própria sobrevivência (vida). Não se trata da condição efetiva de quem trafica drogas, obtendo lucro, para satisfazer várias necessidades, embora nenhuma delas em cenário extremado, com o objetivo de sanar bem relevante e perecível de imediato.

A terceira alegação diz respeito à excludente de culpabilidade da inexigibilidade de conduta diversa, formando um cenário em que o agente pratica o injusto penal (fato típico e ilícito), premido por uma conjuntura excepcional, que o coloca em posição de risco, não se podendo dele exigir outra conduta, dentro da razoabilidade. Encontra-se essa linha defensiva quando a mãe, esposa ou companheira de um preso leva substância entorpecente para a cadeia e, na revista, é surpreendida, ocorrendo a prisão em flagrante. Ela afirma que assim agiu porque o detento estava sob ameaça de morte, por ter contraído dívida com o traficante do presídio, razão pela qual, em atitude desesperada, optou por *infringir* a lei para atender a necessidade de quem lhe é importante. Essa tese não é despida de validade e pode ser reconhecida pelo juiz, desde que se faça prova do cenário descrito, o que nem sempre acontece. Afinal, caso verdadeira a situação, é inexigível de uma mãe que deixe de levar a droga ao seu filho, quando se vê em conjuntura nitidamente excepcional.

1.2 Art. 33, § 1.º[7]

As figuras incriminadoras previstas no § 1.º do art. 33 têm por objeto jurídico tutelado a saúde pública, além de abranger, basicamente, elementos

---

[7]   "Art. 33. (...) § 1.º Nas mesmas penas incorre quem: I – importa, exporta, remete, produz, fabrica, adquire, vende, expõe à venda, oferece, fornece, tem em depósito, transporta, traz consigo ou guarda, ainda que gratuitamente, sem autorização ou em desacordo com determinação legal ou regulamentar, matéria-prima, insumo ou produto químico destinado à preparação de drogas; II – semeia, cultiva ou faz a colheita, sem autorização ou em desacordo com determinação legal ou regulamentar, de plantas que se constituam em matéria-prima para a preparação de

Capítulo IV • Tráfico Ilícito de Droga | **163**

destinados à preparação de drogas (matéria-prima, insumo ou produto químico) ou a constituir matéria-prima para preparar entorpecente (plantas), bem como envolva a utilização ou conservação de lugar ou bem para o tráfico de drogas.

Debate-se a autonomia dessas condutas típicas, em caso de punição conjunta com as figuras previstas no *caput* do art. 33, ou se configuraria apenas a criminalização da fase preparatória do tráfico de drogas, motivo pelo qual só teriam aplicabilidade caso fossem punidas de maneira subsidiária.

Há cenários que merecem ponderação. Em primeiro lugar, quando o legislador se vale da técnica de tipificar certas condutas no *caput* de um artigo para, depois, inserir no parágrafo outras, utilizando a expressão *nas mesmas penas incorre quem*, pode indicar uma situação criminalizada de maneira diversa, logo, a prática da conduta do *caput* e do parágrafo pode levar a dois delitos em concurso material. No entanto, é possível que a figura do *caput* componha com o parágrafo um único cenário, de forma alternativa. Há viabilidade de se encontrar no *caput* o gênero e no parágrafo uma espécie desse crime. Exemplificando: a) art. 311, CP: quem adultera o número de chassi de um veículo comete um crime (*caput*); o funcionário público que contribui para o licenciamento de veículo remarcado, fornecendo informação oficial, concretiza outro (§ 2.º, I); b) art. 149, CP: quem reduz alguém a condição análoga à de escravo, submetendo a vítima a trabalhos forçados, comete um crime (*caput*), embora o cerceamento do uso de meio de transporte para reter o mesmo funcionário no local de trabalho (§ 1.º, I) integre o mesmo cenário, logo, uma infração penal; não é impossível que haja dois delitos, caso existam duas pessoas diferentes, em que, para a primeira, o patrão submeta a trabalhos forçados e, para a segunda, cerceie o transporte; c) art. 171, CP: o agente que obtém vantagem ilícita induzindo outrem em erro pratica um crime (*caput*); quem dispõe de coisa alheia como própria comete uma espécie de estelionato (§ 2.º, I); observe-se que a disposição de coisa alheia como própria é uma maneira de obter vantagem ilícita levando outrem a erro.

No âmbito da Lei de Drogas, pode-se verificar diversos panoramas, desde um evento único de ter um local para produzir maconha, que o próprio agente cultiva e tem em depósito não comete diversos delitos em concurso material, mas uma infração penal, embora o juiz deva valorar todos esses fatores para

---

drogas; III – utiliza local ou bem de qualquer natureza de que tem a propriedade, posse, administração, guarda ou vigilância, ou consente que outrem dele se utilize, ainda que gratuitamente, sem autorização ou em desacordo com determinação legal ou regulamentar, para o tráfico ilícito de drogas; IV – vende ou entrega drogas ou matéria-prima, insumo ou produto químico destinado à preparação de drogas, sem autorização ou em desacordo com a determinação legal ou regulamentar, a agente policial disfarçado, quando presentes elementos probatórios razoáveis de conduta criminal preexistente."

individualizar a pena.[8] Entretanto, se importar cocaína, fabricar metanfetamina e possuir uma plantação de maconha, gera três crimes, pois há diversidade de condutas, que colocam em risco muito mais elevado o bem jurídico tutelado (saúde pública). Outra possibilidade refere-se a importar um certo lote de cocaína em determinada época e muitos meses depois ser encontrado transportando *outra* quantidade de cocaína, caso em que pode responder por dois crimes de tráfico de drogas, inclusive porque já pode haver investigações separadas e até processos criminais distintos, não se justificando a unicidade.

O tipo incriminador do § 1.º do art. 33, assim como o previsto no *caput*, é formado por condutas alternativas em cada um dos incisos, variando o objeto material. No inciso I, cuida-se de matéria-prima, insumo ou produto químico voltado à preparação de drogas; no inciso II, trata-se de plantas constitutivas de matéria-prima para preparar drogas; no inciso III, o objeto é local ou bem para o tráfico de drogas; no inciso IV, a venda ou entrega tem por objeto tanto as drogas quanto matéria-prima, insumo ou produto químico destinado à preparação. Sobre o tema, a Lei 10.357/2001 estabelece normas de controle e fiscalização sobre produtos químicos que permitam a preparação ilícita de substâncias entorpecentes, psicotrópicas ou que determinem dependência física ou psíquica.

Quanto às sementes de *cannabis*, parece-nos que não se trata de matéria-prima apta a produzir maconha, afinal, é preciso semear, esperar germinar, cultivar e, tornando-se planta, produzir a droga ilícita, quando se pode constatar, por laudo, a existência do princípio ativo (THC).[9]

O sujeito ativo pode ser qualquer pessoa, por se tratar de delito comum, mas no inciso III é o proprietário, posseiro, administrador, guarda ou vigilante de determinada área territorial ou bem, logo, é próprio. O sujeito passivo é a

---

[8] STJ: "3. Na hipótese em exame, em que pese às instâncias ordinárias salientarem a existência de duas condutas autônomas, não é o caso, pois o armazenamento da cafeína constitui fato praticado no mesmo contexto do flagrante do paciente que portava os entorpecentes, tendo a Corte de origem destacado que 'a cafeína seria utilizada para misturar à cocaína durante seu preparo, a fim de obter maior lucro na comercialização do entorpecente'. Assim sendo, deve ser afastada a incidência do crime previsto no art. 33, § 1.º, I, da Lei 11.343/2006, ficando apenas o tipo penal do art. 33, *caput*, da mesma Lei" (AgRg no HC 682.984/SC, 6.ª T., rel. Antonio Saldanha Palheiro, j. 19.10.2021, v.u.).

[9] Para Queiroz e Lopes, a semente não é matéria-prima (a planta, sim). Seria a preparação da preparação se houver punição. Além disso, a semente não tem o princípio ativo, porque não é passível de uso para preparar a droga (*Comentários à Lei de Drogas*, p. 84-85). Em posição contrária, Mendonça e Carvalho, alegando que a matéria-prima é aquela que pode ser, de qualquer forma, transformada ou adicionada a outra substância, capaz de gerar o entorpecente, fazendo parte do processo produtivo das drogas (*Lei de Drogas comentada*, p. 123).

sociedade, pois o que se busca proteger é a saúde pública. Trata-se de crime doloso, sem a exigência de elemento subjetivo específico, exceto no inciso III, cuja finalidade é o tráfico de drogas.

É relevante destacar que as formas *ter em depósito, transportar, trazer consigo, guardar* e *cultivar* constituem infração penal de natureza permanente – a consumação se prolonga no tempo –, permitindo a prisão em flagrante a qualquer tempo, assim como a invasão de domicílio, sem mandado judicial. Cremos viável a tentativa, embora de rara configuração.

A expressão *sem autorização ou em desacordo com determinação legal ou regulamentar* constitui elemento normativo do tipo, ligado à ilicitude. Entretanto, no inciso III, há uma evidente contradição, pois se prevê, ao mesmo tempo, utilizar local ou bem de qualquer natureza ou consentir que outrem faça uso *para o tráfico ilícito de drogas*. Ora, não pode haver autorização – legal ou regulamentar – para o tráfico ilícito de drogas. Não há sentido em se prever a utilização de local para tráfico ilícito de drogas sem autorização legal: se é tráfico ilícito, por óbvio, não é autorizado.

1.3 Crime permanente e seus desdobramentos

1.3.1 Prisão em flagrante

Nos termos do art. 5.º, LXI, da Constituição Federal, "ninguém será preso senão em flagrante delito ou por ordem escrita e fundamentada de autoridade judiciária competente, salvo nos casos de transgressão militar ou crime propriamente militar, definidos em lei". Inicialmente, observa-se a viabilidade, estabelecida pelo texto constitucional, de se prescindir de ordem judicial para efetuar a prisão de qualquer pessoa, desde que haja flagrante delito.

A partir disso, o Código de Processo Penal fixa as regras para a concretização da prisão em flagrante. Em primeiro lugar, indica que "qualquer do povo poderá e as autoridades policiais e seus agentes deverão prender quem quer que seja encontrado em flagrante delito" (art. 301). Após, preceitua que se encontra em flagrante delito quem "I – está cometendo a infração penal; II – acaba de cometê-la; III – é perseguido, logo após, pela autoridade, pelo ofendido ou por qualquer pessoa, em situação que faça presumir ser autor da infração; IV – é encontrado, logo depois, com instrumentos, armas, objetos ou papéis que façam presumir ser ele autor da infração" (art. 302).

A norma particularmente relevante para este tópico se acha no art. 303: "nas infrações permanentes, entende-se o agente em flagrante delito enquanto não cessar a permanência". Na classificação dos crimes, quanto ao momento consumativo, entende-se por infração instantânea aquela que possui um momento determinado na linha do tempo para apontar a consumação do crime, não havendo prorrogação. Em singelo exemplo, o homicídio tem um momento consumativo específico; quando a vida se esvai, inexiste qualquer dúvida e não existe a possibilidade de que isso se prorrogue indefinidamente.

Por outro lado, a infração permanente possui um momento consumativo que tem a viabilidade de se estender na linha do tempo. Noutra ilustração objetiva, cuidando do delito de sequestro, a partir do instante em que se priva a vítima de sua liberdade, consuma-se a infração penal; entretanto, enquanto a pessoa ofendida estiver presa, o bem jurídico (liberdade) está sendo lesado, razão pela qual a consumação está presente.

No âmbito das drogas, há várias condutas permissivas à conclusão de que o delito está em franca consumação. Observe-se, em primeiro plano, o modo pelo qual a infração penal se concretiza: há uma ação seguida por uma omissão do agente, como regra. Em segundo lugar, os crimes permanentes afrontam, na maioria das vezes, um bem jurídico que não se perde, apenas pode ser arranhado até que possa ressurgir na integralidade. Valendo-se do exemplo do sequestro, primeiro o agente atua para privar a liberdade da vítima para, na sequência, deixar de soltá-la. Nesse caso, a liberdade individual jamais perece, pois está sendo comprimida enquanto a vítima se encontra em cárcere; no entanto, quando for solta, a liberdade é integralmente restabelecida.

No tocante ao art. 33, ter em depósito, trazer consigo ou transportar revela a forma permanente do crime de tráfico de drogas. O agente obtém o entorpecente (ação) e o guarda para tê-lo em depósito (ali permanece até quando queira, configurando a omissão). Quando a droga é eliminada ou vendida integralmente, cessa o perigo à saúde pública, que nunca se perde, mas pode ser, somente, arranhada ou colocada em risco.

Assim sendo, nos precisos termos do art. 303 do CPP, enquanto a droga ilícita estiver armazenada em local determinado pelo agente, o crime se encontra em plena consumação, podendo haver a prisão do traficante a qualquer tempo, efetivada por qualquer pessoa, independente de mandado judicial.

Na prática, tem-se acompanhado incontáveis casos nascidos de prisão em flagrante, podendo-se até mesmo afirmar que constituem a maioria dos processos criminais por tráfico ilícito de drogas. Eis por que é relevante o estado de flagrância. Entretanto, há complexas situações a analisar, justamente pelo fato de que a polícia tende a encontrar entorpecente em posse de alguém por meio de uma revista pessoal; ocorre que essa verificação não pode se fazer de maneira arbitrária ou imotivada, devendo seguir o preceituado pelos arts. 240, § 2.º ("proceder-se-á à busca pessoal quando houver *fundada suspeita* de que alguém oculte consigo arma proibida ou objetos mencionados nas letras *b* a *f* e letra *h* do parágrafo anterior" – grifo nosso), e 244 ("a busca pessoal independerá de mandado, no caso de prisão ou quando houver *fundada suspeita* de que a pessoa esteja na posse de arma proibida ou de objetos ou papéis que constituam corpo de delito, ou quando a medida for determinada no curso de busca domiciliar" – grifo nosso).

Em princípio, parece simples cumprir os preceitos legais, embora seja muito vaga a expressão *fundada suspeita*, na prática. Desse modo, se a polícia militar, em vigilância ostensiva, identifica um suspeito de carregar consigo droga ilícita, pode abordá-lo e, encontrando o produto, dar-lhe voz de prisão em flagrante. Debate-se, tanto na doutrina quanto na jurisprudência, o quão efetivo é o termo *fundada* para delimitar o cenário da *suspeita*, sem transpor a situação para o âmbito da mera opinião do agente da autoridade e, particularmente, da sua elástica subjetividade ao avaliar a pessoa.

Afastando-se uma linha permeada por preconceito de toda ordem, há de se exigir algo minimamente concreto como visualizar alguém entregando um pequeno pacote a outra pessoa e recebendo em troca um valor em pecúnia, em local onde comumente há tráfico de drogas, justificando a revista pessoal nos dois envolvidos. Sem tais elementos fáticos, uma abordagem discricionária fere a norma processual penal e, em última análise, o espírito da Constituição ao autorizar que qualquer pessoa prenda outra se houver flagrante delito.

Muito se debate a *atitude* suspeita. Deve-se considerar uma situação fluida e vaga, configurando uma abordagem ilegítima, a que tenha sido mal explicada por quem a efetivou, como ocorre com a mera *intuição policial*. Por outro lado, o nervosismo do indivíduo, diante da aproximação de viatura, seguido de fuga em correria, representa uma suspeição legítima para o cerco, com busca pessoal. Dá-se o mesmo quando condutores de carros ou motos, encontrando-se com veículo policial, aceleram e saem em alta velocidade.[10]

Por derradeiro, há uma constatação a fazer, ligada à posição social das pessoas mais revistadas, verificando-se a facilidade de se empreender a fiscalização em quem está mais exposto, em lugares públicos ou de acesso simplificado de agentes policiais, que são os indivíduos pobres, sem qualquer proteção natural. Pessoas da classe média e superior tendem a circular por ambientes mais restritos, de difícil acesso da polícia, como condomínios e clubes, podendo,

---

[10]   STJ: "3. Ademais, a moldura fática delineada nas instâncias ordinária é de que a busca pessoal efetivada não decorreu exclusivamente de um mero nervosismo de um dos acusados, como alegado no recurso, mas de todo um contexto que fundou a convicção dos policiais no sentido de fundada suspeita da prática de crime, uma vez que um dos envolvidos, ao passar pela viatura, demonstrou bastante nervosismo com a presença da equipe e, na sequência, o meio de transporte passou a trafegar em maior velocidade. Assim, em razão da atitude suspeita, seguiram a moto, realizando a abordagem em via pública" (AgRg no REsp 1.999.868/PR, 5.ª T., rel. Reynaldo Soares da Fonseca, 21.06.2022, v.u.).

168 | DROGAS – DE ACORDO COM A LEI 11.343/2006 – **Nucci**

em tese, praticar o tráfico de drogas sem maior vulnerabilidade ou exposição. Nesses lugares, mesmo quando se surpreende alguém comprando entorpecente de outra pessoa, busca-se resolver a situação intramuros, sem levar o caso ao conhecimento da autoridade policial. As pessoas mais pobres são levadas a consumir drogas, comprando e vendendo, em vias públicas ou locais de acesso simplificado para agentes policiais, como são as comunidades carentes. Por isso, as revistas pessoais ocorrem com maior frequência em relação a indivíduos socialmente vulneráveis, motivo pelo qual, para haver um mínimo de equilíbrio, deve-se exigir a *fundada suspeita*.

1.3.2 Encontro fortuito após violação de direito fundamental

O substrato jurídico da exigência de *fundada suspeita* para haver revista pessoal em alguém, dispensando-se o mandado judicial, destina-se a garantir o direito à inviolabilidade da liberdade, da intimidade e da privacidade, bens assegurados pela Constituição Federal. Portanto, rompendo-se a regra de que é possível revistar uma pessoa, sem ordem do juiz, demanda-se um requisito: *fundada* suspeita. Assim sendo, caso a polícia faça uma revista pessoal em alguém sem qualquer evidência de que carregue consigo substância entorpecente, está violando direito fundamental *a priori*, não se podendo convalidá-la, depois, se a droga for encontrada. Poder-se-ia afirmar que, tratando-se de delito permanente, o entorpecente na posse do revistado preexistia à revista pessoal, mas essa circunstância estava completamente fora do alcance do agente policial, de modo que a mencionada revista não se operou com a legitimação legal aguardada: *fundada suspeita*. Se o móvel propulsor da revista era abusivo, não se pode validá-lo na sequência porque um produto entorpecente foi acidentalmente localizado.

Não fosse assim, as revistas policiais poderiam ser aleatórias e haveria uma autêntica *fishing expedition* (investigação indiscriminada), sem respeito à norma processual e à norma constitucional. Além disso, torna-se perigosa a situação, permitindo que uma revista arbitrária, sem que a droga seja encontrada, possa levar o agente policial a *plantar* um entorpecente qualquer *justificando* a sua impensada atitude e buscando evitar qualquer alegação de ter ocorrido abuso de autoridade. Nem se diga que um policial jamais faria isso, pois a realidade aponta situações duvidosas e temerárias, registrando-se casos de flagrante forjado ou que possa dessa forma ter sido produzido; ademais, seres humanos são falíveis, em qualquer atividade profissional ou funcional. A validação de encontro fortuito de droga ilícita após ter sido iniciada uma revista abusiva, vale dizer, sem *fundada* suspeita, é um convite ao desrespeito da norma expressa do Código de Processo Penal cuja legitimidade dependeria do mero acaso.

1.3.3 Invasão de domicílio

Iniciando pela norma constitucional, prevê o art. 5.º, XI, que "a casa é asilo inviolável do indivíduo, ninguém nela podendo penetrar sem consentimento do morador, salvo em caso de flagrante delito ou desastre, ou para prestar socorro, ou, durante o dia, por determinação judicial". Nota-se a preocupação do constituinte em garantir a inviolabilidade de domicílio de qualquer pessoa, vedando-se, até mesmo com um mandado judicial expedido, o ingresso nesse local durante a noite. No entanto, três exceções foram abertas, uma das quais concerne ao âmbito criminal, que é o caso de flagrante delito, já mencionado no tópico anterior.

Essa *exceção* é muito importante e assim deve ser valorada, porque torna permitida a entrada no domicílio, a qualquer hora, se houver o desenvolvimento de um crime. Retorna-se à mesma questão inaugurada anteriormente, ao cuidar da revista pessoal, que demanda *fundada suspeita* para ocorrer validamente. Se para esta última situação – revista pessoal – exige-se a existência de elementos concretos para se realizar, com maior razão é preciso encontrar substrato visível para invadir um domicílio, sem ordem judicial.

É certo que o crime permanente, caso de vários delitos envolvendo drogas ilícitas, permite a extensão do flagrante, tornando facilitada a ação policial, embora não se possa validar um ingresso forçado, sem lastro precedente, encontrando-se entorpecente no interior da casa por mero acaso. Tem sido exigido, pelos Tribunais Superiores, uma suspeita *fundada* para a invasão, o que, na prática, pode consubstanciar-se em colheita de elementos, por meio de investigação, observando-se a movimentação de um certo local, com entrada e saída contínua de pessoas, entrega de pacotes e recebimento de outros, algo que pode ser acompanhado durante algum tempo pela polícia; há hipóteses de campanas feitas por investigadores com resultado positivo para apurar a ocorrência de tráfico de drogas antes da invasão; outros casos advêm de testemunhos prestados por usuários que indicam o lugar onde adquiriram o entorpecente. Em suma, existem indícios suficientes de tráfico no domicílio, embora, mesmo assim, nada impeça que a autoridade policial, de posse dessas evidências, represente ao juiz pela expedição de mandado de busca, algo que somente legitima a diligência, evitando qualquer alegação de abuso se nada for encontrado.[11]

---

[11] STJ: "1. O ingresso forçado em domicílio, sem mandado judicial e a qualquer horário, é legítimo quando circunstâncias fáticas indicarem a ocorrência, no interior da residência, de situação de flagrante delito, como no caso em análise, em que os policiais – em diligência prévia para averiguar informação oriunda do serviço de inteligência – se dirigiram até o referido imóvel. No local, puderam visualizar quando o ora agravante e corré chegaram à residência em veículos distintos. O

170 | DROGAS – DE ACORDO COM A LEI 11.343/2006 – NUCCI

Nesse ponto, o Supremo Tribunal Federal promoveu o debate em plenário, chegando à seguinte conclusão: "Recurso extraordinário representativo da controvérsia. Repercussão geral. 2. Inviolabilidade de domicílio – art. 5.º, XI, da CF. Busca e apreensão domiciliar sem mandado judicial em caso de crime permanente. Possibilidade. A Constituição dispensa o mandado judicial para ingresso forçado em residência em caso de flagrante delito. No crime permanente, a situação de flagrância se protrai no tempo. 3. Período noturno. A cláusula que limita o ingresso ao período do dia é aplicável apenas aos casos em que a busca é determinada por ordem judicial. Nos demais casos – flagrante delito, desastre ou para prestar socorro – a Constituição não faz exigência quanto ao período do dia. 4. Controle judicial a posteriori. Necessidade de preservação da inviolabilidade domiciliar. Interpretação da Constituição. Proteção contra ingerências arbitrárias no domicílio. Muito embora o flagrante delito legitime o ingresso forçado em casa sem determinação judicial, a medida deve ser controlada judicialmente. A *inexistência de controle judicial, ainda que posterior à execução da medida, esvaziaria o núcleo fundamental da garantia contra a inviolabilidade da casa* (art. 5, XI, da CF) e deixaria de proteger contra ingerências arbitrárias no domicílio (Pacto de São José da Costa Rica, artigo 11, 2, e Pacto Internacional sobre Direitos Civis e Políticos, artigo 17, 1). O controle judicial a posteriori decorre tanto da interpretação da Constituição, quanto da aplicação da proteção consagrada em tratados internacionais sobre direitos humanos incorporados ao ordenamento jurídico. Normas internacionais de caráter judicial que se incorporam à cláusula do devido processo legal. 5. Justa causa. *A entrada forçada em domicílio, sem uma justificativa prévia conforme o direito, é arbitrária. Não será a constatação de situação de flagrância, posterior ao ingresso, que justificará a medida.* Os agentes estatais devem demonstrar que havia elementos mínimos a caracterizar fundadas razões (justa causa) para a medida. 6. Fixada a interpretação de que *a entrada forçada em domicílio sem mandado judicial só é lícita, mesmo em período noturno, quando amparada em fundadas razões, devidamente justificadas a posteriori, que indiquem que dentro da casa ocorre situação de flagrante delito, sob pena de responsabilidade disciplinar, civil e penal do agente ou da autoridade e de nulidade dos atos praticados.* 7. Caso concreto. Existência de fundadas razões para suspeitar

---

agravante teria parado sua motocicleta no interior da garagem; não obstante, a corré foi abordada ainda fora da residência, ocasião em que se constatou que ela trazia consigo uma porção de maconha, o que justificou a continuação da diligência no interior do imóvel" (AgRg no RHC 162.782/RS, 5.ª T., rel. Ribeiro Dantas, 14.06.2022, v.u.).

de flagrante de tráfico de drogas. Negativa de provimento ao recurso" (RE 603.616/RO, Plenário, rel. Gilmar Mendes, 05.11.2015, m.v., grifamos).[12]

No mesmo cenário da revista pessoal, conforme exposto em tópico anterior, a invasão de domicílios pobres é muito mais frequente do que se pode constatar em qualquer outro lugar onde resida família de classe média e superior.[13] Assim, seguindo a linha do mínimo equilíbrio, é fundamental exigir-se elementos indiciários sólidos para a invasão de uma casa, sem mandado judicial.

É certo que o consentimento do morador para o ingresso da polícia supre a falta de mandado judicial e, igualmente, a existência de fundada suspeita de haver um crime em andamento, embora seja raro haver concordância de invasão policial justamente quando há um delito no interior do domicílio. O que se constata, na prática, é a *alegação* de policiais no sentido de que alguém revistado na rua acabe por *admitir*, *espontaneamente*, ter drogas em sua residência e para lá *convidar* os agentes a ingressar e vasculhar tudo, encontrando-se, então, uma quantidade significativa de drogas, o suficiente para demonstrar o tráfico de entorpecentes.

Se ninguém é obrigado a produzir prova contra si mesmo e tem o direito de permanecer calado quando preso em flagrante, tais situações originam-se na tendência humana natural de autoproteção, negando o que faz de errado, sem assumir culpa. O universo da imunidade contra a autoacusação envolve, por

---

[12] STF: "1. Segundo a jurisprudência da Corte, '[é] dispensável o mandado de busca e apreensão quando se trata de flagrante de crime permanente, podendo-se realizar as medidas sem que se fale em ilicitude das provas obtidas' (RHC nº 121.419/SP, Segunda Turma, Rel. Min. Ricardo Lewandowski, *DJe* de 17/10/14). 2. Ademais, no caso concreto, demonstrou-se a presença de fundadas razões para o ingresso dos policiais no domicílio, mediante autorização de morador" (HC 208.434 AgR, 1.ª T., rel. Dias Toffoli, j. 04.04.2022, v.u.); "1. Nos crimes de natureza permanente – tráfico de entorpecentes, na espécie –, cuja situação de flagrância se protrai no tempo, é dispensável a apresentação de mandado judicial para o ingresso forçado na residência do acusado desde que a medida esteja amparada em fundadas razões (Tema n. 280/RG)" (RE 1.358.185 AgR, 2.ª T., rel. Nunes Marques, j. 16.05.2022, v.u.).

[13] "As prisões em flagrante são lavradas quase que unanimemente apenas com testemunhos de policiais, com invasões de domicílio em casas de pobres, sem fundamentação alguma por parte da autoridade policial, fazendo o judiciário refém do que decide, sem expressar o porquê, o delegado de polícia, talvez também refém do que lhe apresentam os soldados na linha de frente da guerra, os policiais da rua. A possibilidade de aquele policial militar decidir, na esquina, se a pessoa abordada é usuária ou traficante de drogas é a mais grave das discricionariedades dessa guerra. Do veredicto da rua poucos podem se livrar e, sacramentado o julgamento, seguirá o indiciado tendo que provar sua inocência com a grande dificuldade de um processo onde todas as testemunhas são policiais" (Valois, *O direito penal da guerra às drogas*, p. 27-28).

172 | DROGAS – DE ACORDO COM A LEI 11.343/2006 – Nucci

consequência lógica, a garantia da inviolabilidade de domicílio, especialmente quando nesse local ocorre um delito, por exemplo, haver drogas depositadas. Justamente por isso torna-se inverossímil que o morador permita a entrada de quem vá prendê-lo assim que encontrar entorpecentes ali. Eventualmente, o que pode ocorrer é o morador permitir o ingresso de policiais, acreditando nada existir, embora drogas sejam localizadas porque foram inseridas por outra pessoa, razão pela qual pode envolver-se em acusação de tráfico por conta da atitude alheia.

Sob outro aspecto, para que os policiais demonstrem a efetividade do consentimento do morador para o ingresso em domicílio, torna-se essencial haver prova disso, aliás, como a lei processual penal indica, por exemplo, no art. 293: "se o executor do mandado verificar, com segurança, que o réu entrou ou se encontra em alguma casa, o morador será intimado a entregá-lo, à vista da ordem de prisão. Se não for obedecido imediatamente, *o executor convocará duas testemunhas* e, sendo dia, *entrará à força na casa*, arrombando as portas, se preciso; sendo noite, o executor, depois da intimação ao morador, se não for atendido, fará guardar todas as saídas, tornando a casa incomunicável, e, logo que amanheça, arrombará as portas e efetuará a prisão" (grifos nossos). A convocação de vizinhos ou qualquer outra pessoa estranha aos quadros policiais pode servir de prova do consentimento do morador. Além disso, há lugares em que a polícia militar tem utilizado as câmeras corporais, elemento favorável à demonstração dessa concordância.

Por fim, não nos soa plausível para a invasão domiciliar a afirmação de ter ocorrido *denúncia anônima*, indicando uma casa como lugar de tráfico de drogas, tendo em vista a completa ausência de mínima comprovação dos elementos indiciários indispensáveis acerca do flagrante delito. Contudo, torna-se viável que a *denúncia anônima* permita o início de uma investigação, em que se colherão subsídios para constatar a ocorrência de tráfico de entorpecentes em certo domicílio, justificando-se o ingresso forçado.[14]

---

[14] STJ: "1. A sabida permanência do delito de tráfico de drogas ilícitas, cuja execução se protrai no tempo, não torna justo o ingresso forçado no domicílio fora das hipóteses registradas no art. 5.º, XI, da CF/88: a casa é asilo inviolável do indivíduo, ninguém nela podendo penetrar sem consentimento do morador, salvo em caso de flagrante delito ou desastre, ou para prestar socorro, ou, durante o dia, por determinação judicial. 2. No caso, a moldura fática extraída dos autos não permite que se conclua pela presença de elementos de suporte suficientes para justificar a decisão de ingressar na residência do paciente. 3. Esta Corte tem declarado ilícitas as provas derivadas apenas de denúncia anônima, ou seja, desacompanhadas de medidas investigativas preliminares que indiquem a presença de fundadas razões para não configura justa causa para a violação de domicílio" (AgRg no HC 726.132/

Há um ponto relevante na avaliação da referida *denúncia anônima*, que diz respeito aos informantes não oficiais de agentes policiais, sem identificação e, portanto, não ouvidos como testemunhas. Torna-se complicado avaliar a qualidade dessa informação, que pode envolver até mesmo disputas entre traficantes ou troca de favores indevidos entre criminosos. Imagine-se que o informante seja integrante de uma associação criminosa para o tráfico e deseje eliminar a *concorrência*; a sua *denúncia*, fazendo com que a polícia atue livremente, termina prejudicando um traficante para que outro prospere, valendo-se de servidores públicos para essa finalidade espúria. Se o Judiciário aceitar a tal *denúncia anônima*, legitimando a invasão domiciliar para considerar lícita a prisão em flagrante – mesmo havendo drogas no local –, acaba favorecendo a inaptidão da polícia para investigar realmente o tráfico de entorpecentes, podendo ser um simples joguete entre grupos rivais ou exercer a sua função de maneira dirigida por terceiros interessados na detenção efetiva.

Essas questões complexas deveriam ser expressamente previstas em lei, assegurando-se mais segurança aos policiais para exercer sua relevante função, à autoridade policial quando formalizar o auto de prisão em flagrante, ao órgão acusatório para propor a ação penal, ao juiz para o julgamento e, acima de tudo, ao jurisdicionado.

1.3.4 Atuação da guarda municipal

Analisa-se a atividade da guarda municipal em tópico destacado em decorrência do particular debate gerado pela sua atuação na segurança pública, tendo em vista a expansão de polícias organizadas pelos municípios de todo o Brasil. Ressalte-se que, apesar de a controvérsia envolver vários crimes, o maior foco se concentra no campo do tráfico de drogas.

No capítulo concernente à segurança pública, na Constituição Federal, o art. 144, *caput*, dispõe que "a segurança pública, dever do Estado, direito e responsabilidade de todos, é exercida para a preservação da ordem pública e da incolumidade das pessoas e do patrimônio, através dos seguintes órgãos:

CE, 5.ª T., rel. Reynaldo Soares da Fonseca, 21.06.2022, v.u.); "2. No presente caso, o ingresso forçado na casa, onde foram apreendidas as drogas, não se sustenta em fundadas razões extraídas da leitura dos documentos dos autos. Isso, porque a diligência apoiou-se em meras denúncias anônimas e no fato de serem encontradas algumas porções de drogas em poder do acusado, circunstâncias que não trazem contexto fático que justifique a dispensa de investigações prévias ou do mandado judicial para a entrada dos agentes públicos na residência, acarretando a nulidade da diligência policial" (AgRg no HC 709.088/RS, 6.ª T., rel. Antonio Saldanha Palheiro, j. 14.06.2022, v.u.).

I – polícia federal; II – polícia rodoviária federal; III – polícia ferroviária federal; IV – polícias civis; V – polícias militares e corpos de bombeiros militares; VI – polícias penais federal, estaduais e distrital". No seu § 8.º, tem-se que "os Municípios poderão constituir guardas municipais destinadas à proteção de seus bens, serviços e instalações, conforme dispuser a lei". Disciplina o tema a Lei 13.022/2014, que, no art. 4.º, preceitua o seguinte: "É competência geral das guardas municipais a proteção de bens, serviços, logradouros públicos municipais e instalações do Município. Parágrafo único. Os bens mencionados no *caput* abrangem os de uso comum, os de uso especial e os dominiais". Posteriormente, a Lei 13.675/2018 instituiu o Sistema Único de Segurança Pública (SUSP), colocando, expressamente, como integrante operacional, a guarda municipal (art. 9.º, § 2.º, VII).

No cenário dos crimes relacionados às drogas, verifica-se um número considerável de prisões e buscas efetuadas por guardas municipais, gerando discussões acerca da natureza da atuação dessa polícia e se as provas colhidas devem ser reputadas lícitas ou ilícitas.

Alinhavando o tema, o Supremo Tribunal Federal decidiu que a guarda municipal compõe o conjunto das polícias voltadas a garantir a segurança pública, sintetizando da seguinte forma: "1. É evidente a necessidade de união de esforços para o combate à criminalidade organizada e violenta, não se justificando, nos dias atuais da realidade brasileira, a atuação separada e estanque de cada uma das Polícias Federal, Civis e Militares e das Guardas Municipais; pois todas fazem parte do Sistema Único de Segurança Pública. 2. Essa nova perspectiva de atuação na área de segurança pública, fez com que o Plenário desta Suprema Corte, no julgamento do RE 846.854/SP, reconhecesse que as Guardas Municipais executam atividade de segurança pública (art. 144, § 8.º, da CF), essencial ao atendimento de necessidades inadiáveis da comunidade (art. 9.º, § 1.º, da CF). (...) 5. Arguição de Descumprimento de Preceito Fundamental conhecida e julgada procedente para, nos termos do artigo 144, § 8.º da CF, *conceder interpretação conforme à Constituição* aos artigo 4.º da Lei 13.022/14 e artigo 9.º da 13.675/18 *declarando inconstitucional* todas as interpretações judiciais que excluam as Guardas Municipais, devidamente criadas e instituídas, como integrantes do Sistema de Segurança Pública" (ADPF 995, Pleno, rel. Alexandre de Moraes, Sessão virtual de 18 a 25.8.2023, m.v. – grifos nossos).

Em decisão proferida na Reclamação 62.455/SP (rel. Flávio Dino, 22.04.2024, decisão monocrática), o STF renova o entendimento de que a guarda municipal é um órgão de segurança pública e precisa atuar para atender aos cidadãos na concretização do direito fundamental à segurança. Deve interromper atividades criminosas ou infracionais, realizando prisões ou apreensões em flagrante, além de busca pessoal, quando houver razões para isso; precisa colaborar com os demais órgãos de segurança pública, contribuindo para a manutenção da paz social.

Capítulo IV • Tráfico Ilícito de Droga | **175**

Parece-nos perfeitamente possível e adequado conciliar os interesses voltados à segurança pública, preservando-se as atribuições de todas as polícias, indicando-se que cabe, primordialmente, à polícia civil (no âmbito da União, a polícia federal) investigar e apurar as infrações penais e à polícia militar a atividade ostensiva, preservando a ordem pública. À guarda municipal compete suplementar a atuação da polícia civil e da polícia militar, sem lhes usurpar a função, vale dizer, não lhe cabe investigar crimes, nem garantir a ordem pública como missão precípua. Por isso, cuida-se de órgão vinculado ao sistema de segurança pública.

No tocante à prisão em flagrante, se qualquer pessoa pode prender alguém que esteja cometendo o crime, logo, em flagrante (art. 301, CPP), por óbvio, o guarda municipal também pode fazê-lo. Aliás, deve atuar, caso inexista no local integrantes da polícia militar ou civil. Considerando-se que o porte de droga ilícita configura o delito permanente, a viabilidade da prisão em flagrante torna-se facilitada. Para tanto, visualizando elementos seguros ("fundada suspeita") de que alguém carrega consigo substância entorpecente, estando na via pública ou área de acesso público, no âmbito municipal, exsurge a prática visível da infração penal, autorizando a busca pessoal e consequente *voz de prisão*, encaminhando-se o traficante (ou usuário) à autoridade competente para encaminhamento. Se a visibilidade se estender para o interior de um domicílio, por certo a invasão, sem mandado judicial, se torna possível, com a consequente prisão em flagrante.

Entretanto, não cabe à guarda municipal investigar e sair à procura de traficantes, desconhecidos até então, porque inexiste a visibilidade do flagrante, tornando ilegítima a busca pessoal ou a invasão domiciliar por acaso empreendidas. Ademais, o STF estabeleceu diretrizes para a atuação da polícia civil e da polícia militar para agir, nos mesmos termos, se houver *fundada suspeita*, o que leva a igualdade de ação para a guarda municipal.

2 FORMAS PRIVILEGIADAS

2.1 Induzimento, instigação e auxílio ao uso de drogas (art. 33, § 2.º)[15]

O induzimento, a instigação e o auxílio são formas alternativas de apoio e incentivo que, nesta hipótese, se referem ao uso de drogas. A figura típica é visivelmente duvidosa, porque pode adaptar-se tanto ao traficante, que convence alguém a utilizar entorpecente, com o propósito de se viciar, cultivando um futuro *cliente*, como pode ser ação de um usuário atraindo outro para o consumo. Nesse quadro, seria viável apontar o autor desse crime como um partícipe do delito do art. 28 ou até mesmo do art. 33.

---

[15] "Art. 33. (...) § 2.º Induzir, instigar ou auxiliar alguém ao uso indevido de droga: Pena – detenção, de 1 (um) a 3 (três) anos, e multa de 100 (cem) a 300 (trezentos) dias-multa."

Seria justo afirmar que o incentivador do uso de entorpecente para viciar alguém e, na sequência, conseguir vender-lhe droga deveria ser punido com base no art. 33. Por outro lado, o consumidor que alicia outro a usar droga para ter companhia mereceria somente a punição destinada pelo art. 28.

O meio-termo utilizado nesse tipo incriminador não nos parece a mais adequada previsão, a menos que se assegure a aplicação exclusivamente para o instigador do uso de droga com o objetivo de captar um futuro comprador, pois seria a forma privilegiada do tráfico do art. 33. Não tem sentido aplicar ao usuário incentivador de outro, pois a ele pode ser mais adequado o art. 28.

De qualquer forma, a Lei 11.343/2006, ao criar a figura privilegiada do § 2.º do art. 33, prevendo penas de detenção, de um a três anos, e multa, acabou por facilitar a atividade do traficante que alicia terceiros para o uso de drogas. Não se trata de crime equiparado a hediondo, em face da sua exclusão das vedações de benefícios encontradas no art. 44 da Lei 11.343/2006.

É crime comum, que pode ser cometido por qualquer pessoa. O bem jurídico – saúde pública – coloca a sociedade como sujeito passivo e, secundariamente, a pessoa que usar a droga. Pune-se apenas se comprovado o dolo, inexistindo elemento subjetivo específico e a forma culposa.

Se o crime se desenvolver por meio de diversos atos – forma plurissubsistente –, é possível a tentativa, embora de rara configuração.

As manifestações em prol da liberação do uso de drogas é uma forma de liberdade de expressão, constitucionalmente assegurada. Não pode ser considerada conduta criminosa, nem em face da incitação ao crime (art. 286, CP), nem apologia de crime (art. 287, CP). Igualmente, não tem sentido usar-se o tipo penal previsto no art. 33, § 2.º, da Lei 11.343/2006. Inexiste dolo para afetar a paz pública, nos dois primeiros casos, e dolo para afetar a saúde pública neste último.

Por outro lado, para configurar tais delitos, exige-se o objetivo de incentivar o uso ilegal da droga. Ora, quando se sai em marcha pela liberação das drogas, inexiste pessoa específica como destinatária da atividade; ao contrário, o movimento se volta à sociedade e aos políticos, para sensibilizá-los quanto a uma posição ideológica a respeito dos entorpecentes. Em lugar de induzir ou instigar à prática de crime, quer-se a descriminalização de certa conduta. Por isso, as manifestações em prol da liberação das drogas não se encaixam nos tipos penais de apologia, incitamento ou indução a qualquer delito.

Ao contrário, pretende-se a edição de lei para evitar o cometimento de infração penal, caso seja usado o entorpecente. Há grande diferença entre incentivar a prática de crime e manifestar-se pela descriminalização de uma conduta típica.

2.2 Oferta de droga para consumo conjunto (art. 33, § 3.º)[16]

O oferecimento de substância entorpecente para alguém de seu relacionamento, estabelecendo, *a priori*, uma restrição a desconhecidos, em caráter ocasional, sem objetivar lucro de qualquer espécie, com a imposição de consumo em conjunto, é uma branda tentativa de não punir o *passador* de droga com base no art. 33. O intuito pode ter sido positivo, mas o seu alcance é diminuto, em especial pela cláusula de *consumo conjunto*. Caso alguém solicite a droga e, então, ocorra a oferta, tratando-se de pessoas do mesmo relacionamento social, para juntos a consumirem, configura-se essa hipótese, pois encontra perfeita adequação à forma privilegiada inserida no § 3.º.[17]

Se um indivíduo oferece droga, em uma festa, por exemplo, a alguém que acabou de conhecer, mesmo que não haja finalidade de lucro e seja uma atitude isolada, não se aplica o disposto no § 3.º do art. 33. Por outro lado, se oferecer droga a um amigo, desde que tal situação ocorra com frequência, também não se beneficia da figura privilegiada.

Não se trata de crime equiparado a hediondo, em face da sua exclusão das vedações de benefícios encontrada no art. 44 da Lei 11.343/2006.

Qualquer pessoa pode praticar o delito, tendo a sociedade por sujeito passivo principal e, secundariamente, a pessoa consumidora da droga ofertada. O crime é doloso, sem exigência de elemento subjetivo específico, e não se pune a forma culposa. Eventualmente, a tentativa pode ser punida, quando executado na modalidade plurissubsistente, embora de rara concretização.

Em relação às penas, causa estranheza o valor mínimo da pena de multa para um delito cometido sem intuito de lucro por parte do agente, ao mesmo tempo que se prevê a cumulatividade das penas – ou medidas educativas – do art. 28. Caso não se aplique qualquer benefício, já que se trata de infração de menor potencial ofensivo, firma-se pena de detenção e multa, associado a uma advertência acerca dos efeitos do entorpecente (vinda do art. 28). Essa medida de advertência é a saída plausível, pois não há nenhum sentido em impor pena de detenção, substituir por restritiva de direitos, além de multa para, na sequência, aplicar, também, outra prestação de serviços à comunidade por cinco meses (advinda do art. 28).

---

[16] "Art. 33. (...) § 3.º Oferecer droga, eventualmente e sem objetivo de lucro, a pessoa de seu relacionamento, para juntos a consumirem: Pena – detenção, de 6 (seis) meses a 1 (um) ano, e pagamento de 700 (setecentos) a 1.500 (mil e quinhentos) dias-multa, sem prejuízo das penas previstas no art. 28."

[17] Em sentido diverso, considera-se que entregar a droga a pedido de quem vai usá-la não se encaixa neste dispositivo (MASSON e MARÇAL, *Lei de Drogas*, p. 119).

3 CAUSA DE DIMINUIÇÃO DA PENA (ART. 33, § 4.º)[18]

3.1 Requisitos

Denominado como *tráfico privilegiado*, em verdade, cuida-se de uma causa de diminuição de pena, sendo que as autênticas figuras privilegiadas são as previstas nos §§ 2.º e 3.º do art. 33. Entretanto, em sentido lato, pode-se considerá-lo uma espécie de *privilégio*, porque proporciona uma redução considerável da pena que, associada à substituição por restritivas de direitos, chega a um montante bem diverso. É um benefício justo, destinado aos *traficantes de primeira viagem*, porque primários, sem antecedentes, nem envolvimento com atividade criminosa ou organização criminosa. Visualiza-se uma oportunidade concedida a esse condenado de, embora respondendo por tráfico, não seguir para o regime fechado, com a imposição de pena igual ou superior a cinco anos de reclusão.[19]

O entendimento do redutor não tem sido captado pelos tribunais de forma equânime, redundando em julgados bem diferentes, com a imposição de sanções desiguais para situações muito parecidas, o que não assegura o equilíbrio almejado pelos que esperam do Judiciário a realização da tão almejada *justiça*. Em verdade, as decisões dos magistrados, ao julgar o crime de tráfico de drogas, mesmo sem a aplicação do redutor, são muito diversas; portanto, nesse contexto, verifica-se que a causa de diminuição de pena do § 4.º do art. 33 tem sido negada ou concedida em proporções mínimas, sem substituição da pena privativa de liberdade por restritivas de direitos e, sobretudo, impondo-se o regime inicial fechado.

Não por menos, o Supremo Tribunal Federal editou a Súmula Vinculante 59, nos seguintes termos: "É impositiva a fixação do regime aberto e a substituição da pena privativa de liberdade por restritiva de direitos quando reconhecida a figura do tráfico privilegiado (art. 33, § 4.º, da Lei 11.343/06) e ausentes vetores negativos na primeira fase da dosimetria (art. 59 do CP), observados os requisitos do art. 33, § 2.º, alínea *c*, e do art. 44, ambos do Código Penal". Cuida-se

---

[18] "Art. 33. (...) § 4.º Nos delitos definidos no *caput* e no § 1.º deste artigo, as penas poderão ser reduzidas de um sexto a dois terços, vedada a conversão em penas restritivas de direitos, desde que o agente seja primário, de bons antecedentes, não se dedique às atividades criminosas nem integre organização criminosa."

[19] STJ: "5. O tráfico privilegiado é instituto criado para beneficiar aquele que ainda não se encontra mergulhado nessa atividade ilícita, independentemente do tipo ou do volume de drogas apreendidas, para implementação de política criminal que favoreça o traficante eventual" (AgRg no HC 727.344/MT, 5.ª T., rel. João Otávio de Noronha, j. 07.06.2022, v.u.).

da meta de contornar decisões muito desiguais, por exemplo, dar uma pena de reclusão de 1 ano e 8 meses, e multa, mas impor regime fechado inicial e não substituir por penas alternativas, em confronto com outra, impondo a pena de reclusão de 1 ano e 8 meses, e multa, permitindo o regime inicial aberto e substituindo por penas restritivas de direitos.

Os critérios adotados pelo § 4.º do art. 33 são cumulativos. Em primeiro lugar, aponta-se a primariedade, que corresponde, por negação, a não ser reincidente. Para tanto, basta não ter sido condenado, no Brasil ou no exterior, anteriormente, por crime, no período de cinco anos (art. 63 c/c art. 64, I, CP), tratando-se de requisito objetivo.

Em segundo, indicam-se os bons antecedentes, representativo de não haver condenações criminais, com trânsito em julgado, anteriores, que não se prestem à consideração da reincidência. É, também, um requisito objetivo. Desse modo, os dois primeiros podem ser comprovados por documentos.

O terceiro aspecto diz respeito à não dedicação às atividades criminosas, o que causa estranheza, visto que deveria compor o cenário dos antecedentes; somente assim, com prova efetiva de estar o acusado por tráfico de drogas envolvido em atividades delituosas, seria cabível negar o redutor. No entanto, à falta de um substrato mais objetivo, deve-se captar elementos de mínima concretude para avaliar um envolvimento nessa atividade, e um dos fatores que tem sido considerado concerne à quantidade excessiva de drogas apreendidas. Uma pessoa, desvinculada de atividades criminosas, por certo, não possui, por exemplo, 100 quilos de cocaína, figurando como traficante de *primeira viagem*, sem conexão com outros delinquentes.

CRUZ, RUY e SOUZA fornecem exemplos de envolvimento em atividade criminosa: "prova de que o agente adquiriu bens de valor significativo, com o lucro do tráfico, ou mesmo que praticou anteriormente quaisquer das condutas que integrem o tipo principal, os equiparados ou vinculados ao tráfico; ainda outros tipos penais (com exceção do art. 28 da Lei n. 11/343/2006), de forma reiterada ou que possuía diversos petrechos destinados (mesmo que não originaria e exclusivamente) à fabricação de drogas, presente estarão indícios que poderão se somar para a demonstração de que o agente é dedicado às atividades criminosas e não faz jus ao privilégio". Mas não aceitam a palavra de policiais, dizendo tratar-se de traficante contumaz ou que vende drogas há muito tempo, sem outros elementos de prova, a menos que testemunhas, incluindo policiais, possam demonstrar a prática cotidiana do tráfico, o que nos parece uma providência segura, tendo em vista as consequências negativas do afastamento do redutor.[20]

---

[20] ROGÉRIO SCHIETTI CRUZ, FERNANDO ESTEVAM BRAVIN RUY e SÉRGIO RICARDO DE SOUZA, *Lei de Drogas*: comentada conforme o pacote anticrime (Lei n. 13.964/2019), p. 142.

Quanto ao envolvimento do agente em *atos infracionais*, quando menor de 18 anos, pouco importando qual tenha sido o fato praticado, visando qualquer finalidade no âmbito da mensuração de pena ou negativa do redutor, parece-nos um entendimento inadequado para o contexto gerado não somente pela inimputabilidade penal (art. 27, CP), mas sobretudo pelo art. 228 da Constituição Federal: "São penalmente inimputáveis os menores de dezoito anos, sujeitos às normas da legislação especial". Segundo nos parece, é preciso valorar as razões que levaram o constituinte a inserir na Carta Magna a tutela, por via de imunidade penal, à pessoa menor de 18 anos. Em primeiro lugar, pode-se apontar a sua imaturidade, a incapacidade de compreender integralmente o caráter ilícito do que pratica, porque se encontra em pleno desenvolvimento da sua personalidade, logo, ainda não consolidada. Esse fator representa a sua inimputabilidade. Em segundo, deve-se ponderar a política criminal, buscando impedir que a legislação ordinária, em qualquer momento de emergência, gerando comoção nacional, por meio da mídia, caso algum indivíduo menor de 18 concretize um fato grave (injusto penal), considerado ato infracional, seja modificada para reduzir a *idade penal*. Concedeu-se aos jovens menores de 18 anos uma imunidade no campo criminal.

Sob tal perspectiva, consideramos inviável levar em conta, para valorar o grau de reprovação ao criminoso, individualizando a sua pena, elementos diretamente ligados à época da sua vida na qual, se responsabilizado, seria por meio de medida socioeducativa, cuja finalidade é bem diversa – ou pelo menos deve ser – da sanção penal. Têm-se utilizado, como *antecedentes*, no espaço das circunstâncias judiciais (art. 59, CP), apenas as condenações, com trânsito em julgado, assim consolidadas *antes* da prática do crime pelo qual está sendo julgado e apenado o agente.[21] Cuida-se de uma justa medida valorativa do princípio constitucional da presunção de inocência, pois a culpa se consolida dessa forma, motivo pelo qual ninguém deve ser prejudicado por qualquer situação que, anteriormente ao cometimento do delito pelo qual é julgado, ainda não se concretizou como crime.

Na sequência dessa conjuntura, o ato infracional não é um delito e, por isso, não pode influenciar de maneira negativa – como se fosse um antecedente criminal – a mensuração da pena do agente imputável. Se não é uma circunstância judicial negativa, que permita elevar a pena-base, não deve influenciar a terceira fase, servindo de elemento para negar o redutor, que possibilita a diminuição da pena. Observe-se o teor expresso da lei (art. 33, § 4.º, Lei de Drogas): "Nos delitos definidos no *caput* e no § 1.º deste artigo, as penas poderão ser reduzidas de um

---

[21] Súmula 444 do STJ: "É vedada a utilização de inquéritos policiais e ações penais em curso para agravar a pena-base".

Capítulo IV • Tráfico Ilícito de Droga | **181**

sexto a dois terços, vedada a conversão em penas restritivas de direitos, desde que o agente seja primário, de bons antecedentes, *não se dedique às atividades criminosas* nem integre organização criminosa" (grifamos). Quem pratica ato infracional não se dedica a uma atividade *criminosa*, mas comete um outro tipo de ilícito, pertencente a *ramo diverso* do direito (infância e juventude, regido por lei específica: Lei 8.069/1990). Para bloquear o redutor, deveria constar da lei o não envolvimento anterior (ou a não dedicação) em atividades *ilícitas* – qualquer ilicitude e não uma ilicitude do nível *penal*.

Por isso, os ilícitos praticados por menor de 18 anos devem ser ignorados no cenário penal, inclusive para ponderar a concessão do redutor.[22]

O quarto requisito refere-se a não integrar organização criminosa, o que se afigura um pouco mais consistente, tendo em vista existir uma definição, em lei, do que significa essa modalidade de infração penal (art. 1.º, § 1.º, Lei 12.850/2013). Mesmo assim, o ideal seria a constatação de existir condenação pelo delito do art. 2.º da referida Lei 12.850/2013, para maior segurança acerca desse impedimento. Contudo, o § 4.º do art. 33 não chega a demandar condenação pela prática do delito de organização criminosa, motivo pelo qual torna-se possível verificar essa integração por meio de provas carreadas aos autos em que se apura o tráfico de drogas; afinal, não se busca a condenação pela infração penal do art. 2.º da Lei 12.850/2013, mas apenas evitar a concessão do redutor.

Um destaque pode ser apontado ao se verificar a condenação do agente não somente por tráfico de drogas, mas, também, por associação criminosa prevista no art. 35 da Lei 11.343/2006. Nessa situação, não há como conceder

---

[22] O Superior Tribunal de Justiça possui entendimento diverso: "1. A Corte estadual negou a aplicação do § 4.º do art. 33 da Lei de Drogas em consonância com o recente pronunciamento proferido pela Terceira Seção desta Corte (EREsp n. 1.916.596/SP, Relatora Ministra Laurita Vaz), na qual reformulou-se o entendimento acerca da possibilidade de utilização de atos infracionais recentes para formação da convicção de que o réu se dedica a atividades criminosas" (AgRg no HC 731.065/SP, 5.ª T., rel. Joel Ilan Paciornik, j. 21.06.2022, v.u.); "4. Tendo em vista que, no caso: a) os atos infracionais praticados pelo ora agravante, enquanto ainda adolescente, foram graves; b) os registros infracionais estavam devidamente documentados nos autos principais (de sorte a não pairar dúvidas sobre o reconhecimento judicial de suas ocorrências); c) foi pequena a distância temporal entre os atos infracionais e os crimes objetos deste *habeas corpus* (os quais foram perpetrados quando o réu tinha apenas 18 anos de idade); d) todas as ocorrências de atos infracionais dizem respeito 'à circulação indevida de drogas', não há como se reconhecer a incidência do redutor previsto no art. 33, § 4.º, da Lei n. 11.343/2006 em favor do acusado, por estar evidente a ausência de preenchimento do requisito de 'não se dedicar a atividades criminosas'" (AgRg no HC 691.281/SP, 6.ª T., rel. Rogerio Schietti Cruz, j. 21.09.2021, v.u.).

ao acusado o benefício do redutor do § 4.º.[23] Não se deve levar em consideração processos e inquéritos em andamento, mesmo que sejam por tráfico de entorpecentes ou associação criminosa para essa finalidade em fiel aplicação ao princípio constitucional da presunção de inocência. A consequência de se negar a diminuição da pena é de fundo penal, motivo pelo qual somente pode basear-se em antecedentes criminais, com trânsito em julgado.

Debate-se, porque muito comum em diversos julgamentos, a posição do transportador de droga (denominado, vulgarmente, "mula") que, não raras vezes, carrega consigo enormes quantidades de substância entorpecente, embora não seja traficante em si, vale dizer, o produtor e comerciante de imensas quantidades, bem como não figura como usuário, mas representa o grupo de pessoas que aceita certa quantia em dinheiro, nem sempre de muito valor, para carregar droga de um lugar a outro. É inequívoco não ser ele o próprio traficante, mas, também, não se pode negar ser partícipe da atividade criminosa prevista no art. 33. A punição, quando preso transportando essas quantias enormes de entorpecentes, é certa, mas a controvérsia gira em torno da concessão – ou não – do redutor.

Parece-nos essencial examinar cada situação concretamente, buscando captar das provas dos autos se o transportador já faz isso há muito tempo e, com isso, integra o esquema maior do tráfico de drogas ou se é jejuno no caminho percorrido, não tendo ideia da grandeza do cenário montado para aquele transporte de entorpecente. Por vezes, o conhecido *mula* nem mesmo tem noção da quantidade que transporta, é primário, sem antecedentes e, pela sua condição de estar alheio ao tamanho do negócio de drogas, pode receber o redutor, embora em montante mínimo ou próximo disso.[24]

---

[23] STJ: "4. A condenação por associação para o tráfico de drogas obsta a aplicação do redutor previsto no art. 33, § 4.º, da Lei de Drogas, uma vez que demanda a existência de animus associativo estável e permanente da agente no cometimento do delito, evidenciando, assim, a dedicação à atividade criminosa" (AgRg no HC 733.173/SC, 5.ª T., rel. Ribeiro Dantas, j. 17.05.2022, v.u.).

[24] STF: "3. A grande quantidade de entorpecentes apreendidos (mil comprimidos de ecstasy, dezoito pontos de LSD e pequena porção de maconha) e a atuação do agente como transportador dessas substâncias são circunstâncias que, isoladamente, não permitem inferir dedicação habitual a atividades criminosas ou integração em organização criminosa. Logo, à míngua de outros elementos probatórios, não constituem fundamentos idôneos para justificar o afastamento da causa de diminuição de pena. Precedentes" (HC 195.660 AgR, 2.ª T., rel. Edson Fachin, j. 14.06.2021, v.u.). STJ: "4. A redução mínima é, de fato, a mais adequada ao caso. Isso porque o réu se trata, na verdade, de verdadeira 'mula' no transporte dos entorpecentes e desempenhou papel imprescindível na cadeia delitiva de distribuição das drogas no território nacional" (AgRg no AREsp 2.063.921/MS, 6.ª T., rel. Rogerio Schietti Cruz, j. 28.06.2022, v.u.).

3.2 Alegações de *bis in idem*

3.2.1 Reincidência

É possível valer-se da reincidência para impor ao condenado pelo tráfico de drogas a agravante respectiva (art. 61, I, CP), ao mesmo tempo que, utilizando essa circunstância, nega-se o redutor, sem que se possa afirmar ter ocorrido *bis in idem*. Afinal, no complexo cenário da individualização da pena, além de fatores indicativos da elevação do *quantum* da sanção, observa-se a análise de benefícios em relação aos quais a reincidência pode obstá-los. Ilustrando, o julgador pode elevar a pena, fazendo incidir a agravante da reincidência para, ao final, negar a concessão de suspensão condicional da pena ou a substituição da pena privativa de liberdade por restritiva de direitos. O que não se deve empreender é o duplo aumento da pena por conta do mesmo antecedente criminal, utilizando-o como circunstância judicial, na primeira fase (art. 59, CP), para depois, em decorrência do mesmo registro, valer-se da reincidência, na segunda fase (art. 61, I, CP), elevando-se duas vezes o montante aplicado, com base no mesmo fato. Sob outro aspecto, a personalidade do agente consta do art. 59 para mensurar a pena-base e, depois, para a escolha do regime inicial de cumprimento da pena (art. 33, § 3.º, CP); além disso, torna-se a mencionar a personalidade para verificar se cabível a pena restritiva de direitos (art. 44, III, CP); do mesmo modo, retorna-se no cenário do *sursis*, com a verificação da personalidade do autor (art. 77, II, CP). Idêntica situação, em que inexiste *bis in idem*, ocorre com o furto e o estelionato, podendo-se elevar a pena por causa da reincidência e negar a figura do privilégio (arts. 155, § 2.º, e 171, § 1.º, CP).

3.2.2 Quantidade de drogas como fator para estabelecer o montante da pena

Um dos elementos primordiais para fixar o *quantum* da pena, nos termos do art. 42 da Lei 11.343/2006 ("O juiz, na fixação das penas, considerará, com preponderância sobre o previsto no art. 59 do Código Penal, a natureza e a *quantidade da substância ou do produto*, a personalidade e a conduta social do agente" – grifamos), é o volume de entorpecente encontrado, significando que a maior quantidade pode levar à elevação da pena-base. Por outro lado, quando aplicado o redutor do § 4.º do art. 33, há uma faixa para a diminuição da pena, variável de 1/6 a 2/3, sem que se indique, em lei, qual o critério para mensurar essa redução. Aponta-se, para tanto, a quantidade da droga recolhida com o agente, pois é mais objetiva do que se considerar a natureza da substância,[25] de

---

[25] A referência à natureza da droga é de avaliação complexa e, por vezes, subjetiva, visto que não há uma relação formal e até mesmo legal para apontar qual substância entorpecente é mais perigosa à saúde pública. Sabe-se, apenas, que as

modo que o maior volume de droga leva à menor diminuição, ao passo que o menor montante conduz à maior redução.

Nesse contexto, está-se mensurando exatamente o *quantum* da pena, razão pela qual se torna *bis in idem* promover a elevação da pena-base porque há grande volume de droga e, na terceira fase, mensurar a diminuição em 1/6 (mínimo possível) pelo mesmo fundamento.[26] O ideal é optar por um só caminho, quando se levar em conta o montante do entorpecente, embora nos pareça correto dar preferência, quando for aplicável o redutor, a essa circunstância para mensurar o *quantum* da diminuição. Isso porque a causa de diminuição de pena é vinculada ao tipo penal e tem preferência sobre as circunstâncias judiciais, que são gerais e somente devem incidir à falta de circunstâncias legais expressamente previstas.[27]

Resta, ainda, a questão controversa não resolvida de maneira satisfatória: qual montante de droga deve ser considerado elevado e qual pode ser avaliado como diminuto. Esse ponto demanda um alicerce mais sólido e objetivo, significando que a lei deveria estabelecer alguns parâmetros a esse respeito, aliás, não somente no tocante ao *quantum* de substância entorpecente, mas em relação à sua natureza e grau de periculosidade em confronto com a saúde do usuário. Do contrário, a contradição entre as decisões judiciais proferidas permanecerá intensa e frequente, cada juízo avaliando de um ponto de vista puramente subjetivo qual é a quantidade certa para considerar *superior* ou *inferior* para diversas finalidades, incluindo uma das principais considerações: se o agente é traficante ou usuário.

---

 drogas produzem efeitos diversos conforme a pessoa que as consuma, causando controvérsia entre os estudiosos do assunto a respeito de qual entorpecente pode ser mais prejudicial à saúde.

[26] STJ: "4. A utilização da natureza e quantidade de entorpecentes para majorar a pena-base e também na terceira fase da dosimetria só configura *bis in idem* quando, nesta última, modular o redutor" (AgRg no HC 729.576/PR, 5.ª T., rel. Reynaldo Soares da Fonseca, j. 21.06.2022, v.u.).

[27] STF: "5. Esta Corte, no julgamento dos HCs 112.776 e 109.193, Rel. Min. Teori Zavascki, por maioria de votos, entendeu que configura ilegítimo *bis in idem* considerar a natureza e a quantidade da substância ou do produto ilícito para fixar a pena-base (primeira etapa) e, simultaneamente, para a escolha da fração de redução a ser imposta na terceira etapa da dosimetria (§ 4.º do art. 33 da Lei 11.343/2006). Todavia, nada impede que essa circunstância seja considerada para incidir, alternativamente, na primeira etapa (pena-base) ou na terceira (fração de redução). 6. A jurisprudência do STF é no sentido de que, [s]e as circunstâncias concretas do delito ou outros elementos probatórios revelam a dedicação do paciente a atividades criminosas, não tem lugar o redutor do § 4.º do art. 33 da Lei 11.343/2006 (HC 123.042, Rel.ª Min.ª Rosa Weber)" (HC 214.172 ED-ED, 1.ª T., rel. Roberto Barroso, j. 27.06.2022, v.u.).

De nossa parte, não pretendemos propor um critério específico para sugerir quantidades de drogas, vale dizer, o que seria elevada e o que seria diminuta, pois estaríamos, igualmente, apresentando uma avaliação subjetiva e imprecisa. Em nossa atividade judicante, procuramos verificar cada caso, em bases concretas, para estabelecer o *quantum* de diminuição, quando aplicável o redutor, embora, à falta de uma regra legal, tenhamos utilizado mensurações favoráveis ao acusado, afinal, na dúvida, deve prevalecer esse interesse.

3.3 Regime de cumprimento da pena

Versando a análise do regime inicial para o cumprimento da pena no cenário do *tráfico privilegiado*, pode-se considerar a fixação da pena mínima de 5 anos de reclusão e a subsequente diminuição de 1/6 a 2/3, enfocando a variação de 1 ano e 8 meses (redução de 2/3) a 4 anos e 2 meses (redução de 1/6).

Sob tal prisma, deve-se ponderar que o estabelecimento de pena até 4 anos de reclusão permite assentar o regime inicial aberto e, ainda, a substituição por penas restritivas de direitos; caso seja determinada a pena de 4 anos e 2 meses, por conta da diminuição mínima, em tese, deveria ser fixado o regime semiaberto (art. 33, § 2.º, *b*, CP). Observe-se que esses regimes – aberto ou semiaberto – seriam os minimamente esperados, tendo em vista tratar-se de réu primário, sem antecedentes, nenhum envolvimento em atividades criminosas ou integração em organização criminosa e, justamente por isso, receberam o benefício do § 4.º. No entanto, o que se tem registrado, em diversos casos, é a concessão do redutor em grau máximo, ao mesmo tempo que se prescreve o regime inicial fechado, parecendo-nos uma contradição.

Cite-se novamente a Súmula Vinculante 59 do Supremo Tribunal Federal: "É impositiva a *fixação do regime aberto* e a substituição da pena privativa de liberdade por restritiva de direitos quando reconhecida a figura do tráfico privilegiado (art. 33, § 4.º, da Lei 11.343/06) e ausentes vetores negativos na primeira fase da dosimetria (art. 59 do CP), observados os requisitos do art. 33, § 2.º, alínea *c*, e do art. 44, ambos do Código Penal" (grifamos).

4 HEDIONDEZ DO CRIME

O tráfico ilícito de entorpecentes não deixa de ser, na essência, um delito hediondo (repugnante, sórdido). Ocorre que, na Constituição Federal, ao redigir o art. 5.º, XLIII, o legislador constituinte pretendeu atingir um tratamento mais rigoroso a certas infrações penais, consideradas muito graves. Aliás, no próprio texto constitucional encontra-se dispositivo que prevê a extradição de brasileiro naturalizado, desde que esteja envolvido com o tráfico de drogas (art. 5.º, LI).

Assim, proibindo a liberdade provisória com fiança, bem como a graça e a anistia, já tinha em mente determinados crimes, que enumerou: tortura, tráfico ilícito de entorpecentes e drogas afins e terrorismo. Os demais, que não podiam ser elencados no texto constitucional, por demandar um estudo mais aprofundado, foram indicados da seguinte forma: "e os definidos como crimes hediondos". Dessa forma, os três crimes que pareceram, desde logo, muito graves ao constituinte, foram destacados no próprio texto do art. 5.º, XLIII, deixando-se ao legislador ordinário a tarefa de definir *outros* delitos igualmente repugnantes e gravíssimos, tachados de hediondos.

Parece-nos solução simplista dizer que o tráfico ilícito de entorpecentes não é hediondo, mas *apenas* a ele equiparado. Tecnicamente, essa é a solução a ser adotada. Porém, ontologicamente, voltando-se ao tratamento mais rigoroso destinado aos crimes mais graves, o tráfico ilícito de drogas não difere dos outros delitos hediondos, como o homicídio qualificado ou o latrocínio. Em suma, particularmente repulsivos são todos os delitos elencados como hediondos, bem como os seus coirmãos, denominados de *equiparados*.

O texto constitucional limitou-se a indicar o tráfico ilícito de entorpecentes, sem indicar, especificamente, o conteúdo da expressão, e nem poderia ser diferente, visto não ser função da Carta Magna. A Lei 11.343/2006, da mesma forma, construiu os tipos incriminadores, sem apontar quais seriam considerados como tal.

Pode-se utilizar, como primeira base, o disposto no art. 44 da Lei de Drogas, na sua redação original: "os crimes previstos nos arts. 33, *caput* e § 1.º, e 34 a 37 desta Lei são inafiançáveis e insuscetíveis de *sursis*, graça, indulto, anistia e liberdade provisória, vedada a conversão de suas penas em restritivas de direitos". O estabelecimento de restrições indica a visão legislativa a respeito, embora não integralmente. O comércio nefasto de drogas é o autêntico móvel dessa qualificação de hediondez e os tipos a isso conectados devem perfilhar o âmbito do tratamento mais rigoroso, previsto na Constituição Federal. Assim sendo, pode-se apontar: a) art. 33, *caput*, e § 1.º, não se incluindo os §§ 2.º, 3.º e 4.º,[28] formas privilegiadas e, com isso, menos graves; b) arts. 34 a 37, exceto

---

[28] Quanto ao § 4.º, cuida-se de causa de diminuição de pena, motivo pelo qual inicialmente pareceu-nos um delito de tráfico de drogas equiparado a hediondo, embora punido com sanção minorada. O STF fixou entendimento de não ser equiparado a hediondo e a Lei 13.964/2019 consolidou esse entendimento (cf. art. 112, § 5.º, Lei 7.210/1984). Em verdade, convencemo-nos dessa visão, pois o disposto pelo § 4.º é uma figura privilegiada em sentido amplo. Logo, não é hediondo.

o art. 35, cujo bem jurídico primordial é a paz pública e não a saúde pública, bem secundário.[29]

Registre-se que a consideração desses artigos não diz respeito a uma interpretação extensiva, tampouco ao emprego de analogia, porque, como ressaltamos, o texto da Lei 11.343/2006 não especifica *nenhum* crime de tráfico ilícito de drogas. Cabe ao aplicador da norma assim mostrar e não se pode deixar de lado o conteúdo do termo *tráfico*, que é comércio. Associando-se à ilicitude e aos entorpecentes, torna-se claro que a conduta hedionda, constitucionalmente idealizada, é o negócio espúrio de substâncias nefastas à saúde pública. Todos os tipos supramencionados correspondem ao tráfico, de maneira direta ou indireta.

Imagine-se quem vende uma pequena porção de maconha, embora seja reincidente em idêntica conduta, sendo considerado traficante, autor de crime equiparado a hediondo (art. 33, *caput*). Em contraste, aquele que distribui farto maquinário destinado a fabricar drogas ilícitas, como metanfetaminas de intenso poder lesivo à saúde (art. 34), podendo fazê-lo várias vezes, *não seria considerado* traficante de entorpecentes, pois sua conduta não se enquadra no art. 33. Então, apesar de ser um fornecedor de instrumentos nefastos voltados a outro agente, que fabricará a droga diretamente, não seria autor de crime equiparado a hediondo, o que nos parece ilógico e avesso ao propósito da Lei de Drogas. Lembre-se, sempre, de que inexiste classificação expressa do que vem a ser *tráfico de drogas*, de forma que o comércio de entorpecentes pode ser livremente analisado e interpretado pelo operador do direito, não se podendo afirmar que se está utilizando método analógico e nem mesmo interpretação extensiva, em face da inexistência do que venha a ser a comercialização de drogas, sob o prisma legal.[30]

5 PRINCÍPIO DA INSIGNIFICÂNCIA

Acolhendo-se o princípio da intervenção mínima, no contexto do direito penal, emerge relevante a consideração do princípio da insignificância, apontando para a desnecessidade de criminalização de condutas cuja regulação pode ser feita por outros ramos do ordenamento jurídico, sem qualquer perda de efetividade. Associando-se à ideia de que, para a tipificação de condutas, há

---

[29] Assim também: MASSON e MARÇAL, *Lei de Drogas*, p. 29. Admitindo apenas o art. 33: ROGÉRIO SCHIETTI CRUZ, FERNANDO ESTEVAM BRAVIN RUY e SÉRGIO RICARDO DE SOUZA, *Lei de Drogas*: comentada conforme o pacote anticrime (Lei n. 13.964/2019), p. 164.

[30] Em outra ilustração, o comércio de um produto envolve tanto quem o fabrica e vende quanto quem produz a máquina para a fabricação desse produto. Abrange, ainda, quem financia a fabricação e a venda do produto. Afinal, sem o financiador e o produtor primário inexiste a venda direta ao consumidor.

necessidade de verificação da sua real ofensividade ao bem jurídico tutelado penalmente, levanta-se a viabilidade do reconhecimento de que certas infrações penais, conforme a sua concretização, demonstram a sua inofensividade e, por isso, devem ser consideradas materialmente atípicas (crime de bagatela).

Surge a questão da aplicação da insignificância em relação a todos os crimes relativos às drogas, resultando, sempre, uma controvérsia tanto na doutrina quanto na jurisprudência. De nossa parte, embora concordemos com a sua aplicabilidade no caso do art. 28 (consumo pessoal), como já exposto, não é cabível no quadro do art. 33, tendo em vista a gravidade da situação emoldurada. Trata-se de crime contra a saúde pública, equiparado a hediondo na Constituição Federal, levando à indispensabilidade da punição no campo penal. Além disso, as situações concretas têm demonstrado que muitos traficantes, para *disfarçar* o comércio, buscando até mesmo se passar por usuários, caso surpreendidos com entorpecente, carregam pouca quantidade, preferindo fazer *várias viagens* ao local onde armazenam a maior quantidade de drogas.

Observamos em nossos processos no Tribunal de Justiça a frequência com que tal modelo de tráfico se constitui, inclusive com a apreensão de pouca droga em poder do agente, mas, na sequência, uma descoberta de quantidade muito superior em outro local, de forma que não estamos convencidos da viabilidade de acolhimento do princípio da insignificância. Não há *tráfico de bagatela*. Essa é a posição majoritária nos tribunais brasileiros, inclusive no STF e no STJ.[31]

Além disso, é preciso levar em consideração que o *lucro fácil* proporcionado pelo comércio de drogas ilícitas incentiva cada vez mais, infelizmente, a adesão de várias pessoas a esse delito, razão pela qual a negociação de pequena quantidade, mesmo ínfima, sem haver qualquer punição, torna-se um incentivo para a sua continuidade, elevando-se, passo a passo, o volume da traficância. Essa conjuntura promove, também, o estímulo para que jovens comecem a comercializar entorpecente para auferir renda rápida, distante da vista da família, podendo fornecer a seus colegas, o que dissemina a aderência às drogas entre adolescentes, de forma que, mesmo constituindo ato infracional, torna-se necessária a aplicação de medida socioeducativa, o que nem mesmo ocorreria caso se pudesse trabalhar com o princípio da insignificância. Não bastasse, espargir drogas no meio da juventude, ainda que em pequenas doses ou porções, desencadeia a adesão ao consumo e, com isso, a possibilidade de se chegar ao vício,

---

[31]   Admitem o acolhimento da insignificância: QUEIROZ e LOPES (*Comentários à Lei de Drogas*, p. 45); AIRTO CHAVES JUNIOR e SAMARA SANDRA TAMANINI (A atipicidade material do fato correspondente ao tráfico de drogas frente ao princípio da insignificância, *Revista Duc In Altum – Cadernos de Direito*, p. 240).

desintegrando laços familiares e acarretando sérios dilemas para tratamento de desintoxicação e outros danos à saúde.

Há uma diferença substancial entre o uso de entorpecente e o tráfico de droga, merecendo o primeiro todas as cautelas em matéria de punição,[32] embora com efetividade, destinando-se ao segundo a reprimenda mais severa, pois é a fonte de onde emanam todos os maiores problemas nesse campo.

Na realidade, as formas privilegiadas do tráfico, previstas nos §§ 2.º, 3.º e 4.º, são suficientes para abranger casos de menor relevo nesse contexto.

6   TRAFICANTE USUÁRIO OU VICIADO

Como regra, o traficante sabe muito bem os males das drogas e, particularmente, do vício e, como *empresário*, busca cuidar do seu negócio, de maneira rigorosa e até mesmo violenta, evitando se contaminar pelo produto entorpecente que comercializa. Portanto, muitos não usam drogas e não se viciam. Mas é possível que haja o traficante usuário ou viciado.

Caso seja consumidor da própria droga, responde pelo delito de tráfico, sem qualquer incidência da figura prevista no art. 28 – aliás, nem teria sentido aplicar as medidas ali previstas, concentradas na advertência sobre os males dos entorpecentes a quem os comercializa. Sob outro prisma, ingressando no cenário da dependência, o quadro se altera, pois o delito de tráfico seria praticado nesse estado e é preciso apurar se o agente é imputável ou inimputável, nos termos do art. 45 da Lei 11.343/2006.

A prática do delito previsto no art. 33 em estado de inimputabilidade pode conduzir o seu autor à absolvição e deve ser submetido a medida de segurança, consistente em tratamento médico pertinente à desintoxicação.

Cumpre ressaltar que a alegação de vício, quando houver acusação de tráfico, não ocorre com frequência, embora, se acontecer, dependa da avaliação do magistrado para a determinação de realização da perícia médica acerca da imputabilidade penal.

7   PARTICULARIDADES DA APLICAÇÃO DA PENA NO TRÁFICO DE DROGAS DO ART. 33

Individualizar a sanção penal do traficante é um ponto muito importante, considerando que a lei prevê uma faixa extensa para a atividade judicial: reclu-

---

[32]   Essa punição pode se dar no âmbito penal ou mesmo administrativamente, em caso de descriminalização. Somente se houver, algum dia, a legalização do uso de certos entorpecentes, hoje proibidos, poder-se-á desconsiderar qualquer modelo punitivo.

são, de 5 a 15 anos. A multa também é elevada e com uma faixa variável de 500 a 1.500 dias-multa. Se, por um lado, é fundamental evitar o critério da pena padronizada e muitas vezes concentrada no mínimo (a denominada *política da pena mínima*, cuja adoção envolve a pretensa ideia de que não haveria necessidade de apresentar motivação para a sua escolha), por outro, atingir patamares superiores a 5 anos demanda a indispensável fundamentação, jamais alicerçada em *opinião pessoal* do julgador, o que temos encontrado em diversas decisões. Essas opiniões não têm sentido quando emitidas em sentença ou acórdão, porque se está deliberando sobre a aplicação da lei penal ao caso concreto, valendo-se de critérios selecionados pelo Poder Legislativo, constantes, portanto, na Lei 11.343/2006, bem como no Código Penal, além de necessitarem de uma sólida base nas provas constantes do processo.

Além disso, observa-se ter sido o legislador pródigo em terminologia sujeita a uma interpretação aberta e elástica por parte do Judiciário, de modo que é dispensável qualquer *achismo* de quem decide o *quantum* da pena e escolhe o regime inicial de cumprimento. Pretende-se apontar o contraste existente entre a lei formada em termos abertos e a opinião do julgador, buscando elementos extralegais. Ora, se há possibilidade de explorar os fatores constantes da lei, buscando as provas dos autos para lhes dar consistência, é desnecessário emitir conceitos e avaliações subjetivas alheias aos termos da Lei 11.343/2006.[33]

O aumento da pena-base, em grau variável entre 5 e 15 anos, deve circunscrever-se às circunstâncias judiciais e legais, pois as considerações de ordem pessoal acerca dos males do tráfico de drogas não podem fazer parte desse universo, uma vez que a tipificação do crime o considera e o trata como equiparado a hediondo, com penas cominadas em patamar elevado. Noutros termos, por consistir em delito grave, tem o rigoroso tratamento jurídico-penal em abstrato; no tocante à parcela concreta, cuja atribuição é do Judiciário, ao concretizar a pena, os argumentos são outros, levando ao abuso punitivo a elevação da sanção penal sob alicerces opinativos em termos igualmente abstratos. A abstração cabe ao Legislativo, criando o tipo incriminador considerado sob sua

---

[33] Temos constatado em decisões condenatórias em tráfico de drogas, provenientes de diversos juízos em todo o Brasil, o protesto das partes em torno de abstrações de magistrados – o que ocorre também em acórdãos – referentes aos males dos entorpecentes, da viabilidade de o tráfico englobar outras formas de criminalidade, de contaminar a juventude, promover a destruição de lares, gerar áreas degradadas nos grandes centros urbanos – como a *cracolândia*, em São Paulo, acarretar o vício e sobrecarregar o sistema público de saúde, além de argumentos similares, para *elevar* a pena. Note-se que todos esses motivos constituem a razão básica para a existência da punição ao tráfico de drogas, não se podendo extrair disso um fator – não previsto em lei – para aumentar a pena.

avaliação de potencialidade lesiva mínima, média ou grave, para que, a partir disso, estabeleça a faixa cominada para a pena privativa de liberdade e para a multa. No caso do art. 33, prevê-se todas as condutas passíveis de tipificação e preceituou-se a linha de trabalho para a individualização da pena pelo Poder Judiciário. Nada mais compete ao magistrado além de aplicar concretamente a sanção nos precisos termos legais, firmados nas provas existentes.

Quanto à fixação da pena, cuidaremos no Capítulo XI, embora tenhamos destacado, neste tópico, a particularidade concernente ao art. 33 – indiscutivelmente, o mais utilizado na prática forense – para ressaltar a inviabilidade de se perpetuar a individualização da pena valendo-se de um ponto de vista estritamente pessoal, levantando questões contra as quais o acusado não tem como se defender.[34]

No tocante ao regime inicial de cumprimento da pena, apreciando o disposto pelo art. 2.º, § 1.º, da Lei dos Crimes Hediondos (Lei 8.072/1990) – "a pena por crime previsto neste artigo será cumprida inicialmente em regime fechado" –, poder-se-ia concluir que o regime para o traficante iniciar a execução da sua sanção é o fechado. No entanto, em junho de 2012, o Supremo Tribunal Federal proclamou a inconstitucionalidade desse parágrafo, prestigiando o princípio da individualização da pena, constante do art. 5.º, XLVI, da Constituição Federal, nos seguintes termos: "*Habeas corpus*. Penal. Tráfico de entorpecentes. Crime praticado durante a vigência da Lei 11.464/07. Pena inferior a 8 anos de reclusão. Obrigatoriedade de imposição do regime inicial fechado. Declaração incidental de inconstitucionalidade do § 1.º do art. 2.º da Lei 8.072/90. Ofensa à garantia constitucional da individualização da pena (inciso XLVI do art. 5.º da CF/88). Fundamentação necessária (CP, art. 33, § 3.º, c/c o art. 59). Possibilidade de fixação, no caso em exame, do regime semiaberto para o início de cumprimento da pena privativa de liberdade. Ordem concedida" (HC 111.840/ES, rel. Dias Toffoli, Plenário, 27.06.2012, m.v.).

Na maioria das condenações, a pena imposta se situa entre 5 e 8 anos, de modo que, conforme decidiu o STF, o julgador pode impor o regime fechado ou semiaberto. No acórdão supramencionado, cuidou-se de pena inferior a 8 anos, razão pela qual, afastando-se do critério fixado pelo art. 33, § 2.º, *a*, do

---

[34] Elevar a pena sob o argumento de consistir o tráfico um crime grave, que prejudica a juventude e leva pessoas ao vício, provocando a sobrecarga do sistema de saúde, é inconsistente juridicamente, pois o réu pode até concordar com tudo isso, embora queira contra-argumentar que merece pena mínima, em caso de condenação. Ademais, esses fatos podem até ser verdadeiros, mas não são objeto da imputação formulada na denúncia e sobre eles não se produz prova porque não interessa ao deslinde do processo. Logo, não devem constar da sentença ou acórdão como fundamento para o aumento da pena.

Código Penal (penas acima de 8 anos devem começar no regime fechado), o Supremo Tribunal Federal houve por bem permitir o regime semiaberto, que é mais brando.

Há de se ressaltar que a invocação do princípio constitucional da individualização da pena para fundamentar a inconstitucionalidade do art. 2.º, § 1.º, da Lei 8.072/1990 poderia ser utilizada para o mesmo objetivo no tocante ao referido art. 33, § 2.º, do Código Penal, apontando para a viabilidade de o juiz *sempre* poder escolher, de acordo com as condições e circunstâncias pessoais do acusado, qual é o mais adequado regime para ele iniciar a sua pena.

Quanto à progressão de regime, segue-se a regra estabelecida para os delitos hediondos e equiparados (este último, o caso do tráfico de drogas) pelo art. 112 da Lei de Execução Penal, nos incisos V e VII ("V – 40% (quarenta por cento) da pena, se o apenado for condenado pela prática de crime hediondo ou equiparado, se for primário; (...) VII – 60% (sessenta por cento) da pena, se o apenado for reincidente na prática de crime hediondo ou equiparado"). A redação do referido artigo foi dada pela Lei 13.964/2019 e contém uma falha, pois gera uma dúvida razoável no caso de quem for condenado por tráfico, por exemplo, mas reincidente porque, anteriormente, ostenta condenação por roubo. Logo, não há reincidência específica, ou seja, tornar a cometer tráfico (ou delito hediondo).

Observe-se a redação do inciso VII, ao preceituar que o apenado deve ser reincidente *na prática de crime hediondo ou equiparado*, dá a entender que se trata de uma espécie de reincidência específica envolvendo o cometimento de delito hediondo seguido de hediondo ou de um crime hediondo seguido de equiparado a hediondo ou mesmo de uma infração penal equiparada a hediondo seguida de hedionda.

No entanto, tratando-se de reincidente *não específico*, como no exemplo supramencionado: condenado por roubo, torna-se reincidente pela prática de tráfico de drogas. Esta hipótese deveria seguir a regra do inciso VII, exigindo-se para a progressão o cumprimento de 60% da pena? Ou deveria ser lançada no inciso V, cumprindo-se 40%, pois não se considera a reincidência específica? Em primeiro lugar, dever-se-ia considerar que o inciso V seria excludente, na medida em que prevê, com clareza, a exigência de ser primário, e quem é reincidente, mesmo não específico, primário não é. Em segundo, o ponto principal a ser considerado envolve a questão relativa à reincidência, de modo que o autor de tráfico de drogas, possuindo condenação anterior pelo delito de roubo, perfaz o critério legislativo de cumprimento de maior tempo de pena para progredir. Por análise conjuntural, a mais adequada situação seria a do inciso VII. No entanto, os Tribunais Superiores optaram pela adoção do princípio da prevalência do interesse do réu e indicam a aplicação do inciso V (cumprimento de apenas 40% da pena).

Capítulo V
PRODUÇÃO ILÍCITA DE DROGAS

1   TIPO INCRIMINADOR (ART. 34)[1]

O tipo é formado por condutas alternativas – fabricar, adquirir, utilizar, transportar, oferecer, vender, distribuir, entregar, possuir, guardar e fornecer –, gerando a viabilidade de concretizar apenas um delito, caso o agente desenvolva mais de uma no mesmo contexto. Entretanto, a prática de condutas separadas por longo período permite a consumação de crimes diversos em concurso material. Os objetos materiais das referidas condutas são o maquinário, aparelho, instrumento ou objeto voltados à composição ou criação de drogas ilícitas, lembrando-se que, atualmente, surgem vários entorpecentes sintéticos, desenvolvidos artificialmente em laboratórios clandestinos, como a maconha sintética (K2 ou *spice*), entre outros. Por isso, integra o universo do tráfico de drogas todo o aparato destinado a lhe dar suporte, afinal, se no art. 33 se prevê a conduta de *fabricar droga*, no art. 34 enfoca-se o maquinário apto a essa fabricação, compondo um conjunto igualmente lesivo ao bem jurídico, que é a saúde pública. Embora existam posições restritivas, pretendendo conferir ao art. 34 um ambiente distinto do tráfico, não nos soa razoável deixar de incluí-lo no mesmo cenário do art. 33, pois todas as condutas desses artigos compõem

---

[1] "Art. 34. Fabricar, adquirir, utilizar, transportar, oferecer, vender, distribuir, entregar a qualquer título, possuir, guardar ou fornecer, ainda que gratuitamente, maquinário, aparelho, instrumento ou qualquer objeto destinado à fabricação, preparação, produção ou transformação de drogas, sem autorização ou em desacordo com determinação legal ou regulamentar: Pena – reclusão, de 3 (três) a 10 (dez) anos, e pagamento de 1.200 (mil e duzentos) a 2.000 (dois mil) dias-multa."

o quadro geral dos traficantes, lembrando-se que a Lei 11.343/2006 não especificou e distinguiu um tipo de outro, restando ao operador do direito fazê-lo.

O art. 44 da mencionada lei inclui os artigos 33, *caput* e § 1.º, 34 a 37 no mesmo nível de restrições, demonstrando o intuito de os considerar pertencentes ao mesmo patamar punitivo do tráfico ilícito de drogas. Avaliando-se o bem jurídico tutelado – saúde pública – o único delito cujo bem jurídico primário distingue-se desse é o de associação, previsto pelo art. 35, objetivando a paz pública. Assim sendo, parece-nos lógico sustentar que esse crime também deve ser equiparado a hediondo, pois vender ou fornecer drogas é tão prejudicial quanto vender ou fornecer o maquinário apropriado para criar a droga proibida. Ademais, somente o caso concreto pode determinar se o aparelho ou objeto apreendido é apto a se encaixar no art. 34 para os fins nele previstos.

A consideração do art. 34 como equiparado a hediondo, tanto quanto o art. 33, não impede a conclusão de se permitir a sua absorção em relação a este último, desde que praticadas as condutas em idêntico cenário, por exemplo, encontrar-se o laboratório clandestino, onde existe tanto a máquina quanto a droga por ela produzida, terminando-se por tipificar apenas no art. 33, mensurando-se de maneira mais grave a pena. O traficante pode ser tanto aquele que possui o aparelho capaz de produzir o entorpecente e assim o faz, quanto aquele que se dedica somente a criar maquinários para isso e os destina ao fabricante da droga; do mesmo modo, deve-se considerar traficante o mero comerciante, que já recebe o entorpecente pronto e o passa adiante. A cadeia de produção pode iniciar-se com quem fabrica maquinário para criar droga, migrando-se para quem efetivamente produz o entorpecente, transferindo-se para aquele que recebe em depósito toda a droga e atingindo-se o distribuidor, cuja tarefa é destiná-la ao consumidor. Não vemos como diferenciar, em nível de hediondez, cujo propósito punitivo mais severo tem nascedouro na Constituição Federal, entre todos eles. São igualmente traficantes de drogas.

A cominação de penas em diversos patamares para os arts. 33, 34, 36 e 37 – cada qual com a sua faixa diferenciada entre o mínimo e o máximo – não fornece critério algum para constatar que um deles constitui tráfico de drogas e outros, não. Afinal, se fosse aquilatada apenas a gravidade abstrata da pena, o financiador do comércio de drogas (art. 36) seria o único traficante da Lei 11.343/2006, pois é a mais elevada sanção: reclusão, de 8 a 20 anos, e multa. Até mesmo o agente do art. 33 não deveria ser considerado traficante, crime equiparado a hediondo, afinal, possui penas mais brandas. O critério legislativo de mensuração abstrata da faixa aplicável ao autor do delito constitui medida de política criminal compreensível: o financiador do tráfico merece a maior sanção, pois, sem ele, pode ser que os delitos dos arts. 33 e 34 não se perfaçam; o produtor direto e distribuidor (art. 33) fica em segundo plano, pois vinculado mais proximamente ao consumo; em terceiro, quem fabrica o maquinário voltado à constituição da droga, visto estar mais distante do usuário; o informante-colaborador situa-se no quarto nível, por ser considerado um participante de menor relevo. Todos eles, no entanto, praticam o tráfico ilícito de drogas, crime equiparado a hediondo.

Qualquer pessoa pode cometer esse delito, figurando como comum. A sociedade é o sujeito passivo, pois o bem jurídico lhe interessa: saúde pública. Somente se pune a título de dolo, sem haver elemento subjetivo específico, e não há previsão para a forma culposa.

Nos formatos *transportar, possuir* e *guardar* cuida-se de infração penal permanente, significando que a consumação se protrai na linha do tempo, justificando-se a prisão em flagrante enquanto o agente estiver *transportando, possuindo* e *guardando* o maquinário, aparelho, instrumento ou objeto constante do tipo. Quanto à conduta *utilizar*, pode se desenvolver na modalidade permanente ou instantânea, conforme o caso concreto. Nada impede o desenvolvimento da tentativa, desde que consista em diversos atos, podendo-se visualizar e dividir o *iter criminis*.

1.1 Figura típica autônoma

Consideramos o tipo penal do art. 34 autônomo em relação ao art. 33, no sentido de que não ingressa no cenário do *conflito aparente de normas*, de onde se poderia extrair o conceito de *subsidiariedade*. Para tanto, em primeiro plano, dever-se-ia visualizá-lo como *conflitante* com o referido art. 33, o que não nos soa adequado. É possível que o agente desenvolva as duas condutas de maneira completamente separadas e individualizadas, sem as mesclar em conflito insolúvel.

No tocante ao princípio da subsidiariedade, uma norma é subsidiária a outra quando a conduta nela prevista integra o tipo da principal (*lex primaria derogat legi subsidiariae*), significando que a lei principal afasta a aplicação de lei secundária. A justificativa é que a figura subsidiária está inclusa na principal, que possui a sanção mais grave.

Há duas formas de ocorrência: a) *subsidiariedade explícita*, quando a própria lei indica ser a norma subsidiária de outra ("se o fato não constitui crime mais grave", "se o fato não constitui elemento de crime mais grave", "se o fato não constitui elemento de outro crime"). Ex.: exposição a perigo (art. 132, CP), subtração de incapazes (art. 249, CP), falsa identidade (art. 307, CP), simulação de autoridade para celebrar casamentos (art. 238, CP), simulação de casamento (art. 239, CP); b) *subsidiariedade implícita* (ou tácita), quando o fato incriminado em uma norma entra como elemento componente ou agravante especial de outra norma. Ex.: estupro contendo o constrangimento ilegal; dano no furto qualificado pelo arrombamento.

Não visualizamos nenhuma dessas hipóteses quando confrontamos ambos os artigos (33 e 34). O art. 34 não traz a menção de somente ser punível caso não se aplique fato mais grave, tampouco de ser elemento constitutivo de outro delito. Além disso, para a prática do crime do art. 33, não é necessário passar por qualquer conduta prevista no art. 34. Desse modo, são tipos autônomos.

Sob outro prisma, embora se possa apontar o art. 34 como menos grave que o art. 33, essa conclusão não afasta a independência de ambos. Além disso, pode-se utilizar o critério da absorção (ou consunção) como medida de política criminal, para não haver o superdimensionamento da punição, quando se verificar tratar-se de um mesmo contexto em que se desenvolvam as condutas, como expusemos anteriormente. Nesse aspecto, quem importa maconha para distribuição e paralelamente fabrica maquinário para produzir metanfetamina deve responder por dois delitos, em concurso material, inexistindo fundamento para utilizar o critério da consunção, visto que o perigo à saúde pública é duplo, abrangendo dois entorpecentes distintos em contextos igualmente diferentes. Diversamente, num mesmo laboratório, há utilização de maquinário destinado a fabricar metanfetamina, assim como a própria preparação dessa droga. Por certo, razões de política criminal levam a determinar a absorção do tipo penal do art. 34 pelo art. 33, punindo-se somente a figura deste último (preparar ou fabricar droga, valendo-se de maquinário destinado a esse fim).

Afirmar que o conteúdo do art. 34 é sempre a preparação para a prática do art. 33 não é espelho da realidade, tendo em vista depender dos fatos.[2]

Quanto à destinação específica ou genérica dos utensílios válidos para sustentar a fabricação, preparação, produção ou transformação de drogas proibidas, parece-nos mais adequado o objetivo genérico, ou seja, não é preciso que o aparelho sirva exclusivamente para esse fim ilícito. Sobre o tema, dizem GRECO FILHO e RASSI que "não existem aparelhos de destinação exclusivamente a essa finalidade [fabricação de droga]. Qualquer instrumento ordinariamente usado

---

[2]   Sobre o tema, em visão similar, CRUZ, RUY e SOUZA argumentam que "o crime do art. 34 é relativamente subsidiário em relação ao crime previsto no art. 33, caso haja um vínculo direto e exauriente entre a conduta do tráfico e o maquinário ou outro material apreendido ou descoberto. (...) Outra será a solução, entretanto, se ficar evidenciado que os objetos a que se refere o art. 34 são autônomos em relação ao crime de tráfico de drogas apreciado no caso concreto, evidenciando que o referido material serve a uma destinação permanente, como na hipótese em que o agente se utiliza de um laboratório para as finalidades descritas no artigo em comento, mas a droga apreendida foi importada por ele. Neste caso, trata-se de crimes autônomos e haverá, em regra, concurso material com as condutas relacionadas ao tráfico de drogas, não havendo que se falar em consunção" (Lei de Drogas: comentada conforme o pacote anticrime (Lei n. 13.964/2019), p. 161-162).

em laboratório químico pode vir a ser utilizado na produção de tóxicos: um bico de Bunsen, uma estufa, pipetas, destiladores etc. Estes mesmos instrumentos poderiam ser, e comumente o são, empregados em atividades inocentes".[3]

Sobre a hediondez, consultar o item 4 do Capítulo IV.

1.2 Utilização da causa de diminuição do § 4.º do art. 33

Há quem sustente a viabilidade de aplicação do redutor previsto no § 4.º do art. 33 às figuras incriminadoras do art. 34.[4] Assim não pensamos. A analogia é um instrumento utilizado para suprir lacunas, moldado para situações similares, algo que não acontece no tocante ao art. 34.

Em primeiro lugar, a pena desse delito (reclusão, de 3 a 10 anos, e multa) é inferior à prevista pelo art. 33 (reclusão, de 5 a 15 anos, e multa), razão pela qual o legislador estipulou uma causa de diminuição específica para o mencionado art. 33 apenas.

Em segundo, inexiste qualquer lacuna, mas uma opção de política criminal, por meio da qual o Legislativo não encontrou substrato para a concessão de um redutor, mormente pelo motivo exposto no parágrafo anterior, ou seja, a pena já é menor que a do art. 33.

Em terceiro, a ocorrência de tráfico do art. 33, com as suas 18 condutas, tendo por objeto qualquer substância entorpecente proibida, é comum e frequente, possibilitando, com facilidade, a sua prática por várias pessoas; afinal, basta trazer consigo uma porção de maconha, por exemplo, entregando-a a terceiro, com ou sem lucro, para figurar como traficante. Em outro prisma, a prática do tipo do art. 34 é incomum e mais rara, pois não é simples possuir maquinário, aparelho, instrumento ou outro objeto destinado a fabricar, preparar, produzir ou transformar drogas.

Em quarto, a construção de um tipo penal, contendo qualificadoras ou privilégios, causas de aumento ou diminuição, cabe ao Legislativo, seguindo a sua visão particular acerca do delito, de modo que não nos parece cabível que o Judiciário invoque *lacuna* – inexistente, pois o tipo é perfeitamente aplicável – para conceder redução de pena a quem não possui esse beneplácito legal.

---

[3] Greco Filho e Rassi, *Lei de Drogas anotada*, p. 116.

[4] Pagliuca e Cury, *Lei de Drogas*, p. 79.

Capítulo VI
ASSOCIAÇÃO CRIMINOSA

1 TIPO INCRIMINADOR (ART. 35)[1]

Trata-se da espécie de associação criminosa relacionada ao tráfico de drogas, com o diferencial de se tratar da única que admite, expressamente, a união de apenas duas pessoas para se configurar, embora possam existir várias outras. Indica-se, como finalidade específica, a prática dos delitos previstos pelo art. 33, *caput* e § 1.º, bem como pelo art. 34.

O tipo aponta a reunião de duas ou mais pessoas com o propósito de cometer os delitos previstos no art. 33, *caput* e § 1.º (formas comuns do crime), sem a inclusão das modalidades privilegiadas dos §§ 2.º a 4.º, além de inserir o art. 36 no parágrafo único. Não há dúvida de que essa associação beneficia o tráfico de drogas, embora o bem jurídico primordial seja a paz ou segurança pública, como as demais figuras típicas existentes em outras leis (arts. 288 e 288-A do Código Penal; art. 2.º da Lei 12.850/2013). Por isso, não deve ser considerado crime equiparado a hediondo, pois a Constituição Federal se refere expressamente a tráfico ilícito de entorpecentes, assim como a Lei 8.072/1990.

A referência feita à possibilidade de se configurar o delito do art. 35, independentemente de a prática dos delitos dos arts. 33 e 34 ser ocasional ou reiterada,

---

[1] "Art. 35. Associarem-se duas ou mais pessoas para o fim de praticar, reiteradamente ou não, qualquer dos crimes previstos nos arts. 33, *caput* e § 1.º, e 34 desta Lei: Pena – reclusão, de 3 (três) a 10 (dez) anos, e pagamento de 700 (setecentos) a 1.200 (mil e duzentos) dias-multa. Parágrafo único. Nas mesmas penas do *caput* deste artigo incorre quem se associa para a prática reiterada do crime definido no art. 36 desta Lei."

não se confunde com a indispensabilidade de se demandar a estabilidade e a permanência da associação.[2] Afinal, essa exigência é o que irá diferenciá-lo do mero concurso de pessoas.[3] O tráfico de drogas pode ser cometido por várias pessoas, em concurso de agentes, sem que eles formem um agrupamento estável e duradouro, com o fim de repetir essa prática outras vezes; pode dar-se, ainda, a hipótese de pessoas se unirem, de modo firme e constante, planejando a concretização de delitos dos arts. 33 e 34 para, depois, executá-los.[4]

Concretiza-se a infração penal do art. 35 assim que se consolidar o grupo, de maneira estável, sendo crime de atividade (formal), sem necessidade de resultado naturalístico, além de se dispensar qualquer prova da materialidade do crime de tráfico de drogas.[5] Aliás, por se tratar de um delito *condicionado* à comprovação da sua durabilidade, não comporta tentativa; noutros termos, assim que demonstrado o seu caráter permanente, está consumado e, antes disso, é um fato atípico.

Em princípio, inexistiria razão para incluir a observação feita no parágrafo único, referindo-se expressamente ao art. 36, pois esse tipo criou uma exceção pluralista à teoria monista, vale dizer, na essência, quem financia o tráfico seria partícipe e poderia incidir nas penas dos arts. 33 ou 34. No entanto, para aplicar uma sanção majorada – reclusão de 8 a 20 anos, e multa –, criou-se a figura do art. 36, considerando-se mais grave financiar do que comercializar diretamente a droga.

Por outro lado, se não tivesse sido inserido o art. 36, de maneira expressa, por certo, dúvidas surgiriam a respeito de ser viável (ou inviável) a inclusão da associação criminosa de financiadores do tráfico. Essa questão iria emergir, com certeza, porque no *caput* do art. 35 constam os arts. 33 e 34, mas não os arts.

---

[2]   Lembrar que se exige, para configurar a associação do art. 35, no tocante ao envolvimento com o financiamento do tráfico (art. 36), a prática *reiterada* deste. A conduta de financiar, sem tomar parte direta no tráfico, é tão rara que se demanda a finalidade de, pelo menos, pretender repeti-lo, ao menos uma vez, para tipificar a associação criminosa.

[3]   No mesmo prisma, Rogério Schietti Cruz, Fernando Estevam Bravin Ruy e Sérgio Ricardo de Souza, *Lei de Drogas*: comentada conforme o pacote anticrime (Lei n. 13.964/2019), p. 167-168.

[4]   No mesmo sentido: Pagliuca e Cury, *Lei de Drogas*, p. 81.

[5]   STJ: "2. O crime de associação para o tráfico (art. 35 – Lei 11.343/2006), mesmo formal ou de perigo, demanda os elementos 'estabilidade' e 'permanência' do vínculo associativo, que devem ser demonstrados de forma aceitável (razoável), ainda que não de forma rígida, para que se configure a societas sceleris e não um simples concurso de pessoas, é dizer, uma associação passageira e eventual" (REsp 1.978.266/MS, 6.ª T., rel. Olindo Menezes, j. 03.05.2022, v.u.).

37 a 39. Certamente, os arts. 38 e 39 não têm nenhuma relação direta com o tráfico, pois o primeiro é uma infração culposa de prescrição de medicamento por profissional de saúde e o outro se cuida de delito de perigo relacionado à condução de aeronave ou embarcação. Mas a não inserção do art. 37 no *caput* poderia gerar a dúvida que afastaria, também, a incidência do art. 36. Então, colocar este último no parágrafo único do art. 35 elimina essa visão.

Pode-se indagar o motivo pelo qual o art. 37 ficou fora da associação criminosa, e realmente assim deve ser, pois se trata, sim, de um outro tipo de partícipe do crime de tráfico, mas com o formato privilegiado, com pena aquém da média dos arts. 33 e 34. A criação dessa outra exceção pluralista à teoria monista, excluindo-o das penas mais severas, tem fundamento na política criminal acertada do Estado, penalizando de modo menos intenso um partícipe de menor importância. Além disso, é ilógico supor uma associação criminosa para se tornar informante de tráfico de drogas. A bem da verdade, nem mesmo associação de financiadores é algo comum de se encontrar.

O agente ativo pode ser qualquer pessoa, constituindo crime comum, enquanto o sujeito passivo é a sociedade, pois o bem jurídico tutelado é a paz ou segurança pública (secundariamente, a saúde pública). Há um ponto a ser debatido, concernente à formação do número mínimo de pessoas, podendo incluir o concurso de menor de 18 anos; é certo que, no Brasil, a faixa etária relativa a quem tem menos de 18 anos não responde por crime, mas isso não impede que alguns jovens possam participar ativamente do tráfico. Desse modo, parece-nos admissível que, havendo entendimento suficiente do menor, ele pode integrar a associação criminosa para formar o número mínimo, independente de serem punidos.

O elemento subjetivo é o dolo, com o elemento subjetivo específico apontando para o ânimo de formação de um grupo durável voltado ao cometimento dos crimes idealizados pela associação (arts. 33 e 34). Não há a forma culposa, até porque seria inviável formar um grupo estável por imprudência, negligência ou imperícia.

A infração penal é de natureza permanente, pois, enquanto a associação estiver formada e ativa, há risco para a paz e a segurança pública.

Capítulo VII
FINANCIAMENTO DO TRÁFICO

1 TIPO INCRIMINADOR (ART. 36)[1]

O tipo penal enfoca o financiamento ou custeio (bancar as despesas ou fornecer dinheiro) do tráfico de drogas, especificamente previstos nos arts. 33, *caput* e § 1.º, e 34 da Lei 11.343/2006, como condutas mistas alternativas, ou seja, o cometimento de uma ou outra, no mesmo cenário, representa um delito único. Parece-nos, ademais, que *financiar* e *custear* são termos sinônimos, não apresentando nenhuma diferença significativa para que se fizessem presentes na descrição do delito.[2]

Entretanto, há quem faça distinção. Para MENDONÇA e CARVALHO, financiar é dar dinheiro, enquanto custear representa o fornecimento de outros bens móveis, como armas, munição, veículos.[3] Adotada a distinção proposta, seria o caso de se excluir, hipoteticamente, o verbo *custear*; assim sendo, quem fornecesse armas, munições, veículos e outros bens móveis, teria praticado fato atípico, pois não seria financiador. Caso se excluísse, por hipótese, o verbo *financiar*, quem desse dinheiro para o tráfico se organizar cometeria fato atípico, pois não estaria custeando. Essa conclusão não nos soa lógica, pois em ambas

---

[1] "Art. 36. Financiar ou custear a prática de qualquer dos crimes previstos nos arts. 33, *caput* e § 1.º, e 34 desta Lei: Pena – reclusão, de 8 (oito) a 20 (vinte) anos, e pagamento de 1.500 (mil e quinhentos) a 4.000 (quatro mil) dias-multa."

[2] Nessa ótica: MASSON e MARÇAL, *Lei de Drogas*, p. 157.

[3] MENDONÇA e CARVALHO, *Lei de Drogas comentada*, p. 146.

as situações o agente dá suporte material para o tráfico, razão pela qual está financiando ou custeando.[4]

O grau de relevância do financiamento ou custeio deve ser avaliado, como se faz nos diversos tipos incriminadores, em relação ao bem jurídico tutelado, na medida adequada para dar sustentáculo à realização do tráfico de drogas, colocando em risco efetivo a saúde pública. Um custeio irrelevante termina por preencher a figura da insignificância e, com isso, torna-se um fato materialmente atípico.

Sob outro aspecto, quem proporciona fundos para a prática do tráfico de drogas é um partícipe desse delito, de modo que, antes da criação do tipo do art. 36, responderia como traficante. O objetivo do legislador, ao inserir a exceção pluralista à teoria monista, destacando-o como infração à parte, voltou-se à cominação de pena mais severa (reclusão, de 8 a 20 anos, e multa). Cuida-se de delito equiparado a hediondo, justamente por se tratar de um apoio determinante à prática de tráfico de drogas. Porém, ao editar a figura do financiador, terminou por destacá-lo do cenário do tráfico exercido de maneira direta; caso o traficante, agente dos delitos dos arts. 33 e 34, também custeie a atividade, deve encaixar-se nesses tipos, promovendo o julgador o devido aumento de pena previsto no art. 40, VII, da Lei 11.343/2006.

A conexão entre o financiamento e o tráfico de drogas torna fundamental a comprovação de alguma das figuras dos arts. 33, *caput* e § 1.º, ou 34. É inseguro apenar de maneira tão grave alguém acusado de financiar ou custear condutas nem sequer demonstradas nos autos, razão pela qual nos parece fundamental comprovar a materialização de alguma das condutas dos artigos mencionados, ainda que não se deva exigir a mesma prova da existência do delito caso fosse haver condenação do traficante e muito menos se demanda que este seja previamente apenado para que o financiador também o seja.[5]

O crime pode ser cometido por qualquer pessoa e a sociedade figura como sujeito passivo, pois o bem jurídico é a saúde pública. O delito é doloso, sem haver elemento subjetivo específico, nem se prever a forma culposa. Conforme o método utilizado para financiar o tráfico, pode consistir em infração permanente ou instantânea (ex.: entregar uma soma única para o tráfico consubstancia-se

---

4   Lembre-se de que o legislador, na sua imprecisão ao redigir tipos penais, costuma inserir vários verbos, que são sinônimos, para apresentar o modelo de conduta proibida.

5   Assim, também: PAGLIUCA e CURY, *Lei de Drogas*, p. 83.

de modo instantáneo; destinar quantias periodicamente, sem cessar, apresenta o formato permanente).[6]

O financiamento não perfaz a modalidade habitual, pois o objetivo não é punir quem apresenta um conjunto de ações que, por isso, indica um comportamento censurável. Pode-se financiar ou custear o tráfico em uma só empreitada.

Na realidade, a censura é evidente, pois financiar o tráfico de drogas é condenável por si só, em ato único ou de modo reiterado.[7] A referência à prática *reiterada* do crime do art. 36, feita no parágrafo único do art. 35, conduz apenas a um fator: pune-se a associação de financiadores, caso esse custeio seja reiterado; do contrário, não se vislumbra necessidade para tanto. O financiamento isolado, previsto no art. 40, VII, da Lei 11.343/2006, destina-se ao traficante (arts. 33 e 34), que também custeia a operação.[8]

Não se trata de crime equiparado a hediondo. Consultar o item 4 do Capítulo IV.

---

[6] No sentido de ser crime instantâneo: Queiroz e Lopes, *Comentários à Lei de Drogas*, p. 104; Rangel e Bacila, *Leis de Drogas*, p. 123.

[7] Considerando crime habitual: Pagliuca e Cury, *Lei de Drogas*, p. 85.

[8] Igualmente: Andrey Borges de Mendonça e Paulo Roberto Galvão de Carvalho (*Lei de Drogas comentada*, p. 116).

Capítulo VIII
COLABORAÇÃO COM O TRÁFICO

1 TIPO INCRIMINADOR (ART. 37)[1]

Pune-se a colaboração, cooperação ou auxílio prestado a um grupo, organização ou associação voltada à prática dos crimes previstos nos arts. 33, *caput* e § 1.º, e 34, como *informante*, aquele que presta esclarecimentos ou avisos interessantes para o comércio de drogas. Por certo, o colaborador, não existisse o tipo do art. 37, poderia ser punido como partícipe do tráfico; no entanto, a criação de um tipo específico a ele destinado terminou por *privilegiar* a sua conduta com sanção menor (reclusão, de 2 a 6 anos, e multa). Entretanto, há um registro particular a ser feito, visto que a colaboração, mesmo como mero informante, *deve dar-se* a um agrupamento de traficantes; se for realizado a um único traficante, não se perfaz o tipo do art. 37 e o informante deve ser enquadrado como partícipe. Mas isso gera uma desproporcionalidade, pois a colaboração a um grupo – mais grave – produz pena de reclusão de 2 a 6 anos (e multa); caso a colaboração se faça a um só traficante – menos grave –, ingressa o informante como partícipe do tráfico, podendo receber pena de reclusão de 5 a 15 anos, e multa (art. 33), ou reclusão de 3 a 10 anos, e multa (art. 34).

Argumentos podem surgir para indicar que o informante, para uma associação ou organização, pode ser menos relevante, pois teria vários integrantes

---

[1] "Art. 37. Colaborar, como informante, com grupo, organização ou associação destinados à prática de qualquer dos crimes previstos nos arts. 33, *caput* e § 1.º, e 34 desta Lei: Pena – reclusão, de 2 (dois) a 6 (seis) anos, e pagamento de 300 (trezentos) a 700 (setecentos) dias-multa."

dispostos a prestar auxílio e, por isso, uma pena menor; por outro lado, para um traficante, pode ser muito mais relevante e, sem esse apoio, o delito nem mesmo poderia concretizar-se, razão pela qual uma pena maior. Porém, na realidade, cuida-se de uma conjectura, não se justificando a aplicação de uma pena mais severa ao colaborador-informante somente porque não foi encaixada a sua conduta no art. 37, já que destinou avisos a um isolado traficante. Diante disso, em homenagem ao princípio da proporcionalidade, deve-se punir o informante com a pena do art. 37 em qualquer situação. O denominado *olheiro* ou *fogueteiro* do tráfico, que alerta o traficante acerca da chegada da polícia, também pode ser encaixado no art. 37, visto ser um modelo de informante.

Exige-se que o informe prestado seja relevante para o grupo, organização ou associação, pois, do contrário, pode gerar falta de interesse punitivo pela insignificância (atipicidade material). A referência feita ao destinatário não demanda agrupamento isoladamente punido como tal, vale dizer, inexiste necessidade de ser colaborador de uma associação criminosa, nos moldes do art. 35 da Lei 11.343/2006, nem mesmo a figura prevista da organização criminosa (Lei 12.850/2013). É preciso, ao menos, que seja um grupo determinado, não se configurando nem mesmo figura típica um auxílio prestado a um número indeterminado de pessoas, sem qualquer individualização, como se poderia imaginar acerca da conduta de um *fogueteiro* que alertasse sobre a chegada da polícia a qualquer pessoa que pudesse praticar tráfico de drogas em uma comunidade, sem nenhum vínculo com qualquer pessoa ou agrupamento.[2]

Qualquer pessoa pode tornar-se colaborador e o sujeito passivo é a sociedade, pois o bem jurídico é a saúde pública. O crime é doloso, sem haver elemento subjetivo específico. Não se pune a forma culposa.

---

[2] STJ: "2. O tipo do art. 37 da Lei n. 11.343/2006 acresce elementos normativos à sua descrição que, uma vez afastados, fariam recair a capitulação do fato no tipo do art. 33 do mesmo diploma legal. Enquanto nesse último estão abarcadas todas as condutas enquadráveis nos 18 verbos do tipo, no primeiro, apenas aquela modalidade de participação - a colaboração como informante para prática dos mencionados verbos – é tipificável. 3. A Lei n. 11.343/2006, ao estabelecer uma tipificação própria para quem colabora com informante, afastou a possibilidade de concurso entre o 'colaborador como informante' e o 'traficante'. (...) 4. Na espécie, a conduta do recorrente pode ser enquadrada tanto na figura do art. 37 quanto do art. 33 da Lei n. 11.343/2006, c/c o art. 29 do Código Penal. No entanto, a elementar 'colaborar como informante' afasta a incidência dos tipos mais gerais, descritos nos arts. 33, *caput* e § 1.º, e 34 do mesmo diploma" (REsp 1.698.621/MG, 6.ª T., rel. Sebastião Reis Júnior, j. 28.03.2019, v.u.).

Capítulo IX
PRESCRIÇÃO CULPOSA DE DROGA

1 TIPO INCRIMINADOR (ART. 38)[1]

As condutas alternativas – *prescrever* e *ministrar* – ligam-se a quem tem a atribuição de receitar algo ou aplicar droga, logo, profissionais específicos da saúde, como médicos, dentistas, enfermeiros, farmacêuticos. No art. 33, *caput*, as mesmas condutas estão previstas, mas, nesse caso, exige-se dolo, enquanto no art. 38 demanda-se culpa.

O desenvolvimento da figura típica foi previsto: a) prescrever ou ministrar drogas ao paciente sem que haja necessidade; b) prescrever ou ministrar drogas ao paciente em doses excessivas; c) prescrever ou ministrar drogas ao paciente em desacordo com determinação legal ou regulamentar.

Como exposto anteriormente, o crime é próprio, exigindo uma qualidade específica do agente, ou seja, ser profissional da saúde.[2] A sociedade figura como sujeito passivo, em primeiro plano, pois se cuida da disseminação de drogas

---

[1] "Art. 38. Prescrever ou ministrar, culposamente, drogas, sem que delas necessite o paciente, ou fazê-lo em doses excessivas ou em desacordo com determinação legal ou regulamentar: Pena – detenção, de 6 (seis) meses a 2 (dois) anos, e pagamento de 50 (cinquenta) a 200 (duzentos) dias-multa. Parágrafo único. O juiz comunicará a condenação ao Conselho Federal da categoria profissional a que pertença o agente."

[2] Não indicando os profissionais, é razoável concluir que são os mesmos que integravam o rol do art. 15 da lei anterior: médico, dentista, farmacêutico, profissionais de enfermagem (ROGÉRIO SCHIETTI CRUZ, FERNANDO ESTEVAM BRAVIN RUY e SÉRGIO RICARDO DE SOUZA, *Lei de Drogas*: comentada conforme o pacote anticrime (Lei n. 13.964/2019),

e, com isso, um prejuízo à saúde pública, mas, por óbvio, secundariamente, o paciente, a pessoa enferma, sob tratamento ou sob cuidado do profissional de saúde.

O elemento subjetivo é a culpa, um comportamento descuidado, que infringe o dever de cuidado objetivo, provocando um resultado involuntário, mas previsível, que deveria ter sido evitado. Caracteriza-se, segundo o disposto no art. 18, II, do Código Penal, pela imprudência, negligência ou imperícia. Havendo dolo, desloca-se para o art. 33. Não há viabilidade de tentativa, como ocorre com todos os crimes culposos.

O disposto no parágrafo único ("o juiz comunicará a condenação ao Conselho Federal da categoria profissional a que pertença o agente") indica que o agente do crime é um profissional da saúde, que cuida de um paciente e possui órgão de classe controlador do exercício profissional. Por isso, para as eventuais medidas administrativas cabíveis, deve o juiz comunicar a ocorrência.

Essa comunicação deve ser feita tão logo seja recebida a denúncia, não havendo necessidade de condenação, com trânsito em julgado. Afinal, a medida não é um efeito da condenação, nem implicará prejuízo necessário ao profissional, porém, dará ciência do acontecimento a quem incumbe fiscalizar a atividade laborativa.

---

p. 180). Noutro sentido, apontando qualquer pessoa, ligada ou não à área da saúde: QUEIROZ e LOPES, *Comentários à Lei de Drogas*, p. 53.

Capítulo X
CONDUÇÃO DE EMBARCAÇÃO OU AERONAVE SOB EFEITO DE DROGA

1 TIPO INCRIMINADOR (ART. 39)[1]

A conduta nuclear do tipo – *conduzir* (guiar ou dirigir) – tem por objeto a embarcação (barco, bote, navio etc.) ou aeronave (como avião, helicóptero etc.), depois de haver o condutor utilizado qualquer droga, considerando-se a substância entorpecente, capaz de perturbar os sentidos de quem delas faz uso, para ser suficiente a configuração desse tipo penal. É dispensável o estado de completa intoxicação, retirando do condutor qualquer possibilidade de autodeterminação.

O tipo do art. 39 da Lei 11.343/2006 possui a figura correlata no art. 306 do Código de Trânsito Brasileiro. Neste, entretanto, cuida-se somente de veículos automotores, na via pública, quando o motorista ingere álcool ou outra substância entorpecente.

---

[1] "Art. 39. Conduzir embarcação ou aeronave após o consumo de drogas, expondo a dano potencial a incolumidade de outrem: Pena – detenção, de 6 (seis) meses a 3 (três) anos, além da apreensão do veículo, cassação da habilitação respectiva ou proibição de obtê-la, pelo mesmo prazo da pena privativa de liberdade aplicada, e pagamento de 200 (duzentos) a 400 (quatrocentos) dias-multa. Parágrafo único. As penas de prisão e multa, aplicadas cumulativamente com as demais, serão de 4 (quatro) a 6 (seis) anos e de 400 (quatrocentos) a 600 (seiscentos) dias-multa, se o veículo referido no *caput* deste artigo for de transporte coletivo de passageiros."

Quanto à condução da embarcação ou aeronave, exige-se a exposição de alguém a um dano potencial, significando um perigo concreto, que deve ser demonstrado, vale dizer, não se acolhe o perigo abstrato, presumido pela lei, diante da mera atividade por parte do agente.[2]

Não é imprescindível, para a caracterização do crime, a individualização de vítimas, sendo dispensável a identificação de quem, efetivamente, correu o risco de ser atingido, sofrendo lesão, em virtude do comportamento do agente. Basta que existam provas suficientes, por exemplo, testemunhal, dando conta de que o autor conduzia o aparelho de modo a colocar em perigo pessoas em geral.

Qualquer pessoa pode cometer o delito e a sociedade é o sujeito passivo, porque o uso de drogas afeta a saúde pública. Secundariamente, a(s) pessoa(s) em perigo. O elemento subjetivo é o dolo de perigo, sem finalidade específica. Não se pune a forma culposa.

O objeto material desse delito é a droga proibida, tendo em vista a sua inserção na Lei 11.343/2006, que cuida justamente dessas substâncias e não as que são de uso lícito, como álcool.

É viável a tentativa, embora de rara configuração.

Além da pena privativa de liberdade e da multa, prevê-se apreensão do veículo (embarcação ou aeronave), cassação da habilitação respectiva ou proibição de obtê-la, pelo mesmo prazo da pena privativa de liberdade aplicada.

A pena passa a ser de reclusão, de 4 a 6 anos, e multa, caso o veículo seja destinado ao transporte coletivo de passageiros, porque o foco se altera substancialmente em face das potenciais vítimas. Note-se que conduzir uma aeronave com 200 passageiros é mais perigoso do que dirigir um avião particular com poucas pessoas.

---

[2] No prisma de se tratar de perigo concreto: QUEIROZ e LOPES, *Comentários à Lei de Drogas*, p. 111.

Capítulo XI

CAUSAS DE AUMENTO DE PENA, DELAÇÃO PREMIADA E CRITÉRIOS DE FIXAÇÃO DA PENA

1 CAUSAS DE AUMENTO DE PENA (ART. 40)[1]

O art. 40 da Lei 11.343/2006 estabelece as causas de aumento de pena, que são circunstâncias legais, previstas expressamente em lei, estipulando uma

---

[1] "Art. 40. As penas previstas nos arts. 33 a 37 desta Lei são aumentadas de um sexto a dois terços, se: I – a natureza, a procedência da substância ou do produto apreendido e as circunstâncias do fato evidenciarem a transnacionalidade do delito; II – o agente praticar o crime prevalecendo-se de função pública ou no desempenho de missão de educação, poder familiar, guarda ou vigilância; III – a infração tiver sido cometida nas dependências ou imediações de estabelecimentos prisionais, de ensino ou hospitalares, de sedes de entidades estudantis, sociais, culturais, recreativas, esportivas, ou beneficentes, de locais de trabalho coletivo, de recintos onde se realizem espetáculos ou diversões de qualquer natureza, de serviços de tratamento de dependentes de drogas ou de reinserção social, de unidades militares ou policiais ou em transportes públicos; IV – o crime tiver sido praticado com violência, grave ameaça, emprego de arma de fogo, ou qualquer processo de intimidação difusa ou coletiva; V – caracterizado o tráfico entre Estados da Federação ou entre estes e o Distrito Federal; VI – sua prática envolver ou visar a atingir criança ou adolescente ou a quem tenha, por qualquer motivo, diminuída ou suprimida a capacidade de entendimento e determinação; VII – o agente financiar ou custear a prática do crime."

214 | DROGAS – DE ACORDO COM A LEI 11.343/2006 – **Nucci**

elevação obrigatória da pena advinda da segunda fase de individualização da pena, em valores fixados por meio de cotas, nesse caso, variáveis de 1/6 a 2/3.

Sobre a aplicação da pena, a primeira escolha do juiz – pena-base – fundamenta-se no art. 59 do Código Penal (circunstâncias judiciais). Após, insere-se, quando possível, agravantes e atenuantes (arts. 61 a 66, CP). Em seguida, passa-se à aplicação das causas de aumento e diminuição da pena, no caso as previstas no art. 40. Se houver mais de uma, incidindo ao mesmo fato, pode o magistrado aplicar todas as que encontrar ou somente uma delas, a teor do disposto no art. 68, parágrafo único, do Código Penal. O âmbito de incidência das causas de aumento se volta aos crimes previstos pelos arts. 33 a 37.

1.1 Transnacionalidade da substância ou produto do crime

O tráfico internacional de entorpecentes representa o denominado *delito à distância*, aquele que começa no Brasil e termina no exterior (ou principia no estrangeiro e finaliza no território nacional), e não somente é crime da competência da Justiça Federal (art. 109, V, CF), mas também comporta a elevação da pena de 1/6 a 2/3.

Parece-nos mais grave a conduta daquele que mantém vínculos com o exterior para disseminar a droga por vários lugares do mundo, motivo pelo qual é justificado o aumento. Entretanto, não há necessidade de lucro, pois o tipo penal não exige. É óbvio que, como regra, existe *comércio* no tráfico internacional de entorpecentes, logo, obtenção de vantagem econômica, porém não é este indispensável.

Inexiste *bis in idem* (dupla punição pelo mesmo fato), caso se aplique esta causa de aumento em face do envolvimento do acusado com organização criminosa internacional, ao mesmo tempo que se afasta a aplicação do redutor previsto no § 4.º do art. 33, porque verificada esta situação. Afinal, são dois prismas diferentes. Um deles se volta à fixação da pena e seu montante, enquanto outro cuida da concessão ou não de um benefício; portanto, quando há tráfico internacional, o agente deve ser mais gravemente apenado e não tem direito ao redutor, porque detectado justamente o obstáculo imposto por lei para essa concessão. Como já expusemos em tópico anterior, é possível considerar-se a reincidência do autor para agravar a pena e depois negar-se a suspensão condicional da pena, por conta da referida reincidência, ou mesmo impor o regime inicial fechado, pelo mesmo fator.

1.2 Função pública ou missão de educação, poder familiar, guarda e vigilância

O agente que possua *função pública* – quem presta serviços para o Estado, com ou sem cargo ou emprego – deve assegurar respeito à imagem da admi-

Capítulo XI • Causas de Aumento de Pena, Delação Premiada | **215**

nistração pública, exercendo o seu mister de maneira apropriada e escorreita, de modo que merece pena mais grave caso cometa qualquer crime relacionado ao tráfico de drogas valendo-se da sua atividade. Tratando-se de agente policial, prestador de serviço à segurança pública, com maior razão, o aumento deve ser aplicado em *quantum* superior ao mínimo de um sexto.

Sob outro aspecto, quem possui a missão de educar, exerce o poder familiar, possui a guarda de outrem ou tem o dever de vigilância, tal como o professor, no primeiro caso, os pais, no segundo, bem como o guardião ou tutor de pessoa incapaz, por exemplo, devem ser mais gravemente apenados pelo desvirtuamento de suas obrigações básicas, na medida em que se envolvem com o tráfico ilícito de drogas. Imagine-se o docente, com ascendência no tocante aos seus alunos, cujo exemplo de vida termina maculado pelo comércio de entorpecentes proibidos; o grau de sua culpabilidade – reprovação merecida – é mais intenso, justificando-se a causa de aumento de pena. Outra ilustração concerne ao pai, que exerce o tráfico de drogas em sua casa, onde há filhos em processo de formação moral e intelectual, prejudicando a sua educação, impondo-se sanção mais severa.

1.3 Locais particularmente relevantes

As dependências ou arredores de estabelecimentos prisionais, de ensino, hospitalares, bem como sedes de entidades estudantis, sociais, culturais, recreativas, esportivas ou beneficentes são destinados a objetivos importantes para a sociedade e precisam ser preservados de qualquer espécie de criminalidade; no entanto, a prática de tráfico de drogas se torna mais fácil quando o ambiente é frequentado por pessoas mais vulneráveis ou despreocupadas com a segurança. No presídio, onde se busca a ressocialização de quem cumpre pena, o comércio de entorpecentes se torna nefasto, pois corrompe ainda mais o ambiente, que já é hostil por natureza, transformando os detentos em autores de falta grave e reincidentes, de modo a penalizá-los ainda mais. Não bastasse, o traficante tende a dominar o local, vender drogas para presidiários, que podem se viciar, provocando problemas sérios ao sistema prisional, além de cultivar associações criminosas e domínio dos internos mais frágeis. É uma fonte pródiga para a geração de mais adversidades.

Observe-se, também, o que se passa em estabelecimentos de ensino, onde devem imperar a educação e a cultura e não o crime, bem como nos hospitais, lugares em que se cuida de pessoas enfermas, de forma que a disseminação do tráfico pode agravar a situação de quem zela pelos doentes ou por parte de quem ali se encontra para se recuperar. As sedes estudantis, sociais, culturais, recreativas, esportivas ou beneficentes são locais frequentados por pessoas despreocupadas com a criminalidade, pois ali se encontram para estudar, divertir-se, promover atividades caritativas ou competitivas, além de proporcionarem maior

216 DROGAS – DE ACORDO COM A LEI 11.343/2006 – Nucci

concentração de indivíduos, o que favorece a atividade do traficante. Os locais de trabalho coletivo e recintos de espetáculos ou diversões, além de permitirem maior concentração de pessoas, situação facilitadora para o comércio de drogas, agregam pessoas que nem mesmo se preocupam com essa atividade, visto estarem concentradas em outros focos.

Lugares onde há serviço de tratamento de dependentes de drogas ou de reinserção social, por razões evidentes, são totalmente incompatíveis com o cometimento de crimes, particularmente o tráfico de drogas. Em unidades militares ou policiais, em que o quesito relativo à segurança é fundamental, o comércio de entorpecentes pode contrariar justamente esse objetivo. Finalmente, nos transportes públicos, concentra-se um número considerável de pessoas, favorecendo o tráfico.

Deve-se avaliar a relação causal existente entre a preparação, execução ou consumação do tráfico de drogas e todos esses lugares descritos em lei para que não haja uma elevação ilógica da sanção penal, vale dizer, o lugar precisa ser utilizado pelo traficante de maneira proposital, valendo-se das suas peculiaridades e realmente recebendo benefícios em virtude disso. Não pode ser algo meramente casual ou fortuito, especialmente quando se pretende interpretar a parte referente às *imediações*, cujo significado gira em torno de arredores, proximidades ou cercanias, variando a distância, conforme a avaliação de cada um, podendo desencadear uma análise muito subjetiva, gerando aplicações desiguais. Portanto, a busca no nexo de causa e efeito é relevante, de modo que a distância de 100 metros de uma escola pode ser considerado um sítio *próximo* o suficiente para gerar a causa de aumento, *se o traficante estiver vendendo para estudantes*, mas não há sentido para o comércio eventual de duas pessoas que não têm nenhuma ligação com o estabelecimento de ensino. Por certo, há maior facilidade de identificação da relação causal quando o crime ocorre nas dependências do lugar, tal como acontece com o tráfico no interior de presídio, onde se deve buscar, ao máximo, evitar a prática de qualquer delito. Entretanto, tem predominado o entendimento, nos tribunais, do caráter meramente objetivo da causa de aumento – estar por perto dos locais enumerados na lei.

Em outro prisma, há de se conectar a atividade da traficância com o lugar, tornando-a mais facilitada, mesmo que não esteja ocorrendo a venda ou compra com o frequentador do local.[2] Pode-se reputar presente a causa de aumento se o

---

[2] STF: "3. A Primeira Turma desta Corte já decidiu que o 'tráfico de drogas nas imediações de estabelecimentos de ensino é suficiente para incidência da causa de aumento de pena prevista no art. 40, III, da Lei 11.343/2006, independente de os agentes visarem ou não os frequentadores daquele local' (HC 116.929, Rel. Min. Luiz Fux)" (HC 208.744 AgR, 1.ª T., rel. Roberto Barroso, 21.03.2022, v.u.).

crime é cometido dentro de um hospital, mesmo que a troca de drogas ocorra entre duas pessoas saudáveis, não integrantes do corpo de funcionários do estabelecimento, porque existe a viabilidade de migrar para indivíduos enfermos ou profissionais de saúde, além de favorecer a impunidade do agente, que se vale de um ponto de menor vigilância contra a criminalidade. Idêntica situação pode ser aventada no caso de prática de tráfico dentro da escola, independente de se tratar de envolvimento direto com professor ou aluno, tendo em vista a potencialidade de se disseminar o comércio do entorpecente dentre os frequentadores do estabelecimento de ensino.[3]

Os enfoques variam quando se mudar a localidade e o propósito do agente, como pode acontecer no caso de traficante que se encontra em transporte público, sendo aí surpreendido carregando drogas, com *intenção* de comercializar distante de onde se encontra, vale dizer, usa o ônibus ou metrô apenas para se deslocar de um lugar a outro. O quadro se altera se o traficante está *transportando* a droga de um local a outro, *valendo-se* daquele específico meio de transporte. Note-se ser diferente transportar-se de um ponto a outro para *depois* exercitar o tráfico e utilizar o transporte público *para levar a droga* de um lugar a outro. No primeiro caso, o transporte público leva uma pessoa, que é traficante; no segundo, é utilizado o transporte público como meio para praticar o tráfico.

Sobre a extensão da análise do lugar, o propósito de apenar mais gravemente quem se vale desse cenário particularmente relevante merece a elasticidade compatível com tal finalidade. Eis por que onde se analisa o estabelecimento prisional, considere-se, igualmente, a cadeia pública ou o centro de detenção provisória, pois todos estão ligados à detenção de autores de crimes. Como se mencionou anteriormente, é irrelevante se um preso passa droga a outro, se o agente penitenciário (policial penal) passa a outro ou a algum preso, se um estranho leva entorpecente para entregar ao preso ou ao funcionário local, enfim, todo tráfico no estabelecimento prisional precisa ser mais severamente apenado. Outra ilustração pode cingir-se ao conceito de estabelecimento hospitalar, comportando tanto o hospital propriamente dito, quanto a casa de saúde ou o posto de saúde.[4]

---

[3]   STF: "2. A majoração da pena na terceira fase da dosimetria no patamar de 1/6 (fundamentação concreta) ampara-se em circunstância fática na qual foi praticado o crime de tráfico de drogas, isto é, nas imediações de ginásio esportivo, unidade de saúde, escola, igrejas e centro espírita, conjuntura essa que, na trilha da jurisprudência desta Corte Suprema, é suficiente para a incidência da causa de aumento prevista no art. 40, III, da Lei 11.343/06. Precedentes" (HC 207.049 AgR, 1.ª T., rel. Alexandre de Moraes, 25.10.2021, maioria).

[4]   Quanto à análise das imediações, inexiste precisão métrica. É preciso verificar se o agente do crime dispunha de condições para atingir de forma imediata os frequentadores daquele determinado local (MARCÃO, *Lei de Drogas*, p. 158).

1.4 Meio de execução do tráfico de drogas

A intimidação difusa (disseminada) ou coletiva (extensiva a várias pessoas), realizada por *qualquer processo*, pode envolver o tráfico ilícito de drogas, como se constata com a atuação de traficantes, ao exercer o domínio em relação a certas comunidades, impondo a *lei do silêncio*, a *colaboração forçada* e até mesmo a *proteção* ao comércio ilegal. Assim sendo, caso seja preso e processado, não é inviável nem difícil comprovar o mencionado processo intimidatório para o exercício do tráfico e, por isso, incide a causa de aumento de pena. Essa parte configura o gênero do qual são exemplificadas, como espécies, a violência, a grave ameaça e o emprego de arma de fogo, embora se saiba que o tráfico de entorpecentes prescinde desse tipo de instrumentalização para se consumar.

Por certo, deve-se avaliar *como* o traficante exerce o seu comércio e, caso utilize a violência para intimidar rivais ou mesmo consumidores e até agentes policiais, configura-se a causa de aumento. Do mesmo modo, se usar a grave ameaça ou valer-se de armas de fogo para tais finalidades.

Há possibilidade de se constatar diversos outros crimes, que precisam ser punidos em concurso com o tráfico de drogas, caso haja o emprego de violência ou grave ameaça, como homicídio, lesão corporal, tortura, dentre outros, além de ser cabível, usando arma de fogo ilegal, a tipificação pelo crime previsto na Lei 10.826/2003. Deve-se evitar o *bis in idem*, que aconteceria se o agente fosse punido pelo delito violento e, também, por tráfico com a causa de aumento do inciso IV do art. 40 da Lei 11.343/2006, ambos lastreados pelo mesmo fato.

Quanto ao emprego de arma de fogo, havíamos sustentado anteriormente a necessidade de apreensão e perícia da arma para incidir essa causa de aumento, mas é preciso alterar essa visão, na medida em que o STF dispensou a mesma situação – apreensão e perícia da arma – para incidir a causa de aumento do cometimento de roubo com emprego de arma de fogo. De fato, está correta essa decisão, pois o uso da arma é uma circunstância do crime e não a tipificação em si mesma, como seria se o delito fosse o de porte ilegal de arma.

Ainda no tocante ao uso do emprego de armas, afirmam CRUZ, RUY e SOUZA que "tornou-se comum, infelizmente, a ação afrontosa de grupos e organizações criminosas que comandam o tráfico de drogas e ocupam comunidades e bairros onde o Estado não se faz presente, exercendo o tráfico e mantendo a população sob controle, através da intimidação difusa ou coletiva decorrente de atos de violência e de ameaças, não só contra a comunidade, mas, também, em relação às autoridades e agentes que atuam no sistema de justiça criminal".[5]

---

[5] CRUZ, RUY e SOUZA, *Lei de Drogas*: comentada conforme o pacote anticrime (Lei n. 13.964/2019), p. 193.

Outro ponto de vista é apontado por Greco Filho e Rassi: "os crimes dos arts. 33 a 37 não são crimes habituais, de modo que é difícil imaginar que uma conduta determinada neles prevista seja praticada *com* violência ou grave ameaça. A violência está ligada, de regra, à proteção dos chefes ou agentes do tráfico em face da atuação policial ou de organizações criminosas rivais e não à prática de uma conduta determinada, do tráfico em si".[6]

1.5 Tráfico interestadual de drogas

O comércio ilegal de drogas envolvendo mais de um país, além do Brasil, faz surgir o tráfico internacional de entorpecentes (art. 40, I, Lei 11.343/2006). Quando o tráfico atingir mais de uma região do País, promovendo, portanto, uma distribuição espalhada e não concentrada da droga, de fato, cuida-se de circunstância mais grave, a merecer maior censura, consequentemente, aumento de pena. Sobre o tema: Súmula 587 do STJ: "Para a incidência da majorante prevista no art. 40, V, da Lei 11.343/2006, é desnecessária a efetiva transposição de fronteiras entre estados da Federação, sendo suficiente a demonstração inequívoca da intenção de realizar o tráfico interestadual".[7]

A gradação – de 1/6 a 2/3 – deve cingir-se ao grau de abrangência do crime e, quanto mais Estados-membros abrangidos pela atividade do agente, maior deve ser o aumento. Se envolver apenas dois Estados, por exemplo, o aumento de 1/6 é suficiente. Essa circunstância permite a atuação da Polícia Federal, nos termos do art. 144, § 1.º, II, da Constituição Federal, bem como do art. 1.º, parágrafo único, da Lei 10.446/2002. A competência para processar e julgar o criminoso continua a ser da Justiça Estadual.

1.6 Envolvimento de criança ou jovem ou outra vulnerabilidade

Nos termos do art. 2.º do Estatuto da Criança e do Adolescente (Lei 8.069/1990), considera-se criança a pessoa até doze anos de idade incompletos, e adolescente, a pessoa entre doze anos completos e dezoito anos incompletos. A capacidade de resistência de crianças e adolescentes, em virtude de seu amadurecimento incompleto, é menor, razão pela qual podem ser envolvidos por traficantes, não somente para consumir drogas, mas também para acompanhar,

---

[6]   Greco Filho e Rassi, *Lei de Drogas anotada*, p. 135.

[7]   STF: "3. A jurisprudência desta Corte firmou-se no sentido de que 'para a configuração do tráfico interestadual de drogas (art. 40, V, da Lei 11.343/2006), não se exige a efetiva transposição da fronteira, bastando a comprovação inequívoca de que a droga adquirida num estado teria como destino outro estado da Federação' (HC 115.893/MT, Rel. Min. Ricardo Lewandowski, Segunda Turma, *DJe* de 04.06.2013)" (HC 194.322 AgR, 2.ª T., rel. Edson Fachin, 28.06.2021, v.u.).

DROGAS – DE ACORDO COM A LEI 11.343/2006 – Nucci

de algum modo, a prática da infração penal.[8] É imprescindível comprovar a idade do infante ou jovem para aplicar o aumento, valendo-se de qualquer documento válido (RG, CPF, certidão de nascimento), sem que se possa considerar, nesta hipótese, depoimento testemunhal, pois o estado das pessoas depende de prova documental, nos termos da lei civil.

De qualquer forma, para a aplicação dessa causa de aumento, torna-se fundamental considerar a não configuração do crime de corrupção de menores (art. 244-B, Lei 8.069/1990). Afinal, se essa figura típica estiver presente, haverá concurso material com o delito de tráfico ilícito de drogas, em qualquer de suas formas (arts. 33 a 37), sem a incidência da causa de aumento do inciso V. Entretanto, se a criança ou o adolescente for o destinatário do entorpecente ou presenciar o cometimento do delito – caso de pais que traficam no domicílio da família –, insere-se a causa de aumento.

Menciona-se, ainda, o envolvimento de qualquer pessoa vulnerável pela diminuição ou supressão da capacidade de entendimento e determinação, podendo-se incluir, como exemplos, as pessoas com deficiência mental, os ébrios, os viciados em drogas ou sob efeito de entorpecente, entre outros. Apresentam quadro similar a criança ou adolescente, incapazes, como regra, de reagir e afastar-se do tráfico de drogas, justamente por ausência de amadurecimento ou porque padecem de perturbações mentais.

1.7 Financiamento ou custeio do delito

Há o tipo penal específico para quem financia ou custeia o tráfico sem executar diretamente os tipos dos arts. 33 e 34 (art. 36, Lei 11.343/2006), razão pela qual o emprego da causa de aumento do inciso VI do art. 40 da referida lei depende de se constatar que o traficante-executor financia ou custeia a sua prática. É natural deduzir que não se pode punir o agente financiador do crime do art. 36 com essa causa de aumento, evitando-se o *bis in idem*.

Nada impede, no entanto, que alguém cometa o crime do art. 33, custeando a sua prática, em determinado cenário e, em situação totalmente diversa, financie o tráfico executado por terceiro. Haveria o cometimento de dois delitos: art. 33, com a causa de aumento do art. 40, VI, e art. 36.

---

[8] STJ: "Para a configuração da causa de aumento do art. 40, inciso VI, da Lei n. 11.343/2006, não importa se o adolescente envolvido na prática da mercancia ilícita não era neófito no mundo do crime" (AgRg no HC 739.533/SP, 5.ª T., rel. Reynaldo Soares da Fonseca, 24.05.2022, v.u.).

2 DELAÇÃO PREMIADA[9]

A delação significa a admissão da prática de um crime, indicando e identificando um outro colaborador. Diversamente ocorre na confissão, em que o autor apenas admite o cometimento do delito. Não se confunda, ainda, com a negativa da prática da infração penal, buscando indicar outra pessoa, no seu interrogatório. O valor probatório da delação é relativo, sempre dependente de outras provas para confirmá-lo, pois imputar o crime a outrem pode consistir em ato de vingança, ódio, maldade, engano, confusão e até para receber um benefício. Neste último caso, cuida-se da delação premiada.

Independentemente dos prós e contras da delação, como instrumento probatório para levar à condenação de alguém, é fato que ela existe, prevista em vários diplomas legais, inclusive no art. 41 da Lei 11.343/2006. Por isso, para o enfrentamento do crime, especialmente em sua forma organizada, tem sido indispensável a sua utilização.

São requisitos para a sua concessão, que implica somente redução da pena, mas não perdão judicial: a) haver um inquérito, com indiciamento, ou um processo contra o autor da delação; b) prestação de colaboração *voluntária* (livre de qualquer coação física ou moral), mas sem necessidade de se buscar espontaneidade (arrependimento sincero ou desejo íntimo de contribuir com a Justiça). Em outras palavras, a delação pode ter por fundamento, exclusivamente, o intuito de obter o benefício previsto no art. 40, ainda que o agente não esteja arrependido do que fez, valendo, inclusive, quando houver o aconselhamento do defensor para que assim aja; c) concurso de pessoas em qualquer dos delitos previstos na Lei 11.343/2006. Não é viável falar-se em delação premiada, com base no art. 41 desta Lei, se o coautor ou partícipe do delito de tráfico ilícito de entorpecentes presta depoimento, narrando as condutas e permitindo a identificação de seus comparsas em crimes outros, não ligados a tóxicos. Se assim ocorrer, deve-se buscar, quando possível, o permissivo legal em outras leis para a obtenção de algum benefício. Portanto, é preciso que o indiciado ou réu delate seus companheiros do crime ao qual responde, com base na Lei 11.343/2006; d) recuperação total ou parcial do produto do crime. Este é a droga e não o lucro ou vantagem que a sua inserção no mercado acarreta. Menciona a norma do art. 41 o *produto* do delito e não o proveito. Logo, é a substância entorpecente, que necessita ser recuperada, total ou parcialmente. Não deixa de ser uma previsão positiva, pois confere maior credibilidade ao delator, afinal, ele indica os

---

[9] "Art. 41. O indiciado ou acusado que colaborar voluntariamente com a investigação policial e o processo criminal na identificação dos demais coautores ou partícipes do crime e na recuperação total ou parcial do produto do crime, no caso de condenação, terá pena reduzida de um terço a dois terços."

comparsas, mas também onde pode ser encontrada a droga. Os requisitos são, obviamente, cumulativos.

Não se exige a comprovação de se tratar de associação criminosa, prevista no art. 35 da Lei 11.343/2006, tampouco de organização criminosa, como espelhado pela Lei 12.850/2013. Basta cuidar-se de concurso de agentes.

Para a concessão do benefício redutor da pena, torna-se preciso haver a condenação do delator, pois é na sentença que se dará a aplicação da diminuição prevista pelo art. 41. Essa redução incide na terceira fase da individualização, depois de ter o julgador estabelecido a pena-base, com as circunstâncias judiciais, e inserido eventuais agravantes e atenuantes.

Quanto ao grau de diminuição (1/3 a 2/3), deve o juiz valer-se do nível efetivo de colaboração do delator, podendo ponderar o seguinte: a) se, além de voluntária, a delação for também espontânea (fruto do arrependimento sincero); b) se todos os coautores e partícipes delatados foram encontrados e processados; c) se a recuperação do produto do crime foi total ou parcial. Em suma, se houve delação voluntária e espontânea, todos os concorrentes foram detectados e processados pelo Estado, além de ter sido encontrado todo o produto do crime, parece-nos aplicável a diminuição de dois terços. Menos que isso, deve o julgador mensurar a diminuição para menos, até atingir, quando for o caso, apenas um terço. Não nos parece cabível lidar com personalidade, antecedentes, primariedade e outros fatores de ordem pessoal para que tal diminuição se dê, pois são elementos ligados ao estabelecimento da pena-base (art. 42, Lei 11.343/2006).

3 FIXAÇÃO DA PENA (ARTS. 42 E 43)[10-11]

3.1 Conceitos básicos

A individualização da pena é um princípio constitucional contendo o mandamento de que não deve ser aplicada uma pena padronizada, conforme

---

[10] "Art. 42. O juiz, na fixação das penas, considerará, com preponderância sobre o previsto no art. 59 do Código Penal, a natureza e a quantidade da substância ou do produto, a personalidade e a conduta social do agente."

[11] "Art. 43. Na fixação da multa a que se referem os arts. 33 a 39 desta Lei, o juiz, atendendo ao que dispõe o art. 42 desta Lei, determinará o número de dias-multa, atribuindo a cada um, segundo as condições econômicas dos acusados, valor não inferior a um trinta avos nem superior a 5 (cinco) vezes o maior salário mínimo. Parágrafo único. As multas, que em caso de concurso de crimes serão impostas sempre cumulativamente, podem ser aumentadas até o décuplo se, em virtude da situação econômica do acusado, considerá-las o juiz ineficazes, ainda que aplicadas no máximo."

os parâmetros estabelecidos em lei (art. 5.º, XLVI, 1.ª parte, CF). Significa deva o julgador tornar personalizada e especificada a pena para cada réu condenado, concretizando a sanção penal, valendo-se dos limites cominados no tipo penal.

Há três fases da individualização: a) inicialmente, trata-se de *individualização legislativa*, pois, ao criar o tipo incriminador, estabelecem-se o mínimo e o máximo da pena, faixa na qual o julgador deve constituir a pena concreta (ex.: ao crime do art. 33 da Lei 11.343/2006 prevê-se a pena de reclusão, de 5 a 15 anos, e multa de 500 a 1.500 dias-multa); b) na sequência, há a *individualização judiciária*, cabendo ao juiz fixar a pena personalizada a cada réu, no momento da condenação, conforme os parâmetros legais; c) finalmente, ingressa-se na *individualização executória*, quando se desenvolve o cumprimento da pena e, partindo-se do regime inicialmente estabelecido (fechado, semiaberto ou aberto), considera-se o tempo e o merecimento do sentenciado para a progressão de regime, a concessão do livramento condicional e do indulto, a remição, entre outros institutos hábeis a especificar a execução para todo condenado.

Conceitua-se *aplicação da pena* como o processo de discricionariedade juridicamente vinculada, por meio do qual o juiz, visando à suficiência para reprovação do delito praticado e prevenção de novas infrações penais, estabelece a pena cabível, dentro dos patamares determinados previamente pela lei. A expressão *discricionariedade juridicamente vinculada* diz respeito à liberdade do julgador para encontrar a mais adequada pena concreta ao acusado, embora deva motivar, explicando os fundamentos jurídicos adotados para alcançá-la.

3.2 Fases e subfases para a aplicação da pena

A completa fixação da pena deve ser promovida em três fases, que podem ser denominadas como primária, secundária e terciária. A primária envolve o estabelecimento do montante da pena privativa de liberdade, entre o mínimo e o máximo previstos no preceito sancionador do tipo penal. Para atingir esse *quantum*, o julgador utilizará três subfases, comumente denominadas apenas de *fases* e, por conta disso, há o conhecido sistema *trifásico*.

Na primeira subfase, o magistrado elege a pena-base – sua primeira concretização de montante –, valendo-se, para tanto, das circunstâncias judiciais, que não possuem um valor fixado expressamente em lei, pois são compostas pela avaliação do juiz, conforme termos genericamente previstos em lei, basicamente o conteúdo do art. 59 do Código Penal.

Na segunda subfase, devem ser aplicadas as agravantes e atenuantes, que são circunstâncias legais, previstas nos arts. 61 a 66 do Código Penal (Parte Geral), não jungidas ao tipo penal, sem valor expresso estabelecido em lei, com a recomendação de elevar ou abrandar a pena-base.

Na terceira subfase, aplicam-se as causas de aumento e diminuição, considderadas circunstâncias legais, vinculadas ao tipo penal, com valores expressamente fixados em lei, por cotas variáveis (1/6, 1/3, metade, 2/3) de inserção obrigatória, razão pela qual podem romper o mínimo e o máximo cominados em lei.

A fase secundária concerne à escolha do regime inicial de cumprimento da pena: fechado, semiaberto ou aberto, utilizando os parâmetros gerais indicados pelo art. 33, § 2.º, do Código Penal. Além disso, quando viável, o julgador deve aplicar, para esse fim, os critérios do art. 59 do Código Penal.

A fase terciária relaciona-se aos benefícios possíveis, que podem substituir a pena privativa de liberdade (penas restritivas de direitos, também denominadas *alternativas*), além de outros, como a suspensão condicional da pena (*sursis*).

3.3 Circunstâncias preponderantes previstas na Lei 11.343/2006

Quando se trata de aplicar a pena aos autores dos delitos previstos na Lei de Drogas, o art. 42 especifica o que o juiz deve considerar *preponderante* (principal, dominante, prevalente): a natureza e quantidade da substância ou produto, a personalidade e a conduta social do agente. Esse sobrevalor deve ser levado em conta em relação às circunstâncias judiciais do art. 59 do Código Penal.

Em primeiro lugar, relembremos que personalidade e conduta social são elementos integrantes do referido art. 59 do Código Penal, razão pela qual não podem preponderar sobre si mesmos. Na tarefa de interpretação, deve-se entender que, *dos elementos do art. 59 do Código Penal*, destacam-se, como dominantes em relação aos demais, a personalidade e a conduta social do agente. Ilustrando, são ambos mais importantes que os antecedentes, os motivos, as consequências do crime etc.

Em segundo, deve-se deixar claro que esses fatores prevalentes se relacionam à pena-base, pois o mencionado art. 42 os contrasta com o art. 59 do Código Penal, e este é, sem qualquer dúvida, ligado ao estabelecimento da primeira subfase, escolhendo-se o *quantum* inicial.

Ao mencionar a *natureza* e *quantidade* da substância ou do produto, pode-se apontar a droga ou qualquer matéria-prima, insumo ou produto químico para produzi-la, bem como o instrumental para fabricá-la. No entanto, a ausência de critérios e parâmetros lança a avaliação ao Judiciário, que não possui conhecimento técnico suficiente para uma conclusão segura e igualitária, passível de aplicação aos processos, sem produzir decisões conflitantes. Tomando-se por base, para ilustrar, o campo mais comum, que é o das drogas ilícitas. Constata-se, com facilidade, na prática forense, a dissonância imensa atingida por sentenças com análises diferenciadas em relação a entorpecentes e quantidades idênticas, podendo-se encontrar um juízo apontando 10 gramas de cocaína como droga extremamente danosa à saúde e quantidade exorbitante, com aplicação de sanção severa, a cumprir em regime fechado, enquanto outro magistrado indica idêntica situação como entorpecente e quantidade que não fogem à normalidade, sentenciando o caso, com redutor, e permitindo até mesmo o regime aberto e a aplicação de penas restritivas de direitos. Não nos parece que a responsabilidade deva ser debitada dos juízos, porque se tem um panorama formado por opiniões extraídas da vivência dos magistrados não como técnicos no assunto, mas como cidadãos comuns. Logo, a visão é distorcida, ora classificando algo muito volumoso como normal, ora apontando para quantidades menores como anormal. O reflexo se torna nítido pelas condenações concretizadas em patamares diversos, quando o foco deveria ser equânime.

É importante que esse quadro possa ser uniformizado, no tocante às decisões judiciais, evitando-se a desigualdade visível e injustificável para situações semelhantes e, para tanto, parece-nos curial o estabelecimento de portarias definidoras das características das drogas e dos demais produtos para a sua fabricação, assim como se faz para apontar quais entorpecentes são proibidos, demonstrando-se o grau de periculosidade à saúde pública e ao consumo individual, bem como quantidades e seus níveis de disseminação para os usuários. Por óbvio, não se pretende engessar o relevante princípio constitucional da individualização da pena e muito menos a liberdade de avaliação de cada magistrado; busca-se um padrão mínimo, confiável e técnico, devidamente elaborado pelo mesmo órgão que aponta as drogas ilícitas, com a meta de orientar a formação do convencimento judicial. Os estudos publicados podem ser alterados com o tempo, editando-se outra portaria, atualizando-os e mantendo o debate sobre o tema sempre presente.

Pode-se argumentar que o juiz tem possibilidade de procurar fontes confiáveis para formar a sua própria convicção acerca da natureza das drogas e produtos e o que pode ser quantificado como excessivo ou não, mas isso conduz a resultados diferentes, pois não haveria fontes idênticas, nem tampouco apresentadas pelo próprio Estado, no caso o Poder Executivo, por sua agência, a todo o Judiciário. Assim como não cabe ao magistrado decidir o que é droga lícita e o que é droga ilícita, seria relevante indicar-lhe, em escalas bem-produzidas, qual a natureza e os males gerados por cada entorpecente e como a sua quantidade influencia no consumo e na distribuição entre usuários.

Há a opção legislativa para compor dados mais precisos e com fundo técnico, a constar da Lei 11.343/2006 – ou ordenamento similar –, auxiliando o Judiciário a analisar as situações referentes ao tráfico de drogas de maneira mais objetiva, evitando-se avaliações de índole puramente subjetiva.

A continuidade da simples menção à natureza e quantidade das substâncias e produtos não contribui para a individualização da pena em termos justos e

226 | DROGAS – DE ACORDO COM A LEI 11.343/2006 – Nucci

equânimes, lembrando-se, ainda, tratar-se de fatores considerados *preponderantes* na fixação da pena.

A personalidade é o conjunto de caracteres exclusivos de uma pessoa, parte herdada, parte adquirida. Exemplos de fatores positivos de personalidade: bondade, amabilidade, maturidade, responsabilidade, coragem, honestidade, solidariedade etc. Exemplos de fatores negativos de personalidade: maldade, agressividade, irresponsabilidade, covardia, frieza, intolerância etc. O juiz deve detectar, pelas provas colhidas ao longo da instrução, com destaque para o interrogatório do réu, quando se dispuser a prestar esclarecimentos, qual o saldo do conjunto de tais fatores. Se positivo, a pena deve tender ao mínimo. Se negativo, deve elevar-se rumo ao máximo.

Registremos, entretanto, que a personalidade a ser levada em conta na fixação da pena precisa vincular-se à *culpabilidade pelo fato* e não à *culpabilidade do autor*. Quer isso dizer, particularmente para a majoração da pena, que deve a personalidade negativa concentrar-se na produção do crime relacionado aos tóxicos. Ex.: se o agente é irresponsável e ocioso, motivo pelo qual resolveu traficar drogas, sua pena-base deve ser elevada acima do mínimo. Quando o fator negativo da personalidade não disser respeito ao crime, é incabível a sua consideração para a majoração da pena-base. Ex.: se o autor do tráfico é pessoa impaciente ou intolerante, tal medida no modo de ser não se relaciona com o tráfico ilícito de drogas, devendo ser ignorada pelo julgador.

Um ponto controverso tem sido levantado por diversos magistrados e outros operadores do direito, concernente ao fato de ser um fator muito subjetivo e que exigiria formação psicológica para ser analisado, algo que os julgadores não possuem. Portanto, muitos juízes, inclusive tribunais, ignoram esse elemento e nem mesmo o comentam nas decisões, o que está equivocado, visto ser um elemento expressamente previsto em lei, de modo que a sua negação ou repulsa precisa ser inserida no julgado. Ademais, se há a consideração de ser inconstitucional, por algum motivo, deve ser assim tratado na sentença; se outra é a alegação, deve ser incluída no *decisum*. Negar, singelamente, não nos parece o caminho adequado.

Por outro lado, se advogados e defensores públicos o consideram um item de fundo inconstitucional, porque remete ao direito penal de autor, incompatível com o panorama democrático do direito penal – com o que não aquiescemos –, devem propor, por meio de seu órgão de classe, alguma medida junto ao STF para que isso seja apreciado.

A par dos juízes e defensores, observa-se que vários membros do Ministério Público optam por pugnar pela sua consideração, em forma negativa, com o fito de aumentar a pena-base, mas se apegando em bases subjetivas e inconsistentes, como assim demonstra a expressão: *personalidade voltada ao crime*. Aliás, algo reconhecido por juízes, o que nos soa inadequado, visto inexistir essa personalidade. O comportamento humano apto a gerar crimes advém de diversos fatores negativos da personalidade, mas esta não se volta ao delito; por vezes, o que se pretende sinalizar é a situação de reincidente do réu e de ser possuidor de vários outros antecedentes criminais, embora esses pontos já sejam, por si sós, passíveis de avaliação pelo julgador em tópicos próprios.

Se, porventura, alguns operadores do direito considerarem a *personalidade* do acusado um elemento inadequado, também podem servir-se de uma intervenção direta aos parlamentares para que algum deles proponha projeto de lei que elimine totalmente esse quesito do ordenamento jurídico-penal. Outra solução seria propor projeto para definir o que deve ser entendido por personalidade, para fins de aplicação da pena.

No entanto, nota-se o reclamo de muitos sem qualquer medida efetiva para deixar de considerar essa circunstância no âmbito da individualização da pena, levando-se, ainda, em conta que a Lei 11.343/2006 a reputa *preponderante*, logo, superior a outras do art. 59 do Código Penal, como antecedentes, motivos, consequências do delito e comportamento da vítima.

Somos da opinião de que o item referente à personalidade do acusado não depende de nenhum conhecimento psicológico, pois o juiz não vai submeter o réu a tratamento ou terapia; deve valer-se do conceito vulgar de personalidade, tal como indicado linhas acima, sendo perfeitamente plausível, havendo provas nos autos, se alguém é responsável ou irresponsável, trabalhador ou ocioso, sensível ou insensível e assim por diante. Temos acompanhado essa relevante verificação em muitos casos de violência doméstica, quando se delineia com maior adequação a personalidade *agressiva*, manifestando-se em atitudes hostis e criminosas contra mulheres.

Em suma, a personalidade do agente precisa ser explorada e as partes devem produzir provas a esse respeito para que possam demonstrar ao julgador os aspectos positivos ou negativos que sobressaem.

Quanto à conduta social, cuida-se do papel do réu na comunidade, inserido no contexto da família, do trabalho, do estabelecimento de ensino, da vizinhança etc. Não tem o mesmo significado que os antecedentes, pois estes, conforme disposto no art. 59 do Código Penal, estão separados da conduta social, querendo dizer, apenas, os registros criminais anteriores do acusado. Reportamo-nos à nota anterior, que cuidou da personalidade, promovendo os mesmos alertas em relação à *culpabilidade pelo fato* e à *culpabilidade do autor*. Deve a conduta social resultar das provas colhidas durante a instrução e constantes dos autos, sem qualquer presunção por parte do juiz. Por isso, parece-nos fundamental haver especial atenção para a produção de provas, voltando-se tanto o magistrado quanto as partes à verificação da conduta social do réu, indagando das testemunhas, se viável, não somente dados acerca do fato principal, mas também quanto ao papel do acusado no ambiente em que vive.

Parcela de críticas em relação à avaliação da conduta social do agente está calcada nos mesmos fundamentos expostos anteriormente quanto à personalidade. É preciso que os operadores do direito, em particular os magistrados, atenham-se à lei e ao propósito do Poder Legislativo de, em vez de excluir, inserir, sempre que possível, em leis especiais, além do que já consta do art. 59 do Código Penal. No caso da Lei de Drogas, torna-se circunstância *preponderante*, a dominar a cena, em detrimento de outras, logo, não é desprezível, nem deve ser ignorada.

3.4 Critérios para a fixação da pena de multa

A disposição legal está mais clara que a prevista nos arts. 49 e 60 do Código Penal para a individualização da pena pecuniária. Os critérios expõem, nitidamente, a adoção de duas fases para a concretização da pena pecuniária.

Valendo-se do método *bifásico*, em primeiro lugar, atento à culpabilidade (grau de censura do fato e seu autor), fornecido pelos elementos do art. 59 do Código Penal (antecedentes, conduta social, personalidade, motivos, circunstâncias, consequências do crime, comportamento da vítima), com destaque para a personalidade, conduta social e natureza e quantidade da substância ou do produto (art. 42 desta Lei), o juiz fixa o *número* de dias-multa (entre o mínimo e o máximo constantes do preceito secundário do tipo penal incriminador). Em seguida, levando em conta as condições econômicas do acusado, deve estabelecer o *valor* do dia-multa, variando de um trigésimo a cinco vezes o salário mínimo.

Entretanto, os valores previstos para as multas, nesta Lei, são muito elevados, não condizentes com a realidade nacional, composta, majoritariamente, por réus hipossuficientes. Pode significar, pois, fator de impunidade. Aplicada a multa, não tendo condições de pagar, o Estado nada poderá fazer para cobrar com eficiência. Aliás, justamente por causa desses valores elevados nasceu corrente jurisprudencial nos Tribunais Superiores, permitindo que o condenado tenha a multa extinta, mesmo sem pagamento, caso já tenha cumprido a pena privativa de liberdade.[12]

No caso de concurso de crimes, repete-se o disposto no art. 72 do Código Penal, gerando controvérsia. Cuidando-se de concurso material de crimes, nem haveria necessidade do disposto na primeira parte do art. 43, parágrafo

---

[12] Tese do Tema 931 do STJ: "O inadimplemento da pena de multa, após cumprida a pena privativa de liberdade ou restritiva de direitos, não obsta a extinção da punibilidade, ante a alegada hipossuficiência do condenado, salvo se diversamente entender o juiz competente, em decisão suficientemente motivada, que indique concretamente a possibilidade de pagamento da sanção pecuniária".

único, pois as penas são naturalmente somadas (art. 69, CP). Se considerarmos o crime continuado, há duas posições: a) havendo a exclusão legal, somente as penas privativas de liberdade seriam unificadas, mas as pecuniárias, somadas; b) tratando-se de delito único, por ficção jurídica, não há que se falar em *concurso de crimes*. Por isso, tanto as penas privativas de liberdade como as pecuniárias devem ser unificadas. Preferimos esta última posição. Não há cabimento algum em se defender a existência de *crime continuado* (vários delitos são transformados em um, aplicando-se uma só pena, embora aumentada) e, ao mesmo tempo, buscar-se tratá-lo como integrante do *concurso de crimes*. Resta, pois, aplicável o disposto no art. 43, parágrafo único, primeira parte, ao concurso formal. Nesse caso, o juiz, havendo mais de um resultado, produzido por uma só conduta, elege a pena do crime mais grave – ou qualquer delas, se iguais –, aplicando um aumento de um sexto até a metade. No caso da multa, no entanto, deve somá-las.

Quanto ao aumento da pena de multa até o décuplo, parece-nos inviável, pois os valores – sem essa elevação – já são extremamente altos, de modo que impor dez vezes mais não indicará eficiência. Ao contrário, não se consegue compreender como pretende a lei que o traficante seja pessoa abonada o suficiente para ter capital lícito para quitar a multa. Afinal, quem se envolve nesses delitos vive da atividade criminosa e todos os seus bens e valores serão confiscados pelo Estado, razão pela qual somente poderia utilizar montante legalmente adquirido para pagar a pena pecuniária.

Conforme se pode acompanhar no cotidiano das condenações de traficantes no Brasil – e mesmo no exterior –, não há quem tenha fortuna lícita para quitar multas de altíssimo valor, pois é justamente o tráfico de drogas, extremamente rentável, a fonte do dinheiro amealhado e aplicado, como proveito do delito, em diversas outras riquezas. No entanto, nada disso é compatível com um patrimônio escorreito, apto a sustentar o valor da pena pecuniária e, por óbvio, não se pode aceitar que a multa seja quitada co o ganho de uma prática criminosa.

3.5 Confissão e atenuante

A confissão espontânea é uma atenuante prevista no art. 65, III, *d*, do Código Penal, mas, em razão dela, surgiram duas súmulas do Superior Tribunal de Justiça, em princípio, contraditórias.

Em primeiro plano, cumpre estabelecer que a confissão é uma admissão de culpa e, por conta disso, tem-se entendido constituir uma forma de colaboração do réu com a realização de justiça, o que pode evidenciar a sua mostra de espontaneidade e até de arrependimento. Ocorre que, para tanto, ela não poderia ser *qualificada*, compreendida como a admissão de culpa, permeada com um subterfúgio que, na realidade, levará à absolvição ou diminuição da pena, tal como pretendido pelo confitente. Ilustrando, se alguém admite ter matado a vítima, mas o fez em legítima defesa, não está confessando a prática de um crime, mas afirmando um fato lícito, tendo em vista que se trata de uma excludente de ilicitude (art. 23, II, CP).

Sob outro prisma, acendeu-se o debate a respeito da confissão parcial ou mesmo daquela que comportou retratação (realizada na fase policial, foi objeto de retratação na fase judicial). A partir disso, o Superior Tribunal de Justiça editou a Súmula 545 do STJ: "Quando a confissão for utilizada para a formação do convencimento do julgador, o réu fará jus à atenuante prevista no art. 65, III, *d*, do Código Penal". Cremos ter sido justa a conclusão, pois o fato primordial diz respeito à formação da convicção do julgador, levando-o a decidir a causa de um ponto de vista contrário ao réu. Portanto, mesmo que a confissão seja objeto de retratação, caso o juiz faça referência expressa à admissão de culpa realizada na fase policial, na sentença condenatória, é razoável reconhecer a atenuante, pois esse ato do acusado pesou para o deslinde do processo. Seguindo-se essa trilha, em tese, a confissão *qualificada* poderia servir para atenuar a pena, se o magistrado a levasse em consideração de algum modo para condenar o réu.

No entanto, o STJ editou a Súmula 630: "a incidência da atenuante da confissão espontânea no crime de tráfico ilícito de entorpecentes exige o reconhecimento da traficância pelo acusado, não bastando a mera admissão da posse ou propriedade para uso próprio". Essa súmula incide diretamente sobre o tráfico de drogas (art. 33), quando ocorre a confissão qualificada, porque o acusado admite a posse do entorpecente com ele encontrado, mas alega que é usuário, de modo que pretende a desclassificação para porte para consumo (art. 28). O conteúdo sumular afasta a atenuante nessa hipótese, mas, se o julgador levou em conta a admissão de posse do agente, há uma contradição com a anterior Súmula 545.

Pensamos ser viável a composição de ambas. Tratando-se de caso complexo, com dúvida razoável para a configuração do tráfico, porque inexiste contundente prova de que o entorpecente se achava em posse do acusado, caso ele admita esse fato, mesmo alegando ser consumidor, o juiz se satisfaz com a confissão e, com isso, o condena, deve ser aplicada a Súmula 545, valendo a atenuante.

Por outro lado, se há prova suficiente de que a droga se achava em poder do acusado, sendo desnecessária a confissão para validar esse entendimento, caso ele admita ter o entorpecente, mas para uso próprio, deve ser aplicada a Súmula 630, desmerecendo-se a atenuante.

Na primeira hipótese, a confissão foi essencial para formar o convencimento do magistrado, de forma que essa situação precisa se sobrepor à alegada posse para consumo. Na segunda, a admissão de posse é irrelevante, pois as provas são abundantes nesse sentido; logo, a confissão qualificada, pretendendo a desclassificação, merece ser desconsiderada.

Capítulo XII
RESTRIÇÕES PENAIS E PROCESSUAIS PENAIS

1 RESTRIÇÕES PENAIS E PROCESSUAIS PENAIS (ART. 44)[1]

1.1 Fiança

Cuida-se de uma garantia real, consistente no pagamento em dinheiro ou na entrega de valores ao Estado, para assegurar o direito de permanecer em liberdade, no transcurso do processo criminal. Considera-se a fiança uma espécie do gênero *caução*, que significa garantia ou segurança.

O objetivo da fiança é assegurar que o acusado permaneça no distrito da culpa, onde responde ao processo criminal, atendendo aos atos a que for chamado, quando for conveniente à instrução. Não se trata de uma medida punitiva, tampouco de uma espécie de multa. Afinal, no desfecho do processo, se for absolvido, recebe o valor da fiança de volta, assim como, caso condenado, apresenta-se para cumprir a pena. A perda da fiança decorre de fuga do réu, evitando a punição, porque, nessa hipótese, descumpriu o compromisso e a garantia se perde.

---

[1] "Art. 44. Os crimes previstos nos arts. 33, *caput* e § 1.º, e 34 a 37 desta Lei são inafiançáveis e insuscetíveis de *sursis*, graça, indulto, anistia e liberdade provisória, vedada a conversão de suas penas em restritivas de direitos. Parágrafo único. Nos crimes previstos no *caput* deste artigo, dar-se-á o livramento condicional após o cumprimento de 2/3 (dois terços) da pena, vedada sua concessão ao reincidente específico."

232 | DROGAS – DE ACORDO COM A LEI 11.343/2006 – NUCCI

Como já tivemos a oportunidade de ressaltar em outros escritos, a fiança perdeu a credibilidade em decorrência de várias modificações legislativas, a começar do texto constitucional, que se vale do termo *inafiançável* para classificar delitos considerados graves, tal como ocorre com os hediondos e equiparados. Entretanto, sabe-se que qualquer prisão em flagrante admite liberdade provisória, *com ou sem fiança*, de modo que se cria um verdadeiro contrassenso, pois um delito mais grave (crime hediondo, como o homicídio qualificado, não admite fiança, mas o acusado pode ser colocado em liberdade provisória, com ou sem medidas alternativas, sem nada pagar) está em posição inferior a um de menor ofensividade (homicídio simples admite fiança e o acusado, para obter a liberdade provisória, pode ser instado a recolher um valor em juízo).

É justamente nessa conjuntura que se enquadra o art. 44 da Lei 11.343/2006, que veda a fiança aos delitos ligados ao tráfico de drogas. Entretanto, o juiz pode colocar o réu em liberdade, sem o recolhimento da fiança, com ou sem a imposição de outras medidas alternativas (art. 319, CPP).

1.2 Suspensão condicional da pena

Não há sentido em se vedar o *sursis* para os condenados por delitos ligados ao tráfico de entorpecentes, tendo em vista que o montante da pena, ao atingir patamar superior a dois anos (limite básico para a concessão da suspensão condicional da pena), torna inviável esse benefício (art. 77, CP), e a maior parte das sanções é superior a esse montante. Por outro lado, se não passar de dois anos, cuida-se de infração penal de menor ofensividade e deveria, por óbvio, comportar *sursis*.

Sob outro aspecto, o Supremo Tribunal Federal já proclamou a inconstitucionalidade da vedação à conversão das penas em restritivas de direitos e, também, a inconstitucionalidade da proibição de liberdade provisória para tráfico de drogas. Dessa forma, soa-nos desequilibrado (princípio da proporcionalidade) manter a vedação ao *sursis*, considerado mais severo do que a pena restritiva de direito. Portanto, parece-nos possível estabelecer o *sursis*, quando o caso concreto permitir, seguindo-se o disposto nos arts. 77 e seguintes do Código Penal.

1.3 Graça, indulto e anistia

A *graça* é o indulto individual, consistente na clemência concedida pelo Presidente da República, por decreto, em razão de política criminal, a determinado condenado. *Indulto* é o perdão coletivo, concedido pelo Presidente da República, por decreto, valendo-se de política criminal, a sentenciados indeterminados, quando preencherem determinadas condições. *Anistia* é o perdão, por meio do esquecimento de fatos, concedido pelo Congresso Nacional, por lei, fundado em critérios de política criminal.

A Constituição Federal veda a concessão de graça e anistia aos condenados por crimes hediondos e equiparados (nesta última categoria figura o tráfico de drogas), sendo que se tem entendido que, igualmente, se proíbe o indulto, pois tanto graça quanto indulto dizem respeito à mesma clemência do Poder Executivo.

A Lei 8.072/1990 (crimes hediondos) foi mais clara, vedando graça, anistia e indulto. Tem sido mantida essa proibição, inclusive pelo fato de que os decretos de indulto não aceitam a inclusão dos delitos hediondos e equiparados.[2]

1.4 Liberdade provisória

Seguindo o mesmo parâmetro da Lei 8.072/1990 (crimes hediondos), havia proibido a liberdade provisória, na original redação do art. 2.º, II; entretanto, a Lei 11.464/2007, que alterou o referido art. 2.º, II, retirou a vedação à liberdade provisória, porque o STF havia considerado inconstitucional essa medida restritiva.

Por isso, admite-se a liberdade provisória, sem fiança, ao autor de crimes ligados ao tráfico de drogas, bem como a concessão das medidas alternativas previstas no art. 319 do Código de Processo Penal. Se alguém for preso em flagrante pela prática do crime de tráfico de entorpecentes (art. 33, Lei 11.343/2006), por exemplo, somente deve ser mantido em segregação provisória (prisão preventiva) caso preenchidos os requisitos do art. 312 do CPP.

1.5 Conversão em penas restritivas de direitos

Conforme previsão do art. 44 do Código Penal, possibilita-se a concessão de pena restritiva de direitos, em substituição à privativa de liberdade, quando esta não ultrapasse o montante de quatro anos para crimes dolosos, não havendo o emprego de violência ou grave ameaça à pessoa, além de condições individuais favoráveis do acusado.

A vedação estabelecida na parte final do art. 44 da Lei 11.343/2006 foi considerada inconstitucional, de forma que é admissível a substituição e ela

---

[2] STJ: "3. Embora a vedação à concessão da comutação ao crime de associação para o tráfico de drogas (art. 35 da Lei n. 11.343/2006) não conste no Decreto Presidencial n. 9.246/2017, está expressamente delineada no art. 44, *caput*, da Lei n. 11.343/2006. 4. Precedentes desta Corte Superior de Justiça no sentido da impossibilidade de concessão de indulto/comutação de penas no que tange ao crime de associação para o tráfico de drogas. 5. Por fim, é vedada a concessão de indulto ou de comutação aos condenados por crimes hediondos ou outros a eles equiparados, entre os quais se insere o tráfico de drogas sem a incidência do art. 33, § 4.º, da Lei n. 11.343/2006. Regra do art. 2.º, I, da Lei n. 8.072/1990 e do art. 5.º, XLIII, da CF" (AgRg no HC 670.378/SP, 5.ª T., rel. Reynaldo Soares da Fonseca, 15.06.2021, v.u.).

tem sido usada com frequência, em especial quando há o denominado *tráfico privilegiado* (art. 33, § 4.º, Lei de Drogas).

Em face disso, o Senado Federal editou a Resolução 5/2012, seguindo a declaração de inconstitucionalidade do STF, para suspender a eficácia dos dispositivos da Lei de Drogas, que vedavam a substituição da pena privativa de liberdade por restritiva de direitos.

Cada caso deve ser analisado individualmente, checando-se as condições pessoais do réu. Aliás, o simples fato de ele receber a redução de pena prevista pelo art. 33, § 4.º, da Lei de Drogas não acarreta, por consequência, a aplicação de penas alternativas necessariamente.

1.6 Livramento condicional

O disposto no parágrafo único do art. 44 da Lei 11.343/2006 praticamente repete o disposto no art. 83, V, do Código Penal, com a redação que lhe foi dada pela Lei 8.072/1990, mas também inclui outros delitos, não considerados hediondos ou equiparados, como o previsto no art. 35.

O livramento condicional não tem tanta utilidade atualmente, porque os condenados por tráfico de drogas e figuras do mesmo cenário optam, preferencialmente, pela progressão de regime. Raro é o caso de preferir o sentenciado o livramento condicional em lugar de pleitear a passagem do fechado ao semiaberto e deste ao aberto.

Capítulo XIII

QUESTÕES SOBRE CULPABILIDADE E IMPUTABILIDADE

1   EXCLUDENTE DA PENA (ART. 45)[1]

1.1   Conceitos de culpabilidade e imputabilidade

Trata-se de um juízo de reprovação social em relação ao injusto penal – fato típico e antijurídico – e ao seu autor, que deve ser imputável, atuar com consciência potencial de ilicitude e possibilidade e exigibilidade de atuação conforme as regras do direito. Realizado esse juízo de censura, contata-se a existência de um crime – fato típico, antijurídico e culpável.

Em relação à imputabilidade, significa a capacidade de alguém ser considerado culpável, vale dizer, sofrer o juízo de censura pelo injusto penal praticado. Há dois requisitos para se reputar o agente imputável: ser mentalmente são e suficientemente amadurecido para compreender o caráter ilícito do que realiza. A noção de *certo* e *errado* é possível a uma pessoa maior de 18 anos e

---

[1]   "Art. 45. É isento de pena o agente que, em razão da dependência, ou sob o efeito, proveniente de caso fortuito ou força maior, de droga, era, ao tempo da ação ou da omissão, qualquer que tenha sido a infração penal praticada, inteiramente incapaz de entender o caráter ilícito do fato ou de determinar-se de acordo com esse entendimento. Parágrafo único. Quando absolver o agente, reconhecendo, por força pericial, que este apresentava, à época do fato previsto neste artigo, as condições referidas no *caput* deste artigo, poderá determinar o juiz, na sentença, o seu encaminhamento para tratamento médico adequado."

mentalmente sadia. Adota-se, no Brasil, o critério cronológico para cuidar do amadurecimento, optando-se pela idade de 18 anos (art. 228, CF; art. 27, CP).

Quanto à avaliação de sanidade, somente se empreende perícia médica caso haja indícios de que o agente padece de qualquer espécie de enfermidade mental ou desenvolvimento mental incompleto ou retardado. No Código Penal, a situação é prevista pelo art. 26 e leva à absolvição do acusado, com imposição de medida de segurança (internação ou tratamento ambulatorial). O semi-imputável, com perturbação da saúde mental ou desenvolvimento mental incompleto ou retardado, não tinha pleno entendimento do caráter ilícito do fato ou determinar-se conforme o entendimento. Nessa hipótese, pode ser condenado e receber pena; porém, o juiz pode impor medida de segurança.

O alcoólatra deve ser tratado como viciado ou dependente, acometido de transtorno mental e comportamental por conta do álcool (CID F10), razão pela qual, se cometer um injusto penal, nesse estado, encaixando-se no art. 26 do Código Penal, deve ser absolvido e receber medida de segurança. No entanto, se a embriaguez completa, pelo uso de álcool, decorre de causa fortuita ou força maior, retirando a sua capacidade de entendimento do ilícito, pode ser absolvido, sem a imposição de medida de segurança (art. 28, § 1.º, CP).

1.2 Avaliação do art. 45 da Lei 11.343/2006

Migrando para a Lei de Drogas, cuida do tema o art. 45, apontando as duas situações – dependência (vício) e efeito de drogas advindo de caso fortuito ou força maior.[2] A mescla de ambas não foi a mais adequada opção, porque, comparando com o uso de álcool, há mensuração de maneira diversa às duas situações.

Se alguém utiliza alguma droga, por ingestão fortuita ou proveniente de força maior, perdendo o entendimento do caráter ilícito do fato ou a possibilidade de se determinar conforme esse entendimento, deve ser absolvido, sem a imposição de qualquer medida judicial constritiva. Nem mesmo encaminhamento para tratamento médico adequado, afinal, o uso da droga foi casual e não desejado pelo indivíduo. Assim como se procede no tocante à prova da embriaguez completa pela ingestão de álcool (art. 28, § 1.º, CP), em decorrência de caso fortuito ou

---

[2] *Caso fortuito* seria a ingestão da droga, proveniente do engano, do logro, do erro (ex.: o sujeito toma uma determinada bebida, que contém certo tipo de droga não aparente, enganado por terceiro, ficando completamente incapacitado para entender o que faz). *Força maior* seria a ingestão da substância entorpecente por atuação física superior, externa à vontade do agente (ex.: injeta-se cocaína em alguém que se encontra amarrado ou seguro por outras pessoas mais fortes, fazendo com que perca a capacidade de entendimento).

força maior, cabe à defesa o ônus de demonstrar essa situação. Acrescente-se ser inviável realizar perícia para atestar que alguém consumiu droga de maneira acidental, pois, não sendo dependente, o seu estado é passageiro. Eis por que o disposto no parágrafo único do art. 45 não tem aplicação nesse caso, visto que a norma se refere à perícia – não realizada para consumo fortuito – como base a fim de que o magistrado possa encaminhar o agente a tratamento médico.

Porém, quem é viciado ou dependente de drogas ingressa na categoria de enfermo, com transtorno mental ou comportamental (CID F19), e equivale à posição do alcoólatra, motivo pelo qual deve ser absolvido, mas precisa de medida de segurança, compatível com o estado, que seria a imposição de internação ou tratamento ambulatorial para tratamento médico.

Há quem diferencie *viciado* de *dependente* de drogas, apontando o primeiro como o usuário habitual e o segundo como a pessoa que necessita da droga, tamanho o seu grau de dependência química, cuja falta lhe provoca séria crise de abstinência.[3] Assim não nos parece. O usuário pode ser eventual ou habitual, porque utiliza drogas vez ou outra ou diariamente, mas pode largar quando quiser ou passar um tempo sem consumir. Quem é *viciado* é um toxicômano, vale dizer, dependente químico da droga, cuja falta lhe provoca crise de abstinência e sérios distúrbios mentais e fisiológicos.[4] Porém, o mais importante é a unanimidade em torno do dependente de entorpecente para o fim de analisar o disposto no art. 45, *caput*, da Lei 11.343/2006, que se destina à prática de *qualquer crime* e não somente os previstos na Lei de Drogas.

Observa-se que o referido art. 45, parágrafo único, foi evasivo no tocante à necessidade de aplicação de medida de segurança, ao indicar que o julgador *poderá* determinar o seu encaminhamento para tratamento médico adequado. Seria uma faculdade do magistrado,[5] o que nos parece ilógico, mormente quando se observa a idêntica situação de quem é viciado em álcool. Nesse caso, conforme o art. 97 do Código Penal, quando absolvido por ser alcoólatra, *deve* a ele ser imposta medida de segurança, podendo ser internação compulsória ou tratamento ambulatorial. Quem mata uma pessoa, sob efeito de droga, considerado dependente, por álcool ou outra substância similar, deve ser absolvido,

---

3   Rogério Sanches Cunha, Ronaldo Batista Pinto e Renee do Ó Souza, *Leis penais especiais comentadas*, p. 1.785; Cleber Masson e Vinícius Marçal, *Lei de Drogas*: aspectos penais e processuais, p. 222.

4   No mesmo sentido: Rogério Schietti Cruz, Fernando Estevam Bravin Ruy e Sérgio Ricardo de Souza, *Lei de Drogas comentada conforme o pacote anticrime*: Lei 13.964/2019, p. 221.

5   Assim defendem Andrey Borges de Mendonça e Paulo Roberto Galvão de Carvalho, *Lei de Drogas comentada*, p. 236; Renato Brasileiro de Lima, *Legislação criminal especial comentada*: volume único, p. 1.127.

238 | DROGAS – DE ACORDO COM A LEI 11.343/2006 – Nucci

mas *necessita* receber medida de segurança, seguindo-se o padrão estabelecido pelo Código Penal.[6]

Aplicando-se o art. 45 da Lei de Drogas, se o agente é viciado em drogas, deve ser absolvido, mas, igualmente, precisa receber medida de segurança, não podendo ficar ao critério judicial impor ou não tratamento médico. Afinal, se for absolvido e mantido em liberdade, sem nenhuma determinação judicial, pode tornar a praticar qualquer crime, sem qualquer impedimento. A contar do fato de ser dependente e, com isso, novamente absolvido, se o tratamento compulsório não for viável, pode repetir o delito inúmeras outras vezes, colocando em grave risco a sociedade.

Há de se fazer a ressalva do art. 28 (posse de drogas para consumo pessoal) da Lei de Drogas, pois não comporta nenhum tipo de pena restritiva da liberdade; a punição máxima é uma multa. Logo, sendo viciado e portador de drogas para seu uso, parece-nos que o juiz não pode *obrigar* o agente a se tratar, impondo internação compulsória. Se o agente imputável nunca receberá qualquer medida privativa de liberdade, com maior razão o viciado também não pode assim ser sentenciado. A menos que se utilize qualquer forma de internação extrapenal para viciados de um modo geral, com os mesmos critérios. Afinal, na lei penal, há restrição a essa providência por parte do Judiciário, em caso de posse para consumo.

O critério biopsicológico é utilizado no art. 45, da mesma forma que se vale o art. 26 do Código Penal. É fundamental que o agente, estando drogado (por vício ou ingestão fortuita) à época do fato, perca a capacidade de *entender* o ilícito (inteligência) *ou de comportar-se* de acordo com o entendimento do ilícito (vontade). Há uma associação entre a análise do perito (o médico deve examinar o agente atestando a sua incapacidade em virtude do estado em que se encontra no momento do exame ou, se possível, à época do fato) e a avaliação judicial (o juiz analisa se o agente tinha condições psicológicas de, em virtude do estado descrito pelo médico, captar o ilícito e comportar-se de acordo com tal entendimento).

Nessa reunião de avaliações, busca-se evitar o predomínio do médico sobre o juiz ou deste sobre aquele. Em suma, o médico atesta o efeito da droga sobre o agente e o juiz avalia esse efeito sob o prisma da afetação da sua inteligência ou vontade *no momento* da prática do fato criminoso. Afirmar a inimputabilidade

---

[6] No sentido de ser obrigatória a aplicação da medida de segurança: Rogério Schietti Cruz, Fernando Estevam Bravin Ruy e Sérgio Ricardo de Souza, *Lei de Drogas comentada conforme o pacote anticrime*: Lei 13.964/2019, p. 20; Cleber Masson e Vinícius Marçal, *Lei de Drogas*: aspectos penais e processuais, p. 223.

Capítulo XIII • Questões sobre Culpabilidade e Imputabilidade | **239**

não é tarefa fácil, dependendo da conjunção de inúmeros fatores, inclusive do depoimento de testemunhas.

2 REDUÇÃO DA PENA (ART. 46)[7]

O cenário do art. 46 decorre da mesma redação dada ao art. 26, parágrafo único, e ao art. 28, § 2.º, do Código Penal. Cuidando-se de dependência por conta do uso de drogas, que gere parcial capacidade de entender o caráter ilícito do fato ou de determinar-se de acordo com esse entendimento, verifica-se uma hipótese de semi-imputabilidade e, portanto, há capacidade, embora diminuída, de ser culpável. Por isso, pode haver a aplicação de pena, com a aplicação do redutor de um a dois terços.

Tratando-se de dependência em entorpecentes, mas que provoque parcial entendimento do ilícito ou de se comportar conforme tal entendimento, há culpabilidade diminuída; o juiz pode aplicar pena, com o redutor apontado. Se houver entorpecimento fortuito, nos mesmos termos, gerando capacidade relativa, pode-se impor pena, com a diminuição.

O grau de redução da pena depende da intensidade da semi-imputabilidade, leia-se, o nível de perturbação e, com isso, o alcance da capacidade de entender o ilícito ou a determinação de se comportar conforme essa compreensão. Pode o julgador valer-se do laudo pericial, necessário para atestar a incapacidade do agente em decorrência do uso de drogas, por dependência ou por caso fortuito ou força maior.

Finalmente, para essa avaliação, utiliza-se o mesmo critério de aferição da inimputabilidade, ou seja, o critério biopsicológico.

3 TRATAMENTO MÉDICO (ART. 47)[8]

O art. 47 cuida do semi-imputável, pois menciona haver sentença condenatória – o que inexiste no caso de inimputável, devendo o julgador lastrear-se em laudo pericial para encaminhar o agente a tratamento especializado, a ser efetivado por médico ou psicólogo, conforme o caso, com conhecimento da

---

7   "Art. 46. As penas podem ser reduzidas de um terço a dois terços se, por força das circunstâncias previstas no art. 45 desta Lei, o agente não possuía, ao tempo da ação ou da omissão, a plena capacidade de entender o caráter ilícito do fato ou de determinar-se de acordo com esse entendimento."

8   "Art. 47. Na sentença condenatória, o juiz, com base em avaliação que ateste a necessidade de encaminhamento do agente para tratamento, realizada por profissional de saúde com competência específica na forma da lei, determinará que a tal se proceda, observado o disposto no art. 26 desta Lei."

área de desintoxicação. Seria a mesma medida adotada para o semi-imputável no Código Penal, vale dizer, a conversão da pena em medida de segurança de internação ou tratamento ambulatorial.

Aponta-se o disposto pelo art. 26 da Lei 11.343/2006[9] para demonstrar que qualquer usuário ou dependente de drogas, quando estiver cumprindo pena, deve ter assegurado o direito a tratamento de saúde, de modo que, com maior razão, o semi-imputável cuja prática delituosa se deu em decorrência do consumo de entorpecentes.

Parece-nos que deva ser incluído nesse cenário o art. 26-A, que foi incluído na Lei de Drogas pela Lei 13.840/2019, tratando do acolhimento do usuário ou dependente de drogas em comunidade terapêutica acolhedora,[10] naturalmente se a pessoa for elegível para esse método.

Observe-se um fator peculiar à Lei de Drogas, apontando que a necessidade de encaminhamento para tratamento deve basear-se em avaliação pericial, possivelmente a mesma que atestou a inimputabilidade ou semi-imputabilidade, retirando do juiz essa análise e, igualmente, não se seguindo um padrão legal uniforme. Uma das razões para que haja a recomendação pericial é a ineficiência de certos tratamentos, quando não se compreende exatamente como identificar e analisar os fatores que levaram a pessoa ao consumo de drogas.

GUILHERME MESSAS avalia que a "universal afirmação (apoiada empiricamente, bem é verdade) de que o tratamento para problemas com drogas é ineficaz, repleto de desistências e recaídas, e o consequente desânimo que espreita sempre os profissionais da área e as fontes pagadoras de tratamento poderiam

---

[9] "Art. 26. O usuário e o dependente de drogas que, em razão da prática de infração penal, estiverem cumprindo pena privativa de liberdade ou submetidos a medida de segurança, têm garantidos os serviços de atenção à sua saúde, definidos pelo respectivo sistema penitenciário."

[10] "Art. 26-A. O acolhimento do usuário ou dependente de drogas na comunidade terapêutica acolhedora caracteriza-se por: I – oferta de projetos terapêuticos ao usuário ou dependente de drogas que visam à abstinência; II – adesão e permanência voluntária, formalizadas por escrito, entendida como uma etapa transitória para a reinserção social e econômica do usuário ou dependente de drogas; III – ambiente residencial, propício à formação de vínculos, com a convivência entre os pares, atividades práticas de valor educativo e a promoção do desenvolvimento pessoal, vocacionada para acolhimento ao usuário ou dependente de drogas em vulnerabilidade social; IV – avaliação médica prévia; V – elaboração de plano individual de atendimento na forma do art. 23-B desta Lei; e VI – vedação de isolamento físico do usuário ou dependente de drogas. § 1.º Não são elegíveis para o acolhimento as pessoas com comprometimentos biológicos e psicológicos de natureza grave que mereçam atenção médico-hospitalar contínua ou de emergência, caso em que deverão ser encaminhadas à rede de saúde."

ser mitigadas caso se entendesse com mais profundidade os fenômenos psicopatológicos a ele pertinentes. Por exemplo, em vez de concluir-se pelo desinteresse do paciente em se tratar, um acurado exame psicopatológico poderia constatar o diagnóstico de uma consciência incapaz de experimentar sentimentos dolorosos e, portanto, sem suficiente densidade para enfrentar determinados problemas de sua biografia. (...) Saber encontrar o fato psicopatológico corresponde a conseguir identificar no paciente os reais motivos que levam à incontornável observação da existência de grandes dificuldades na condução de um tratamento de abusadores de substâncias. Esta é uma tarefa social em que os envolvidos no tema ainda não obtiveram êxito. Compare-se com a esquizofrenia. Malgrado ser uma condição grave e de muito difícil abordagem, já há na sociedade como um todo a experiência de que se trata de uma doença e, portanto, necessita de cuidados de saúde e, sobretudo, paciência social".[11]

---

[11] GUILHERME MESSAS, *Álcool e drogas*: uma visão fenômeno-estrutural, p. 157.

Capítulo XIV

QUESTÕES PROCESSUAIS

1 PROCEDIMENTO ESPECIAL

1.1 Fase inicial (arts. 48 e 49)[1]

Em primeiro plano, deve-se ressaltar que o procedimento para o transcurso do processo criminal de autores de crimes relacionados ao tráfico de drogas e

---

[1] "Art. 48. O procedimento relativo aos processos por crimes definidos neste Título rege-se pelo disposto neste Capítulo, aplicando-se, subsidiariamente, as disposições do Código de Processo Penal e da Lei de Execução Penal. § 1.º O agente de qualquer das condutas previstas no art. 28 desta Lei, salvo se houver concurso com os crimes previstos nos arts. 33 a 37 desta Lei, será processado e julgado na forma dos arts. 60 e seguintes da Lei 9.099, de 26 de setembro de 1995, que dispõe sobre os Juizados Especiais Criminais. § 2.º Tratando-se da conduta prevista no art. 28 desta Lei, não se imporá prisão em flagrante, devendo o autor do fato ser imediatamente encaminhado ao juízo competente ou, na falta deste, assumir o compromisso de a ele comparecer, lavrando-se termo circunstanciado e providenciando-se as requisições dos exames e perícias necessários. § 3.º Se ausente a autoridade judicial, as providências previstas no § 2.º deste artigo serão tomadas de imediato pela autoridade policial, no local em que se encontrar, vedada a detenção do agente. § 4.º Concluídos os procedimentos de que trata o § 2.º deste artigo, o agente será submetido a exame de corpo de delito, se o requerer ou se a autoridade de polícia judiciária entender conveniente, e em seguida liberado. § 5.º Para os fins do disposto no art. 76 da Lei 9.099, de 1995, que dispõe sobre os Juizados Especiais Criminais, o Ministério Público poderá propor a aplicação imediata de pena prevista no art. 28 desta Lei, a ser especificada na proposta.

Art. 49. Tratando-se de condutas tipificadas nos arts. 33, *caput* e § 1.º, e 34 a 37 desta Lei, o juiz, sempre que as circunstâncias o recomendem, empregará os instrumentos protetivos de colaboradores e testemunhas previstos na Lei n.º 9.807, de 13 de julho de 1999."

244 DROGAS – DE ACORDO COM A LEI 11.343/2006 – Nucci

similares é especial, respeitada a previsão feita na Lei 11.343/2006, aplicando-se, subsidiariamente, o procedimento comum previsto pelo Código de Processo Penal, conforme preceitua o art. 48, *caput*, da mencionada lei.

Havendo a imputação exclusiva em relação ao consumo (art. 28), segue-se o procedimento da Lei 9.099/1995, tendo em vista que essa infração penal é de mínimo potencial ofensivo, jamais acarretando pena privativa de liberdade. Logo, cabe transação; se não for possível, o caminho é o procedimento sumaríssimo (art. 48, § 1.º, Lei de Drogas).[2]

Entretanto, quando a conduta do usuário estiver associada a qualquer dos delitos previstos nos arts. 33 a 37 (tráfico de entorpecentes), respeita-se o procedimento reservado a estes, pois a força atrativa se baseia no predomínio do crime mais grave sobre o mais brando (arts. 33 a 37 sobre o art. 28). Aliás, se o traficante é, também, usuário, prevalece apenas a imputação do tráfico (art. 33), absorvendo o consumo (art. 28). Eventualmente, se houver cenários distintos, mas delitos conexos, pode-se até admitir o processamento no juízo comum, com a imputação de ambos os delitos, como o art. 33 e o art. 28 (o agente pode ser surpreendido portando para consumo e, em contexto diverso, vendendo outra droga a terceiro).

Ao usuário de drogas não se deve impor pena privativa de liberdade e muito menos prisão cautelar. Logo, o art. 48, § 2.º, da Lei 11.343/2006 deixa bem claro que não se dará voz de prisão em flagrante ao consumidor, nem se lavrará o respectivo auto. Deve-se providenciar o termo circunstanciado, com o encaminhamento ao Juizado Especial Criminal, tal como se faz com qualquer outra infração de menor potencial ofensivo. O autor da infração, segundo a lei, deve assumir o compromisso de comparecer ao JECRIM, quando chamado. Porém, havendo recusa a fazê-lo, a autoridade policial não pode impor a prisão em flagrante (art. 48, § 3.º, Lei 11.343/2006). Diversamente, no art. 69, parágrafo único, da Lei 9.099/1995, prevê-se a possibilidade de lavratura de flagrante, caso tal compromisso seja desprezado para outras infrações de menor potencial ofensivo.[3]

---

[2] Registre-se que, após a decisão do STF no RE 635.659-SP, a posse e porte de maconha, para consumo pessoal, foi descriminalizada, embora tenha sido mantida como ato ilícito, passível de sanção (art. 28, I e III, Lei 11.343/2006), com natureza extrapenal. Quanto à abordagem de quem carrega consigo a *cannabis*, deve a polícia apreender a droga e notificar a pessoa a comparecer no JECRIM para se apresentar ao juiz. O CNJ editará resolução, conforme entendimento do STF, a respeito do procedimento nesses casos.

[3] No mesmo sentido: Rogério Schietti Cruz, Fernando Estevam Bravin Ruy e Sérgio Ricardo de Souza, *Lei de Drogas*: comentada conforme o pacote anticrime (Lei n. 13.964/2019), p. 84. Quanto à maconha para consumo pessoal, ver a nota 2 supra.

Porém, parece-nos viável a condução coercitiva do usuário à presença do juiz competente, pois o § 2.º do art. 48 menciona que ele *deve ser imediatamente encaminhado* ao JECRIM. Se não houver magistrado disponível, o consumidor precisa assumir o compromisso de comparecer posteriormente ao juizado, e será encaminhado à autoridade policial para a formalização do termo circunstanciado. O que a lei proíbe é a *detenção* do agente, significando a prisão, com recolhimento ao cárcere, embora se refira a lei, inclusive, à possibilidade de se elaborar exame de corpo de delito no usuário, de forma que há uma sinalização para o uso de força para levá-lo à presença do juiz ou da autoridade policial. Após essas formalidades, ele será *liberado*; *a contrario sensu*, antes disso, não está livre para fazer o que bem entende. Fosse assim, os agentes policiais, encontrando consumidor carregando droga ilícita, absolutamente nada poderiam fazer caso ele, na via pública, se recusasse a acompanhá-los ao JECRIM ou à delegacia, configurando *letra morta* o preceituado nos §§ 2.º, 3.º e 4.º do art. 48 da Lei 11.343/2006.[4]

Aliás, essa imprecisão e vagueza na lei, quanto à medida coercitiva para tratar do comparecimento do usuário à presença do juiz ou da autoridade policial, tem levado muitos policiais a optar pela *voz de prisão*, afirmando tratar-se de tráfico de drogas, mesmo sendo pouca a quantidade, deslocando o caso diretamente ao delegado, que, por seu turno, pode escolher o caminho da lavratura do auto de prisão em flagrante por tráfico, transferindo o problema da classificação do delito para o Ministério Público e para o juiz das garantias, na audiência de custódia. Com isso, uma situação de uso pode transformar-se em tráfico para facilitar a atividade policial, sem que se possa alegar qualquer forma de abuso de autoridade, até porque inexistem, na Lei de Drogas, critérios objetivos e detalhados acerca do enquadramento de quem é surpreendido com droga ilícita (se tráfico ou uso).[5]

---

[4]   Igualmente, no sentido de permitir a condução coercitiva: ANDREY BORGES DE MENDONÇA e PAULO ROBERTO GALVÃO DE CARVALHO, *Lei de Drogas comentada* p. 257.

[5]   Com a descriminalização da posse e porte da maconha para uso pessoal, esse problema tende a agravar-se, pois a prisão em flagrante, com maior razão, está vedada. Proíbe-se, também, a lavratura de termo circunstanciado, visto não se tratar de crime. Logo, a atitude da polícia, ao abordar quem traz consigo maconha, pode ser a autuação por tráfico, o que facilita a sua atuação. Mesmo com a exigência de se apontar elementos objetivos para considerar a conduta como tráfico, em vez de uso, ainda existem vários fatores subjetivos, previstos na Lei 11.343/2006, permitindo a flexibilidade dessa avaliação. O tempo irá mostrar que a mera descriminalização do consumo de maconha, sem outras alterações mais específicas na Lei de Drogas, não atenuará o drama do encarceramento de usuários, especialmente os mais carentes.

Na audiência de custódia, o juiz decidirá se mantém o flagrante ou o relaxa; se converte em prisão preventiva; se concede liberdade provisória, com ou sem medidas alternativas, conforme o requerimento formulado pelo Ministério Público. Optando o órgão acusatório por sustentar a tipicidade do tráfico – em lugar do uso –, a prisão em flagrante pode ser mantida e até mesmo convertida em preventiva pelo magistrado. A radical distinção de tratamento entre usuário e traficante tem conduzido vários consumidores a responderem por tráfico de drogas, muitos dos quais terminam processados em prisão cautelar e somente na sentença condenatória obtém a desclassificação para uso (por vezes, somente em grau recursal).

No § 5.º do art. 48, deixa-se claro que a proposta do Ministério Público, havendo transação, deve cingir-se às penas previstas no art. 28 da Lei 11.343/2006, não podendo optar por outras penalidades não previstas na lei especial.

Na fase preliminar, ainda, quando se tratar dos delitos dos arts. 33, *caput* e § 1.º, e 34 a 37 da Lei 11.343/2006, havendo temeridade de lesão a testemunhas do fato ou existindo colaboradores (delação premiada), deve-se tomar as providências previstas na Lei 9.807/1999 (art. 49).

1.2 Investigação criminal (arts. 50 a 53)[6]

1.2.1 Prisão em flagrante

O flagrante é a qualidade daquilo que é manifesto, irrefutável e nítido. No caso de prisão, por autorização constitucional expressa (art. 5.º, LXI), independentemente de ordem judicial, pode-se prender o agente que esteja cometendo o delito de maneira incontestável (em flagrante). Qualquer pessoa do povo

---

[6] "Art. 50. Ocorrendo prisão em flagrante, a autoridade de polícia judiciária fará, imediatamente, comunicação ao juiz competente, remetendo-lhe cópia do auto lavrado, do qual será dada vista ao órgão do Ministério Público, em 24 (vinte e quatro) horas. § 1.º Para efeito da lavratura do auto de prisão em flagrante e estabelecimento da materialidade do delito, é suficiente o laudo de constatação da natureza e quantidade da droga, firmado por perito oficial ou, na falta deste, por pessoa idônea. § 2.º O perito que subscrever o laudo a que se refere o § 1.º deste artigo não ficará impedido de participar da elaboração do laudo definitivo. § 3.º Recebida cópia do auto de prisão em flagrante, o juiz, no prazo de 10 (dez) dias, certificará a regularidade formal do laudo de constatação e determinará a destruição das drogas apreendidas, guardando-se amostra necessária à realização do laudo definitivo. § 4.º A destruição das drogas será executada pelo delegado de polícia competente no prazo de 15 (quinze) dias na presença do Ministério Público e da autoridade sanitária. § 5.º O local será vistoriado antes e depois de efetivada a destruição das drogas referida no § 3.º, sendo lavrado auto circunstanciado pelo delegado de polícia, certificando-se neste a destruição total delas."

Capítulo XIV • Questões Processuais | **247**

pode dar *voz de prisão em flagrante* (é o denominado flagrante facultativo) e os agentes policiais *devem* determinar a prisão, quando se depararem com o crime em plena execução (é o chamado flagrante obrigatório). O art. 302 do Código de Processo Penal enumera as situações geradoras de flagrância.

No caso de delitos envolvendo drogas proibidas, é fundamental ressaltar, como regra, o seu caráter permanente (a consumação se arrasta no tempo), autorizando a prisão em flagrante em qualquer momento, durante o dia ou em período noturno, independentemente de mandado judicial. Assim, ilustrando, quem tem em depósito substância entorpecente não autorizada, mesmo no seu domicílio, pode ter sua casa invadida pela polícia, recebendo *voz de prisão em flagrante*, em qualquer hora do dia ou da noite.[7]

Cumpre à polícia judiciária, no caso, o delegado, presidir a lavratura do auto de prisão em flagrante e, após, dar sequência à investigação, dando o contorno necessário à autoria e materialidade do delito, trabalhando sob supervisão do Ministério Público e do juiz, tanto no âmbito estadual como no federal.

Findo o auto de prisão em flagrante, cabe à autoridade policial promover a comunicação imediata da prisão ao juiz das garantias, remetendo-lhe cópia do auto de prisão em flagrante, em 24 horas (contado da efetivação da prisão), até porque a nota de culpa tem esse mesmo prazo para ser entregue ao preso (art. 306, § 2.º, CPP). Atualmente, o magistrado analisa a prisão na audiência de custódia, quando o preso será apresentado e estarão presentes o membro do Ministério Público e o defensor constituído, dativo ou público. Nessa audiência, o juiz decide pela legalidade (ou ilegalidade) do flagrante; caso o considere ilegal, relaxa a prisão, determinando a soltura do indiciado; se o reputar juridicamente adequado, havendo requerimento do Ministério Público, pode converter a prisão em flagrante em preventiva; conforme o caso, pode conceder liberdade provisória, com ou sem a fixação de outras medidas alternativas (art. 319, CPP). O art. 50 da Lei 11.343/2006 deve ser adaptado às modificações legislativas no CPP, inserindo o juiz das garantias e a audiência de custódia.

A materialidade do crime relacionado à apreensão de drogas deve ser demonstrada por prova pericial, pois é infração penal que deixa vestígio (art. 158, CPP). Logo, a prova da sua existência precisa ser formada pelo laudo toxicológico, quando peritos examinam o produto apreendido, necessariamente, atestando tratar-se de substância entorpecente e indicando qual é a espécie e a quantidade.

Para a lavratura do auto de prisão em flagrante, o laudo de constatação (exame pericial preliminar, realizado mais rapidamente, somente para viabilizar as

---

[7]   Conferir os comentários a respeito nos itens 1.3.1 e 1.3.3 do Capítulo IV.

providências iniciais) é suficiente. O laudo é provisório e pode ser, futuramente, contrariado pelo exame definitivo. É autêntica condição de procedibilidade para a formalização da prisão e início da ação penal.[8]

Se a peça acusatória for recebida sem o laudo de constatação, há falta de justa causa para a ação penal, possibilitando o seu trancamento, pela interposição de *habeas corpus*. Caso o réu esteja preso, deverá ser colocado em liberdade. Porém, eventuais irregularidades detectadas nesse laudo ou no tocante a outra prova colhida durante a investigação não têm aptidão para gerar a nulidade do processo.[9] Ademais, a juntada do laudo definitivo é capaz de suprir eventual falha.

O art. 159 do CPP determina que os exames periciais sejam formulados por um perito oficial. Na falta deste, o juiz pode nomear pessoas idôneas, *portadoras de diploma de curso superior*, de preferência com habilitação técnica relacionada à natureza do delito. Para a constatação provisória da natureza do produto entorpecente não há necessidade de tantas formalidades (art. 50, § 1.º, Lei de Drogas). O ideal é a realização por perito oficial; não sendo possível, basta uma pessoa idônea. No entanto, parece-nos essencial que se trate de alguém com conhecimento mínimo para atestar a natureza entorpecente do produto apreendido.

A partir da edição da Lei 12.961/2014, estabelece-se maior celeridade para a destruição das drogas apreendidas, medida esta que é bem-vinda; quanto mais tempo o entorpecente ficar guardado, maior o risco de ser subtraído e devolvido ao mercado consumidor. Diante disso, havendo prisão em flagrante, quando se faz a apreensão de imediato da droga, o delegado determina a elaboração do laudo de constatação e depois encaminha para a eliminação, reservando pequena quantidade para a feitura do laudo definitivo (art. 50, § 3.º, Lei de Drogas), lavrando-se auto circunstanciado do evento.

Se não houver prisão em flagrante, deve-se providenciar a destruição das drogas, ainda durante a investigação, no prazo máximo de 30 dias a partir da apreensão do entorpecente, sempre reservando-se amostra para a confecção do laudo definitivo (art. 50-A, Lei de Drogas).

---

[8] Sobre o laudo de constatação, a "sua finalidade é unicamente comprovar provisoriamente a materialidade delitiva. Andou bem, portanto, o legislador em retirar qualquer menção à autoria neste passo" (ANDREY BORGES DE MENDONÇA e PAULO ROBERTO GALVÃO DE CARVALHO, *Lei de Drogas comentada*, p. 265).

[9] Cuida-se de entendimento consolidado não se declarar nulidade de qualquer ato de investigação criminal. Não se tratando de processo, inexiste fundamento para tanto. Caso alguma prova seja colhida nessa fase de modo irregular, deve ser simplesmente desprezada. Se afrontar a lei, deve ser reputada ilícita e, conforme o caso, tomar-se medida para apurar eventual crime.

1.2.2 Inquérito policial[10]

Na Lei 11.343/2006, foram adotados prazos mais extensos para a conclusão do inquérito policial: 30 dias, quando o indiciado estiver preso; 90 dias, quando solto. Permite-se a duplicação pelo juiz, após ouvida do Ministério Público, desde que haja pedido justificado da autoridade policial (art. 51, Lei de Drogas).

Ao término da investigação, tal como se prevê no Código de Processo Penal, a autoridade policial produz o relatório, narrando todos os trâmites e as circunstâncias do fato, bem como os fundamentos que o levaram à classificação da infração penal. Há de *expor* claramente, embora de modo resumido, os motivos que a levaram a considerar o indiciado um traficante e não um usuário, como uma das questões mais relevantes. Afinal, exemplificando, *trazer consigo droga ilícita* tanto pode encaixar-se no art. 33 como no art. 28 desta Lei. Se o agente do crime for autuado como traficante, deixa de receber vários benefícios (liberdade garantida, lavratura de termo circunstanciado, transação etc.). Caso não seja realizado um relato circunstanciado, parece-nos mera irregularidade, sem o condão de macular a investigação para qualquer finalidade.

Por outro lado, é possível a devolução dos autos do inquérito para mais diligências, desde que o indiciado esteja solto; afinal, tratando-se de indiciado preso, torna-se indispensável o respeito aos prazos, tal como previsto em lei para não configurar constrangimento ilegal. Expostas as razões pelas quais as investigações devem prosseguir, ouvindo-se o MP, autoriza o juiz o retorno.

---

[10] "Art. 51. O inquérito policial será concluído no prazo de 30 (trinta) dias, se o indiciado estiver preso, e de 90 (noventa) dias, quando solto. Parágrafo único. Os prazos a que se refere este artigo podem ser duplicados pelo juiz, ouvido o Ministério Público, mediante pedido justificado da autoridade de polícia judiciária.

Art. 52. Findos os prazos a que se refere o art. 51 desta Lei, a autoridade de polícia judiciária, remetendo os autos do inquérito ao juízo: I – relatará sumariamente as circunstâncias do fato, justificando as razões que a levaram à classificação do delito, indicando a quantidade e natureza da substância ou do produto apreendido, o local e as condições em que se desenvolveu a ação criminosa, as circunstâncias da prisão, a conduta, a qualificação e os antecedentes do agente; ou II – requererá sua devolução para a realização de diligências necessárias. Parágrafo único. A remessa dos autos far-se-á sem prejuízo de diligências complementares: I – necessárias ou úteis à plena elucidação do fato, cujo resultado deverá ser encaminhado ao juízo competente até 3 (três) dias antes da audiência de instrução e julgamento; II – necessárias ou úteis à indicação dos bens, direitos e valores de que seja titular o agente, ou que figurem em seu nome, cujo resultado deverá ser encaminhado ao juízo competente até 3 (três) dias antes da audiência de instrução e julgamento."

Uma alternativa para a conclusão do inquérito no prazo legal é a formação de autos suplementares, permitindo-se à autoridade policial produzir o relatório e enviar os autos principais ao juiz, que os encaminha ao Ministério Público.

Algumas diligências complementares destinam-se à apuração de todos os bens, direitos e valores pertencentes ao indiciado que, muito provavelmente, os conquistou por conta da prática do delito de tráfico ilícito de entorpecentes. Para tanto, cabe ao Ministério Público, durante a instrução, requerer o sequestro dos bens em geral, buscando torná-los indisponíveis. Posteriormente, advindo a condenação, serão eles confiscados pelo Estado.

Na perspectiva hoje existente em diversos diplomas legais, a Lei 11.343/2006 também prevê a iniciativa da infiltração de agentes policiais em grupos criminosos para obter provas, durante a investigação, desde que a autoridade policial represente por essa iniciativa, solicitando autorização judicial, após oitiva do Ministério Público. Não cabe ao magistrado determinar tal providência investigatória de ofício, pois se cuida de atividade tipicamente policial.

Além disso, há a viabilidade de se empreender a ação controlada, significando o retardamento da intervenção policial, dando *voz de prisão* e lavrando-se o auto de prisão em flagrante, com a meta de atingir o *peixe graúdo*, sem que se dissemine a prisão dos meros carregadores de drogas ilícitas, atuando por ordem dos verdadeiros comandantes da operação, traficantes realmente perigosos à sociedade. Aliás, justamente por isso, a lei menciona a ação retardada em relação aos *portadores* de produtos, substâncias ou drogas ilícitas (vulgarmente chamados de *mulas*). O sucesso da operação pode ser aferido pela efetiva prisão de traficantes de atuação nacional ou internacional. Do contrário, não havendo comunicação eficiente entre as polícias (federal, estadual e internacional), a não atuação dos agentes estatais pode levar à impunidade de muitos *carregadores* de drogas ilícitas, sem qualquer utilidade à segurança pública. Nesse sentido, o parágrafo único do art. 53 da Lei de Drogas exige autorização judicial para tanto, com os requisitos nele fixados.[11]

---

[11] "Art. 53. Em qualquer fase da persecução criminal relativa aos crimes previstos nesta Lei, são permitidos, além dos previstos em lei, mediante autorização judicial e ouvido o Ministério Público, os seguintes procedimentos investigatórios: I – a infiltração por agentes de polícia, em tarefas de investigação, constituída pelos órgãos especializados pertinentes; II – a não atuação policial sobre os portadores de drogas, seus precursores químicos ou outros produtos utilizados em sua produção, que se encontrem no território brasileiro, com a finalidade de identificar e responsabilizar maior número de integrantes de operações de tráfico e distribuição, sem prejuízo da ação penal cabível. Parágrafo único. Na hipótese do inciso II deste artigo, a autorização será concedida desde que sejam conhecidos o itinerário provável e a identificação dos agentes do delito ou de colaboradores."

1.3 Fase processual (arts. 54 a 63)[12-13]

O disposto no *caput* do art. 54 da Lei 11.343/2006 confirma não ser o inquérito policial a única base para conferir justa causa ao ajuizamento da ação penal, sustentando a denúncia ou queixa, pois aponta, expressamente, os autos de Comissão Parlamentar de Inquérito e outras peças de informação. Quando tem em mãos todas as provas necessárias, o Ministério Público deve ofertar denúncia no prazo de dez dias – não pode exceder esse limite em caso de indiciado preso e, se o fizer, gera constrangimento ilegal; caso entenda necessário, pode requisitar mais diligências investigatórias e, inexistindo substrato probatório, pode propor o arquivamento.

Se o juiz das garantias não concordar com o arquivamento, por entender manifestamente inviável, determina a subida dos autos a instância superior do Ministério Público, que, na esfera estadual, cuida-se do Procurador-Geral de Justiça e, no âmbito federal, de uma câmara especial. Caso o órgão superior insista no arquivamento, assim se fará. Se entender viável prosseguir com a ação penal, designa outro membro da instituição para oferecer denúncia.[14]

No art. 55, *caput*, da Lei de Drogas, estabelece-se que o juiz, *antes* de receber a peça acusatória, deve ouvir o denunciado. Somente após, rejeitada a defesa preliminar, recebe a denúncia, prosseguindo-se na instrução. Regis-

---

[12] "Art. 54. Recebidos em juízo os autos do inquérito policial, de Comissão Parlamentar de Inquérito ou peças de informação, dar-se-á vista ao Ministério Público para, no prazo de 10 (dez) dias, adotar uma das seguintes providências: I – requerer o arquivamento; II – requisitar as diligências que entender necessárias; III – oferecer denúncia, arrolar até 5 (cinco) testemunhas e requerer as demais provas que entender pertinentes."

[13] "Art. 55. Oferecida a denúncia, o juiz ordenará a notificação do acusado para oferecer defesa prévia, por escrito, no prazo de 10 (dez) dias. § 1.º Na resposta, consistente em defesa preliminar e exceções, o acusado poderá arguir preliminares e invocar todas as razões de defesa, oferecer documentos e justificações, especificar as provas que pretende produzir e, até o número de 5 (cinco), arrolar testemunhas; § 2.º As exceções serão processadas em apartado, nos termos dos arts. 95 a 113 do Decreto-lei 3.689, de 3 de outubro de 1941 – Código de Processo Penal. § 3.º Se a resposta não for apresentada no prazo, o juiz nomeará defensor para oferecê-la em 10 (dez) dias, concedendo-lhe vista dos autos no ato de nomeação. § 4.º Apresentada a defesa, o juiz decidirá em 5 (cinco) dias. § 5.º Se entender imprescindível, o juiz, no prazo máximo de 10 (dez) dias, determinará a apresentação do preso, realização de diligências, exames e perícias."

[14] Mesmo com a redação dada pela Lei 13.964/2019, o STF julgou ação direta de inconstitucionalidade e decidiu dar interpretação conforme para estipular que o sistema permanece o mesmo, vale dizer, o arquivamento passa pelo crivo judicial, como sempre ocorreu.

tre-se ser indispensável o oferecimento dessa resposta e, caso o imputado não constitua advogado, o juízo nomeará defensor dativo ou encaminhará os autos à defensoria pública.

É preciso ressaltar que o recebimento da denúncia deve ser fundamentado, pois há a apresentação de defesa preliminar, de modo a ser imperioso avaliar o alegado pelo denunciado; caso fosse permitido o referido recebimento sem motivação, tornar-se-ia *letra morta* a oportunidade defensiva quanto à aceitação da peça acusatória, lesando a ampla defesa. No entanto, qualquer nulidade somente será proclamada, conforme entendimento consagrado nos Tribunais Superiores, se houver demonstração de prejuízo, significando que *cada caso é um caso*, devendo ser avaliado concretamente.

Designará o juiz data para a audiência de instrução e julgamento e determinará a citação do réu. Nos termos da Lei de Drogas, o primeiro ato processual deveria ser o interrogatório do acusado e, após a oitiva das testemunhas. No Código de Processo Penal, o interrogatório deve ser o último ato da instrução. Parece-nos que lei especial afasta a aplicação de lei geral, de forma que haveria de prevalecer a mencionada Lei de Drogas. Todavia, o STF entendeu que postergar o interrogatório para o último ato do processo deve ser aplicado em todos os procedimentos, mesmo os especiais, em homenagem aos princípios constitucionais do contraditório e da ampla defesa.[15] Caso isso não seja seguido, torna-se necessário demonstrar o prejuízo, mas, para tanto, é fundamental que a

---

[15] STF: "A Lei n.º 11.719/08 adequou o sistema acusatório democrático, integrando-o de forma mais harmoniosa aos preceitos constitucionais da Carta de República de 1988, assegurando-se maior efetividade a seus princípios, notadamente, os do contraditório e da ampla defesa (art. 5.º, inciso LV). 5. Por ser mais benéfica (*lex mitior*) e harmoniosa com a Constituição Federal, há de preponderar, no processo penal militar (Decreto-lei n.º 1.002/69), a regra do art. 400 do Código de Processo Penal. De modo a não comprometer o princípio da segurança jurídica (CF, art. 5.º, XXXVI) nos feitos já sentenciados, essa orientação deve ser aplicada somente aos processos penais militares cuja instrução não se tenha encerrado, o que não é o caso dos autos, já que há sentença condenatória proferida em desfavor dos pacientes desde 29/7/14. Ordem denegada, com a *fixação da seguinte orientação: a norma inscrita no art. 400 do Código de Processo Penal comum aplica-se, a partir da publicação da ata do presente julgamento, aos processos penais militares, aos processos penais eleitorais e a todos os procedimentos penais regidos por legislação especial incidindo somente naquelas ações penais cuja instrução não se tenha encerrado*" (HC 127.900, Pleno, rel. Dias Toffoli, j. 03.03.2016, m.v. – grifamos).

Capítulo XIV • Questões Processuais **253**

defesa proteste na audiência quanto à inquirição do acusado em primeiro lugar.[16] Finda a instrução, as partes debatem e o juiz profere a decisão.[17]

Nos termos do art. 56, § 1.º, da Lei 11.343/2006, se o acusado for servidor público, tratando-se de tráfico ilícito de entorpecentes, é razoável que o magistrado possa determinar o seu afastamento do posto em que exerce a atividade de interesse público. Depende, naturalmente, do caso concreto, razão pela qual a decisão precisa ser devidamente fundamentada. Logo, não se trata de afastamento automático.[18]

---

[16] STF: "Interrogatório realizado no início da instrução criminal. Nulidade do processo. Inocorrência. Efetivo prejuízo não demonstrado. 1. Na audiência de instrução e julgamento, a defesa, em momento algum, questionou a ordem da colheita das inquirições, tampouco requereu a reinquirição após o término da instrução processual. Nessas circunstâncias, não pode a defesa, agora, valer-se de suposto prejuízo decorrente de sua omissão. 2. Sem a demonstração de efetivo prejuízo causado à parte não se reconhece nulidade no processo penal (*pas de nullité sans grief*). Precedentes. 3. *Habeas corpus* indeferido" (HC 151231, 1.ª T., rel. Marco Aurélio, rel. p/ acórdão Alexandre de Moraes, 11.06.2019, m.v.). STJ: "1. O reconhecimento de nulidade por inversão da ordem do interrogatório do réu, prevista no art. 400 do CPP, exige a demonstração de prejuízo, que não se confunde com a própria condenação. Além disso, o inconformismo da defesa deve ser manifestado na própria audiência em que ocorrido o alegado vício, com o registro na ata respectiva, sob pena de preclusão. 2. Se ao término da instrução foi conferida ao acusado nova possibilidade de manifestação em segundo interrogatório e ele se recusou, observa-se a contradição entre o direito arguido e a anterior conduta processual, o que ofende a boa-fé objetiva" (AgRg no REsp 1.973.052/SP, 5.ª T., rel. Ribeiro Dantas, j. 21.06.2022, v.u.).

[17] "Art. 57. Na audiência de instrução e julgamento, após o interrogatório do acusado e a inquirição das testemunhas, será dada a palavra, sucessivamente, ao representante do Ministério Público e ao defensor do acusado, para sustentação oral, pelo prazo de 20 (vinte) minutos para cada um, prorrogável por mais 10 (dez), a critério do juiz. Parágrafo único. Após proceder ao interrogatório, o juiz indagará das partes se restou algum fato para ser esclarecido, formulando as perguntas correspondentes se o entender pertinente e relevante.

Art. 58. Encerrados os debates, proferirá o juiz sentença de imediato, ou o fará em 10 (dez) dias, ordenando que os autos para isso lhe sejam conclusos."

[18] "Art. 56. Recebida a denúncia, o juiz designará dia e hora para a audiência de instrução e julgamento, ordenará a citação pessoal do acusado, a intimação do Ministério Público, do assistente, se for o caso, e requisitará os laudos periciais. § 1.º Tratando-se de condutas tipificadas como infração do disposto nos arts. 33, *caput* e § 1.º, e 34 a 37 desta Lei, o juiz, ao receber a denúncia, poderá decretar o afastamento cautelar do denunciado de suas atividades, se for funcionário público, comunicando ao órgão respectivo. § 2.º A audiência a que se refere o *caput* deste artigo será realizada dentro dos 30 (trinta) dias seguintes ao recebimento da de-

Quanto ao laudo toxicológico definitivo, deve ser juntado aos autos até o final da instrução, possibilitando que as partes sobre ele se manifestem. A sua ausência provoca carência na formação da materialidade, pois o crime deixa vestígios (art. 158, CPP). O ideal é que o magistrado converta o julgamento em diligência para cobrar o referido laudo toxicológico. Não deve julgar sem a sua apresentação. Embora exista precedente jurisprudencial permitindo a juntada após a prolação da sentença, sem que essa situação gere necessariamente a nulidade do processo, não nos soa adequada essa medida, porque a materialidade de delito que gera vestígio precisa ser demonstrada por prova pericial. Dessa forma, mesmo um conjunto probatório bem formado, por meio de testemunhas, não é suficiente. Leve-se em conta, ainda, que o laudo de constatação da droga, inicialmente realizado, pode ser efetivado por perito ou por qualquer pessoa idônea; esta, por seu turno, pode equivocar-se, dando origem à grave probabilidade de se emitir condenação por tráfico de drogas sem a existência de laudo conclusivo a respeito.

O disposto pelo art. 59 da Lei 11.343/2006, indicando que o réu não poderá recorrer em liberdade, salvo se primário e de bons antecedentes, nos casos de crimes dos arts. 33, *caput* e § 1.º, 34 a 37, conforme imposição na sentença, não deve ser levado em consideração tal como posto.[19]

Atualmente, após modificações havidas no Código de Processo Penal, fixou-se, corretamente, o entendimento de que toda prisão cautelar, ao longo da instrução, até o trânsito em julgado, deve ter por fundamento o preceituado pelo art. 312 do CPP. Portanto, a gravidade abstrata do delito – como se pode deduzir do tráfico de drogas – não é suficiente, devendo-se buscar a concreta gravidade, conforme os fatos expostos na imputação. Além disso, ser reincidente pode representar um agravante, mas não conduz, necessariamente, à decretação da segregação provisória, dizendo-se o mesmo em relação aos maus antecedentes.

Em suma, pode o traficante condenado recorrer solto, como regra, em particular se ele aguardou toda a instrução do processo dessa forma. Afinal, a prisão provisória é a exceção; a liberdade, a regra.

---

núncia, salvo se determinada a realização de avaliação para atestar dependência de drogas, quando se realizará em 90 (noventa) dias."

[19] "Art. 59. Nos crimes previstos nos arts. 33, *caput* e § 1.º, e 34 a 37 desta Lei, o réu não poderá apelar sem recolher-se à prisão, salvo se for primário e de bons antecedentes, assim reconhecido na sentença condenatória."

2 APREENSÃO, ARRECADAÇÃO E DESTINAÇÃO DOS BENS DO ACUSADO (ARTS. 60 A 64)[20]

Apreende-se o produto do crime, quando visível, como a droga ilícita encontrada em poder do agente. Nesse caso, a polícia não necessita de mandado judicial, bastando lavrar o auto de apreensão. Entretanto, há o proveito do crime, que significa a vantagem obtida pelo delinquente, mascarada de licitude. O traficante pode adquirir, por exemplo, imóveis e veículos com o dinheiro arrecadado em virtude da venda de drogas.

Não pode a polícia judiciária simplesmente *apreender* tais bens, uma vez que é constitucionalmente assegurado o direito de propriedade. Ingressa no cenário o Judiciário, que pode, como dispõe a lei, sequestrar os proveitos da infração penal. Portanto, não se trata de singela *apreensão*, mas de ordem judicial fundamentada, tornando indisponível o bem, até que se decida o seu destino. Afinal, a Constituição Federal também prevê o confisco de bens de origem ilícita, cabendo ao Judiciário essa tarefa.

A partir do art. 60-A da Lei 11.343/2006, são especificadas as normas adequadas para tornar eficientes as medidas assecuratórias, cuida-se das regras para a alienação dos bens recolhidos, bem como se especifica a utilização de certos bens por órgãos de segurança pública.

3 PONTOS RELEVANTES

3.1 Denúncia genérica

Em princípio, soa ofensivo ao contraditório e à ampla defesa uma imputação constituída em moldura genérica, sem especificar exatamente o que faz cada um dos acusados, levando-se em conta que essa espécie de denúncia se volta aos casos de concurso de agentes.

---

[20] "Art. 60. O juiz, a requerimento do Ministério Público ou do assistente de acusação, ou mediante representação da autoridade de polícia judiciária, poderá decretar, no curso do inquérito ou da ação penal, a apreensão e outras medidas assecuratórias nos casos em que haja suspeita de que os bens, direitos ou valores sejam produto do crime ou constituam proveito dos crimes previstos nesta Lei, procedendo-se na forma dos arts. 125 e seguintes do Decreto-Lei n.º 3.689, de 3 de outubro de 1941 – Código de Processo Penal. (...) § 3.º Na hipótese do art. 366 do Decreto-Lei n.º 3.689, de 3 de outubro de 1941 – Código de Processo Penal, o juiz poderá determinar a prática de atos necessários à conservação dos bens, direitos ou valores. § 4.º A ordem de apreensão ou sequestro de bens, direitos ou valores poderá ser suspensa pelo juiz, ouvido o Ministério Público, quando a sua execução imediata puder comprometer as investigações."

256 | DROGAS – DE ACORDO COM A LEI 11.343/2006 – NUCCI

Temos sustentado a viabilidade de apresentação, pelo órgão acusatório, de denúncia genérica, em casos de concursos de pessoas, quando se torne impossível determinar, na peça inicial, a atuação individualizada de cada um dos corréus.

É preciso, no entanto, haver prova pré-constituída (justa causa para a ação penal) de que *todos* estão efetivamente envolvidos no crime. No mais, deve-se acolher a denúncia feita de maneira genérica, com o propósito de evitar a impunidade, pois o tráfico ilícito de entorpecentes é um dos delitos que comporta esse tipo de imputação pela maneira dividida em que se dão as condutas.

Imagine-se a atuação de diversos agentes para o comércio de drogas, envolvendo quem recebe o produto, aquele que o transporta, o indivíduo encarregado de receber e guardar o entorpecente, a pessoa que cede o local, os que vendem e aqueles que tomam conta do lugar, evidenciando uma verdadeira *empresa*, com múltiplas funções. Pode ser impossível, mesmo com uma investigação detalhada e eficiente, demonstrar exatamente quem fez o quê. O indispensável é haver provas seguras de que todos os denunciados estão conluiados para a prática do tráfico. Eis uma denúncia genérica viável.

Não se pode admitir, todavia, a utilização de suposições e presunções desvinculadas de fatos comprovados, tecendo considerações abstratas e abertas em relação a certas pessoas, pois a generalidade da imputação torna inviável qualquer defesa, visto que inexistem fatos determinados e, mesmo que estes sejam provados, é preciso que se vinculem aos agentes.

3.2 Depoimento de policiais

A comprovação da prática do crime de tráfico ilícito de entorpecentes (e de outros tipos penais previstos na Lei 11.343/2006) depende, na maioria dos casos, de prova testemunhal e, por isso, invoca-se quase sempre o tema relativo à validade e confiabilidade dos depoimentos prestados por policiais, enfocando-se, primordialmente, aqueles que fizeram a prisão em flagrante ou participaram da descoberta e investigação do delito.

É válido afirmar que os policiais responsáveis pela prisão em flagrante tenham uma visibilidade peculiar acerca dos fatos, contrários ao interesse do acusado, pois efetuaram a detenção e, se não houvesse causa justificada, assim não teriam agido. Torna-se ilógico supor que o condutor do preso, autor direto da *voz de prisão*, alegue, depois, ter se enganado e não haver nenhum motivo para concluir ser o réu um traficante. Foge ao critério racional do desenvolvimento fático e causal dos fatos e, com isso, permite-se o debate em torno da veracidade ou, pelo menos, da imparcialidade dessas declarações.

Porém, o comércio de drogas se realiza, no mais das vezes, em formato camuflado, exigindo um acompanhamento por parte dos agentes policiais, com raro seguimento de outras pessoas, estranhas aos quadros estatais. Então, torna-se difícil encontrar testemunhas desvinculadas da própria investigação e, também, da prisão em flagrante.

É inadequado afirmar categoricamente que o policial seja sempre parcial e pretenda prejudicar o réu de propósito, alguém que lhe é estranho. Ademais, o servidor público, de qualquer nível e com qualquer função, tem o dever de agir corretamente em nome da administração, razão pela qual a primeira conclusão é a imparcialidade para fazer a prisão e, na sequência, expor ao juiz o que houve. Nunca se olvide preceituar o art. 202 do Código de Processo Penal que toda pessoa pode ser testemunha, de modo que excluir o policial seria um contrassenso.

Parece-nos essencial confiar nos funcionários públicos e não partir do pressuposto inverso de serem parciais, com interesse de faltar com a verdade apenas porque estavam envolvidos com a detenção ou com a investigação. Lembre-se de que os policiais prestam o compromisso de dizer a verdade e podem responder pelo crime de falso testemunho.

Sob outro aspecto, em qualquer função, há quem não a exerça como esperado, justificando a controvérsia para situações estranhas ou emolduradas por contradições e dúvidas variadas. Os policiais devem captar pessoas que possam testemunhar a prisão, quando viável; precisam indicar estranhos ao quadro estatal para confirmar invasões e autorizações para a revista pessoal, sempre que possível; devem se preocupar em arregimentar outras provas além de suas próprias vozes para sustentar a materialidade e a autoria do crime.

Ademais, existem situações nas quais o preso possui adversidade pessoal com o policial que o prende – o que pode ocorrer – e o juiz precisa atentar-se para essa possibilidade, algo que retira a credibilidade do testemunho. A par disso, quando o agente policial efetua a prisão em flagrante, termina vinculando-se ao que fez, havendo a tendência natural de confirmar a sua atuação; do contrário, soaria estranho alegar que inexistiu flagrante, não houve apreensão de drogas ou que agiu de maneira arbitrária. Parece sensato supor que qualquer pessoa sustente a correção do que empreendeu, razão pela qual é preciso levar em conta esse aspecto para analisar, em detalhes, a narrativa feita em juízo.

Outros casos apontam a violência policial para extrair a confissão do preso ou que este indique comparsas e até mesmo o local onde se encontra a droga, motivo pelo qual nascem a prova ilícita primária e, por conta dela, a prova ilícita por derivação. Cuida-se de outro lado a ser observado pelo Judiciário.

Parece-nos cauteloso que o magistrado, visualizando, em processos de apuração de crime de tráfico ilícito de entorpecentes, um rol de testemunhas de acusação formado somente por policiais, indague destes a razão pela qual não se captou nenhuma outra pessoa, como testemunha, estranha aos quadros da

258 DROGAS – DE ACORDO COM A LEI 11.343/2006 – Nucci

polícia. Essa verificação é essencial, pois uma apreensão de drogas feita à vista de inúmeros indivíduos, em local público, por exemplo, pode perfeitamente contar com o relato de pessoas que não sejam policiais.

Por outro lado, uma apreensão ocorrida em lugar ermo, durante a madrugada, realmente, pode apresentar apenas o depoimento de agentes policiais. Tudo depende, pois, do caso concreto. Porém, a regra é a plena legitimidade de que qualquer policial pode servir como testemunha. A valoração do seu depoimento, entretanto, se confiável ou não, fica, como de praxe, ao critério prudente do julgador.

Um elemento a mais nesse quadro concerne à falta de lembrança do policial em relação à prisão em flagrante que ele mesmo realizou, alegando a existência de inúmeras ocorrências semelhantes; ocorre que, em vários casos, as únicas testemunhas de acusação são esses agentes policiais, levando o magistrado a ler a declaração feita no auto do flagrante e perguntar se confirmam o que ali consta. Parece-nos indevido o procedimento, pois inibe a força probatória do depoimento. O policial que se limita a ratificar uma declaração, porque no termo consta a sua assinatura, não está testemunhando em juízo, mas permitindo que o juiz *homologue* sua narrativa anterior. Além disso, a mera confirmação de depoimento anterior impede o exercício do contraditório, pois as partes nem poderiam realizar perguntas a uma pessoa que alega não se recordar do que disse, embora ratifique a declaração, tendo em vista ter assinado na delegacia ("se eu assinei, é porque disse isso mesmo"); prejudica a ampla defesa, restringindo a atuação do defensor, que não atuou na fase policial.

Há algumas crenças no cenário dos processos criminais em relação aos quais é preciso uma reflexão para que se extraia uma conclusão do que pode ser aproveitado para o fim de rever alguns posicionamentos ao analisar casos de tráfico e uso de drogas.[21]

3.3 Denúncia anônima

Os serviços estatais, denominados *disque denúncia* (e similares), incentivam as pessoas a promoverem comunicações, sem se identificar, apontando crimes e seus eventuais autores. Outros órgãos policiais trabalham com o uso de informantes, desejosos de permanência no anonimato. Além disso, muitos *denunciantes* informais contribuem para a descoberta de infrações penais e de quais são os seus autores. Todas essas atividades são realidades no Brasil e

---

[21]   Cf. Maria Gorete Marques de Jesus, Verdade policial como verdade jurídica. Narrativas do tráfico de drogas no sistema de justiça, *Revista Brasileira de Ciências Sociais*, p. 1-15.

mundo afora, impulsionando o trabalho estatal para a coerção ao crime, especialmente o organizado.

A *denúncia anônima* pode dar ensejo à abertura de uma investigação policial, podendo-se, a partir daí, seguir uma trilha e alcançar provas firmes acerca da existência da infração penal. Com tais elementos probatórios sólidos, justifica-se a revista pessoal e a invasão domiciliar, sem mandado judicial, sob o argumento de serem os crimes vinculados ao tráfico, em grande parte, de natureza permanente.

Não nos convence possa ser a denúncia desprovida de qualquer fonte, identificada a única base para a tomada de medidas restritivas e constritivas a liberdades individuais, até porque pode ser um simples boato ou um informe falso para prejudicar alguém. Na sequência desse entendimento, é incabível o testemunho de *ouvir dizer*, como alicerce da condenação, visto que essa boataria pode representar um terreno movediço e desprovido de solidez, incapaz de contornar o princípio constitucional da presunção de inocência.

3.4 Prisão cautelar e medidas alternativas

3.4.1 A *prisão preventiva como fundamento cautelar único*

Embora não se trate do cenário perfeito para a construção de requisitos justificadores da prisão cautelar ou processual, ergue-se a prisão preventiva (art. 312, CPP) como o parâmetro exclusivo para o cerceamento precoce da liberdade individual. A mais elaborada redação de seus requisitos seria o caminho ideal; porém, para o momento, deve-se buscar: prova da existência do crime (materialidade) + indício suficiente de autoria + terceiro elemento, a saber, garantia da ordem pública *ou* garantia da ordem econômica *ou* conveniência da instrução criminal *ou* assegurar a aplicação da lei penal.

Após a reforma processual de 2008 (Leis 11.689/2008, 11.690/2008 e 11.719/2008), consagrou-se a prisão preventiva como único padrão determinante da prisão cautelar, afastando-se qualquer análise específica acerca de antecedentes (bons ou maus) e primariedade/reincidência. Deve-se, ainda, desprezar a gravidade abstrata do crime ou sua pura e simples repercussão na mídia. Torna-se imperiosa a inserção constitucional do tema, deixando de aplicar preceitos ordinários limitadores da liberdade provisória, quando elaborados em formato padrão, desprezando-se fatores concretos e individualizadores. Aliás, essa ideia consagrou-se, igualmente, com o advento das Leis 12.403/2011 e 13.964/2019.[22]

---

[22] STJ: "1. A prisão preventiva é compatível com a presunção de não culpabilidade do acusado desde que não assuma natureza de antecipação da pena e não decorra, automaticamente, do caráter abstrato do crime ou do ato processual praticado

A prisão preventiva é uma necessidade; a liberdade provisória, quando ocorrer prisão em flagrante, uma regra. Compondo-se ambos os institutos, chega-se à conclusão de que, havendo flagrante, deve-se colocar o indiciado em liberdade provisória, *salvo* se estiverem presentes os requisitos da necessária prisão preventiva.

A pena-padrão é um desserviço ao princípio constitucional da individualização da pena; a prisão-padrão, uma lástima ao princípio constitucional da presunção de inocência. Inexiste qualquer fundamento constitucional mínimo para a proibição, *sem motivo concreto*, da liberdade provisória. Proibi-la é exatamente o mesmo que consagrar, às inversas, a prisão preventiva obrigatória. Se a doutrina e a jurisprudência pregam, em coro, a inexistência da preventiva obrigatória, como se pode sustentar a liberdade provisória proibida, somente porque alguém, por azar, foi preso em flagrante? Por isso, o STF considerou inconstitucional a vedação estabelecida pelo art. 44 da Lei de Drogas.

O recurso é um direito do réu (como também do órgão acusatório), assegurando o duplo grau de jurisdição. O trânsito em julgado transforma a decisão condenatória em definitiva, consolida o *status* de culpado e autoriza a aplicação efetiva da pena. Logo, por uma questão lógica, não havendo motivo para a prisão preventiva, a simples condenação em primeiro grau não autoriza, em hipótese alguma, a decretação de prisão cautelar.[23] Afinal, *antes* do trânsito em julgado, permanece vigente o estado de inocência, vigorando a liberdade individual como regra.

Não há, nem haverá, insegurança pública pelo fato de se respeitar, lealmente, princípio constitucional. Os instrumentos excepcionais existem e o Estado tem o poder de utilizá-los quando for indispensável. Não se pode, entretanto, fazer tábula rasa da inocência, em nome da fúria de alguns, quase envoltos pela

---

(art. 313, § 2.º, CPP). Além disso, a decisão judicial deve apoiar-se em motivos e fundamentos concretos, relativos a fatos novos ou contemporâneos, dos quais se possa extrair o perigo que a liberdade plena do investigado ou réu representa para os meios ou os fins do processo penal (arts. 312 e 315 do CPP)" (HC 627.808/SC, 6.ª T., rel. Rogerio Schietti Cruz, 19.04.2022, v.u.).

23   Não se pode admitir o cumprimento antecipado da pena. Por isso, a prisão cautelar deve pautar-se por requisitos excepcionais. Na lição de Gilmar Ferreira Mendes, "não se pode conceber como compatível com o princípio constitucional da presunção de inocência qualquer antecipação de cumprimento da pena que não esteja devidamente fundada em legítimas razões jurídicas e em fatos concretos individualizáveis com relação à pessoa do formalmente acusado. Aplicação de sanção antecipada não se compadece com a ausência de decisão condenatória transitada em julgado" (A proteção da dignidade da pessoa humana no contexto do processo judicial, p. 140).

Capítulo XIV • Questões Processuais | **261**

triste concretização da *justiça pelas próprias mãos*, num autêntico *linchamento* dos direitos individuais, em nome de um inseguro e impalpável direito coletivo.

3.4.1.1 O habeas corpus *e a dúvida quanto à necessidade da prisão cautelar*

O estado de inocência não veda a prisão cautelar, como já se demonstrou, embora exija a comprovação dos requisitos mínimos, nos termos do art. 312 do Código de Processo Penal, que cuida da prisão preventiva.

Em qualquer estágio processual, para a decretação de medidas cautelares restritivas, perturbando os direitos fundamentais, em particular, a liberdade, é essencial consolidar-se a *certeza* de sua necessidade. Não se está cuidando da certeza de culpa, mas da convicção em relação à indispensabilidade da restrição da liberdade do acusado. Naturalmente, nesse processo, pode ocorrer a dúvida. Nesse caso, deve-se receber a peça acusatória, propiciando o devido processo legal. Tem-se por certo, ainda, que, havendo dúvida, deve-se absolver o acusado. No curso do processo, entre o recebimento da denúncia ou queixa e a sentença, várias medidas restritivas podem ser autorizadas judicialmente. Cuidando-se de *restrição* a direitos fundamentais, não se pode aplicar o benefício da dúvida em prol da sociedade; necessita-se resguardar o interesse individual, visto que o estado natural é de inocência.

A violência representada por medidas restritivas à liberdade individual deve conter-se nos limites do indispensável, situação que não comporta dúvida. Ou há elementos suficientes para a decretação da prisão cautelar (bem como de quebras de sigilo ou invasões à privacidade) ou não existem. O meio-termo é, justamente, a dúvida. Nesse caso, não se restringe a liberdade.

No cenário do *habeas corpus*, tratando-se de ação de impugnação, não se deve considerar o *autor* (impetrante) como o detentor do ônus da prova. Afinal, a dúvida sempre deve favorecê-lo, no campo das liberdades individuais. Assim sendo, em caso de dúvida, a ordem deve ser concedida.

No entanto, essa situação em favor do acusado não justifica o ajuizamento do *habeas corpus* desprovido dos documentos fundamentais à sua apreciação, pois não há dilação probatória. Deve-se instruí-lo de maneira adequada para que o juiz ou tribunal possa julgá-lo.

Capítulo XV
SÍNTESE CONCLUSIVA

1. Há drogas lícitas e ilícitas. As lícitas não envolvem a Lei 11.343/2006 e não fazem parte de tipos incriminadores quando são utilizadas, desde que não se façam presentes em cenários específicos. O álcool é uma substância psicotrópica, que atua no sistema nervoso, com ação depressora, culturalmente aceita e consumida há milênios pela humanidade; há locais em que é proibido, como em certos países do Oriente Médio, embora seja de uso lícito em inúmeros outros, incluindo o Brasil. Pode ser vedado para os que pretendem dirigir veículo automotor, constituindo delito de perigo (art. 306, Lei 9.503/1997). Portanto, o enfoque se volta às drogas proibidas, mesmo que existam críticas a outras drogas de utilização lícita, controladas ou não.

2. Em primeiro plano, não vemos acerto em argumentos voltados à comparação entre os males de drogas lícitas, como o álcool, e os de drogas ilícitas, como a cocaína ou a maconha, com o intuito de liberar o consumo destas ou vedar as que atualmente são aceitas. A droga deve ser analisada *de per si*, merecendo todas as alegações em favor e contra a sua mantença como lícita ou a sua liberação quando ilícita. Diante disso, tomando-se como exemplo o debate em torno da *cannabis*, se ela deve ser objeto de descriminalização para fins de uso, bem como de legalização e regularização, cuida-se de um quadro que deve ser específico, enumerando-se os aspectos positivos e negativos resultantes dessa medida liberalizante, independentemente de se sustentar, por comparação, que o tabaco possui maiores efeitos negativos.[1] Afinal, se uma droga é nociva à saúde e, por qualquer razão, é de uso permitido, trata-se de um panorama à parte, merecedor da avaliação se assim deve permanecer ou se precisaria ser expurgada do universo da licitude.

---

[1] Registre-se que o STF promoveu a descriminalização da posse e porte da maconha, para consumo pessoal, embora não a tenha tornado droga de uso lícito ou regularizado (RE 635.659-SP).

3. Todo o debate em torno, principalmente, da maconha abrange diversas manifestações em relação aos benefícios de sua utilização por várias pessoas, inclusive as que apresentam certas enfermidades, de modo que constitui uma conjuntura própria, e em cima dela a sociedade deve debruçar-se. Há de se lembrar a existência de opiniões em sentido contrário, sustentando a mantença de sua ilicitude em decorrência de diversos males que ela provoca.

4. A descriminalização de qualquer droga não pressupõe necessariamente a criminalização de outra, assim como manter a droga no cenário da ilicitude não conduz à obrigação legislativa de inserir outra como proibida. Eis por que deixar de legalizar uma droga não forma um paralelo imprescindível com uma droga considerada lícita, como se a nocividade de uma pudesse ser legitimada pela nocividade de outra à saúde humana. O álcool, o tabaco, o benzodiazepínico e outras substâncias similares, que fazem parte do universo do que é lícito, embora algumas possam ser de uso controlado, não devem representar *gatilhos* para a liberação das que hoje são inseridas no campo da ilicitude. Parece-nos que todas as drogas, lícitas ou ilícitas, são capazes de provocar danos à saúde, bastando o uso incontrolado ou abusivo, de forma que a sociedade deve ponderar se está preparada para aceitar os riscos de sua existência legalizada e regulamentada para o acesso de quem assim deseje delas se valer.

5. De nossa parte, não possuímos conhecimento suficiente para defender a liberação de qualquer droga atualmente tida por ilícita, tampouco para a proibição absoluta das que pertencem ao contexto da licitude. Voltamo-nos para a consideração de que essa decisão cabe primordialmente aos Poderes do Estado, em particular ao Poder Legislativo, que representa a voz popular no Estado Democrático de Direito. Entretanto, fizemos muitas citações de opiniões especializadas em favor e em oposição à liberação de certas drogas para fomentar o debate e provocar a reflexão.

6. Quanto aos delitos existentes na Lei 11.343/2006, enfocando o art. 28, que cuida da posse e porte de drogas ilícitas para consumo pessoal, observamos a tendência de se inserir o usuário no panorama da prevenção e dos cuidados objetivos e contidos, sem levá-lo à punição mais drástica existente, que é a pena privativa de liberdade. O passo dado em 2006 parece não ter regresso, ao retirar a prisão do cenário do consumidor de droga ilícita. Por outro lado, não houve o arrojo de descriminalizar a sua conduta, mantendo-se a posse para uso como crime, situação consolidada pelos entendimentos doutrinários e jurisprudenciais, em especial pelo Supremo Tribunal Federal.[2]

7. De nossa parte, adotamos o princípio da intervenção mínima, defendendo o caráter subsidiário do direito penal, que deve ser reservado às lesões mais graves

---

[2]   No caso do STF, como já destacado, houve a descriminalização da maconha, para posse e porte, com finalidade de consumo pessoal, mantendo as sanções previstas no art. 28, I e III, da Lei 11.343/2006, porém com natureza extrapenal.

aos bens jurídicos, inclusive para atuar com maior eficiência e precisão no tocante à repressão a delitos realmente significativos para a sociedade. Em consequência, parece-nos que o disposto pelo art. 28 da Lei de Drogas merece a descriminalização, em caráter geral, pois todas as sanções que hoje lhe são cominadas atendem, com perfeição, à atuação de outros ramos do direito. É viável multar o infrator, consumidor de droga ilícita, por exemplo, sem considerá-lo *criminoso*, buscando, ainda, outras formas de orientá-lo para evitar totalmente o uso da droga ou, pelo menos, a sua utilização de maneira controlada e não abusiva. Isto não significa legalizar ou regularizar o uso das substâncias entorpecentes atualmente consideradas ilícitas. Essa relevante decisão, se for o caso, deve ser tomada pelo Poder Legislativo, como deixamos registrado no item 5 supra. Em complemento, sustentamos que o alvo da criminalização, hoje existente, é a tutela da saúde pública e não da integridade física ou mental do usuário, pois o direito penal não se ocupa da autolesão.

8. O enfoque da descriminalização do art. 28, em nosso entendimento, não diz respeito a negar o bem jurídico protegido, que é a saúde pública, mas à desnecessidade de intervenção do direito penal para tutelar esse bem. O consumidor de qualquer droga nociva à saúde *deve* se manter em seu espaço individual para não prejudicar terceiros. A partir disso, há alguns caminhos possíveis, caso haja a descriminalização de um ou mais entorpecentes: a) manter a ilicitude do consumo das drogas que atualmente são consideradas de uso proscrito (maconha, cocaína, LSD, heroína, metanfetamina etc.), fazendo prever, por lei, as sanções extrapenais cabíveis a quem infrinja a proibição;[3] b) legalizar e regularizar o consumo das drogas que se reputar menos nocivas que outras, mantendo a ilicitude somente de algumas. Ilustrando, se a maconha fosse *legalizada*, deveria haver a regularização de seu comércio para fins recreativos e/ou medicinais.

9. Caso se mantenha o art. 28 como crime, mesmo sem a aplicação de pena privativa de liberdade, significa ter predominado uma política criminal específica para o Brasil, não simpática à ideia de descriminalizar o uso de drogas proibidas, mas branda, em matéria de punição, com o usuário. A preocupação estatal permanece, em nossa visão, voltada ao bem jurídico principal, que é a saúde pública, cujo alvo é evitar a disseminação da substância entorpecente, apta a gerar consequências negativas em diversos aspectos, desde a dependência, que pode destruir vidas, até o elevado custo de agências estatais de saúde e de segurança pública para administrar situações vinculadas ao consumo abusivo de drogas, valendo como exemplo o insolúvel drama da *cracolândia* na cidade de São Paulo, até o presente.

10. Focalizando o julgamento do RE 635.659-SP pelo Supremo Tribunal Federal, pode-se assinalar que o seu espaço concentrou-se apenas na maconha, bem como nas quantidades desta droga para diferenciar quem a porta como usuário e

---

3   Novamente, assinala-se ter ocorrido isso no tocante à *cannabis*: descriminalizado o seu consumo pessoal, permanece a sua ilicitude, com as sanções, consideradas extrapenais, dos incisos I e III do art. 28 da Lei 11.343/2006.

como traficante. Não se transcendeu para a descriminalização de qualquer outro entorpecente, o que mantém a higidez do art. 28 nesse universo. Portanto, por variados fundamentos, o colegiado não vislumbrou lesão de índole constitucional aos bens jurídicos consistentes em intimidade, privacidade, liberdade de opção, dentre outros similares, pois se assim fizesse, por certo, avançaria o julgamento para a descriminalização do art. 28 como um todo, pouco interessando a droga usada. Afinal, se o indivíduo tivesse direito absoluto a ingerir e ter consigo qualquer droga que entendesse cabível, seja maconha, cocaína, heroína e outras, poderia consumi-la, livremente, na sua intimidade, autolesionando-se caso quisesse, mediante o abuso da substância, podendo até mesmo chegar a uma overdose e essa situação seria completamente alheia ao direito penal. Mas não foi essa a conclusão do STF. Capta-se do mencionado recurso extraordinário, inclusive, o desiderato de considerar ilícito o consumo de todas as drogas hoje proscritas, por relação editada pela ANVISA, incluindo a maconha. Repita-se: a divisão entre os ministros concentrou-se, efetivamente, num determinado aspecto, que é a descriminalização do consumo de maconha, embora permaneça a sua ilicitude no campo extrapenal. Logo, completando argumento anterior, a esfera da intimidade e da privacidade, para fins de autolesão, continua restrita, afinal, nem mesmo o uso de maconha está *autorizado*, pois outras sanções extrapenais podem advir.

11. O debate em torno da conhecida expressão *guerra às drogas*, de origem estadunidense, parece chegar ao consenso de que, desde a década de 1970, quando principiou, não trouxe resultados efetivos e visíveis no campo da redução da fabricação, produção, disseminação, comercialização e consumo de drogas proibidas. Apesar disso, muitas outras substâncias entorpecentes surgiram, como as drogas sintéticas, espalhando-se mundo afora, mas isso não significa que os governos pretendam legalizar todos esses entorpecentes e muito menos a sua comercialização. São citados alguns países, em obras e artigos – a minoria do cômputo global –, que descriminalizaram o consumo de pequenas quantidades de certas drogas, mas nem todos deixaram de prever sanções extrapenais. Por outro lado, continua a ser crime o tráfico de entorpecentes, que permanece severamente apenado na imensa maioria dos ordenamentos estrangeiros, significando a estabilidade do embate criminal às drogas, tenha efeito ou não. É fato que cada nação busca a política criminal mais apropriada à sua sociedade nesse campo, valendo-se, inclusive, dos seus meios econômicos para a prevenção, orientação e apoio à dependência química, preservando a segurança e a distância de quem pretende manter-se alheio a esse uso.

12. Mantida a ilicitude das drogas atualmente proscritas, há dois caminhos possíveis, embora, nessas opções, as sanções precisem de assertividade, pois disso depende a própria credibilidade estatal. O primeiro caminho conserva intacto o art. 28 da Lei de Drogas, permanecendo o crime de posse e porte para uso. Assim ocorrendo, é imperioso rever penalidades inócuas, como advertência e admoestação verbal. Não vemos sentido em obrigar o juiz, que não tem preparo ou formação para isso, nem mesmo equipe técnica ao seu dispor, convocar um cidadão adulto para dar-lhe uma chamada ou repreensão, explicando-lhe os males

das drogas. Se o magistrado não atuar diretamente nessas situações, a situação se torna ainda pior, pois será um serventuário da justiça a simplesmente colocar um termo de advertência à frente do agente para que ele assine e deixe o recinto forense. É um descrédito ao Judiciário e, igualmente, ao direito penal. O segundo caminho representa a revogação do art. 28, caso o Legislativo assim decida (o STF somente proclamou a sua inconstitucionalidade no cenário da maconha), permanecendo o porte e uso de drogas como conduta ilícita, sujeita a sanções extrapenais. Mesmo assim, não há sentido em se prever imposições inócuas. Torna-se necessário rever as penalidades, para incluir medidas mais restritivas e eficientes, como a suspensão da carteira de habilitação ou o do passaporte, por um período, além de outras limitações viáveis, de modo a conscientizar o usuário de que a sua postura é *inadmissível*, embora não constitua crime. A par disso, parece-nos indispensável ampla campanha de conscientização em torno dos males causados pelas drogas, com a previsão de severas multas aos estabelecimentos que tolerem o consumo em suas dependências, nos moldes já realizados – com sucesso – em relação ao fumo (tabaco). Esse esforço de orientação deve ser incessante, parte dele patrocinado por agências governamentais, além de obrigatório e frequente, voltando-se a colégios, faculdades, empresas públicas e privadas, centros de desenvolvimento de atividades administrativas ou lazer etc. No tocante às crianças e aos adolescentes, ouvir palestras regulares, na escola ou na faculdade, acerca da nocividade das drogas confere aos pais, em casa, a legitimidade e a confirmação de que a orientação familiar está no caminho certo.

13. Pensamos constituir o cerne da merecida modificação legislativa da Lei 11.343/2006 a elaboração de critérios mais objetivos para estabelecer a diferença entre traficantes e usuários.[4] Verifica-se, atualmente, que o maior malefício do embate às drogas, por meio dos órgãos policiais e judiciais, concentra-se no encarceramento excessivo de consumidores de entorpecentes, reputados traficantes em decorrência da carência de elementos sólidos (ou, pelo menos, mais seguros, sem tanta subjetividade) para os diferenciar dos autênticos comerciantes de drogas ilícitas. Essa superpopulação carcerária é encontrada tanto no tocante à prisão provisória (usuários processados e detidos como traficantes) quanto na parte concernente à condenação (consumidores julgados e considerados traficantes).

14. Nenhuma proposta para incluir critérios objetivos de diferenciação entre usuário e traficante será perfeita; cremos que todas as alternativas levarão a críticas razoáveis, embora seja indispensável que essa modificação seja implementada. Será mais adequado enfrentar qualquer equívoco no modelo diferenciador do que perpe-

---

[4]   O STF, no RE 635.659-SP, limitou-se ao cenário da maconha, estabelecendo a quantidade de 40 gramas como patamar para diferenciar, em princípio, traficante e usuário. Abaixo desse *quantum*, seria consumidor; acima, traficante. No entanto, é uma presunção relativa, que comporta prova em contrário. Além disso, esse critério é insuficiente e a revisão da Lei de Drogas permanece fundamental.

tuar o extremo subjetivismo atualmente existente na Lei de Drogas. Propomos, em primeiro plano, o estabelecimento de uma quantidade para cada espécie de substância entorpecente, extraída de avaliações técnicas acerca do montante necessário para sustentar o uso habitual ou alicerçar o vício. A partir disso, impõe-se a presunção relativa de que até certa quantidade deve-se deduzir tratar-se de usuário, *salvo prova em contrário*; superando a referida quantidade, conduz-se à dedução de se cuidar de traficante, *salvo prova em contrário*. Com isso, pretende-se envolver o consumidor que pode ter consigo uma quantidade acima da prevista em lei, mas fornece explicação razoável para a situação – como acontece em *república* de estudantes, onde vários utilizam a droga habitualmente. Atinge-se, ainda, o traficante que, para subtrair-se à quantia estampada em lei, carrega sempre pequenas porções para distribuir aos usuários, embora tenha armazenada uma quantidade muito maior.

15. No contexto da objetividade dos critérios, é preciso prever em lei – ou, pelo menos, em portaria da ANVISA – uma tabela com a potencialidade lesiva de cada entorpecente proscrito, indicando ao Judiciário como valorar individualmente o entorpecente. A *natureza* da droga não deve manter-se no termômetro subjetivo do julgador. Cientificamente, torna-se curial apontar quais drogas são aptas a gerar o vício, com maior celeridade, ao usuário e quais substâncias são capazes de produzir overdose fatal. Além disso, a associação formal entre a quantia para uso regular e o montante incompatível com o consumo diário tornará mais simplificado o processo de convencimento do magistrado acerca da tipificação da infração como uso ou tráfico.

16. Detalhar o que se pode considerar *local* e *condições da ação*, além de *circunstâncias sociais e pessoais*, embora pareça um cerceamento à atividade judicial de interpretação dos fatos, merece um desenvolvimento mais específico em termos legais. Não se pretende que o legislador preveja todas as hipóteses em que se desenvolve o tráfico ou o cenário em que se dá o uso, mas apontar dados mais objetivos é possível e, mesmo assim, dependerá da avaliação do julgador em cada situação concreta. O alvo dessa conceituação será esquivar-se de ponderações discriminatórias, que permitam delimitar a fronteira entre usuário e traficante por conta de aparência fenotípica do agente, bem como contornar a benevolência com que se possa tratar o portador de drogas em ambientes considerados de elevado poder aquisitivo. Se não se puder descrever esses elementos, o mínimo a fazer é incluir nítida vedação ao emprego de instrumentos de avaliação calcados em diferenças de classes sociais e ponderações similares.

17. É preciso extrair do cenário da tipificação – se uso ou tráfico – o fator referente à *conduta*, pois esta merece ser considerada apenas na aplicação da pena, como *conduta social*. Ressalte-se a duplicidade que se pode estabelecer ao comparar a conduta do agente às *circunstâncias sociais e pessoais*, que pudemos comentar no item anterior. Finalmente, há de indicar o que vem a ser *antecedentes* para fins de tipificar a infração penal, evitando-se que alguém seja incluído no cenário do tráfico porque se reputou um inquérito arquivado, um processo com absolvição ou mesmo um processo em andamento. Outro ponto

relevante, para produzir o efeito de *tipificar* a conduta – e não para aplicar a pena –, diz respeito à consideração de antecedentes apenas em tráfico ou uso; afinal, um antecedente por homicídio ou lesão corporal, por exemplo, não presta para deduzir que alguém é traficante.

18. Outro ponto relevante diz respeito à fluidez excessiva dos critérios legalmente fixados para apenar o traficante, resultando em numerosa diversidade de decisões condenatórias, com variação ilógica e até mesmo teratológica entre diferentes juízos, podendo-se atingir penas diametralmente opostas para réus primários, sem antecedentes, com a mesma quantidade de drogas, que, embora sejam traficantes, terminam condenados a sanções díspares. Basta uma pesquisa jurisprudencial para a constatação da realidade dessa diferença, que não favorece a segurança jurídica; ao contrário, penaliza os que sofrem as mais severas penas em comparação aos que obtêm penalidades muito mais brandas. Exemplificando, é perfeitamente possível encontrar quem traga consigo 10 gramas de cocaína, para comércio, findar com a pena de 1 ano e 8 meses de reclusão, e multa, em regime inicial aberto, com a substituição por penas restritivas de direitos e nunca fique preso um só dia, confrontando com quem carregue consigo a mesma quantidade de idêntica droga, com pena de mais de 5 anos de reclusão, e multa, iniciando em regime fechado, permanecendo preso por toda a instrução. Ambos os contrastantes, reitere-se, são primários, sem antecedentes e sem envolvimento com atividades criminosas ou organização criminosa.

19. O art. 42 da Lei 11.343/2006 necessita ser adaptado, nos mesmos termos sugeridos para o art. 28, § 2.º, porque prevê dois fatores de ponderação aberta, sujeita à avaliação individual de cada julgador, conforme critérios atécnicos, despidos de embasamento científico e muito menos, porque inexistente, de supedâneo em lei. Conforme exposto nos itens 13 e 14, é fundamental expor, com clareza, no cenário legal, a *natureza* de cada droga e a *quantidade* considerada excessiva, mesmo para fins de tráfico. Não é possível admitir-se que em duas Varas Criminais, de mesma instância, por vezes na mesma Comarca, duas pessoas, cujas condutas foram tipificadas como tráfico, recebam considerações judiciais, nas sentenças condenatórias, completamente díspares, no tocante à natureza da droga e à quantidade – as mesmas nos dois casos –, refletindo diretamente na pena.

20. A forma de realização da detenção de quem é surpreendido portando droga ilícita, em pequena quantidade, tem levado a polícia a optar pela *voz de prisão* por tráfico, garantindo a condução ao distrito e autuação por esse delito, sem correr o risco de prender um usuário e ser acusado o agente policial de abuso de autoridade. Afinal, o consumidor não pode ser preso em flagrante, nem ser de qualquer modo detido e, mesmo condenado, não se submete a pena privativa de liberdade. Deveria haver o mecanismo *claro em lei* de detenção de quem porta droga, para qualquer finalidade, facilitando a ação do policial em atividade ostensiva, para, depois, decidir-se, na delegacia, qual caminho dar ao caso: se autua por tráfico, lavrando-se o auto de prisão em flagrante, ou encaminha-se para o Juizado Especial Criminal para as medidas cabíveis.

21. O aperfeiçoamento dos critérios para separar o traficante do usuário e para apenar o traficante atende a uma parte dos problemas atualmente existentes. No entanto, a diferença visível em matéria de persecução penal entre os vulgarmente denominados *tráfico pobre* e *tráfico rico* depende da alteração da política de segurança pública, equilibrando a investigação policial entre a ostensiva busca pelo traficante que se encontra na via pública ou de fácil acesso ao público e o que se encontra cercado pelos muros endinheirados da privacidade, onde somente a *inteligência* investigatória é capaz de penetrar, valendo-se de todos os mecanismos legais possíveis, como infiltração de policiais, delação premiada, proteção efetiva de testemunhas, ação controlada, interceptação telefônica e ambiental, rigoroso controle e fiscalização do enriquecimento ilícito dos traficantes, atuação no campo da lavagem de dinheiro, entre outras medidas. Considerando-se o tráfico de entorpecentes um crime equiparado a hediondo, logo, grave, é preciso detê-lo, na medida do possível, em todas as classes sociais, penetrando no difícil universo do *tráfico de elite*. Desse modo, haveria maior equilíbrio na conjuntura das punições por tráfico de drogas, afinal, por meio de dados estatísticos, é visível a maciça predominância de pequenos traficantes no sistema carcerário.

22. Outra cautela na modificação legislativa concerne à pena de multa, pois a cominação de elevadíssimos montantes de sanção pecuniária não guarda correspondência lógica com o seu destinatário. Não tem valia, em análise teleológico-sistemática, o estabelecimento de um astronômico valor para o traficante pagar, como multa, se ele *não possui renda lícita*. É sabido que esse tipo de crime faz nascer um patrimônio ilícito e quem enriquece, o que é fato notório, o faz por meio da venda de drogas, de forma que todos os seus bens terão origem ilícita e devem ser confiscados pelo Estado. O que sobra de patrimônio lícito para quitar a multa é praticamente ínfimo ou inexistente. Mesmo o grande traficante, quando descoberto e preso, possui fortuna de origem ilegal. O Estado não pode pretender arrecadar, como pena, dinheiro de fonte ilícita, até porque confrontaria com a previsão processual penal de sequestro de tudo isso. Vê-se, na prática, além do *rico traficante*, um número exorbitante de pequenos traficantes, cuja condenação à pena de multa, mesmo em mínimos valores estabelecidos em lei, termina em pagamento frustrado. Tal situação gera o cumprimento integral da pena privativa de liberdade e resta a pendência da quitação da multa, que, para prescrever, respeita o mesmo prazo da pena de prisão, o que é outra ilogicidade. Desse quadro emergiu corrente jurisprudencial, referendada pelo Supremo Tribunal Federal e pelo Superior Tribunal de Justiça, no sentido de que o condenado a pena pecuniária, que já tenha cumprido a pena privativa de liberdade ou restritiva de direitos, sendo hipossuficiente para quitar o valor, pode ter essa pena extinta. É preciso estabelecer valores compatíveis com o destinatário mais comum do tipo penal incriminador, que, no caso do art. 33, é justamente aquele que amealha riqueza ilícita com o comércio de drogas. Portanto, torna-se mais adequado o estabelecimento de montantes menores, mas que se possa exigir, mesmo que parceladamente, na época oportuna.

23. Situações permanentes de visibilidade pública, como a *Cracolândia*, em São Paulo, não podem continuar intocadas, pois sinalizam para a falência do Estado na resolução de problemas ligados diretamente ao consumo de drogas. Obviamente, pode-se destacar a criminalidade secundária que se espalha nessa região, pois, além da posse e porte para uso de entorpecentes (crime do art. 28 da Lei 11.343/2006) e do tráfico (art. 33 da mesma Lei), desenrolam-se furtos, roubos, agressões, invasões, molestamento de moradores e passantes, entre outros. Tudo isso se une à desvalorização dos imóveis no entorno, aliada à desocupação de vários deles e ao enfraquecimento do comércio local. Parece-nos, entretanto, que a mais grave consequência encontra-se, de fato, concentrada na inaptidão da sociedade e das agências governamentais para lidar com as drogas ilícitas.

24. Por certo, poderíamos sugerir mecanismos para *solucionar* o drama da *Cracolândia*, mas seria somente a construção de uma plêiade de palpites, baseados em opiniões de terceiros, sem lastro sólido acerca da sua eficiência. Ademais, ao longo de vários anos, governantes de todos os partidos – esfera estadual e municipal – apregoaram possuir a *fórmula* para solucionar esse problema e jamais se atingiu resultado satisfatório. Há um único ponto que pensamos ser apontamento relevante: não será o emprego do direito penal – repressão e punição – a receita para resolver esse impasse. Possam os especialistas das áreas de ciências médicas e sociais indicar as trilhas a seguir e que, a partir disso, ocorra a sensibilidade dos chefes do Poder Executivo do município e do estado para segui-las.

25. Finalmente, ponto que nos soa crucial, jamais se deve nutrir a vã ilusão de que, de algum modo, por qualquer caminho, possamos viver num mundo *livre totalmente de drogas*, até porque há várias delas que são de uso lícito e necessário, atuando como medicamentos eficazes em diversas áreas da saúde. E, mesmo no cenário das substâncias entorpecentes proibidas, considerando-se as mais nocivas, a integral eliminação é utopia, por diversas razões. O consumo, mesmo ilícito, existe e não cessará, competindo ao Estado valer-se de meios preventivos, orientativos e curativos no quadro formado por usuários e dependentes. É fato, no entanto, que o embate à criminalidade vinculada ao comércio espúrio de drogas deve ser empreendido de maneira inteligente, valendo-se de aparato legal sempre atualizado e contando com a cooperação da sociedade. Por isso, o que nos cabe asseverar, com convicção, é a indispensabilidade da reforma da legislação, em particular, da Lei 11.343/2006.

BIBLIOGRAFIA

ABRÃO, Sonia. *Rafael llha*. As pedras do meu caminho. São Paulo: Escrituras, 2015.

ALARCON, Sergio. Drogas psicoativas: classificação e bulário das principais drogas de abuso. *In*: ALARCON, Sergio; JORGE, Marco Aurélio Soares (orgs.). *Álcool e outras drogas*: diálogos sobre um mal-estar contemporâneo. Rio de Janeiro: Fiocruz, 2012. Disponível em: https://doi.org/10.7476/9788575415399.0006. Acesso em: 30 jan. 2024.

ALVAREZ, Marcos César; CAMPOS, Marcelo da Silveira. Pela metade: implicações do dispositivo médico-criminal da "nova" Lei de Drogas na cidade de São Paulo. *Tempo Social*, Revista de Sociologia da USP, v. 29, n. 2, p. 45-73.

ANGELO, Steve De. *O manifesto da cannabis*: um novo paradigma de bem-estar. Trad. Brena O'Dwyer. Rio de Janeiro: Vista Chinesa, 2021.

ARAUJO, Tarso. *Almanaque das drogas*: um guia informal para o debate racional. 2. ed. São Paulo: Leya, 2014.

ASÚA, Luis Jimenez de. *Lecciones de derecho penal*. México: Editorial Pedagógica Iberoamericana, 1995.

BACILA, Carlos Roberto; RANGEL, Paulo. *Lei de Drogas*: comentários penais e processuais. 3. ed. São Paulo: Ed. Atlas, 2015.

BADARÓ, Gustavo Henrique; LOPES JR., Aury. *Direito ao processo penal no prazo razoável*. Rio de Janeiro: Lumen Juris, 2006.

BASTOS, Celso Ribeiro; MARTINS, Ives Gandra. *Comentários à Constituição do Brasil*. São Paulo: Saraiva, 1988. v. 1.

BECHARA, Ana Elisa Liberatore Silva. *Bem jurídico-penal*. São Paulo: Quartier Latin, 2014.

BERTOLOTE, José Manoel. Aspectos históricos e sociais do uso de maconha no Brasil e no mundo. *In*: DIEHL, Alessandra; PILLON, Sandra Cristina (orgs.). *Maconha*: prevenção, tratamento e políticas públicas. Porto Alegre: Artmed, 2021.

BOTTINI, Pierpaolo Cruz. *Crimes de perigo abstrato e princípio da precaução na sociedade de risco*. São Paulo: RT, 2007.

BRANCO, Paulo Gustavo Gonet; MENDES, Gilmar Ferreira; COELHO, Inocêncio Mártires. *Curso de direito constitucional*. 4. ed. São Paulo: Saraiva, 2008.

BRASIL. Secretaria Nacional de Políticas sobre Drogas. *Prevenção dos problemas relacionados ao uso de drogas*: capacitação para conselheiros e lideranças comunitárias. Ministério da Justiça, Secretaria Nacional de Políticas sobre Drogas. 6. ed. Brasília, DF: SENAD-MJ/NUTE-UFSC, 2014.

CAMPOS, Marcelo da Silveira. *Pela metade*: a Lei de Drogas do Brasil. São Paulo: Annablume, 2019.

CAMPOS, Marcelo da Silveira; ALVAREZ, Marcos César. Pela metade: implicações do dispositivo médico-criminal da "nova" Lei de Drogas na cidade de São Paulo. *Tempo Social*, Revista de Sociologia da USP, v. 29, n. 2, p. 45-73.

CARNEIRO, Henrique. As origens do abstencionismo e da proibição do álcool na historiografia estadunidense e alguns reflexos no Brasil. *In*: LABATE, Beatriz Caiuby; RODRIGUES, Thiago (orgs.). *Políticas de drogas no Brasil*: conflitos e alternativas. Campinas: Mercado de Letras, 2018.

CARNEIRO, Henrique. *Drogas*: a história do proibicionismo. São Paulo: Autonomia Literária, 2019.

CARNEIRO, Henrique. Transformações do significado da palavra 'droga': das especiarias coloniais ao proibicismo contemporâneo. *In*: VENÂNCIO, Renato Pinto; CARNEIRO, Henrique (org.). *Álcool e drogas na história do Brasil*. Belo Horizonte: PUC Minas, 2005.

CARNEIRO, Henrique; VENÂNCIO, Renato Pinto (org.). *Álcool e drogas na história do Brasil*. Belo Horizonte: PUC Minas, 2005.

CARVALHO, Paulo Roberto Galvão de; MENDONÇA, Andrey Borges de. *Lei de Drogas*: Lei 11.343, de 23 de agosto de 2006 comentada artigo por artigo. 3. ed. São Paulo: Método, 2013.

CARVALHO FILHO, Francisco Valverde de; SILVA, José de Siqueira; MIRANDA, Rodney Rocha; VALVERDE, Danielle Novaes de Siqueira. Os reflexos da nova Lei de Drogas na atuação das polícias estaduais. *Revista Brasileira de Segurança Pública*, ano 1, ed. 2, 2007.

CEREZO MIR, José. *Curso de derecho penal español* – parte general. 5. ed. Madrid: Tecnos, 1998. v. 1.

CHAVES JUNIOR, Airto; TAMANINI, Samara Sandra. A atipicidade material do fato correspondente ao tráfico de drogas frente ao princípio da insignificância. *Revista Duc In Altum. Cadernos de Direito*, v. 13, n. 29, jan.-mar. 2021.

CHENIAUX, Elie. *Manual de psicopatologia*. 6. ed. Rio de Janeiro: Guanabara Koogan, 2021.

CLEMENTE, Isabel; SZABÓ, Ilona. *Drogas*: as histórias que não te contaram. Rio de Janeiro: Zahar, 2017.

COELHO, Inocêncio Mártires; MENDES, Gilmar Ferreira; BRANCO, Paulo Gustavo Gonet. *Curso de direito constitucional*. 4. ed. São Paulo: Saraiva, 2008.

CRUZ, Rogério Schietti; RUY, Fernando Estevam Bravin; SOUZA, Sérgio Ricardo de. *Lei de Drogas comentada conforme o pacote anticrime (Lei 13.964/2019)*. Londrina: Thoth Editora, 2021.

CUNHA, Rogério Sanches; PINTO, Ronaldo Batista; SOUZA, Renee do Ó. *Leis penais especiais comentadas*. 3. ed. Salvador: Juspodivm, 2020.

CURY, Matheus Guimarães; PAGLIUCA, José Carlos Gobbis. *Lei de Drogas*. São Paulo: Rideel, 2016.

DA ROS, Vera. Redução de danos, maconha e outros temas polêmicos. *In*: SADDI, Luciana; ZEMEL, Maria de Lurdes S. *Maconha*: os diversos aspectos, da história ao uso. São Paulo: Blucher, 2021.

DAUDELIN, Jean; RATTON, José Luiz. Mercados de drogas, guerra e paz no Recife. *Tempo Social*, Revista de Sociologia da USP, v. 29, n. 2, p. 115-133.

DIEHL, Alessandra; PILLON, Sandra Cristina (org.). *Maconha*: prevenção, tratamento e políticas públicas. Porto Alegre: Artmed, 2021.

ESCOHOTADO, Antonio. *Historia general de las drogas I*. Del paganismo a los Orígenes de la prohibición. Madrid: Editorial La Emboscadura, 2018.

ESCOHOTADO, Antonio. *Historia general de las drogas II*. De la prohibición a nuestros dias. Madrid: Editorial La Emboscadura, 2018.

FAVARETTO, Bruno Garcia Simões; MARSON, Poliana Guerino (org.). *Drogas*: o que sabemos sobre? Curitiba: Appris, 2021.

FERRUGEM, Daniela. *Guerra às drogas e a manutenção da hierarquia racial*. Belo Horizonte: Letramento, 2019.

FILEV, Renato. Os usos terapêuticos da maconha. *In*: SADDI, Luciana; ZEMEL, Maria de Lurdes S. *Maconha*: os diversos aspectos, da história ao uso. São Paulo: Blucher, 2021.

FIORE, Maurício. A medicalização da questão do uso de drogas no Brasil: reflexões acerca de debates institucionais e jurídicos. *In*: VENÂNCIO, Renato Pinto; CARNEIRO, Henrique (org.). *Álcool e drogas na história do Brasil*. Belo Horizonte: PUC Minas, 2005.

FIORE, Mauricio. Alguns desafios pós-proibicionistas: o caso da regulação da maconha. *In*: LABATE, Beatriz Caiuby; RODRIGUES, Thiago (orgs.). *Políticas de drogas no Brasil*: conflitos e alternativas. Campinas: Mercado de Letras, 2018.

GOLDANI, Julia M.; KONZEN, Lucas P. Lugares de tráfico: a geografia jurídica das abordagens policiais em Porto Alegre. *Revista Direito GV*, São Paulo, v. 17, n. 3, 2021.

GOMES FILHO, Antonio Magalhães. A garantia da motivação das decisões judiciais na Constituição de 1988. *In*: PRADO, Geraldo; MALAN, Diogo (coord.). *Processo penal e democracia*: estudos em homenagem aos 20 anos da Constituição da República de 1988. Rio de Janeiro: Lumen Juris, 2009.

GRECO FILHO, Vicente; RASSI, João Daniel. *Lei de Drogas anotada*: Lei n. 11.343/2006. São Paulo: Saraiva, 2007.

GRIECO, Mario. *Cannabis medicinal*: baseado em fatos. Rio de Janeiro: Nova Fronteira, 2021.

GUERRA FILHO, Willis Santiago. Dignidade humana, princípio da proporcionalidade e teoria dos direitos fundamentais. *In*: MIRANDA, Jorge; SILVA, Marco. *Tratado luso-brasileiro da dignidade humana*. 2. ed. São Paulo: Quartier Latin, 2009.

HAGER, Thomas. *Dez drogas*: as plantas, os pós e os comprimidos que mudaram a história da medicina. Trad. Antônio Xerxenesky. São Paulo: Todavia, 2020.

HART, Carl. *Drogas para adultos*. Trad. Pedro Maia Soares. Rio de Janeiro: Zahar, 2021.

HART, Carl. *Um preço muito alto*: a jornada de um neurocientista que desafia nossa visão sobre as drogas. Trad. Clóvis Marques. Rio de Janeiro: Zahar, 2014.

HOLLAND, Julie. *O livro da maconha*: o guia completo sobre a cannabis. Seu papel na medicina, política, ciência e cultura. Trad. Éder Bernardo e Silvana Moreira. Rio de Janeiro: Vista Chinesa, 2020.

JANOVIK, Nathália; OLIVEIRA, Ronaldo Rodrigues de; SILVA, Alexandre Kieslich da. Canabidiol e seus efeitos terapêuticos. *In*: DIEHL, Alessandra; PILLON, Sandra Cristina Pillon (orgs.). *Maconha*: prevenção, tratamento e políticas públicas. Porto Alegre: Artmed, 2021.

JESUS, Maria Gorete Marques de. Verdade policial como verdade jurídica. Narrativas do tráfico de drogas no sistema de justiça. *Revista Brasileira de Ciências Sociais*, v. 35, n. 102, p. 1-15.

JHERING, Rudolf Von. *A evolução do direito*. Salvador: Livraria Progresso Editora, 1950.

KONZEN, Lucas P.; GOLDANI, Julia M. Lugares de tráfico: a geografia jurídica das abordagens policiais em Porto Alegre. *Revista Direito GV*, São Paulo, v. 17, n. 3, 2021.

LABATE, Beatriz Caiuby; RODRIGUES, Thiago (org.). *Políticas de drogas no Brasil*: conflitos e alternativas. Campinas: Mercado de Letras, 2018.

LAÇAVA, Thaís Aroca Datcho; MOURA, Maria Thereza Rocha de Assis. A garantia da razoável duração do processo penal e a contribuição do STJ para a sua efetividade. *In*: PRADO, Geraldo; MALAN, Diogo (coord.). *Processo penal e democracia*: estudos em homenagem aos 20 anos da Constituição da República de 1988. Rio de Janeiro: Lumen Juris, 2009.

LAZARI, Rafael José Nadim; LUCA, Guilherme Domingos de; RAZABONI JUNIOR, Ricardo Bispo. Lei de drogas: 10 anos da Lei 11.343/2006. *REGRAD, UNIVEM/Marília-SP*, v. 10, n. 1, p. 234-244, out. 2017.

LIMA, Renato Brasileiro de. *Legislação criminal especial comentada*: volume único. 9. ed. Salvador: Juspodivm, 2021.

LIMA JÚNIOR, Javahé de. *Lei de Drogas comentada*. Florianópolis: Habitus, 2017.

LOPES JR., Aury; BADARÓ, Gustavo Henrique. *Direito ao processo penal no prazo razoável*. Rio de Janeiro: Lumen Juris, 2006.

LOPES, Marcus Mota Moreira; QUEIROZ, Paulo. *Comentários à Lei de Drogas*. 2. ed. Salvador: Juspodivm, 2018.

LUCA, Guilherme Domingos de; RAZABONI JUNIOR, Ricardo Bispo; LAZARI, Rafael José Nadim. Lei de Drogas: 10 anos da Lei 11.343/2006. *REGRAD, UNIVEM/Marília-SP*, v. 10, n. 1, p. 234-244, out. 2017.

MALBERGIER, André (ed.). *Abordagem clínica da dependência de drogas, álcool e nicotina*. Manual para profissionais de saúde mental. Barueri, SP: Manole, 2018.

MARÇAL, Vinícius; MASSON, Cleber. *Lei de Drogas*: aspectos penais e processuais. 3. ed. São Paulo: Método, 2022.

MARCÃO, Renato. *Lei de Drogas*: comentários e interpretação jurisprudencial da Lei n. 11.343, de 23 de agosto de 2006 (crimes, investigação e procedimento em juízo). 12. ed. São Paulo: Saraiva, 2021.

MARSON, Poliana Guerino; FAVARETTO, Bruno Garcia Simões (org.). *Drogas*: o que sabemos sobre? Curitiba: Appris, 2021.

MARTINS, Ives Gandra; BASTOS, Celso Ribeiro. *Comentários à Constituição do Brasil*. São Paulo: Saraiva, 1988. v. 1.

MASSON, Cleber; MARÇAL, Vinícius. *Lei de Drogas*: aspectos penais e processuais. 3. ed. Rio de Janeiro: Método, 2022.

MELLO FILHO, José Celso de. *Constituição Federal anotada*. 2. ed. São Paulo: Saraiva, 1986.

MENDES, Gilmar Ferreira. A proteção da dignidade da pessoa humana no contexto do processo judicial. *In*: MIRANDA, Jorge; SILVA, Marco. *Tratado luso-brasileiro da dignidade humana*. 2. ed. São Paulo: Quartier Latin, 2009.

MENDES, Gilmar Ferreira; COELHO, Inocêncio Mártires; BRANCO, Paulo Gustavo Gonet. *Curso de direito constitucional*. 4. ed. São Paulo: Saraiva, 2008.

MENDONÇA, Andrey Borges de; CARVALHO, Paulo Roberto Galvão de. *Lei de Drogas*: Lei 11.343, de 23 de agosto de 2006 comentada artigo por artigo. 3. ed. São Paulo: Método, 2013.

MESSAS, Guilherme. *Álcool e drogas*: uma visão fenômeno-estrutural. Itatiba: Casa Psi, 2006.

MIR PUIG, Santiago. *Estado, pena y delito*. Montevideo-Buenos Aires: Editorial B de f, 2013.

MIRANDA, Rodney Rocha; VALVERDE, Danielle Novaes de Siqueira; CARVALHO FILHO, Francisco Valverde de; SILVA, José de Siqueira. Os reflexos da nova lei de drogas na atuação das polícias estaduais. *Revista Brasileira de Segurança Pública*, ano 1, ed. 2, 2007.

MOLINA, Antonio García-Pablos de. *Tratado de criminología*. 5. ed. Valencia: Tirant lo Blanch, 2014.

MORAES, Alexandre de. *Direito constitucional*. 24. ed. São Paulo: Ed. Atlas, 2009.

MORAES, Maurício Zanoide de. *Presunção de inocência no processo penal brasileiro*: análise de sua estrutura normativa para a elaboração legislativa e para a decisão judicial. Rio de Janeiro: Lumen Juris, 2010.

MORAES, Maurício Zanoide de. Publicidade e proporcionalidade na persecução penal brasileira. *Sigilo no processo penal*: eficiência e garantismo. São Paulo: RT, 2008.

MOSKOWITZ, Michael H. *Cannabis medicinal*: um guia para pacientes e profissionais de saúde. Trad. Monique M. Leonardi. Belo Horizonte: Laszlo, 2021.

MOURA, Maria Thereza Rocha de Assis; LAÇAVA, Thaís Aroca Datcho. A garantia da razoável duração do processo penal e a contribuição do STJ para a sua efetividade. *In*: PRADO, Geraldo; MALAN, Diogo (coord.). *Processo penal e democracia*: estudos em homenagem aos 20 anos da Constituição da República de 1988. Rio de Janeiro: Lumen Juris, 2009.

MUAKAD, Irene Batista. A cocaína e o crack: as drogas da morte. *Revista da Faculdade de Direito da Universidade de São Paulo*, v. 106-107, p. 465-494, jan.--dez. 2011/2012.

NICOLITT, André Luiz. A garantia do contraditório: consagrada na Constituição de 1988 e olvidada na reforma do Código de Processo Penal de 2008. *In*: PRADO, Geraldo; MALAN, Diogo (coord.). *Processo penal e democracia*: estudos em homenagem aos 20 anos da Constituição da República de 1988. Rio de Janeiro: Lumen Juris, 2009.

NUCCI, Guilherme de Souza. *Código Penal comentado*. 24. ed. Rio de Janeiro: Forense, 2024.

NUCCI, Guilherme de Souza. *Curso de Direito Penal*. 8. ed. Rio de Janeiro: Forense, 2024. vol. 1 a 3.

NUCCI, Guilherme de Souza. *Individualização da pena*. 6. ed. Rio de Janeiro: Forense, 2014.

NUCCI, Guilherme de Souza. *Leis Penais e Processuais Penais Comentadas*. 15. ed. Rio de Janeiro: Forense, 2023. vol. 1.

Nucci, Guilherme de Souza. *Princípios Constitucionais Penais e Processuais Penais*. 4. ed. Rio de Janeiro: Forense, 2015.

OHLER, Norman. *High Hitler*: como o uso de drogas pelo Führer e pelos nazistas ditou o ritmo do Terceiro Reich. 2. ed. Trad. Silvia Bittencourt. São Paulo: Planeta do Brasil, 2020.

OLIVEIRA, Ronaldo Rodrigues de; SILVA, Alexandre Kieslich da; JANOVIK, Nathália. Canabidiol e seus efeitos terapêuticos. *In*: DIEHL, Alessandra; PILLON, Sandra Cristina Pillon (orgs.). *Maconha*: prevenção, tratamento e políticas públicas. Porto Alegre: Artmed, 2021.

PACHECO, Vilmar; THUMS, Gilberto. *Nova Lei de Drogas*: crimes, investigação e processo. Porto Alegre: Verbo Jurídico, 2007.

PAGLIUCA, José Carlos Gobbis; CURY, Matheus Guimarães. *Lei de Drogas*. São Paulo: Rideel, 2016.

PILLON, Sandra Cristina; DIEHL, Alessandra (org.). *Maconha*: prevenção, tratamento e políticas públicas. Porto Alegre: Artmed, 2021.

PINTO, Ronaldo Batista; SOUZA, Renee do Ó; CUNHA, Rogério Sanches. *Leis penais especiais comentadas*. 3. ed. Salvador: Juspodivm, 2020.

QUEIROZ, Paulo; LOPES, Marcus Mota Moreira. *Comentários à Lei de Drogas*. 2. ed. Salvador: Juspodivm, 2018.

RANGEL, Paulo; BACILA, Carlos Roberto. *Lei de Drogas*: comentários penais e processuais. 3. ed. São Paulo: Ed. Atlas, 2015.

RASSI, João Daniel; GRECO FILHO, Vicente. *Lei de Drogas anotada*: Lei n. 11.343/2006. São Paulo: Saraiva, 2007.

RATTON, José Luiz; DAUDELIN, Jean. Mercados de drogas, guerra e paz no Recife. *Tempo Social*, Revista de Sociologia da USP, v. 29, n. 2, p. 115-133.

RAZABONI JUNIOR, Ricardo Bispo; LAZARI, Rafael José Nadim; LUCA, Guilherme Domingos de. Lei de Drogas: 10 anos da Lei 11.343/2006. *REGRAD, UNIVEM/Marília-SP*, v. 10, n. 1, p. 234-244, out. 2017.

RODRIGUES, Thiago; LABATE, Beatriz Caiuby (org.). *Políticas de drogas no Brasil*: conflitos e alternativas. Campinas: Mercado de Letras, 2018.

RUI, Taniele. Pacote de direitos e repressão na 'cracolândia' paulistana: dois anos do programa de braços abertos (jan 2014-jan 2016). *In*: LABATE, Beatriz Caiuby; RODRIGUES, Thiago (orgs.). *Políticas de drogas no Brasil*: conflitos e alternativas. Campinas: Mercado de Letras, 2018.

RUY, Fernando Estevam Bravin; SOUZA, Sérgio Ricardo de; CRUZ, Rogério Schietti. *Lei de Drogas comentada conforme o pacote anticrime (Lei 13.964/2019)*. Londrina: Thoth Editora, 2021.

SADDI, Luciana; ZEMEL, Maria de Lurdes S. *Maconha*: os diversos aspectos, da história ao uso. São Paulo: Blucher, 2021.

SILVA, Alexandre Kieslich da; JANOVIK, Nathália; OLIVEIRA, Ronaldo Rodrigues de. Canabidiol e seus efeitos terapêuticos. *In*: DIEHL, Alessandra; PILLON, Sandra Cristina Pillon (orgs.). *Maconha*: prevenção, tratamento e políticas públicas. Porto Alegre: Artmed, 2021.

SILVA, Amaury. *Lei de Drogas anotada artigo por artigo*. 2. ed. Leme: Mizuno, 2012.

SILVA, César Dario Mariano da. *Lei de Drogas comentada*. São Paulo: Ed. Atlas, 2011.

SILVA, José Afonso da. *Comentário contextual à Constituição*. 4. ed. São Paulo: Malheiros, 2007.

SILVA, José de Siqueira; MIRANDA, Rodney Rocha; VALVERDE, Danielle Novaes de Siqueira; CARVALHO FILHO, Francisco Valverde de. Os reflexos da nova Lei de Drogas na atuação das polícias estaduais. *Revista Brasileira de Segurança Pública*, ano 1, ed. 2, 2007.

SOUZA, Renee do Ó; CUNHA, Rogério Sanches; PINTO, Ronaldo Batista. *Leis penais especiais comentadas*. 3. ed. Salvador: Juspodivm, 2020.

Souza, Sérgio Ricardo de; Cruz, Rogério Schietti; Ruy, Fernando Estevam Bravin. *Lei de Drogas comentada conforme o pacote anticrime (Lei 13.964/2019)*. Londrina: Thoth Editora, 2021.

Sudbrack, Maria Fátima Olivier. O uso da maconha por adolescentes: entre prazeres e riscos, "o barato que sai caro!". *In*: Saddi, Luciana; Zemel, Maria de Lurdes S. *Maconha*: os diversos aspectos, da história ao uso. São Paulo: Blucher, 2021.

Szabó, Ilona; Clemente, Isabel. *Drogas*: as histórias que não te contaram. Rio de Janeiro: Zahar, 2017.

Tamanini, Samara Sandra; Chaves Junior, Airto. A atipicidade material do fato correspondente ao tráfico de drogas frente ao princípio da insignificância. *Revista Duc In Altum. Cadernos de Direito*, v. 13, n. 29, jan.-mar. 2021.

Tatarsky, Andrew. Psicoterapia de redução de danos. *In*: Holland, Julie (ed.). *O livro da maconha*: o guia completo sobre a cannabis. Seu papel na medicina, política, ciência e cultura. Trad. Éder Bernardo e Silvana Moreira. Rio de Janeiro: Vista Chinesa, 2020.

Thornton, Mark. *Criminalização*: análise econômica da proibição das drogas. Trad. Claudio A. Telléz-Zepeda. São Paulo: LVM Editora, 2018.

Thums, Gilberto; Pacheco, Vilmar. *Nova Lei de Drogas*: crimes, investigação e processo. Porto Alegre: Verbo Jurídico, 2007.

Tucci, Rogério Lauria. *Direitos e garantias individuais no processo penal brasileiro*. 3. ed. São Paulo: RT, 2009.

Valois, Luís Carlos. *O direito penal da guerra às drogas*. 4. ed. Belo Horizonte/São Paulo: D'Plácido, 2021.

Valverde, Danielle Novaes de Siqueira; Carvalho Filho, Francisco Valverde de; Silva, José de Siqueira; Miranda, Rodney Rocha. Os reflexos da nova lei de drogas na atuação das polícias estaduais. *Revista Brasileira de Segurança Pública*, ano 1, ed. 2, 2007.

Venâncio, Renato Pinto; Carneiro, Henrique (org.). *Álcool e drogas na história do Brasil*. Belo Horizonte: PUC Minas, 2005.

Zaccone, Orlando. *Acionistas do nada*: quem são os traficantes de drogas. 3. ed. 4. reimpr. Rio de Janeiro: Revan, 2021.

Zemel, Maria de Lurdes S.; Saddi, Luciana. *Maconha*: os diversos aspectos, da história ao uso. São Paulo: Blucher, 2021.

OBRAS DO AUTOR

Código de Processo Penal comentado. 23. ed. Rio de Janeiro: Forense, 2024.

Código Penal comentado. 24. ed. Rio de Janeiro: Forense, 2024.

Código Penal Militar Comentado. 5. ed. Rio de Janeiro: Forense, 2024.

Curso de Direito Penal. Parte geral. 8. ed. Rio de Janeiro: Forense, 2024. vol. 1.

Curso de Direito Penal. Parte especial. 8. ed. Rio de Janeiro: Forense, 2024. vol. 2.

Curso de Direito Penal. Parte especial. 8. ed. Rio de Janeiro: Forense, 2024. vol. 3.

Curso de Direito Processual Penal. 21. ed. Rio de Janeiro: Forense, 2024.

Curso de Execução Penal. 7. ed. Rio de Janeiro: Forense, 2024.

Direito Penal. Partes geral e especial. 9. ed. São Paulo: Método, 2024. Esquemas & Sistemas.

Manual de Direito Penal. 20. ed. Rio de Janeiro: Forense, 2024.

Manual de Processo Penal. 5. ed. Rio de Janeiro: Forense, 2024.

Prática Forense Penal. 15. ed. Rio de Janeiro: Forense, 2024.

Processo Penal e Execução Penal. 8. ed. São Paulo: Método, 2024. Esquemas & Sistemas.

Tribunal do Júri. 10. ed. Rio de Janeiro: Forense, 2024.

Leis Penais e Processuais Penais Comentadas. 15. ed. Rio de Janeiro: Forense, 2023. vol. 1 e 2.

Habeas Corpus. 4. ed. Rio de Janeiro: Forense, 2022.

Individualização da pena. 8. ed. Rio de Janeiro: Forense, 2022.

Provas no Processo Penal. 5. ed. Rio de Janeiro: Forense, 2022.

Prisão, medidas cautelares e liberdade. 7. ed. Rio de Janeiro: Forense, 2022.

Tratado de Crimes Sexuais. Rio de Janeiro: Forense, 2022.

Código de Processo Penal Militar comentado. 4. ed. Rio de Janeiro: Forense, 2021.

Criminologia. Rio de Janeiro: Forense, 2021.

Estatuto da Criança e do Adolescente Comentado. 5. ed. Rio de Janeiro: Forense, 2021.

Organização Criminosa. 5. ed. Rio de Janeiro: Forense, 2021.

Pacote Anticrime Comentado. 2. ed. Rio de Janeiro: Forense, 2021.

Execução Penal no Brasil – Estudos e Reflexões. Rio de Janeiro: Forense, 2019 (coordenação e autoria).

Instituições de Direito Público e Privado. Rio de Janeiro: Forense, 2019.

Manual de Processo Penal e Execução Penal. 14. ed. Rio de Janeiro: Forense, 2017.

Direitos Humanos versus *Segurança Pública.* Rio de Janeiro: Forense, 2016.

Corrupção e Anticorrupção. Rio de Janeiro: Forense, 2015.

Crimes contra a Dignidade Sexual. 5. ed. Rio de Janeiro: Forense, 2015.

Princípios Constitucionais Penais e Processuais Penais. 4. ed. Rio de Janeiro: Forense, 2015.

Prostituição, Lenocínio e Tráfico de Pessoas. 2. ed. Rio de Janeiro: Forense, 2015.

Código Penal Comentado - versão compacta. 2. ed. São Paulo: Ed. RT, 2013.

Dicionário Jurídico. São Paulo: Ed. RT, 2013.

Tratado Jurisprudencial e Doutrinário. Direito Penal. 2. ed. São Paulo: Ed. RT, 2012. vol. I e II.

Tratado Jurisprudencial e Doutrinário. Direito Processual Penal. São Paulo: Ed. RT, 2012. vol. I e II.

Doutrinas Essenciais. Direito Processual Penal. Organizador, em conjunto com Maria Thereza Rocha de Assis Moura. São Paulo: Ed. RT, 2012. vol. I a VI.

Doutrinas Essenciais. Direito Penal. Organizador, em conjunto com Alberto Silva Franco. São Paulo: Ed. RT, 2011. vol. I a IX.

Crimes de Trânsito. São Paulo: Juarez de Oliveira, 1999.

Júri – Princípios Constitucionais. São Paulo: Juarez de Oliveira, 1999.

O Valor da Confissão como Meio de Prova no Processo Penal. Com comentários à *Lei da Tortura.* 2. ed. São Paulo: Ed. RT, 1999.

Tratado de Direito Penal. Frederico Marques. Atualizador, em conjunto com outros autores. Campinas: Millenium, 1999. vol. 3.

Tratado de Direito Penal. Frederico Marques. Atualizador, em conjunto com outros autores. Campinas: Millenium, 1999. vol. 4.

Tratado de Direito Penal. Frederico Marques. Atualizador, em conjunto com outros autores. Campinas: Bookseller, 1997. vol. 1.

Tratado de Direito Penal. Frederico Marques. Atualizador, em conjunto com outros autores. Campinas: Bookseller, 1997. vol. 2.

Roteiro Prático do Júri. São Paulo: Oliveira Mendes e Del Rey, 1997.